国家级教学团队·科学素质教育丛书

文 科 天 文

苏 宜 编著
苏朝晖 光盘制作

科学出版社
北 京

内 容 简 介

本书图文并茂、由浅入深地引导读者用科学的眼光审视日月星辰和宇宙时空，帮助读者提升认知能力，更好地思索如何把个人心灵与人类社会、广阔自然融为一体，实现自己的人生价值。

本书没有任何数学或物理公式，却有900余幅精彩的图片载于随书赠送的光盘中。点击光盘上的每一幅图片与本书对照阅读，就如徜徉在神秘而和谐的宇宙世界里。

本书可作为高等院校天文选修课的教材，特别适合文科学生使用；也可供社会各界人士为了解当代天文学前沿、享受最新天文探测成果而阅读。

图书在版编目(CIP)数据

文科天文/苏宜编著. —北京：科学出版社，2010
国家级教学团队·科学素质教育丛书
ISBN 978-7-03-027817-3

Ⅰ.①文⋯ Ⅱ.①苏⋯ Ⅲ.①天文学-基本知识 Ⅳ.①P1

中国版本图书馆 CIP 数据核字(2010)第 101024 号

责任编辑：李鹏奇 王 静 杨 然／责任校对：李奕萱
责任印制：徐晓晨／封面设计：无极书装

科学出版社 出版
北京东黄城根北街16号
邮政编码：100717
http://www.sciencep.com

北京九州迅驰传媒文化有限公司印刷
科学出版社发行 各地新华书店经销

2010年6月第 一 版 开本：720×1000 1/16
2025年1月第九次印刷 印张：18
字数：363 000
定价：69.00元（含光盘）
（如有印装质量问题，我社负责调换）

前　　言

2007年9月4日，《人民日报》文艺副刊发表了温家宝总理的《仰望星空》诗作：

> 我仰望星空，它是那样寥廓而深邃；
> 　那无穷的真理，让我苦苦地求索、追随。
> 我仰望星空，它是那样庄严而圣洁；
> 　那凛然的正义，让我充满热爱、感到敬畏。
> 我仰望星空，它是那样自由而宁静；
> 　那博大的胸怀，让我的心灵栖息、依偎。
> 我仰望星空，它是那样壮丽而光辉；
> 　那永恒的炽热，让我心中燃起希望的烈焰、响起春雷。

1921年10月，29岁的郭沫若谱写了《天上的街市》："远远的街灯明了，好像闪着无数的明星。天上的明星现了，好像点着无数的街灯。……你看，那浅浅的天河，定然是不甚宽广。那隔着河的牛郎织女，定能够骑着牛儿来往。我想他们此刻，定然在天街闲游。不信，请看那朵流星，是他们提着灯笼在走。"

1788年，64岁的德国著名哲学家康德在他的名著《实践理性批判》中也有一段关于星空的名言："世界上有两件东西能够深深地震撼人们的心灵，一件是我们心中崇高的道德准则，另一件是我们头顶上灿烂的星空。"这是哲学家生前的座右铭，被镌刻在哲人身后的墓碑上。

政治家、哲学家、诗人、……对星空隽永的笔触，寄意深远，令人遐思。

每一个平凡的人，也都有过对星空的注目和憧憬。当黄昏送走天边最后一抹晚霞，如果天气晴朗，没有楼宇的遮挡和灯光的干扰，璀璨的星空就会呈现在你的面前。也许，你的儿时，曾经躺在妈妈的臂弯里，遥望那些眨着眼睛、像宝石一样闪烁着光芒的小星星，试图琢磨它们的究竟；也许，你曾经在凉风习习的夏夜，听老人们讲述牛郎织女的故事，眷顾着银河岸边那两颗亮星，浮想联翩。上学了，你每天背着沉沉的书包，学过一门又一门功课，再没有闲空去追寻关于星星的学问了。可是，那耀眼的太阳，皎洁的月亮，闪烁的恒星，迷蒙的银河，长尾巴的彗星，飘落夜空的流星雨，……这些神秘而遥远的天体并没有从你的脑海中泯灭，因为探索宇宙是人类永恒的欲望。

当代自然科学有六大基础学科：数学、物理学、化学、天文学、地球科学、生命科学。天文学研究天体和宇宙，既是人类最古老的，也是当代最活跃的自然科学之一。爱因斯坦说过："在牛顿那个时代，物理学像天文学的小妹妹一样随之发展，而生物学则又是像物理学的小妹妹一样也随之发展。"当人类进入 21 世纪的时候,天文学正面临着有史以来第二次飞跃发展的时代。人类将要探知更多的宇宙秘密:远溯往古,追寻星系的起源和宇宙怎样创生;展望未来,预知银河的归宿和宇宙如何终结。

人类将重返月球,登陆火星,建立月球上的天文观测基地,了解火星是否曾经拥有生命,在木星和土星的几颗卫星上是否有低级的原始生命存活。人类将建造口径 100 米级的地面光学望远镜,口径 1 000 米级的地面射电望远镜;将把口径 8 米级的光学望远镜发射到比月亮还要远 4 倍、绕太阳公转的空间轨道上。我们不甘心于地球人没有知音的孤独地位,将努力探寻同地球一样的行星,呼唤地外文明,争取与外星人建立通信联络;还将悉心守护自身和家园的安全,把所有可能撞击地球的太阳系小天体全部纳入监控系统之中。当代天文学研究处于人类探索自然的前沿地带。人类的生存与活动,已从陆地走向海洋,进入大气层,如今正向第四环境——外层空间发展。如果对天体和宇宙当中的事情一无所知,便不能算是一个知识全面的人。

人生于世,转瞬百年。芸芸众生,沧桑多变,世态炎凉。唯有遥远的天体,给人以恬静、永恒的感觉。昭如日月,灿若明星,历来是文学艺术讴歌的对象、精神领域崇高的寄托。仰望星空,无论是几十年前还是几十年后,无论你身在地球上什么地方,灿烂的群星总以它那无比的庄严和静谧,向你展示着神秘而和谐的宇宙图景,使你心驰神往,无限遐思,心灵得到净化。天文学的基本知识,对于当代追求高尚知识素养的人,无论其从事何种职业,都是值得学习的。

南开大学自 1993 年开始对全校文理科学生开设天文学选修课,以后又扩大至天津大学、天津泰达学院、天津滨海学院。1993~2009 年,历时 16 年,32 个学期,选修过天文课的学生人数已达 20 446 人。上课所用的教材《天文学新概论》,虽已出 4 版,8 次印刷,深受学生和教师的欢迎,但因篇幅较长,内容偏理,文史、经济、艺术类学生感觉过深。文理混班的"天文学概论"课,因不能准确针对学生特点而有所欠缺。

文科生选修天文学课程,与理科生有所不同。他们的感悟和追求是:天文奥秘中蕴含着人类思想的美丽,美在自然和谐,美在理性之光;理解星语,品位内涵,悟出做人的道理,拥有净化的心灵;寥廓的宇宙、浩瀚的星空使人感到人生之短暂、个人之渺小,明白了什么才是生命的真正价值。据《新千年美国国家研究理事会研究报告》称:"在美国,天文学在大学教育里起着非常积极的促进作用,很明显地吸引着许多大学生。天文学为公众认识人类在宇宙中的地位和科学的本质提供了窗口。每年有超过 20 万大学生选修天文课程,对于他们之中的很多人(应指文科生-苏宜注),天文是学习过的唯一科学课程。"南开大学尝试着为文科生单独开设天文选修课,已历时 3 年,受到文科学生的好评,选课人数与理科班大体相等。文科班所用的教材就是这本《文科天文》。

前言

《文科天文》是一本图文并茂的教材,由近及远、由浅入深地引导你用科学的眼光审视来自日月星辰的最新知识,化解你久已埋藏心底的关于天体和宇宙的种种困惑。也许,它还会激发你的灵感,提升你的科学认知能力,使你更好地思索人生、社会及国家和人类的前途,更加热爱科学、热爱生活,把个人心灵与人类社会、与广阔自然融为一体,实现自己的人生价值。

本书没有任何数学或物理公式,只有文字、900余幅图片和一些表格,特别适合大学非理工科专业开设天文选修课使用,也适合社会各界人士为了解当代天文学前沿、享受最新天文探测成果而阅读。全部精美的彩色图片都载于随书发行的光盘中。点击光盘上的每一幅图片与本书对照阅读,你将徜徉在神秘而和谐的星星世界里。

光盘中所有天体的真实照片都来自世界各大天文台的网站,特别是当代著名的三大空间天文望远镜的网站——美国NASA的哈勃光学空间望远镜、钱德拉X射线空间望远镜和斯必泽红外空间望远镜的网站。每张照片上都尽量保存着发布该照片时的来源信息。书末附有天体照片来源的望远镜表,包括空间望远镜和地面望远镜两部分。这些望远镜自身的照片也一一录制在光盘中。这些望远镜代表着当前人类探索宇宙的最高水平。它们提供的信息,使天文学家们更深入地认识了神秘而和谐的宇宙;也使普通读者得以欣赏和赞叹天体的宏伟和美丽,同时获得知识的提高和理性的升华。让我们对制造这些望远镜和提供这些照片的专业人士表示深深的敬意和感激。采集、编选、技术处理这些照片使之与文字相匹配,最后制成光盘,是完成本书的重头工作,全部由天津科技馆的苏朝晖工程师承当,在此向他致以由衷的谢意。诚挚地欢迎天文界的专家、学者和每一位读者朋友对本书不当之处提出宝贵意见。

苏 宜
2009年11月于南开园

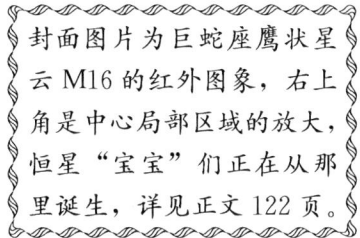

封面图片为巨蛇座鹰状星云M16的红外图象,右上角是中心局部区域的放大,恒星"宝宝"们正在从那里诞生,详见正文122页。

目 录

前言
第1章 地球和月亮 ... 1
　1.1 地球是太阳系中唯一适宜生命繁衍的星球 ... 1
　1.2 地球的自转和公转 ... 4
　1.3 太阳周年视运动和四季星空的变化 ... 8
　1.4 地球的形体、年龄和内部结构 ... 13
　1.5 月球 ... 17
　1.6 月相变化 ... 20
　1.7 月面上的星空 ... 25
　1.8 宇航时代的月球探测 ... 27

第2章 太阳和太阳系 ... 32
　2.1 万物生长靠太阳 ... 32
　2.2 太阳是能源也是扰动源 ... 34
　2.3 八大行星 ... 36
　2.4 行星的真实运动 ... 42
　2.5 行星的视运动 ... 46
　2.6 日食和月食 ... 51
　2.7 太阳系小天体 ... 60
　2.8 太阳系的物质分布 ... 71

第3章 恒星 ... 74
　3.1 灿烂的星空 ... 74
　3.2 恒星的亮度 ... 78
　3.3 恒星的光谱 ... 81
　3.4 恒星的位置和运动 ... 84
　3.5 主星序 ... 87
　3.6 双星 ... 90
　3.7 不稳定恒星 ... 94

第4章 银河系 ... 101
　4.1 银河——奶之路 ... 101
　4.2 银河系中的瑰宝——弥漫星云 ... 103
　4.3 星团 ... 106

4.4　银河系的结构 …………………………………………………… 109
　　4.5　旋臂与银河系自转 ………………………………………………… 111

第5章　银河系天体的演化 …………………………………………………… 114
　　5.1　恒星的能源 ………………………………………………………… 114
　　5.2　中微子失踪悬案 …………………………………………………… 116
　　5.3　星云孕育恒星 ……………………………………………………… 119
　　5.4　恒星化作星云 ……………………………………………………… 123
　　5.5　恒星演化的最后结局 ……………………………………………… 131

第6章　星系世界 ……………………………………………………………… 137
　　6.1　宇宙岛之争 ………………………………………………………… 137
　　6.2　星系的分类 ………………………………………………………… 139
　　6.3　星系红移和哈勃常数 ……………………………………………… 143
　　6.4　星系群、星系团和超星系团 ……………………………………… 145
　　6.5　活动星系 …………………………………………………………… 150
　　6.6　类星体 ……………………………………………………………… 156

第7章　黑洞 …………………………………………………………………… 161
　　7.1　黑洞的数学模型 …………………………………………………… 161
　　7.2　黑洞的物理机制 …………………………………………………… 163
　　7.3　黑洞的奇妙性质 …………………………………………………… 164
　　7.4　黑洞的天文探测 …………………………………………………… 170
　　7.5　巨型黑洞、微型黑洞和中等质量黑洞 …………………………… 174
　　7.6　宇宙深处的 γ 射线暴 ……………………………………………… 178
　　7.7　引力透镜 …………………………………………………………… 182
　　7.8　黑洞奇点、白洞和虫洞 …………………………………………… 185

第8章　地外文明 ……………………………………………………………… 189
　　8.1　生命的含义与生命起源概述 ……………………………………… 189
　　8.2　地外生命存在的科学依据 ………………………………………… 191
　　8.3　地外文明探索的艰巨性 …………………………………………… 195
　　8.4　太阳系外的行星探测 ……………………………………………… 197
　　8.5　与外星人的通信联络 ……………………………………………… 203
　　8.6　关于UFO现象 …………………………………………………… 206

第9章　宇宙的创生和终结 …………………………………………………… 208
　　9.1　牛顿的静态宇宙观 ………………………………………………… 208
　　9.2　爱因斯坦的有限无界宇宙模型 …………………………………… 210
　　9.3　伽莫夫的大爆炸宇宙论 …………………………………………… 213
　　9.4　标准宇宙模型 ……………………………………………………… 215

9.5	宇宙早期的暴胀模型	220
9.6	21世纪的两朵乌云——暗物质和暗能量	223
9.7	奇点问题	229

第10章 中国古文献中的天文知识 233

10.1	三代以上人人皆知天文	233
10.2	天帝巡天驾北斗	235
10.3	二十八宿统州域	236
10.4	日月星辰纪岁月	238
10.5	古代和当代的岁星-太岁图	241
10.6	五星行止兆吉凶	243
10.7	诗词歌赋涉天文	245
10.8	中国农历源远流长	249

参考文献 252

附录 253

附录1	星座表	253
附录2	北半球中纬度地区可见的主要星座	255
附录3	中国古代的星空划分	256
附录4	古代中国的岁名、十二次等和西方古代的黄道12宫	256
附录5	部分亮星的中国星名	256
附录6	最亮的21颗恒星	258
附录7	梅西叶天体表	259
附录8	八大行星表	262
附录9	星座简图	263
附录10	图片来源的空间望远镜表（图见光盘）	271
附录11	图片来源的地面望远镜表（图见光盘）	271

代后记 272

光 盘 内 容

光盘图 931 幅
    配书彩图
    图片来源的望远镜图
星座详图

第1章 地球和月亮

1.1 地球是太阳系中唯一适宜生命繁衍的星球

地球是一个大球,全世界所有的人都生活在这个球的表面上(图1.1.1)。地球的引力牢牢地吸引着全球各处的人和物体。引力是自然界中最弱的力,却是主宰宇宙中所有天体运动和演化的最顽强的力。

从20世纪50年代开始,人类有能力克服地球的引力,飞向茫茫太空,走进天体的神秘世界。1961年4月12日,苏联东方一号飞船宇航员加加林(Ю. А. Гагарин)成为人类进入太空的第一人(光盘图1.1.2 进入太空第一人——前苏联宇航员加加林)。1969年7月21日,美国阿波罗11号3名宇航员中的2名:阿姆斯特朗(N. A. Armstrung)和阿尔德林(E. E. Aldrin)登上月球(光盘图1.1.3 阿波罗11号的3位宇航员:阿姆斯特朗、柯林斯

图1.1.1 全世界所有的人都生活在地球表面上

和阿尔德林)。2003年10月16日,中国神舟5号航天员杨利伟飞出蓝天,使中国成为世界上第三个将人类送入太空的国家(光盘图1.1.4 中国首位航天员杨利伟)。从太空看地球,地球是一个非常美丽的天体:蓝色的海洋,棕色的陆地,绿色的植被,白色的云朵(光盘图1.1.5 阿波罗飞船拍摄的地球;光盘图1.1.6 环境应用同步卫星拍摄的地球)。

天空和大海的湛蓝,是因为水分子和大气分子散射的主要是蓝色波段的太阳光。正因为大气分子散射太阳光,天空才显得不仅湛蓝而且靓丽,时有云蒸霞蔚,雨后彩虹。别的星球不一定都有这样的条件。如月球,它没有大气层。月球上的天空,即使大白天也是漆黑的,所有的天体都在漆黑的天空背景上发光;金星的天空永远浓云密布;火星表面沙尘暴常年不息。

地球直径有1.2万多千米,而近地面的稠密大气层,高度只有8~18千米,叫做对流层(图1.1.7)。全部大气总质量的90%都在对流层中;所有风雨雷电等天气现象也都只发生在对流层中。对流层以上至约50千米叫平流层。大型民航客机

常在对流层以上的平流层底部飞行，从舷窗往外看，上面永远是蓝色的晴空，云彩都在底下，因此气流平稳，使乘客感到舒适。阻挡大部分太阳紫外线的臭氧层在较高的平流层中。平流层以上叫电离层，电离层又细分为中层和热层。地面上看到的流星，是外层空间中的细小砂粒、石块，在地球引力的作用下，飞落地面，在中层大气中激发大气分子而发光，同时自身也被烧毁，流光一闪，转瞬即逝。在地球南北两极地区能欣赏到的美丽的极光是发生在更高的热层大气里。热层的大气密度已经非常稀薄，热层之外就是外太空了。

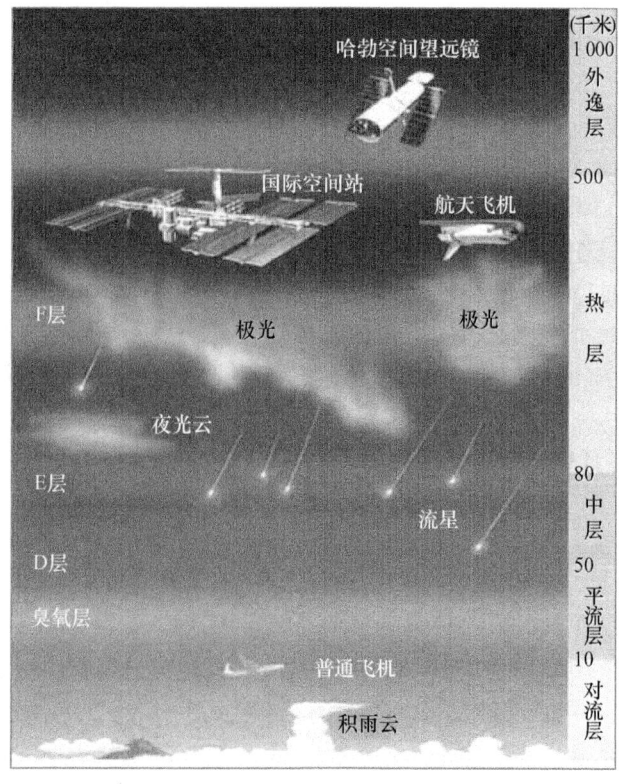

图 1.1.7　地球的大气层

整个大气层对地球而言，只是薄薄的一层。如果把地球画成直径 12 厘米的圆，对流层大气只有 0.1 毫米厚，5 毫米之外就是外太空。从那里直接沧溟，连通着广阔无垠的宇宙。宇宙中分布着不计其数的各种天体。茫茫太空中的地球，只有月球做它的伴侣，其他天体都在更加遥远之处（光盘图 1.1.8　茫茫太空中，只有月球做地球的伴侣）。

到 20 世纪 60 年代，人类的足迹已经踏上月球。80 年代人类用以采集信息的仪器设备已经在火星和金星表面实现软着陆。人类发射的探测器已经拜访过所有八大行星的临近区域。得到的结论是：太阳系中除地球以外的星球上，都没有高级生命存在，地球是唯一适宜生命繁衍的星球。之所以如此，是因为地球在太阳系中具有得天独厚的优越条件。

1. 优越的行星位置

优越的行星位置是地球适合生命繁衍的首要条件（表 1.1.1）。八大行星中，按离太阳远近的顺序排行，地球是老三，距离太阳 1.5 亿千米，得到的太阳辐射能量适中，加上有大气层保护，大气中二氧化碳的含量不到 1%，有较弱的温室效应，所以地球上年平均温度为 15℃左右，最适宜生命繁衍。所谓温室效应是指大气中的二氧化碳能透过太阳辐射来的可见光，但不能透过地面反射回太空的红外辐射，地表热量不能散发到大气层外面而使地表升温的效应，类似温室里的情形。

表 1.1.1 地球与相邻行星的比较

相邻行星	排行	到太阳的距离/亿千米	太阳辐照功率/（千瓦/米^2）	大气中 CO_2 含量/%	温室效应	表面平均温度/℃
金星	2	1.1	2.6	97	极强	480
地球	3	1.5	1.4	<1	很弱	15
火星	4	2.3	0.6	95	较强	−60

地球的前后邻居：位居老二的金星，离太阳 1.1 亿千米，得到的太阳辐射能量比地球多，再加上大气中有 97% 的二氧化碳，温室效应极其严重，年平均温度高达 480℃（光盘图 1.1.9 炼狱般的金星）；火星老四，离太阳 2.3 亿千米，得到的太阳辐射能量比地球少，虽然也有较强的温室效应，年平均温度却只有−60℃。金星和火星的表面温度显然不适合任何生命的繁衍。别的行星，离太阳不是更近就是更远，因而不是更热就是更冷，当然更不适合生命繁衍了（光盘图 1.1.10 干燥荒凉的火星）。

2. 优越的物理状况

大小适当的地球引力，保住了足够浓密的大气层。地球大气的成分，76% 是氮，23% 是氧，有少量的水蒸气和二氧化碳，近地面大气层的平均密度是 1.22 千克/米^3。大气不仅为所有生物提供生存和呼吸的条件，大气层还像一床温暖的棉被，在没有阳光照耀的时候，保护地面不至于太冷。白天，大气分子吸饱了太阳的热量，夜晚再把它们释放出来，调节着地球表面的温度。大气层还能阻挡太阳紫外线、X 射线、γ 射线这些对生命有害的射线，阻挡流星对地面的直接轰击，保护着地球生命的安全。引力太弱，大气分子会跑掉；引力太强，一切物体都将增加体重，使人不堪重负（光盘图 1.1.11 臭氧层挡住了大部分太阳紫外线）。由地球磁场形成的磁层阻挡着高能太阳风和宇宙线粒子，使地球上的生命免遭杀戮（详见 2.2 节）。

地球表面70%是水，30%是陆地，总储水量140亿亿米^3。液态水是养育一切生命不可缺少的基本条件。大海不仅是生命的摇篮，也是所有海洋生物和陆上生物的重要依托。辽阔的大海是地球表面大规模水循环的源泉和归宿。太阳蒸发海水，水汽升上蓝天，兴云布雨，降落地面，再汇成江河，流归大海。每年约有500万亿吨的水在海空之间循环运动。没有这种循环运动，便会江河断流、湖泊干涸，大陆上的所有生命都将荡然无存，地球成为死寂的世界。循环运动的主体是地球上的水，但提供循环运动动力的却是天上的太阳。

3. 恰到好处的自转和公转

地球自转，24小时转一圈，不仅造成昼夜交替的变化，也是使全球各处保持温度均衡的重要原因。就像在炉火上烘烤食物必须及时翻转一样，地球在太阳这只大火炉面前，也必须时时翻动自己的身躯，才能获得均匀的热量。水星自转太慢，一昼夜长达176个地球日，所以在水星上，白天热到427℃，夜晚冷到零下175℃。木星自转太快，一昼夜只有9小时，木星上的一年竟然有一万多个昼夜；而在地球上，人生百年，也仅活过3万6千多个昼夜。

地球在自转的同时，还在椭圆轨道上绕太阳公转，转一圈就是一年。在公转过程中，地球自转轴倾斜着，但不改变方向。这是造成地球上一年四季寒来暑往和昼夜长短变化的原因。春种秋收，寒尽春来，地球上所有生命的节律都和地球公转有关。行星绕太阳公转的周期长短由它到太阳距离的远近决定。水星离太阳最近，水星上的一年只有88个地球日，两年才能凑上一个昼夜。最远的海王星绕太阳转一圈需要165个地球年。人生80岁，在海王星上也就半年时光。

珍惜地球，保护家园环境，是全人类共同的责任。

1.2 地球的自转和公转

1.2.1 自转是一切天体基本的运动规律

地球不停的自转，虽然速度很慢。钟表上的时针，转动多么迟缓，没有人能耐心观察到它的动作，但它毕竟一天转了两圈。地球每天才转一圈。平稳而缓慢自转的地球，没有人能感觉到它的转动。然而地球自转对于地球上的所有生灵，却是必不可少的生存条件。

天体的自转是普遍的。太阳有自转，太阳系所有的行星、卫星都有自转，即使是质量很小的小行星，也都发现有自转。银河系中的恒星，乃至整个银河系都在自转。自转几乎是一切天体的基本运动规律。使天体自转的力，来源于天体内部各质点受天体质心的引力。

物质世界的两个极端，一端是质量巨大的天体，另一端是微观领域的物质粒子，它们都有自转。物质粒子的自转叫做自旋。基本粒子电子有自旋；由基本粒子夸克组成的质子、中子都有自旋。

1.2.2 昼夜变化的原因是地球自转

地球不会发光，地球上的光明是太阳赐予的。向着太阳的半个地球，沐浴在阳光下，人们过着白天；背着太阳的半个地球，没有阳光照射，人们过着黑夜。在古代，人们以为是金色的太阳围绕地球运转，才造成昼夜交替。现在人们知道，太阳在离地球 1.5 亿千米远的地方，基本上是不动的，而是地球不停地自转，全球各地的居民才轮流着，平均 12 小时过白天、12 小时过黑夜。地球自转是昼夜变化的原因。图 1.2.1 是北半球冬季昼夜变化的示意图。注意地球自转轴对于地球绕太阳公转的轨道平面是倾斜的。北半球冬季时，北极偏离太阳，南极偏向太阳。北半

图 1.2.1　地球自转是昼夜变化的原因

球各地，一天当中昼短夜长；南半球各地，一天当中夜短昼长。只有在赤道上才是昼夜平分的。纬度越高，昼夜长短差异越大。北极地区整天都是黑夜，而南极地区整天太阳不落。到了北半球夏季时，情况刚好相反：北极偏向太阳，南极偏离太阳。北半球各地，一天当中昼长夜短；南半球各地，一天当中昼短夜长。全球各地，年平均日照时间是一样的，都是 12 小时。

如果地球不再自转，也没有公转，地球上任何地方，有太阳的，太阳固定在天上，一动不动；没有太阳的，永远是沉沉黑夜不见天日。所有生灵，何以将息？

1.2.3 四季变化的原因是地球公转加上自转轴倾斜

地球不仅有自转，还有公转。地球绕太阳沿椭圆轨道公转，每年一圈。在公转过程中，地球自转轴的空间倾斜度保持不变，始终指向北极星附近，与椭圆轨道所在平面的垂直线相交 23.5°。

如果自转轴不倾斜，地球纵然绕太阳公转，也不会有四季的变化；尽管人们可以从斗转星移之间，测出公转的一年周期，但这一周期对地球上的生态环境将毫无意义，只有日复一日，永无变化的、单调的昼夜循环，不再给人岁序更新、寒来暑往的感受。地球公转加上自转轴倾斜才是四季变化的原因。

四季变化的主要特征是温度变化。地球表面的热量来自太阳。地球温度的高低取决于三个因素：太阳的辐射能力、太阳到地球的距离和阳光对大地入射的角度。太阳是一颗稳定的恒星，它的辐射能力不会变化；太阳到地球的距离虽有周年变化但差异甚微，不足以影响温度；唯一的影响因素是阳光入射角度的变化。

战国时代的文献《列子·汤问》中记载着一个故事：两位少年辩论太阳早晨近

还是中午近。一个说太阳早晨大中午小,应是早晨近;另一个说早晨冷中午热,太阳应是中午近。争持不下,问恰巧路过的孔子,孔子也答不上来。现在人们知道,早晨和中午,太阳到地球的距离是一样的。太阳早晨大中午小,是人眼的错觉,其实大小是一样的。早晨比中午气温低有两方面的原因:一个原因是早晨阳光斜照,中午阳光直射,单位面积上得到的能量差异很大,而且阳光穿过大气层的路程不同,被大气层吸收的程度也差异很大;另一个原因是地球积蓄的热量夜间散失较多,白天又重新积蓄了。

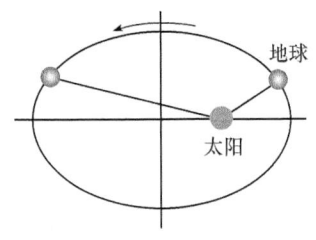

图 1.2.2 地球公转轨道是椭圆,日地距离有周年变化

地球在椭圆轨道上运行,太阳在椭圆的焦点上,一年当中,日地距离应当有变化。但因为轨道椭圆的偏心率很小,距离变化不大(图 1.2.2)。用几何公式可以算出:远近相差最多 510 万千米,约占日地距离的 3%,而且日地最近时(地球过近日点)是在每年 1 月 4 日前后,北半球正值冬季。

四季冷暖的原因,不是太阳距离的远近,而是阳光入射角的大小。地球公转有 4 个特殊的轨道位置,中国古人早就注意到了,那就是春秋二分和冬夏二至(光盘图 1.2.3 地球公转示意图)。春分和秋分时,日地中心连线在地球赤道平面上,与地球自转轴垂直,阳光直射赤道,全球昼夜平分,南北半球得到的太阳辐射量对称、均衡,取全年平均值;冬至时,日地中心连线偏离地球赤道平面,与地球自转轴相交($90°-23.5°=66.5°$),阳光直射南回归线,北半球中午太阳高度最低,昼短夜长,得到的太阳能量最少,气温偏低,处于冬季,南半球中午太阳高度偏高,昼长夜短,得到的太阳能量最多,气温偏高,处于夏季;夏至时,情况刚好相反,阳光直射北回归线,北半球值夏,南半球值冬。至于为什么最冷最热的时候不在冬至、夏至,而在滞后一个月左右的"三九"、"中伏",那是因为地球表面的温度,除得自阳光照射之外,还受地表散热的影响,而地表蓄热散热,需要一个缓慢滞后的过程。

1.2.4 地球自转在地球上留下的蛛丝马迹

人们凭直觉发现不了地球自转,所以才误认为地球静止于宇宙的中心,日月星辰绕大地转动。

根据牛顿力学原理,在一个做匀速直线运动的系统里,不管运动速度有多大,任何实验都不可能测知系统是静止的还是在运动着。这样的系统称为惯性系统。

地球不是惯性系统,因为地球在宇宙空间里,不是只做匀速直线运动,它有自转和公转。但是,因为自转角速度很小,方向改变极慢。在地球系统内部几乎觉察不到它的自转。经过科学家仔细考察,才能找到一些地球自转运动的蛛丝马迹。至于公转和更高级别的绕银河系中心的转动,角速度更小,大概永远都不可能从地球本身考察其转动。

地球自转的蛛丝马迹有以下几点。

1. 地球变扁和重力变化

地球自转产生惯性离心力,力的方向垂直于地球自转轴,而不垂直于地面(图1.2.4)。该力在垂直地面方向的分量减轻了物体的重量;水平方向的分量使一切可以流动的物体向赤道集中,导致以平均海水面为准的地球形状变扁。重力偏离地心的方向,数值小于引力。

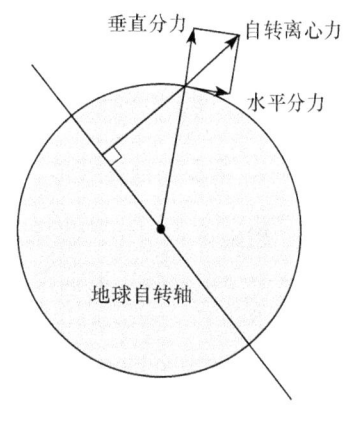

越接近赤道,旋转半径越大,惯性离心力也越大;越接近赤道,离地心越远,引力也越小。地球两极比赤道扁了大约43千米。在两极重10千克的物体,到了赤道只有9.947千克,其中因离心力增加轻了35克,因引力变小轻了18克。精密的地球形状测量和重力测量,都证明了这些数据是正确的。

图1.2.4 地球自转产生惯性离心力

2. 运动物体的偏转

北半球的河流右岸冲刷比左岸严重,定向行驶的双轨铁路右侧磨损较快,路轨更换勤于左侧。南半球则相反:河流左岸冲刷比右岸严重,铁路左侧磨损较快。这是因为受到一种因地球自转而引起的偏向力的作用。

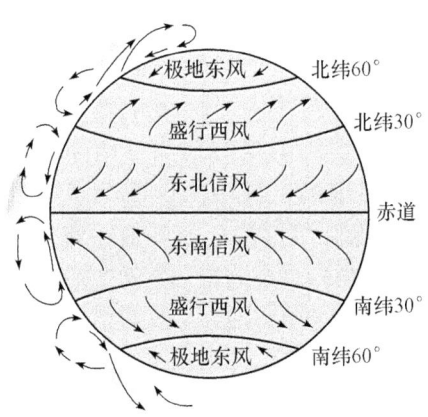

图1.2.5 北半球信风是东北风,南半球信风是东南风

赤道与南北纬度30°之间,信风(也叫贸易风)产生的原因是:赤道炎热,热空气上升;高纬度地区寒冷,近地面冷空气从高纬度流向赤道。可是,北半球的信风,不是北风而是东北风,空气的流动有向右的偏转;南半球的信风不是南风而是东南风,空气的流动有向左的偏转(图1.2.5)。这也是地球自转偏向力的作用。

惯性离心力和地球自转偏向力在惯性系统中都不是真实存在的力,而是在非惯性参考系中引入的牵连力。它们的存在,反过来证明了地球本身不是惯性系统,而是有转动加速度的系统。

地球自转偏向力也叫科里奥利力,只对运动物体才有作用,详细的推导比较复杂,这里只作定性解释如下。

地球自转自西向东。在北半球,当物体由南向北运动时,从转动速度快的地方来到速度慢的地方,因为惯性,要保持较快的速度,因而向东偏转,即向右偏转。

由北向南运动时,从转动速度慢的地方来到速度快的地方,同样因为惯性,也是向右偏转。由东向西运动时,抵消了部分自转速度,惯性离心力变小,向南的趋势减弱,因而向北偏转,也是向右偏转。由西向东运动时,增加了自转速度,惯性离心力变大,向南的趋势增强,也同样是向右偏转。在南半球刚好相反,有向左偏转的趋势。向任何方向运动的物体所受到的自转偏向力都是:北半球向右,南半球向左。地理纬度越高的地方,偏向力越大。沿赤道运动时此力消失。

3. 落体东偏与傅科摆

如果地球不自转,落体应垂直下落(假设不计空气阻力)。但因为地球自转,从高处落下的物体,有向东偏离的现象。因为高处的转动线速度大于低处,为保持惯性,下落后,物体便东偏了。高度越高,纬度越低,东偏越大。在北京的纬度上从60米高度落下的物体,东偏约8毫米。历史上有人做过这种实验,证明地球自转。

图 1.2.6　证明地球自转的傅科摆

另一个证明地球自转的著名实验是傅科摆。傅科(Foucault)是法国物理学家。1851年,他在巴黎万圣祠(Pantheon, Paris)的大厅里,用67米长的绳索悬吊起一个28千克的重锤,让重锤长时间地自由摆动。仔细观察,会发现摆动的方向在缓缓改变,向公众证明地球自转(图1.2.6)。如果地球不自转,摆动物体的摆动平面应保持不变。但由于地球自转偏向力,运动着的摆有向右(南半球向左)偏转的现象,摆动平面就缓缓转动起来了。在北京天文馆老馆的前厅,也有类似的傅科摆。在全球各地,纬度越高,摆动平面的旋转越显著。在巴黎,每小时偏转11.3°,转一圈要32小时。在北京,每小时偏转9.6°,转一圈要38小时。傅科摆的设计,要求摆锤重量大,摆绳长,使周期变慢,空气阻力变小,摆动时间延长。否则,等不及观察到偏转,摆动就停止了。

1.3　太阳周年视运动和四季星空的变化

1.3.1　太阳周年视运动是地球公转的反映

地球绕太阳公转的轨道平面延展到天球上,相交成一个大圆,称为黄道。人在地球上感觉不到地球公转,却看到太阳在星空中每年沿黄道运行一圈。太阳沿黄道

1.3 太阳周年视运动和四季星空的变化

周年运动并不是太阳真的在动,而是地球公转的反映,所以称为太阳周年视运动。太阳相对于遥远的恒星没有这种周年运动。

图 1.3.1 是地球公转和太阳周年视运动的示意图。春分、夏至、秋分、冬至是黄道上相距各 90°的 4 个点,对应于地球在轨道上运行的 4 个位置。太阳与星座里的那些恒星,相互之间并没有运动;但由于地球的轨道运动,

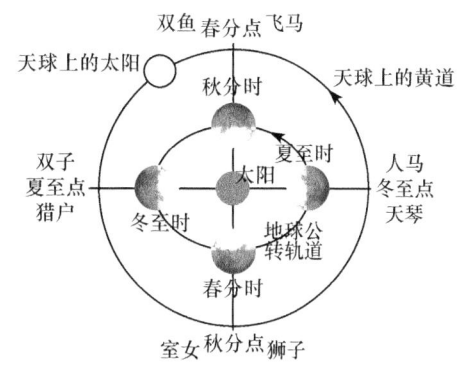

图 1.3.1 地球公转和太阳周年视运动示意图

地球上的人看天上的太阳,却在星座之间移动了。每年春分时刻,太阳在春分点,位于双鱼座。夏至、秋分、冬至时刻,太阳分别到达双子座中的夏至点、室女座中的秋分点和人马座中的冬至点。一年之后,太阳运行一圈,又回到春分点。从图中可以清楚地看到,太阳在星座中视运动的方向,与地球在轨道上实际运动的方向是一致的,都是从北半球看,逆时针的方向,也就是平常所说的自西向东的方向。这个方向与太阳每天东升西落的方向刚好相反。记住这一点非常重要。

因为白天看不到星星,太阳到底在哪个星座,不能直接看到。但是夜晚人们可以看到在天球上与太阳相距 180°的相应星座,那就是春分、夏至、秋分、冬至时刻的室女、人马、双鱼、双子,以及紧挨着它们的著名星座:狮子、天琴、飞马、猎户。四季星空的变化,原因也就在这里。

图 1.3.2 中的圆圈代表在地球上见到的天球。4 个著名的星座:狮子、天琴、飞马、猎户分布四方。地球位于中央,太阳沿着箭头所示的方向做周年视运动。对着太阳的一面是白天,背着太阳的一面是黑夜。地球上站着一个半夜看星的人。春季里,太阳在飞马座附近,半夜时,人们当空看到的是狮子座;夏季时,太阳移到猎户座,半夜当空的是天琴座;秋季里,太阳在狮子座中,飞马座成为半夜星空的主角;到冬季,太阳移向天琴座,人们半夜看到的是猎户座。这几幅图画出了一年

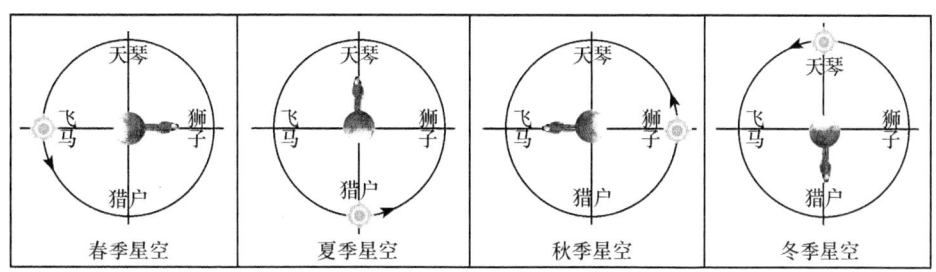

图 1.3.2 四季星空变化示意图

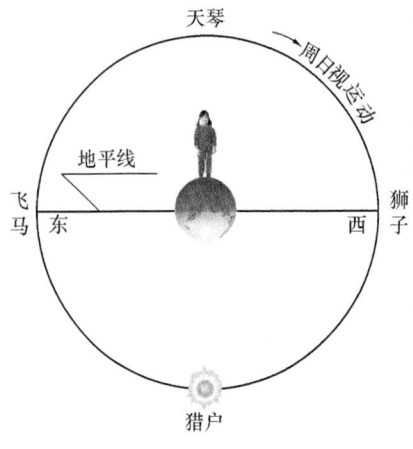

图 1.3.3 一夜之间星空变化示意图

当中星空的变化。下面再来看看一夜之间星空的变化。以图 1.3.2 中的夏季星空为例,请看图 1.3.3,天琴座当空是半夜时见到的景象,这时飞马座在东边正待升起,狮子座已在西天即将没入地平线。由于地球自转,星空连同太阳一起做周日视运动(注意箭头方向与太阳周年视运动的方向相反):6 小时以后,天快亮了,太阳连同猎户座一起移到了东方地平线下,天琴座已经西坠,马上就要落山,升上当空的是飞马座;而半夜之前 6 小时,太阳与猎户座在西边地平线上,天刚黄昏,天琴座正从东方升起,高居天空的是狮子座。

1.3.2 二十四节气指示出太阳周年视运动的准确位置

太阳周年视运动从春分点起算,沿黄道运行一圈划分为 360°。沿途各点的角度量称为黄经。每年春分时刻,太阳黄经为 0°;夏至、秋分、冬至时刻,太阳黄经分别为 90°、180°、270°。次年春分,太阳又回到原处,一年一个周期,称作回归年。春分、夏至、秋分、冬至是中国农历中的 4 个节气。节气一共有 24 个,它们是一年当中的 24 个时刻,对应于太阳周年视运动的 24 个等分位置(注意是角度等分,不是时间等分),每隔 15°一个。

二十四节气指示出太阳周年视运动的准确位置,是中国古代文明的独特创造。其名称和顺序如图 1.3.4 所示。

节气名称取意于中国黄河流域的农业生产活动和气候及物候。有一个好记的方法是:4 个分至点的中间节气是四立:立春、立夏、立秋、立冬,合起来共 8 个。然后在这 8 个节气中,每两两之间再安排两个节气,24 个节气就全部掌握了。任意一个节气至下年同一个节气之间的时间间隔都是准确的回归年。但节气与节气之间的时间间隔却不相同,因为地球在椭圆轨道上运动的角速度是不均匀的。

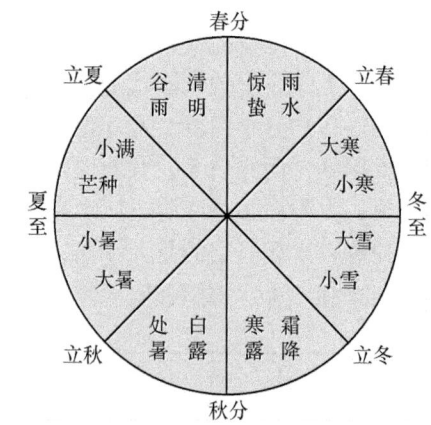

图 1.3.4 二十四节气指示太阳周年视运动的准确位置

1.3.3 黄道 12 宫

无论中外,古代人们虽然不知道地球公转,却早就掌握了太阳在众星之间周年视运动的规律。中国古代的青龙、白虎、朱雀、玄武和二十八宿(xiù),即是黄道附近众星群的名称（详见第 10 章）。1987 年在河南濮阳出土的新石器时代墓葬中，古人用蚌壳摆放的青龙、白虎图案，年代距今已有 6 400 多年（图 1.3.5），出土实物已移至北京国家博物馆古代中国陈列所展出。公元前 13 世纪，古巴伦人把太阳行经的诸恒星划分为 12 个星座，并以想象中的动物或神话人物来命名，称为黄道 12 宫（图 1.3.6），意为太阳运行过程中的 12 座行宫。这是西方星座划分最早的来源。以后到古希腊、古罗马时代，北部天空的几十个星座逐渐固定下来，17 世纪航海大发现以后又把南天的一些星座补充完全。1929 年，国际天文学联合会为了现代天文学研究的方便，以

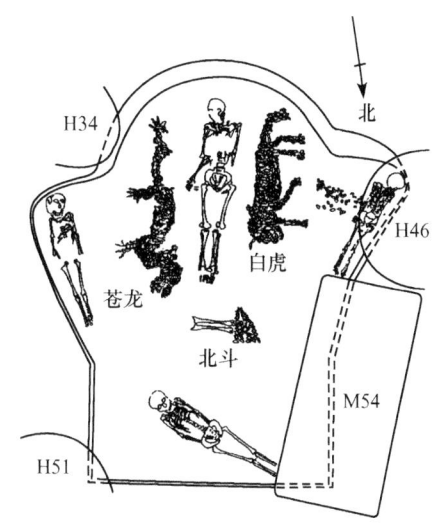

图 1.3.5 河南濮阳出土的新石器时代墓葬

传统的星座划分和名称为基础，以天球赤道坐标系的赤经、赤纬线为界，明确地将全天空划分为 88 个星座区域，用拉丁文规定其名称和由三个明确大小写的字母组成其缩写符号，全世界的天文研究领域都统一使用。中国天文学会确定了汉字的星座译名，无论中国内地、台湾地区和港澳地区都共同遵守（附录 1 星座表）。黄道 12 宫的汉字名称和缩写符号为：白羊（Ari）、金牛（Tau）、双子（Gem）、巨蟹（Cnc）、狮子（Leo）、室女（Vir）、天秤（Lib）、天蝎（Sco）、人马（Sgr）、摩羯（Cap）、宝瓶（Aqr）、双鱼（Psc）（图 1.3.6）。

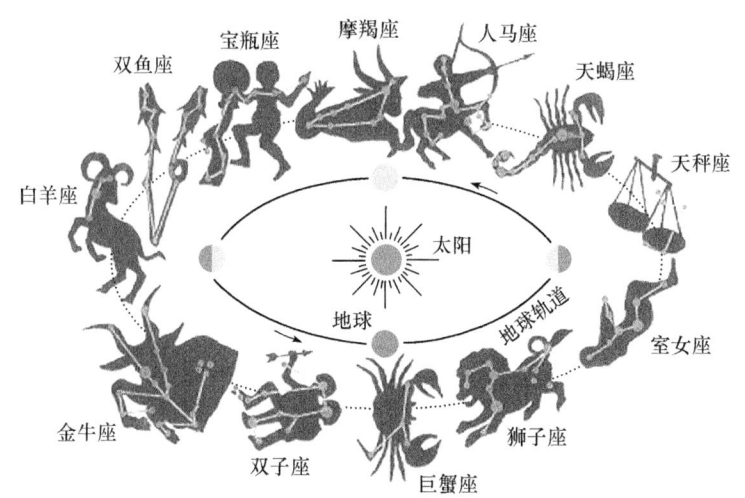

图 1.3.6 黄道 12 宫示意图

事实上，按现代天文学对星座区域的以上划分，黄道穿过的星座不是 12 个，而是 13 个，即在天蝎和人马之间还有一个蛇夫座（Oph）。各星座大小参差不齐，

蛇夫座跨黄道的范围要比天蝎座大一倍多（参见附录星座简图中的黄道 13 星座图）。加之地球公转是在椭圆轨道上运动，太阳周年视运动的速度是不均匀的，所以太阳在每个星座里停留的时间长短不一。每年春分时刻太阳从春分点出发，穿行一周、历一个回归年之后，又回到春分点，这是一年四季温度变化的自然周期。由于地球力学运动的复杂性，春分点并不固定在某个星座上，而是不断地沿着黄道改变自己的位置，方向与周年视运动的方向相反，每年移动约 50 角秒，约 2.6 万年移动一圈。太阳从某一恒星出发，穿行一周后又回到同一恒星的周期是地球公转的物理周期，天文上称为"恒星年"，与四季变化的回归年周期并不吻合，每年长约 20 分钟。这一现象，早在中国晋朝，就已被天文学家虞喜发现，古称"岁差"。生物依存的岁序更新，也就是通常所说的"年"是回归年。由于岁差，每"年"的同一日期，太阳在星座中的位置都有微小变化。年深日久，各个月份太阳所在的星座也就易位了。在古希腊时代，春分点位于白羊座，到 20 世纪时，已经跑到了双鱼座中靠近宝瓶座的地方。也就是说，春分节气时的太阳位置已经不在古希腊时代的白羊座，而跑到了双鱼座中靠近宝瓶座的地方。表 1.3.1 是 1999 年太阳进出黄道 13 星座的准确时间。由于岁差影响，每年大约延后 20 分钟，约 70 年延后一天。表中所列太阳在各宫停留的时间是基本不变的，但因为历法不够精准，有闰年、平年的不同，相近年代的日期和时间可能会有一天以内的误差。

表 1.3.1　1999 年太阳进出黄道 13 星座的日期和时间

星座	日期	北京时间	黄经范围	停留时间
摩羯	1月20日	4时51分	28°16′	27天21小时
宝瓶	2月17日	1时36分	24°34′	24天11小时
双鱼	3月13日	12时48分	36°09′	36天15小时
白羊	4月19日	3时27分	25°16′	26天0小时
金牛	5月15日	3时52分	36°25′	38天0小时
双子	6月22日	3时47分	27°56′	29天7小时
巨蟹	7月21日	10时54分	20°24′	21天8小时
狮子	8月11日	18时46分	35°33′	36天18小时
室女	9月17日	13时17分	44°10′	44天17小时
天秤	11月1日	6时24分	22°08′	22天0小时
天蝎	11月23日	6时49分	7°24′	7天7小时
蛇夫	11月30日	14时18分	18°30′	18天5小时
人马	12月18日	19时25分	33°15′	32天10小时

近几年来，西方文化的糟粕"星座算命"流毒中国，且有愈演愈烈之势。上至著名大网站，下至偏远地区的小学生，传播着"冥冥之中自有星定"的西洋迷信思想。"哪个星座女生最容易嫁给有钱人"、"哪个星座最容易朋友变情人"、"十二星座凶吉配对表"之类的蛊惑之词赫然出现在网页标题中。一种说法

是，人出生的时候太阳正在哪一个星座里运行，该人就属于这个星座。这个人的一生祸福，他的性格、能力、财富、情感等就和这个星座有关。还有一种说法是，占星术各星座只是宇宙方位的代名词，从春分点开始，每30°一个方位，共12个方位，沿用以白羊座打头的12个名称，只具有虚拟的意象，而不是天上真实的星座。照前一种说法，每个人的星座应以表1.3.1为准；照后一种说法"星座算命"的准确时间已经与星座无关。所谓某人属于某一个星座，并不是天文学确定的天上的真实星座，更不符合"太阳在哪一个星座中运行"的真实情况。

可能令这些骗术传播者始料不及的是，他们宣扬的某人属于某个星座的分界日期和时间，竟然与中国传统的二十四节气中的"中气"相符！二十四节气与星座无关，仅指示出太阳周年视运动的准确位置。二十四节气从冬至起算，每隔一个选取一个，共12个，称为"中气"。凡不包含中气的月份就是上一个月的"闰月"，这是中国农历的重要法则。星座网站上宣扬的"边界星座速查表"声称："如果你的生日在两个星座的交界处，不清楚自己到底是什么星座，可以在这里查找太阳进入每个星座的具体时间。"这些"具体时间"其实就是12个中气的时间，而且已经换算到东经120°标准时间，即北京时间。节气是中国特色的，所以以北京时间为准；但"星座算命"是洋玩意儿，却也换算到北京时间，看来已是经过改装的西洋骗术。

早在200多年前，法国思想家伏尔泰就曾经说过："迷信就是傻子遇到了骗子的结果。"我们不仅不要做傻子，更要拿起科学的武器，去揭穿骗子们玩弄的把戏，崇尚科学，破除迷信。

日本电脑画家加贺谷穰创作了大量以天文学为题材的电脑艺术作品，其中的黄道12宫图画精彩绝伦，值得欣赏（光盘图1.3.7 加贺谷穰创作的黄道12宫美术作品）。

1.4 地球的形体、年龄和内部结构

1.4.1 地球的形体

严格的地球形体概念是指不受潮汐、气压和波浪影响的静止海水面以及假想这个海水面向陆地延伸而包裹地球的形体，称为地球体。地球体的表面称为大地水准面，又叫重力场等势面。精确测量地球形体是大地测量学的任务。测量结果表明，地球体接近于一个数学上的旋转椭球体，与之只有极微小的差别。1976年，国际天文学联合会天文常数系统以一个最接近地球体的旋转椭球体作为地球的标准形体，称为参考椭球体。它的参数为

地球赤道半径 $a = 6\,378\,140$ 米(基础常数)

地球扁率因子 $1/f = 298.257$(导出常数)

由这两个参数可以计算出

地球极半径 $b = 6\,356\,755$ 米

地球形体略扁是地球自转离心力造成的。20世纪70年代，卫星大地测量以10厘米的精度给出了大地水准面相对于参考椭球体表面的起伏。三位美国地球物理学家以夸大的比例尺发表了一张图，表示地球体与参考椭球体的差别（图 1.4.1）。差别较大的地方是：在南极有约30米的凹陷，在北极约有10米的凸起，其余地区差别更小。有人曾形容地球像一只橘子（扁球）或根据图 1.4.1 形容地球像一个梨，还取了所谓"地球梨状体"的名称，

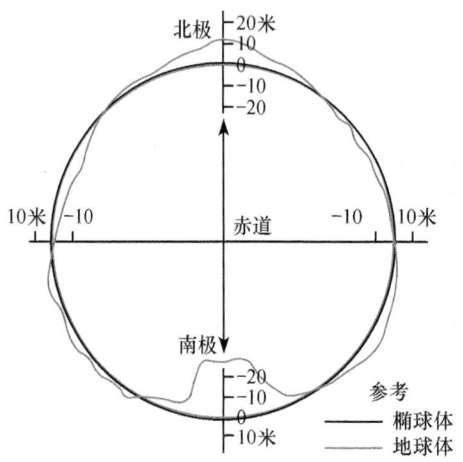

图 1.4.1　大地水准面相对于参考椭球体表面的起伏

这些都是不正确的，有损于地球的真实形象，容易造成误导。其实，地球相对于一个正球体的偏离是很微小的。如同用圆规画一个直径12厘米的圆，两极只扁了0.4毫米，而且所有地球表面上的高山深渊也都不超过这0.4毫米的范围。至于极区的凹陷和凸起，只有0.6微米，眼睛根本分辨不出来。可以说地球是一个相当浑圆的球，完全不像橘子或梨。

地球的质量是根据万有引力公式，通过重力测量方法获得的。一个关键的数据是万有引力常数 G。最早测定 G 值的是英国物理学家卡文迪许（B. Cavendish）。地球质量的现代数据是 5.974×10^{24} 千克。由此算出的地球平均密度为 5.515 克/厘米^3。

地球表面重力加速度的平均值是 9.806 65 米/秒^2。某个物体如果以 7.9 千米/秒的速度沿赤道运动，所产生的离心力就会与重力相平衡而处于失重状态。这时，物体沿圆轨道绕地球运动，它所受到的地球引力刚好等于物体做圆周运动所需要的向心力，而不需要添加任何别的动力，这就是人造卫星的飞行原理。7.9 千米/秒称为第一宇宙速度，也叫环绕速度。如果速度加快，飞行轨道将拉长成为椭圆形。当速度达到 11.2 千米/秒时，轨道变成抛物线，物体会脱离地球引力场的束缚，一去再不回头，这一速度称为第二宇宙速度，也叫脱离速度或逃逸速度。当速度达到 16.7 千米/秒时，物体将脱离太阳引力场的束缚，飞出太阳系，奔向别的恒星，这一速度称为第三宇宙速度，也叫超越速度。

1.4.2　地球的年龄

地球的年龄为 (45.7 ± 0.03) 亿年。这是地球科学家用放射性同位素等方法测定的。地球上一些重大历史事件的年表和按缩小比例算出的数据列于表 1.4.1。

表 1.4.1　地球上一些重大历史事件的年表

历史事件	实际时标	地质时代	按比例缩小的时标
地球形成	46 亿年		100 年
岩石形成	38 亿年		83 年
生命形成	36 亿年	前震旦纪	78 年
生命向陆地移居	3.5 亿年	石炭纪	7.6 年
恐龙兴盛	2 亿年	三叠纪	4.3 年
哺乳动物出现	0.7 亿年	白垩纪	1.5 年
人从猿分化出来	1 000 万年	第三纪	2.6 月
人类形成	300 万年	第四纪	<1 个月
文字出现	6 000 年		1 小时
人类进入太空	50 年		0.5 分钟

地质学家们认为，地球上有过三次大冰期：距今 6 亿～7 亿年前的震旦纪大冰期；距今 2.5 亿～3 亿年前的石炭-二叠纪大冰期和距今 200 万年以来的第四纪大冰期。每一次冰期，全球气候严寒，冰盖绵延，冰河遍地。但古生物研究表明，在三大冰期时期，都有生物存活。虽然在震旦纪时代，只有原始藻类的遗迹，而另外两大冰期，都有高级生物生存的证据。

人类的历史是在第四纪大冰期中度过的。在整个大冰期中，又出现过 5 次亚冰期和夹在当中的间冰期时代，五度寒暖交替。全球人类的文明史是在约 1 万年前开始的间冰期时代中发育成长的，而 1 万～10 万年前的原始人则生活在气候寒冷的亚冰期中。整个人类的历史经历了 5 次寒暖交替的考验。亚冰期时代，在与严寒作激烈斗争的条件下，原始人类得以保存并有所发展；间冰期时代，气候温和，生物繁盛，人类在经历了亚冰期的严峻锻炼之后，获得了有利于生产和改进生活的条件，得到更大的发展。我们有幸生活在间冰期时代。但现代间冰期将延续多久，又进入下一轮亚冰期，这是人类关心的重大问题，但现在还没有可靠的预测证据。

1.4.3　地球的内部结构

地球的内部结构是地球物理学研究的内容，大致的分层情况如图 1.4.2 所示。地壳由岩石构成，厚度很不均匀。最厚处在中国青藏高原，厚达 65 千米，最薄的深海沟只有 5～8 千米，全球平均约 35 千米。地壳上面是水圈和气圈。地壳下面是地幔，厚约 3 000 千米，由超基性岩构

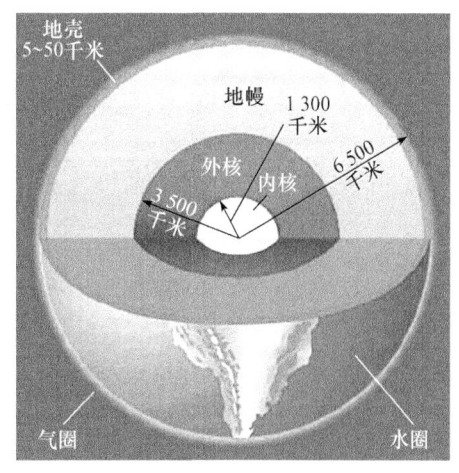

图 1.4.2　地球内部结构示意图

成,具塑性,可缓慢流动。再往下是外核和内核,直达地心。地壳下面的温度随深度而增加。100千米深处的地幔温度约1.5万℃,地幔与外核交界处的温度达到约4.5万℃,地心温度在6万℃以上。地震波探测表明,外核是液态的,内核是固态的,它们的密度都在10克/厘米^{3}以上。地壳、地幔、外核和内核的质量分别占地球总质量的0.5%、67%、30.8%和1.7%。地球的化学成分主要是铁、氧、硅、镁的化合物,这4种元素的质量加一起,占地球总质量的90%。地核的主要成分是铁。

当代地壳板块模型指出,全球地壳不是整体的,而是分成几个大的板块。板块与板块之间在地幔层上缓慢地移动(图1.4.3)。大约2亿年前,欧亚大陆与美洲大陆是连在一起的,后来才裂开并慢慢漂移到现在的位置,形成大西洋。印度次大陆原来不属于欧亚板块,它是从南极方向漂移过来的。当印度板块与亚洲板块撞到一起的时候,交界之处挤压隆起,形成喜马拉雅山脉。日本列岛位于太平洋板块与欧亚板块交界处,将来有可能在板块运动之中被挤入大海,从地球表面消失。板块运动和地底下的高温,说明地球内部蕴藏着巨大的能量,火山、地震、海啸、……都是这种能量释放的过程。曾经有过一种说法,认为地壳下面普遍存在着高温熔融的岩浆,这是不正确的。地幔不是岩浆,岩浆是在一定条件下才会产生的局部熔融现象。目前,人类打得最深的钻井在俄国,深12261米,离钻透地壳还很远。2005年,中国在江苏东海县,完成了深5158米的钻井,进行地球物理研究。地球内部的很多细节,现在还无法了解清楚。

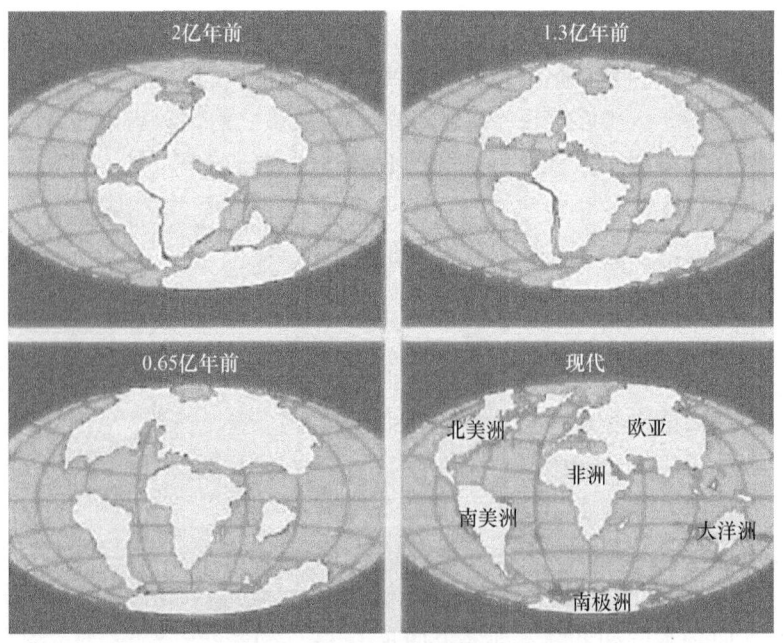

图1.4.3 地壳板块移动示意图

1.5 月　　球

月球是地球的卫星。太阳系八大行星中，除水星和金星以外都有卫星。宇航时代开始以前，已知的卫星总数有31颗，20世纪末增至65颗，至2005年5月增加到153颗，至2008年10月增加到166颗。计有：木星63颗，土星60颗，天王星27颗，海王星13颗，火星2颗，地球1颗。表1.5.1列出了166颗卫星中半径比月亮大的4颗，以及各行星半径最大的卫星及它们与各自行星的质量比。月球与地球的质量比是1∶81，远远大过其他卫星与其行星的质量比。

表1.5.1　卫星与行星的质量比

卫　星	半径/千米	质量比/（1∶）	卫　星	半径/千米	质量比/（1∶）
木卫三	2 631	12 800	月球	1 738	81
土卫六	2 575	4 210	海卫一	1 350	4 780
木卫四	2 400	17 600	火卫一	14	6.68×10^7
木卫一	1 815	21 300	天卫四	760	29 870

光盘图1.5.1是伽利略号木星探测器拍摄的地球与月球的合影。

根据地球和月球形成的历史，可以说它们也许是一对姊妹、一对母女或一对情人。如果它们同源于一个母体——太阳系原始星云的一部分，那么算是一对姊妹（图1.5.2）；如果月球是在地球形成之后，从地球分化出去的一部分质量形成的，那么就是母女关系（图1.5.3）；如果月球另有别的来源，在特定条件下被地球俘获，然后形影不离，互相绕着转，这就好比是一对情人了（图1.5.4）。还有一种新的说法——撞击形成说，认为在地球形成的过程中，一个火星般大小的团块撞击尚未凝固的原始地球，造成地球自转轴倾斜，并喷发出一部分物质，凝固之后，形成月球（光盘图1.5.5　月球的撞击形成说）。太阳系的起源，包括地球和月球的起源问题，至今尚无定论。

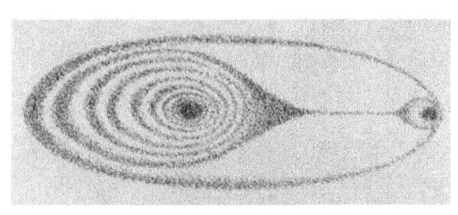

图1.5.2　地球和月球是一对姊妹

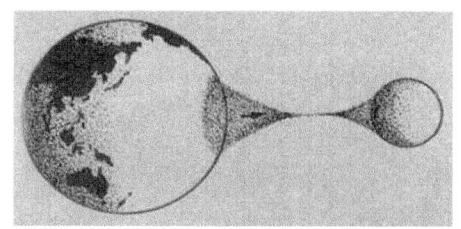

图1.5.3　地球和月球是一对母女

由于地球和月球质量相差不太悬殊，距离也不算远，在天体力学中把它们当作一个系统来看待，称为地月系。地月系质心在地球本体之内，距地球质心4 700千米，

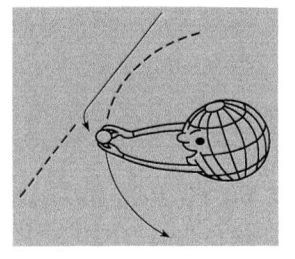

图 1.5.4　地球和月球是一对情人

而地球的半径是 6 378 千米（图 1.5.6），月球半径约为地球半径的 1/4。月球绕地球公转，其实是月球和地球都绕地月系的质心转，周期都是 27 日 7 时 43 分 11.545 秒，称为恒星月。月球自转也是这一周期，所以月球总以同一面对着地球。请看图 1.5.7，当月球在 A 点时，箭头指向地球，过了 1/4 个月，月球走到 B 点的位置，同时它也自转了 1/4 圈，箭头由原来的指向转了 90°，仍然指向地球。再过 1/4 个月，月球走到 C 点的位置，同时又自转了 1/4 圈，箭头仍然指向地球。同理，月球走到 D 点后又回到 A 点，在整个公转过程中，箭头始终是对着地球的。站在地球上的人永远看不到月球的背面，当然站在月球背面的人也永远看不见地球。直到 1959 年，苏联发射首次飞越月球背面的"月球一号"卫星，拍回了月球背面的照片，人类才第一次看到了月球背面的情况（光盘图 1.5.8　人类第一张月球背面的照片）。时至今日，俄、美、欧、日、中、印都有探测器飞临月球上空，拍摄全月面图像，人类对月球的正面、背面都了解得一清二楚了（光盘图 1.5.9　月球正面图；光盘图 1.5.10　月球背面图）。

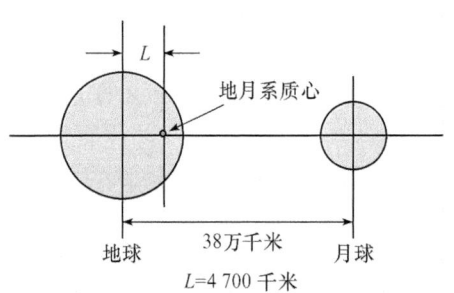

图 1.5.6　地月系的质心

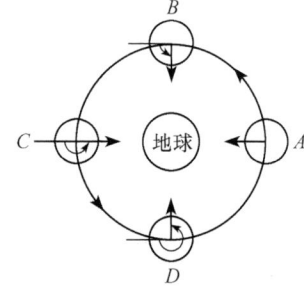

图 1.5.7　月球总以同一面对着地球

月球直径与月地距离之比和太阳直径与日地距离之比，两个比值近乎相等。因而在地球上看太阳和月亮，两者圆面大小几乎是一样的。太阳光焰夺目，月亮皎洁明媚；日常丰满，月有亏盈；一阳一阴，时聚时散，但皆东升西落，行进在大致相同的天空轨道上。太阳和月球是与人类生存关系最为密切的两个天体。

地球和月球亲如姊妹、母女或情人，但这两个星球上的环境状况却相差悬殊。月球表面重力只有地球的 1/6，引力小到无法留住做自由运动的气体分子，所以月球没有大气，当然也就不会有液态的水；即使曾经有过，也会因为不断蒸发变成水汽而逃逸掉了。月球表面的岩石裸露在太空环境中，不像地球有大气和海洋对温度的调节作用。再加上月球上的一昼夜有 29 天多，白天阳光照耀 14 天半，另外 14 天半完全沉浸在黑夜里。还因为月球自转轴没有倾斜，没有一年四季的变化，只有日复一日强烈的昼夜反差。因此月球上白天酷热，温度高达 127℃；夜间奇冷，温度低至-183℃。没有大气就没有风霜雨露，更不用说蓝天和彩虹了，甚至连声音也无法传播；没有大气的屏蔽作用，就不能阻挡紫外线、X射线、γ射线、流星和宇宙线的轰击，所以月球是一个使生命充满危机的、不适合生命存在的死寂的星球。1996年，美国的一项月球考察探测到月球南北两极地区可能存在水冰，并推测水冰由以冰为主要成分的彗星坠落而来（详见1.8节）。

月球表面到处是环形山，大的直径数百千米，小的只有几米，那是月球早期被太阳系小天体撞击形成的（光盘图1.5.11 月球表面的环形山）。光盘图1.5.12是月球背面代达鲁斯环形山的照片，直径93千米。最大的赫茨普龙环形构造也在月球背面，直径590千米。月面上看似黑暗的部分叫做月海，这是伽利略当年的误称，实为熔融的玄武岩凝固形成的大片平坦地区，反照率较低。最大的月海"风暴洋"，直径2568千米，形状不规则，面积约229万千米^2，略小于地球上的地中海。月亮上最长的山脉是亚平宁山脉，长640千米，其最高峰惠更斯峰高5600米（这是从山脚起算的高度，因为月球上没有海，没有"海拔"的概念）。与地球内部的活动性相比，月球是一个"死"星球。早在30亿年前，月球即停止了一切表面活动，至今已完全冷却、凝固，内部能源枯竭，磁场消失，没有空气和液态水，更没有任何生物，是一个处于高真空状态、只有弱引力场的高度洁净的天体（光盘图1.5.13 阿波罗15号拍摄的月球照片）。

地球海洋的潮汐现象来源于月球和太阳的"引潮力"（光盘图1.5.14 海岸边潮涨、潮落的照片）。引潮力与引潮天体的质量成正比，与距离的立方成反比，而直接引力与距离的平方成反比。太阳虽然质量巨大，但距离较远，所以虽然太阳对地球海水的直接引力是月球的180倍，但引潮力只有月球的1/2.18。吸引海水涨潮退潮的主要是月亮，其次是太阳。每当农历朔、望，月亮、太阳与地球在一条直线方向，引潮力叠加在一起，海水涨落最大，是为大潮；每当月相上弦或下弦，月亮与太阳相距90°，引潮力有所抵消，海水涨落最小，称为小潮（图1.5.15）。除日、月之外，其他天体的引潮力都很小，影响最大的金星，引潮力也只有月球的二万分之一。即使八大行星都排在一个方向上，引潮力统统叠加在一起，也只能使地球海水涨落0.4毫米。潮汐的起因在天上，但潮头的高低却与海岸地形有关。中国的钱塘江口因为地形特殊而形成举世闻名的钱江潮，比别处更为澎湃壮观。加拿大的芬地湾和俄罗斯的鄂霍次克海都是著名的潮汐壮观的地方。唐朝诗人李益的《江南曲》"嫁得瞿塘贾，朝朝误妾期，早知潮有信，嫁与弄潮儿。"潮起潮落，是天体施给地球的影响，不仅与沿海渔民的

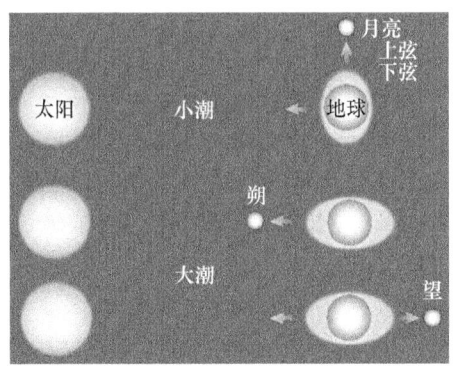

图1.5.15 大潮和小潮

生产、生活息息相关,也入诗、入画。在某一具体地点,由于日、月高度和方位的错落变化,海底及海岸地形不同,潮汐涨落的大小和时间规律是相当复杂的,不同地点,表现各不相同。表 1.5.2 是中国山东青岛胶南市海洋潮汐的具体时刻(来自当地民间)。

表 1.5.2 山东青岛胶南市海洋潮汐的具体时刻

农历日期		北京时间			
		高潮	低潮	高潮	低潮
初一	十六	05:14	11:26	17:38	23:50
初二	十七	06:02	00:38	18:26	12:14
初三	十八	06:50	01:26	19:14	13:02
初四	十九	07:38	02:14	20:02	13:50
初五	二十	08:26	03:02	20:50	14:38
初六	廿一	09:14	03:50	21:38	15:26
初七	廿二	10:02	04:38	22:26	16:14
初八	廿三	10:50	05:26	23:14	17:02
初九	廿四	00:02	06:14	11:38	17:50
初十	廿五	00:50	07:02	12:26	18:38
十一	廿六	01:38	07:50	13:14	19:26
十二	廿七	02:26	08:38	14:02	20:14
十三	廿八	03:14	09:26	14:50	21:02
十四	廿九	04:02	10:14	15:38	21:50
十五	三十	04:50	11:02	16:26	22:38

1.6 月相变化

"人有悲欢离合,月有阴晴圆缺,此事古难全"(宋·苏轼·水调歌头)。除了日出日落昼夜更替之外,在所有天象中最频繁出现也最引人注目的莫过于圆缺变化的月相了。唐朝诗人李贺有一首诗,叫《金铜仙人辞汉歌》。金铜仙人是汉武帝时建造的仙人铜像,手捧承露盘,雄伟壮观,矗立于长安汉宫神明台上。300 多年以后,三国时魏明帝曹睿想把它搬移到魏都洛阳,只运到离长安不远的霸城就因为实在太重搬运不便而作罢了。李贺诗中神奇地描写铜人留恋故地,不愿去魏国,被搬动时竟潸然泪下,泪如铅水,掷地有声,感叹地写下了"天若有情天亦老"的名句。此句意深词险,历经 200 年无人能对。直到宋朝,文学家石曼卿才对出一句"月如无恨月长圆",非常工整贴切。司马光评曰:"李贺句奇绝无对,曼卿词堪称勍敌"(宋·司马温公诗话)。

天不会变老,因为天没有感情。月有圆缺变化,因为月有所恨。这是诗人的奇思妙想,用以抒发胸中的情怀。其实月相变化的原因很简单,是日月地三个天体的

1.6 月相变化

位置变化引起的。月亮自身不发光,照亮它的太阳光反射到地球,才能被人们看见。如果太阳照亮的半个月球球面与地球上看见的半个月球球面不能完全重合,那么人们看见的只是两者重合的部分,其形状称为月相。月相的一侧总是半圆,另一侧随月球运转而不断变化,月相便由圆到缺,又由缺到圆。半圆的一侧总是朝向太阳,交汇处的两点连线一定通过月面中心。

月相变化的周期叫盈亏周期或朔望周期,就是中国农历的一个月。它的平均长度等于29.530 588 2日。朔望月比真正的月球公转周期恒星月长,后者只有27.321 661 40日。它们的关系如图1.6.1所示。从朔(或望)开始,当月球经过一个恒星月以后由位置1移到位置2,而在这段时间里,整个地月系绕日公转了一个小角度,月球还没有到

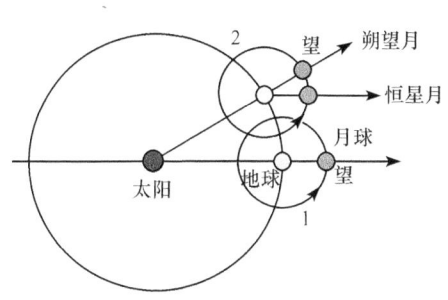

图1.6.1 朔望月长于恒星月

达下一个朔(或望)的位置,必须再运动一个小角度才能完成一个朔望周期。这段时间就是朔望月与恒星月之差。由于地月系公转轨道速度不均匀,朔望月周期略有长短变化。光盘图1.6.2是中国台湾高雄市小学生制作的,一个朔望周期里,29天不同的月相变化照片,反映出中国台湾地区天文普及的水平和小学生们的动手能力。

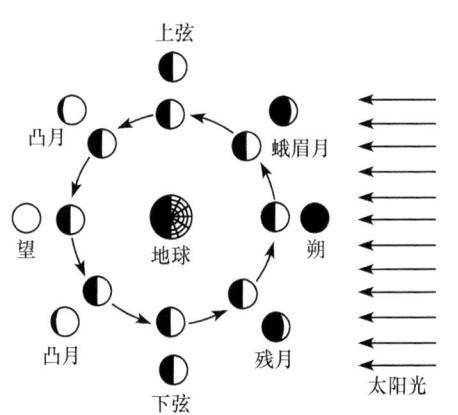

图1.6.3 月相变化的规律

月相变化的原因如图1.6.3所示。朔时,月在日地之间,月球对着地球的半面刚好是阳光照不到的半面,而且月球位于白天太阳附近的天空中,人们看不见月亮。望时,地球在日月之间,月球对着地球的半面刚好是阳光照亮的半面,人们便看到一轮明月,而且整个夜晚都在天上。上弦或下弦,日月相距90°,月球对着地球的半面有一半阳光灿烂,另一半一片漆黑,人们看到的只是半个月亮。发生在农历上半月的为上弦,发生在农历下半月的为下弦。在其他日期,人们看到不同的月相,有时像弯弯蛾眉(新月或残月),有时一侧凸起,称凸月。在农历上半月,月亮朝向太阳的西侧总是圆的,随着农历日期的增加,东侧逐渐变化,亮的部分越来越多,由朔到望,由缺到圆;在农历下半月,月亮朝向太阳的东侧总是圆的,西侧逐渐变化,亮的部分越来越少,由望到朔,由圆到缺。在天气特别晴好的黄昏时分,有时能隐隐看到弯弯新月以外那原本看不见的、没有阳光照亮的月球部分,叫做"新月抱旧月"。那隐隐的光线是从地球反射到月球上去的太阳光,再反射回地球。日本画家加贺谷穰逼真而传神地画出了大自然这一美景(光盘图1.6.4 加贺谷穰的画

作：新月抱旧月）。

月相、农历日期、观月时间和月亮方位之间有相对确定的关系。在北半球中纬度地区（北回归线以北），太阳和月亮总在南半个天空中东升西落，这是地球自转的反映。面向南方时，左手是东右手是西。日在白天，月在夜晚，都是从左到右，不断西行，每天一圈。同时，月球绕地球公转的运动是由西向东，与东升西落的方向刚好相反，一月之内，相对于太阳而言，月球自右向左东行，每月一圈，每天东行约 12°。

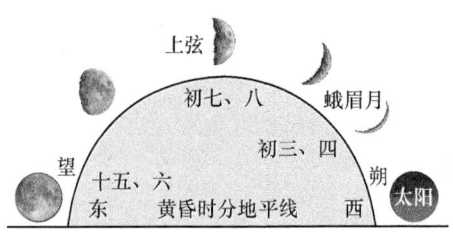

图 1.6.5　农历上半月黄昏所见的南半天空

如图 1.6.5 所示是农历上半月黄昏所见的南半天空。太阳在西边地平线上，不同日期有不同的月相和月亮位置。朔时，日月在同一方位，人们不可能看见月亮。随后，月球离日东行，月牙渐露，夜幕降临时，可见一弯新月斜挂在西边天空，不久即没入地平线下，日期是农历月初。试举两首描述这种月相的唐诗。一首是："楼上黄昏欲望休，玉梯横绝月如钩。芭蕉不展丁香结，同向春风各自愁。"（李商隐·代赠）。诗中描写一位女子黄昏时信步走到楼头，迎望来会的意中人，但见弯月如钩，杳无人影。记起楼梯已经折断，喻指爱情受阻，情人不能来此相会，连楼前院子里的芭蕉树叶和丁香花都结而不展，不禁黯然神伤，哀愁无限。月相"如钩"，不是新月就是残月，但残月此时不在天上。诗中的月相，定然是新月，方位应在西边靠近地平线的地方，日期是初三、初四前后。另一首是李群玉的《黄陵庙》："小姑洲北浦云边，二女啼妆自俨然。野庙向江春寂寂，古碑无字草芊芊。风回日暮吹芳芷，月落山深哭杜鹃。犹似含颦望巡狩，九嶷如黛隔湘川。"李群玉是与李商隐同时代的诗人。黄陵庙在湖南洞庭湖畔，供奉的是舜帝的两个妃子娥皇和女英。因年代久远，寺庙冷落，碑文剥蚀，荒草萋萋。只见暮色苍茫，月影依稀，声声杜鹃啼血，霭霭九嶷在目，激起诗人的无限感慨。从"日暮"、"月落"四个字不难判断，月相也是农历月初的蛾眉新月，方位当然也是西边，不久就要落山了。娥皇和女英寻访舜帝至洞庭湖边，得知舜帝战殁的消息，泪洒竹林，然后跳湘江殉夫，化为湘江之神。染上泪珠的竹子从此便长出点点黑斑而为"湘妃竹"。李白《远别离》中的诗句"苍梧山崩湘水绝，竹上之泪乃可灭。"描述的就是这一典故。

脍炙人口的唐诗"月落乌啼霜满天，江枫渔火对愁眠。姑苏城外寒山寺，夜半钟声到客船。"（张继·枫桥夜泊）描写的月相是上弦，方位在西边地平线上。太阳位于地下最深处，恰为"夜半"时分，日期是农历初七、初八。由图 1.6.5 可见，上弦月与太阳相距 90°，日落时，半个月亮正高居南方最高处，弦在左，弓背向右，朝向西天的太阳。随着夜色渐浓，弦月也逐渐偏西，至月落地平线的时候，太阳正在地下最深处，恰为子夜时分。上弦过后，日落时的月亮越来越偏向东方，亮

1.6 月相变化

的部分也越来越多，左边的弦线鼓起，形成凸月。至十五、十六，日月相距180°，月球朝向地球的一面整个被太阳照亮。日落西山时，一轮圆月即从东方地平线上冉冉升起，子夜到达中天，至曙方落，整夜都在天上，是为"望"。

圆圆的月亮最为美丽动人。皓月当空，银辉洒地，溶溶月色曾引发人间多少思绪缠绵。在古典诗词中，望月也出现得最多。"小时不识月，呼作白玉盘。又疑瑶台镜，飞在青云端。"（李白·古朗月行）。宋词"去年元夜时，花市灯如昼，月上柳梢头，人约黄昏后。今年元夜时，月与灯依旧，不见去年人，泪湿春衫袖。"（欧阳修·生查子），上片写一对恋人去年元夜黄昏之约，不去灯明人众的花市，而在月影婆娑的树前，两情脉脉，卿卿我我。下片笔锋一转：一年后的今天，景物依旧，而人已天各一方，思念情深，伤感落泪。词中描写的月相正是美丽的望月。时值黄昏，日落西隅，一轮圆月从东方升起，刚到柳树梢头，离地平线不远。日月相距180°，月相为望，日期是农历的十五或十六。当然，诗中已写明"元夜"，即正月十五，一年当中第一个月圆之夜。

如图1.6.6所示是农历下半月黎明所见的南半天空。太阳在东边地平线上。望月经过一个夜晚的行程，即将落入地下。唐诗"采莲去，月没春江曙。翠钿红袖水中央，青荷莲子杂衣香。云起风生归路长。归路长，那得久？各回船，两摇手。"（李康成·采莲曲）是望月西沉的写照。李康成是和李白、杜甫同时代的诗人，曾经编过一部诗集叫《玉台后集》。这首诗描写一群农家少女，清早即去泛舟采莲，然后满载而归的劳动场景。画面清新优美，情绪活泼欢快。其中"月没春江曙"一句表明，姑娘们出发的时候，天方黎明，曙光初照，而月亮却在西天没入地平。日月相距180°，月相自然也是"望"了。

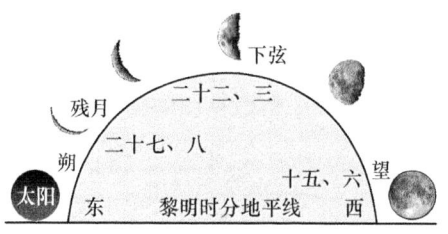

图1.6.6　农历下半月黎明所见的南半天空

十八、十九的凸月，黎明时分已运行到西南天际，不等落山即隐没在晨光中。廿二、廿三的下弦月，黎明时在南方最高点，弦在右，弓背向左。它从东方升起的时刻应在6小时之前的子夜。那时的情景正是一首民歌唱出的意境："半个月亮爬上来"。再过几天，至农历月末，月相只剩下弯弯残月，离太阳不远，破晓前出现在东方天空，弓背指向左下方已等在地平线下的太阳，晨光曦微之中虽升起不久，也只能悄然逐渐隐退了。曾倾倒无数骚人墨客的宋词："寒蝉凄切，对长亭晚，骤雨初歇。都门帐饮无绪，方留恋处，兰舟催发。执手相看泪眼，竟无语凝咽。念去去千里烟波，暮霭沉沉楚天阔。多情自古伤离别，更那堪冷落清秋节。今宵酒醒何处？杨柳岸晓风残月。此去经年，应是良辰好景虚设。便纵有千种风情，更与何人说。"（柳永·雨霖铃）尽写离别伤感之意：清秋雨夕，饯别长亭，友人（或恋人）登舟远去，只影孤单，难耐寂寞惆怅，无人可以诉说。最为精彩的就是有关月相的那一句："今宵酒醒何处？杨柳岸晓风残月。"寥寥数语，宛如一幅清新而又略带悲凉的图画：晨光未露，河岸凄清，微风吹拂，柳丝飘摇，一钩残月低挂在东边天际。日期当然是农历月末。这首"雨霖铃"被名家评为柳永词的代表之作，传诵至今已历时900多年。

月相变化，本是简单的自然现象，关于月相的描述经常出现在文学艺术作品中，变化万千。那些意境高雅，月相、见月时间和方位描写准确的作品，使天上的景物和人间的感情自然地融合在一起，往往成为千古传诵的名篇。有些现代作品，未经真实考察，或失之臆想造作或违背自然，读起来难免令人扫兴。例如，有一部电视连续剧，片头曲中唱出一句："日头落了是黄昏，月牙牙落下是早晨"。前半句是对的，而后半句就违背了月亮升落和月相变化的自然规律：新月以后的月牙牙落下只能是黄昏而不会在早晨；早晨所见的月牙牙应是残月，而残月在东方刚刚升起，不会从西边落下。描写错误，失去真实感，艺术的魅力就大大减色了。

"明月几时有？把酒问青天。"（宋·苏轼·水调歌头）青天不语，让我们来回答：月儿最明是月地距离最近又适逢望月的时候。由于月球绕地球公转的轨道是椭圆，再加上太阳和其他大行星的一些干扰因素，月球到地球的距离在35万6 400千米至40万6 700千米之间变化，所以人们看见的月球圆面有时略大，有时略小，直径变化在1与0.87之间。俗话说"十五不圆十六圆"。发生"望"的时刻，不一定在十五，也不一定在夜间；十六、十七乃至十四都有可能。请看图1.6.7，因为月球在椭圆轨道上运动，速度有快有慢。如果朔时月球在图中轨道下方，从朔到望跨过近地点，运动速度快，所需时间较短，也许不到十五月亮就圆了；如果朔时月球在图中轨道上方，从朔到望跨过远地点，运动速度慢，所需时间较长，须等十六甚至十七月亮才会圆。影响月明程度还有一个因素，是月、地、日三者位置接近直线与否。真的在一条直线上将发生月食，偏离直线稍远，反射阳光不够充分。当然还受天气条件和大气透明度的影响。所有条件都凑在一块：月相望，又在近地点，极接近直线，天气又十分晴好，人们看到的才是最大最圆的明月。但这是非常难得的。一般而言，"月到中秋分外明"，未必如此。

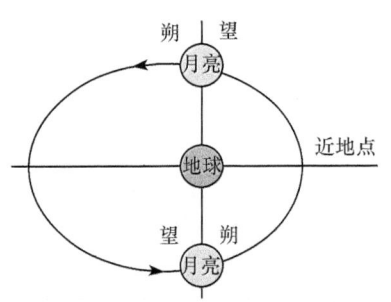

图1.6.7 从朔到望的时间长短有较大变化

再看光盘图1.6.8（光盘图1.6.8 农历月长有时29天，有时30天），农历的初一定义在发生月相朔的那一天，而朔是一个时刻。如果图中蓝色圆圈代表朔的时刻，29天半以后，下一次朔发生在第30天，应是下个月的初一，本月只有29天，为小月；而如果红色圆圈代表朔的时刻，29天半以后，下一次朔发生在第31天，才是下个月的初一，本月有30天，为大月。这是农历月长、月短变化的原因，并不是朔望周期的变化。

1.7 月面上的星空

月球没有大气层，没有任何阴晴雨雪的天气变化，没有大气分子散射阳光。月面上的天空中，看不见蓝天白云，也不会有彩虹和风沙，但永远有灿烂的群星和清澈的银河。月面上的天空背景，不论白天黑夜，永远是漆黑的。太阳、地球、星星和银河都可以同时在漆黑的天幕上各自发光。恒星的光不再闪烁；天体发出的所有波段的电磁波辐射，都毫无阻碍地倾泻在月面上；流星体也许会冷不丁地坠落在你的面前，事先没有声音或光亮的痕迹。

在月面天球上，有三个大圆：与月球自转轴垂直的月赤道；绕地球公转轨道的投影白道；地球绕太阳公转轨道的投影黄道。但赤道与黄道基本上是重合的（相交 $1°32'$），而白道对赤道有 $6°41'$ 的倾斜且倾角不变，只有交点沿黄道运动，周期 18.6 年（图 1.7.1）。

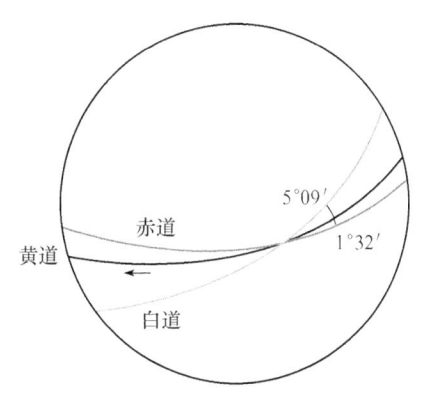

图 1.7.1 月面天球上的赤道、白道和黄道

在月球上看恒星，所有星座的排列和形状，都和在地球上看到的一样，但更加明亮和壮观。星空整体的绕天极旋转，东升西落，每月旋转一圈，没有四季星空的变化。恒星们"月月"重复着同样的运行路径，不分白天黑夜，没有阴晴晨昏，常常与日、地同辉。由于月球的重力只及地球的 1/6，在地球上显得笨重的天文仪器，到了月球上便轻巧灵便起来；由于天体在天空中的运行速度只及地球上的 1/27，长时间观察同一天体便成为轻而易举之事。到月球上去观察星空，成为天文爱好者的理想之举，当然更是天文学研究的必由之路。

在月球上看太阳，太阳也和恒星一样，每"月"东升西落。由于月球随地球绕太阳公转，太阳升落的周期比恒星升落的周期长 2 天 5 小时 0.8 分。太阳除升落之外，还在星座之间穿行，与在地球上看到的一样，沿黄道 13 星座每年运行一圈。由于月球的自转轴没有倾斜，所以不分一年四季，永远昼夜平分。半个月是白天，半个月是夜晚。在太阳下落的那半个月漫漫长夜，月面漆黑寒冷，天上只有星光和蓝色的地球（如果在月球背面，地球便永不可见），更显寂寞和凄凉。

当地球上发生日食的时候，月球上便发生"地食"。蓝色地球上出现了月球的黑影，但不可能发生地球全被挡住的"地全食"。当地球上发生月食的时候，月球上便发生"日食",太阳可能会很长时间地处在地球黑影之中,全食时间超过 3 小时。在月球上还经常可以看到地球上看不到的天象"地掩星"和"日掩星",即硕大的地球或明亮的太阳挡住了它们后面的恒星或行星,过程比地球上看到的"月掩星"要长得多。

在月球上看蔚蓝色的地球,是月面星空中最大、最美丽的天体,比地球上见到的月亮直径大 4 倍,也有圆缺变化,但却总固守天空一隅,任凭太阳和群星与之相对运动。登上月球的宇航员,在满目荒凉的环境中,只有抬头看见那高悬天际的家乡——地球时,才会有一丝温馨的感受。光盘图 1.7.2 是阿波罗 11 号宇航员在飞临月球时拍摄的照片(光盘图 1.7.2 半轮"明地"在"月平线"上空)。

因为月球的自转周期与绕地球的公转周期相同,轨道面又与赤道面接近重合,在月面天球上,地球基本上是固定不动的,没有升起和下落,就像地球赤道上空的定点人造通信卫星那样。但由于轨道面有 6°多的倾斜,还由于月球的公转轨道是椭圆,运动角速度是不均匀的,月面上空的地球,不是纹丝不动。它在一个很小的天区内步履极慢地徘徊,每月一个往复。天区范围为经度方向约 3 个地球直径、纬度方向约 6 个地球直径,大致相当于北斗七星斗勺之内的范围。地球不动,太阳和恒星在动,它们之间当然就有相对运动:既有周月运动,也有周年运动和以 18.6 年为周期的交点进动。

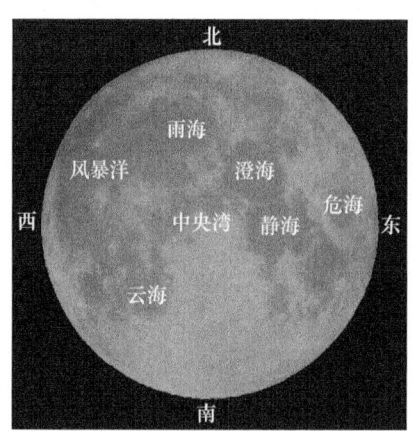

图 1.7.3 月面上的危海、静海、中央湾、风暴洋

站在月面上不同的"月点",天空也有不同的景色。月面经纬度类似地球那样划分。纬度的起点是月赤道,经度的起点是月赤道上的平均对地点。月赤道由东向西穿过危海、静海、中央湾、风暴洋(图 1.7.3)。平均对地点在中央湾里。从 0°到东经 90°是上弦时见到的半个月亮;从 0°到西经 90°是下弦时见到的半个月亮。±90°到 180°是地球上见不到的月球背面。月、地质心的连线穿过月球表面的两点叫做对地点和背地点。对地点也是地球上可见的那半个月面的中心点。由于与上一段所述同样的原因,对地点不是月面上固定的点,它在经度方向有 380 千米的漂移,纬度方向有 405 千米的漂移。

在月球两极地区,天极位于头顶上。恒星沿平行圈周月运动。太阳在月平线上既有周月运动,同时也在恒星间周年运动。太阳和恒星都永不升落。太阳能量微弱,温度极低。一切物体的影子都拉得很长很长。环形山中央的盆地永远处在黑暗的山影中。地球永远在月平线上月面经度的起点上,略微有一点升降和左右移动。

在月球赤道地区,天极落在月平线上。恒星和太阳都直上直下运动,东升西落,半个月在天上,另半个月在地下。地球永远悬挂在东或西边的固定位置,略微有一点升降和左右移动。东经 $0°\sim90°$,地球在正西方向;西经 $0°\sim90°$,地球在正东方向。经度 $\pm90°\sim180°$,进入月球背面,永远见不到地球。

在月球中纬度地区,天极高度等于月点纬度。恒星和太阳都沿着倾斜的平行圈东升西落,周月运动。有些恒星永不升,有些恒星永不落。太阳沿赤道在恒星中穿行,周年运动。不分一年四季,永远昼夜平分。半个月是白天,半个月是夜晚。在月球背面各点,永远看不到地球。在月球正面各点,地球永远悬挂在天上固定的位置,略微有一点升降和左右移动。东经 $0°\sim90°$,地球在西部天空;西经 $0°\sim90°$,地球在东部天空。

地球上看月亮,有圆有缺。月球上看"地亮",同样也有缺有圆。"地相"和月相的盈亏周期、成因和表现都是一样的,但其"相"却刚好相反:当月相正圆的时候,"地相"正亏;地球上正值无月之夜,一轮圆圆的"明地"却照澈月面上空。蛾眉月与圆过又缺的"地相"凑成一对,而一弯"残地"与将圆未圆的前凸月同时显现在月面和地面的天空中。"地相"和月相刚好互补,凑在一起刚好是一个完整的圆面(表 1.7.1)。当然,"地亮"比月亮面积大得多,两者也不可能真的拼合在一起。

表 1.7.1 月相和地相互补

中国农历	初一	初四	初七	十一	十五	十九	廿二	廿六
	朔	新月	上弦	前凸	望	后凸	下弦	残月
月相								
地相								

1.8 宇航时代的月球探测

1.8.1 前苏联的载人飞行和月球探测

1957 年 10 月 4 日,苏联"卫星一号"人造卫星上天,开创了人类空间探测的新纪元;1961 年 4 月 12 日,苏联宇航员加加林(Ю. А. Гагарин)(光盘图 1.1.2)乘"东方一号"人造卫星航行外层空间后安全返回地面,写下了人类进入太空的第一个记录。从 1959 年 1 月至 1976 年 8 月,苏联发射了一系列月球探测器"月球 1~24 号",率先进行了人类对月球的空间探测。

1959 年 1 月 2 日,苏联发射的"月球 1 号"是人类第一颗月球探测卫星;1959 年 9 月 14 日发射的"月球 2 号"首次撞击月球表面;1959 年 10 月发射的

"月球3号"首次飞越月球背面,拍摄到月球背面的照片并传回地球,使人类第一次见到从未见过的月球背面的情形(光盘图1.5.8);1966年1月发射的"月球9号"于2月3日首次实现了在月球表面软着陆;1966年3月发射的"月球10号"成为第一颗人造月球卫星;1969年7月~1976年8月发射的"月球15~24号"发展为自动月球科学站,其中"月球16号"和"月球24号"采集了月球土壤和岩石标本送返地球;"月球17号"和"月球21号"各携带一辆月行车(光盘图1.8.1 前苏联月球车),在地面遥控操纵下自动行驶考察月球表面,发回大量珍贵的资料照片。

1965~1970年,苏联发射了一系列"探测号"行星际飞行器,其中有4次(ЗОНД 5~8号)进行月球探测后返回了地球。"ЗОНД 6号、7号"坠落西伯利亚,"ЗОНД 8号"坠落印度洋,都得到回收。

1.8.2 美国的阿波罗登月行动

1966年2月26日,美国开始阿波罗登月行动,至1972年,共发射17艘飞船,其中阿波罗11~17号为载人飞行。除阿波罗13号中途发生故障未能实现登月以外,其余6次共有12名宇航员登月探测成功。

1969年7月16日格林尼治时间(下同)13时32分(美国当地时间9时32分),阿波罗11号从美国卡那维纳尔角起飞(光盘图1.8.2 阿波罗11号起飞),7月20日20时17分40秒,登月舱在月面静海西南部着陆(光盘图1.8.3 阿波罗11号登月舱)。21日2时56分,宇航员阿姆斯特朗踏上了月球表面,在荒凉的月面砂土上留下了人类第一个深深的足迹(光盘图1.8.4 人类踏上月球的第一个足印)。3时15分,第二名宇航员阿尔德林踏上月球(光盘图1.8.5 阿尔德林走下登月舱),两人在月面行走0.25千米,探测时间2.5小时,登陆舱在月面停留21小时36分。21日17时54分,登月舱离开月面,返回绕月飞行的飞船。24日16时50分,阿波罗11号的返回舱在夏威夷西南812海里处太平洋海域溅落(光盘图1.8.6 阿波罗11号的返回舱溅落太平洋),顺利完成了人类第一次登月飞行的任务。阿波罗11号的三位宇航员阿姆斯特朗、柯林斯(M. Collins)和阿尔德林的照片如光盘图1.1.2所示。

阿波罗飞船高25米,直径10米,重50吨,装载在土星5号三级运载火箭的顶部。火箭全高110米,起飞重量3 200多吨。飞行全过程分8个阶段(光盘图1.8.7 阿波罗飞行过程分8个阶段):①发射至一定高度后一级火箭脱离,二级火箭点火,进入离地面180千米的圆形轨道;②绕地飞行1.5~2圈后二级火箭脱离,三级火箭点火,使飞船达到第二宇宙速度,进入奔月轨道;③到达月球附近时三级火箭脱离,飞船进入距月面上空110千米的圆形绕月轨道;④绕月飞行10圈后,登月舱离开飞船向月面软着陆,指令舱留在飞船上继续绕月飞行;⑤登月舱中的宇航员完成月面考察任务后乘登月舱点火起飞返回仍在绕行的飞船;⑥继续绕月飞行;⑦舍弃登月舱,飞船进入返回地球轨道返航地球;⑧接近地球大气层时,宇航员乘指令舱，舍弃飞船，张开降落伞在南太平洋溅落。登月舱外形为不规则多面体，高9米，直径4米，重15吨。阿波罗计划共耗资400亿美元，宇航员在月球上停留的时间共300小时11分38秒，科学探测时间合计81.09小时。完成的探测内容有：在月面上步行或乘坐月球车（光盘图1.8.8 美国的月球车）行程94.95千米，对月面直接观测、摄影和采样；在月面上设置核动力科学实验站，对月球和近月空间进行研究；安装自动月震仪，太阳风测试仪和宇宙射线探测器；安装了供精确测量地-月距离用的月面激光反射器（光盘图1.8.9 月面激光反射器）；带回了总重381千克的月球岩石和土壤样品（光盘图1.8.10 月球岩石样品）。大量探测资料对揭示月球表面结构特征，月面物质的化学成分、光学和热力学物理特性，月球重力场、磁场和月震情况有无可比拟的价值。表1.8.1列出了阿波罗6次登月的时间和相关数据。光盘图1.8.11给出了前苏联和美国历次登月位置图。红色小三角是前苏联的无人探测器月球号8次登月位置，绿色小三角是美国阿波罗6次登月位置，黄色小三角是美国的无人探测器探测者号（Surveyor）5次登月位置。

表1.8.1 阿波罗6次登月的时间和相关数据

	发射时间（UT）	登陆时间（UT）	登陆位置	探测时间/小时	行程/千米	携回样品/千克	溅落时间（UT）
11	1969.7.16 13:32:00	7.20 20:17:40	0.674N 23.473E	2.53	0.25	21.7	7.24 16:50:35
12	1969.11.14 16:22:00	11.19 6:54:35	3.014S 23.419W	7.75	1.35	34.4	11.24 20:58:24
14	1971.1.31 21:03:02	2.5 9:18:11	3.645S 17.471W	9.38	3.45	42.9	2.9 21:05:00
15	1971.7.26 13:34:00	7.30 22:16:29	26.132N 3.634E	19.13	27.9	76.8	8.7 20:45:53
16	1972.4.16 17:54:00	4.21 2:23:35	8.973S 15.499E	20.23	27	94.7	4.27 19:45:05
17	1972.12.7 5:33:00	12.11 19:54:57	20.188N 30.775E	22.07	35	110.5	12.19 19:24:59

1.8.3 新一轮月球探测

1972~1993年为月球探测的沉寂期。1994年开始了新一轮月球探测。1994年1月25日，美国发射了"克莱门汀"号月球探测器（Clementine），先绕地球飞行，2月3日离开地球轨道，2月19日进入月球轨道，2月21日开始了为期两个月的绕月探测飞行，测绘了全球月面图。5月5日离开月球轨道，5月7日因计算机出现故障而失去联系。1996年11月发表的"克莱门汀"号探测数据研究报告，提出在月球南极环形山的底部可能存在水冰的证据。

1998年1月7日，美国发射"月球勘测者"探测器（Lunar Prospector）（光盘图 1.8.12 "月球勘测者"探测器),绕月球两极飞行,高度 100 千米,118 分钟飞行一圈。1998 年 5 月发表的探测报告,指出在月球南极 650 千米^2、北极 1 850 千米^2 范围内有水冰约 66 亿吨,与石头、泥土混合在一起(光盘图 1.8.13 有水冰的月球南极照片)。当"月球勘测者"工作一年半以后即将结束使命时,轨道已下降到离月面只有 30 千米高度。1999 年 7 月 31 日,在地面指令下,进行最后一次撞击月球南极的实验,希望能够产生撞击出来的水分子或氢氧离子的频谱信息,证明确实存在水冰。然而,通过地面望远镜、飞船和哈勃空间望远镜的观测,都没有得到相关的证据。月球水冰的问题留下了有待证实的疑点。"月球勘测者"更加详细地绘制了全月面地形图和化学成分分布图,探测到月面各处富含铕、钛、钍、铀等矿产资源。

新一轮月球探测的关注点是:关于月球起源与演化的科学研究;月球资源及支撑人类活动的可利用价值;"制太空权"的军事意义。月球还可成为人类探索更遥远深空的中继站。在月球上建立特殊实验室,研究或生产制造在地球上无法做成的新材料和生物制品。月球有条件成为一个可实现包括经济、交通、环境、防自然灾害等在内的对地球进行全面监测的理想的观察站。建立月基天文台,装备大口径天文望远镜,可以全天候、全波段、高精度、高清晰度地观测天体。

中国的"嫦娥号"探月工程分三步进行:第一步,发射"嫦娥一号"探月飞船,在距月面 200 千米的轨道上绕月球两极飞行,每 127 分钟绕月球一圈,飞行一年后,结束探测任务;第二步,2012 年前后,实现在月球上两次软着陆及月球车和机器人探测月球;第三步,2017 年前后,发射能返回地球的探测器,将月球样品带回中国。

"嫦娥一号"已于 2007 年 10 月 24 日 18 时 05 分在西昌发射升空(光盘图 1.8.14 "嫦娥一号"发射升空)。经过 8 次变轨后,于 11 月 7 日正式进入工作轨道(光盘图 1.8.15 "嫦娥一号"的飞行轨道),11 月 18 日卫星转为对月定向姿态,11 月 20 日开始传回探测数据,11 月 26 日公布了第一幅月面图像(光盘图 1.8.16 "嫦娥一号"公布的第一幅月面图像),同时完成了三维影像的制作。

"嫦娥一号"体重 2 350 千克,体积 200 厘米×172 厘米×220 厘米,起飞重量 250 多吨。总投资 14 亿人民币(光盘图 1.8.17 "嫦娥一号";光盘图 1.8.18 "嫦娥一号"上的"中国探月"图标)。"嫦娥一号"的主要任务是:获得全月面的三维影像图;分析铀、钍、铕、钛、铬、铁、铝、镁等 14 种矿产资源的分布和含量;测量月壤厚度,估算氦-3 资源的储量;考察距地面 4 万~40 万千米的地-月空间环境。飞行过程中需要高精度地保持设计轨道和准确无误地实时变轨;探月过程中,探测器镜头要对准月球,太阳能电池板要对准太阳,传送信号的天线要对准地球。测控系统以分布在西昌、北京、西安、喀什、青岛、厦门的航天测控网地面测控中心和地面站为主,辅以国家天文台设在上海、昆明、乌鲁木齐和北京密云的 4 台射电望远镜甚长基线干涉测量系统(VLBI),两艘位于太平洋中的"远望号"航

1.8 宇航时代的月球探测

天测量船,以及欧洲空间局设在智利、圭亚那、澳大利亚和西班牙加纳利群岛上的4个测控站。

至2008年10月,"嫦娥一号"已成功在轨运行一年,完成了预定探测任务。此后,为了充分利用"嫦娥一号"的在轨资源,从2008年11月8日开始,进行了变轨能力、轨道测定能力等10余项试验。轨道由200千米圆轨道降到100千米圆轨道,继而降到远月点100千米、近月点15千米的椭圆轨道,再升回到100千米圆轨道。2009年3月1日15时36分,"嫦娥一号"卫星开始减速,16时13分10秒成功撞击在月球的丰富海区域。撞击点位于月球东经52.36°、南纬1.50°,为中国探月一期工程画上了圆满的句号。"嫦娥一号"在轨运行一年中,共传回1.37TB的有效科学探测数据,获取了全月球影像图、月表部分化学元素分布等科学研究成果,圆满实现了工程目标和科学目标,为中国月球探测后续工程和深空探测奠定了坚实的基础。

欧洲空间局于2003年9月27日发射"智能1号"绕月飞船(光盘图1.8.19 欧洲的"智能1号"绕月飞船),2006年9月3日完成探月任务后,以每秒2千米的速度撞击月面成功(光盘图1.8.20 "智能1号"撞击月面时产生的闪光)。2007年9月14日,日本发射"辉夜姬(Kaguya)"号绕月飞船(光盘图1.8.21 日本的"辉夜姬"号绕月飞船),它由一艘主探测器和两个被命名为"翁"和"妪"的子探测器组成,飞行高度距月面100千米。"辉夜姬"已于2009年6月11日北京时间2点25分,在地面控制下撞击在月面南纬65.5°、东经80.4°的基尔环形山附近。2008年10月22日,印度发射"月船一号"无人月球探测船,于11月14日在绕月轨道上,释出一枚镌有印度国旗图案的月球撞击探测器,成功触击月球表面。印度绕月飞船重523千克,轨道高度100千米,计划工作两年(光盘图1.8.22 印度的"月船一号"绕月飞船)。2009年8月29日"月船一号"出现故障,与地面失去联系,印度空间研究组织宣布不得不放弃该探测器。

美国宇航局2009年6月18日(北京时间19日5时32分)将两个探测器——月球勘测轨道飞行器(LRO)和月球坑观测与传感卫星(LCROSS),用一枚"宇宙神-5"运载火箭发射升空。"重返月球"计划正式启动。LRO是一艘绕月飞船,绕极轨道,低空飞行,离月面只有50千米,至少飞行一年,目的是为下一步机器人登月寻找适宜着陆点和勘测月球资源。LCROSS是半人马座火箭和牧羊航天器的结合体(光盘图1.8.23 美国LCROSS的组成),计划在月球南极上空解体后先后撞击月球,通过对溅出物的频谱测量探寻水冰存在的证据。2009年10月9日LCROSS解体并先后撞击月球南极成功。11月13日美国宇航局宣布,初步证实月球南极确有水冰。此次撞击溅出的350吨月球碎片中含有约合95升水量的水冰。美国预计于2020年建成太阳能月球基地,先开展机器人登月活动,随后完成载人任务。初期阶段花费超过1000亿美元(光盘图1.8.24 美国的太阳能月球基地设想图)。

第 2 章 太阳和太阳系

2.1 万物生长靠太阳

太阳是太阳系中唯一的恒星、唯一的能源基地，其质量占太阳系全部天体总质量的 99.86%。地球上一切生物分享并消耗掉的能量，归根结底是来自太阳的辐射能。地球生物的食物链最后一环，是海洋中的单细胞藻类，总质量超过其他所有物种总质量之和。它们只供别的物种所食而不吃任何食物，它们的营养来自太阳光与叶绿素的光合作用。太阳能转化为海洋藻类机体中的生物能，然后沿着生物链的阶梯，滋养着一切生物的生存和发展。地球上一切生物的活力，皆由太阳能转换而来；人类汲于自然的能量无一不是源自太阳。没有阳光孕育、滋养远古时代的动物、植物，就没有埋藏于地下的煤和石油；没有太阳升腾海水，兴云布雨，何来江河流水、水力发电？核能、地热能和地层深处的天然气是地球自身所有，或许与太阳无关，但它们也要人来开发，不会天然提供；而没有太阳，人复何存？没有太阳的光辉，地球将永远漆黑一片，河床干涸，海洋冻结，地表热能尽失，所有生命都将化为乌有！

太阳的直径比地球大 109 倍，体积大 130 万倍，光盘图 2.1.1 是太阳和地球大小的比较。太阳照片来自美国和欧洲共同发射的"太阳和日球层探测器（SOHO）"。太阳离地球 1.5 亿千米。乘坐高速火车跑完这段路程需要 60 年，飞机需要 10 年；速度最快的光，也要跑上 8 分 19 秒（光盘图 2.1.2　紫外波段拍摄的太阳）。

太阳表面的温度是 6 000℃，中心 1 500 万℃。太阳能量来自占半径 1/4 的中心区域。在那里，不断地进行着由氢原子核聚变为氦原子核的热核反应，相当于每秒钟爆炸 12 亿颗氢弹。太阳发出的强大热量能把包在太阳外面、厚 1 000 米的冰层在 1.5 小时内全部融化。传到地球表面的太阳能只占太阳总能量的 44 亿分之一，但已足以抵得上全球人类总发电量的 10 万倍。热核反应产出的能量是由反应过程中质量的损失换来的。太阳每秒钟要损失掉 400 万吨的物质，才能维持它的能量供应。消瘦自己，照亮他人，这就是太阳的风格、太阳的精神。太阳已经消耗了 50 亿年。太阳的总质量有 2 000 000 000 000 000 000 000 000 000 吨，经得住再为人们消耗 50 亿年。

太阳的物质成分 71% 是氢、27% 是氦，其余是氮、氧、碳和各种金属。不过这些化学物质都不是普通的原子状态，而是处于物质的第四态——等离子态：所有原子的核和核外电子都完全脱离，再大致均匀混合在一起的状态。太阳内部有 4 个

2.1 万物生长靠太阳

不同的层次：中心区、辐射区、对流区和光球层（图 2.1.3）。热核反应在中心区进行，产生的能量经辐射区和对流区到达光球层，再从光球向空间各处辐射出去。光球就是人们直接可以看到的太阳表面。

光球层的厚度约 500 千米。光球表面上的结构叫"米粒组织"（光盘图 2.1.4 光球表面上的米粒组织）。每一颗米粒的直径为 700~2 000 千米，而且不断地翻滚变化，存在寿命只有十几分钟。它是太阳表面热量上下强烈对流的表现，必须用特殊设计的太阳望远镜才能观测到它的精细结构。光球上还经常出现太阳黑子（光盘图 2.1.5 太阳黑子；光盘图 2.1.6 黑子和米粒组织）。黑子是光球表面因温度相对较低而显得"黑"的局部区域，黑的程度分好几个层次，是由太阳磁场结构的变化产生的。黑子经常成群出现，大小差别很大（光盘图 2.1.7 成群的太阳黑

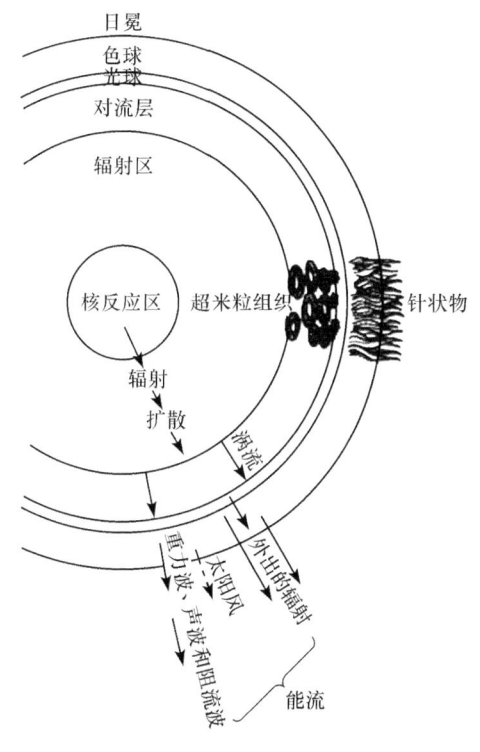

图 2.1.3 太阳分层示意图

子）。大黑子的直径达到 20 万千米，放得下十几个地球。黑子的出现有周期性，而且有从小到大，再逐渐消失的发育过程，平均寿命约数月。黑子多的时候是太阳活动剧烈的时候。人类最早记录太阳黑子的是中国古代典籍，如《汉书·五行志》中有"有黑气大如钱，居日中央"的记载。《周易》中"日中见斗"、"日中见沫"和传说中的"日中乌"可能就是指太阳黑子。古人可在日出或日落时直接见到太阳黑子，也常用"盆油观日斑"的办法来观察太阳黑子。公元前 43 年～公元 1638 年，中国史书上记载的太阳黑子记录共有 112 条。通过天文望远镜观察太阳黑子，既是专业研究项目，也是业余爱好者乐于从事的工作。这里提醒读者，在任何时候，都不要用任何尺寸的望远镜直接瞄准太阳，以免眼睛受到伤害。用望远镜观察太阳一定要加上滤光设备，或者采用投影板的方法，观察投影出来的太阳像。

光球层再往外，有两层人们平时看不到的太阳大气：色球层和日冕。只有在日全食的时候，光球完全被月亮的阴影挡住了，才能显露出来。色球层是红色的，厚度约 2 500 千米，有许多并列的针状体结构，温度很高，被形容为燃烧的草原。日珥是色球层中的喷发物，像是巨大的火焰，有时高达数十万千米，大小不一，形态多样，有喷泉状、拱桥状等（光盘图 2.1.8 一次巨大的日珥喷发；光盘图 2.1.9 紫外波段拍摄的日珥）。在太阳活动剧烈的时候，色球层上还会出现明亮的耀斑，它是太阳大气中能量突然爆发的现象。一个中等大小的耀斑相当于 1 亿颗氢弹爆炸

产生的能量（光盘图 2.1.10　太阳耀斑）。

日冕是太阳的高层大气，呈银珠色，一直延伸到离太阳表面很远的地方。在太阳活动剧烈时候，会从日冕中抛射出大量的物质。光盘图 2.1.11 是 SOHO 探测器拍摄的日冕物质抛射照片，中央圆盘是光球的遮挡板，白色圆圈表示光球大小。日冕还是太阳风的风源所在地。一种说法认为，太阳风就是动态的日冕。这种广义的日冕可以一直延伸到超过八大行星的轨道之外。

太阳的直径有 140 万千米，但它的大部分区域几乎都是"空无一物"的。日冕和色球层同真空差不多，光球的稀薄程度相当于地球最高层的大气。太阳物质主要集中在太阳深部，从 1/2 半径向内，只占总体积 1/8 的中心部分占有总质量 90%以上的物质。太阳温度从光球向中心区增高，从 5 770 开增高到 1 500 万开。但从光球向外，温度也随大气层高度而增高，光球上空 2 000 千米处增至几万开，色球层顶面达到几十万开，到日冕区竟高达几百万开。这种反常增温的情况是太阳物理学中令人困惑的问题之一。一种说法认为，是太阳对流层中的各种波（如声波和重力波等）传播到太阳大气层中，因耗散而转换为热能，类似微波炉加热食物的原理，使密度极低的高层大气加热到很高的温度。

2.2　太阳是能源也是扰动源

太阳发出的不仅是能养育生命的光和热，也发出能杀戮生命的可怕射线和物质粒子。由红橙黄绿青蓝紫七色光线组成的太阳光，只是太阳辐射的一部分，叫做可见光。除可见光以外，太阳还发出射电波、红外线、紫外线、X 射线和 γ 射线等。紫外线、X 射线和 γ 射线都是可危及生命的杀手（图 2.2.1），幸亏地球有大气层保护，把它们的绝大部分都阻挡在大气层外面了。到外层空间去的航天员，都要穿上特制的航天服，才能避免这些射线的伤害。

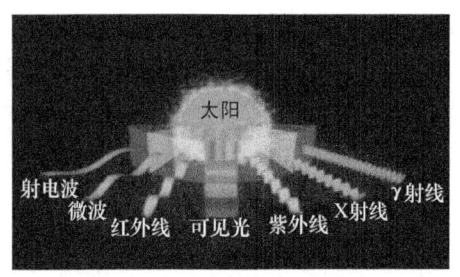

图 2.2.1　太阳也发出能杀戮生命的可怕射线

太阳风是太阳发出的高温、高速、低密度的物质粒子，也是可危及生命的杀手（图 2.2.2）。太阳风呈螺旋状轰击地球。幸亏地球有磁层保护，使它们无法接近地球（光盘图 2.2.3　太阳风粒子呈螺旋状轰击地球）。磁层是由地球磁场形成的，顶部总是迎着太阳方向，距地面 5~10 个地球半径；尾部总是背向太阳，延伸到 100~200 个地球半径；截面直径约 40 个地球半径。磁层像拖着尾巴的彗星，随地球公转不断改变位置。磁层像一条防护林带，阻挡着太阳风吹向地球的大部分高能粒子，使地球上的生命免遭伤害。只有极少量粒子穿过磁层屏障，沿迂回的路径到达两极上空（光盘图 2.2.4　少量太阳风粒子到达地球两极上空），同电离层中的大气原子和分子碰撞而发出荧光，使地球的两极地区出现独特而美丽的景观——极光。极光千变万化，有时像飘逸天际的云朵，有时像横空出世的彩虹，更多的时候像高悬天宇的巨大帷幕，发出幽幽的蓝绿色的荧光。光盘图 2.2.5 是美丽的极光照片。光盘图 2.2.6 是美国阿拉斯加上空的极光。光盘图 2.2.7 是加拿大安大略湖畔萨德伯里中微子天文台上空出现的极光。

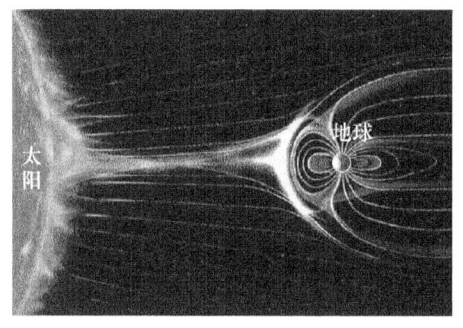

图 2.2.2　太阳风是太阳发出的高能粒子

光盘图 2.2.8 是南极冰原上见到的极光。光盘图 2.2.9 是中国南极中山站上空出现的极光，由中国南极考察队员马玉光拍摄。光盘图 2.2.10 是日本画家加贺谷穰笔下的极光。

　　太阳活动扰动了太阳系的空间环境。太阳活动的显著标志是太阳黑子。黑子多的时候，其他活动也会比较频繁。黑子附近的光球上会出现光斑，黑子上空的色球层上会出现谱斑，它们都是比背景更加明亮的部分。日珥和耀斑等爆发现象也常常伴随着黑子数极多的时候而愈加壮观。黑子上空的日冕中也会随之出现不均匀结构；冕洞热闹非凡，太阳风强劲吹出。从光球表面至高层大气，形成强烈的太阳活动区。黑子既是活动区的核心，也是活动区最明显的标志。黑子群和黑子数的多寡代表某一时期太阳活动的整体水平。每个黑子都有很强的磁场，黑子越多，磁场越强。从原理上讲，黑子就是太阳表面局部磁场增强的区域。

　　太阳黑子的出现数量有 11 年左右的消长周期。天文学家从 1755 年开始，系统地积累每一个周期详细的黑子观测资料，并按时间顺序编号。从 2007 年开始，进入第 24 个太阳活动周期。2013 年是本周期太阳活动最强烈的峰年。上一次太阳活动峰年是 2001 年，前后几年都有太阳强烈爆发的现象。

　　在一个太阳活动周期内，黑子群出现的规律是先从日面上下两部分（高纬度地区）出现，逐渐向中间（低纬度地区）转移，在赤道上汇合并趋于消失。下一个周期又从高纬度地区开始。在记录黑子出现规律的图表上，可以见到以 11 年为周期的蝴蝶形图样（图 2.2.11）。相邻两个周期的黑子群磁场极性刚好相反，并轮流交替。因此按磁场变化的情况来看太阳黑子的活动周期应是 22 年，称为太阳磁性周期。

　　大日珥爆发和日冕物质抛射是太阳强烈活动的表现。光盘图 2.2.12 是美国天空实验室拍下的大日珥。1999 年 7 月 24 日和 9 月 14 日两度出现大日珥，SOHO 探测

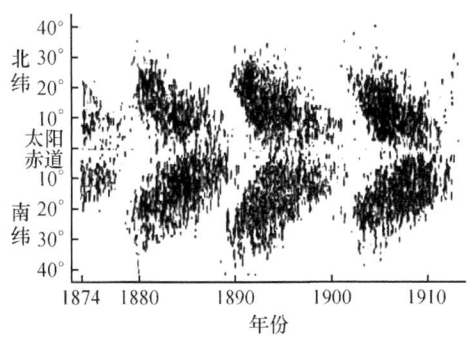

图 2.2.11　太阳黑子蝴蝶图

器拍到了精彩的照片（光盘图 2.2.13　1999 年 7 月太阳大日珥；光盘图 2.2.14　1999 年 9 月太阳大日珥）。光盘图 2.2.13 上方的小蓝点表示地球大小。2002 年 7 月 1 日大日珥喷发，SOHO 拍摄的照片被公众评选为最佳照片之一（光盘图 2.2.15　2002 年 7 月太阳大日珥），照片中的蓝色小点表示地球。光盘图 2.2.16 是 2008 年 9 月 29 日出现的大日珥。1998 年 6 月 2 日出现日冕物质大抛射，SOHO 探测器拍下了壮观的场面（光盘图 2.2.17　太阳日冕物质大抛射），照片中央的圆盘是光球的遮挡板，白色圆圈表示光球大小。光盘图 2.2.18 记录了 2000 年 3 月 20 日两个小时之内日冕物质抛射的过程。2002 年 1 月 4 日又一次日冕物质大抛射被记录下来（光盘图 2.2.19　太阳日冕物质大抛射）。

　　太阳活动造成了地球外太空的"空间天气"呈现周期性变化。黑子数极大的时候，地球两极上空极光频繁出现，并向低纬度地区延伸，中国黑龙江漠河地区有时也能见到（光盘图 2.2.20　中国黑龙江漠河上空的极光）。光盘图 2.2.21 是 2004 年 11 月 7 日出现在美国密苏里州上空的极光，这是中纬度地区冬夜难得见到的景观，由摄影师 Vic & Jen Winter 拍摄。1989 年 3 月，美国得克萨斯州和佛罗里达州都见到了极光。大气电离层在受到太阳强烈活动干扰的时候，出现短波无线电通信中断；海上和空中的导航系统及导弹的制导系统失灵；航天器和高空飞机的安全受到威胁。1972 年 8 月 2 日~12 日，太阳风高能粒子流突然增强，如果阿波罗登月飞行恰好赶上的话，可能会酿成宇航员重大人身事故。1989 年 3 月，美国同步气象卫星上的太阳能电池损毁一半；1990 年 11 月，中国风云一号卫星控制失灵；1991 年 3 月，欧洲海事通信卫星被迫退出服务。以上这些都是特大黑子群和大耀斑爆发造成的。太阳风粒子的轰击会使地球磁场和大地电场受到干扰，出现磁爆，造成全球输电网和输油管线受损。1989 年 3 月，加拿大魁北克地区电网系统仪表失灵，变压器损坏，全地区停电 9 小时。太阳强烈活动时，射电、紫外和 X 波段辐射增强，还会导致平流层大气升温，影响大气环流，波及气象及水文状况，引发旱涝灾害和厄尔尼诺现象，对人类健康也有一定程度的影响，甚至地球自转也受太阳活动的干扰。如 1959 年 7 月和 1972 年 8 月两次检测到地球自转突然减慢万分之几秒，即与大黑子和大耀斑有关。

　　太阳活动对地球及人类生存环境产生各种影响，这方面的工作称为"日地关系"和"空间天气预报"研究。

2.3　八大行星

　　自古以来，人们就知道天上有 5 颗行星：金、木、水、火、土。望远镜发明之后，天文学家相继发现了天王星、海王星、冥王星，加上地球，并称为太阳系九大行星。2006 年 8 月 24 日，国际天文学联合会（IAU）在捷克首都布拉格举行的第 26 届大会通过关于"太阳系行星的定义"的决议，太阳系只剩下八大行星。决议全文如下。

IAU 决议：太阳系行星的定义

现代的观测正在改变着我们对行星系统的认识。天体的命名应当反映这些最新的知识，这一点特别适用于行星这个名词。名词"行星"源自描画"漫游者"，那时只知道它们是天空中移动的光点。最近的发现使我们能用新得到的科学信息创建新的定义。

IAU 决议把行星和太阳系中的其他天体定义为如下不同的三类。

（1）行星（planet）是一个具有如下性质的天体：①位于围绕太阳的轨道上；②有足够大的质量来克服固体应力以达到流体静力平衡的形状（近于球形）；③已经清空了其轨道附近的区域。

注1 八颗行星是：水星、金星、地球、火星、木星、土星、天王星和海王星。

（2）"矮行星"（dwarf planet）是一个具有如下性质的天体：①位于围绕太阳的轨道上；②有足够大的质量来克服固体应力以达到流体静力平衡的形状（近于球形）；③还没有清空其轨道附近的区域；④不是一颗卫星。

注2 IAU 将建立一个程序对接近"矮行星"和其他分类边界的天体进行评估。

（3）其他所有围绕太阳运动的天体被定义成"太阳系小天体"（small solar system bodies）。

注3 目前这些天体包括绝大多数的太阳系小行星（asteroid）、绝大多数的海外天体（TNO）、彗星和其他小天体。

IAU 进一步决议：根据上述的定义，冥王星（Pluto）是一颗"矮行星"，并且被认定成新一类海外天体的原型。

TNO 是 Trans-Neptunian Object 的缩写。名词"行星"源自描画"漫游者"的含意是：planet（行星）出自古希腊文，相对于 star（恒星）而言。天空中的恒星虽然随着地球的自转和公转整体地在天球上运行，但恒星与恒星之间的相对位置及它们排列的形状是恒定不变的，而行星却在其间漫游。在古代，人们并不知道地球以及行星绕太阳转动的事实。IAU 通过新决议的消息迅速传遍全世界。"冥王星被开除"，"太阳系只剩下八大行星"，"教科书将重新改写"，……各种报道出现在各大媒体上。大多数天文学家认为 IAU 的新决议是天文学历史上的巨大进步、人类认识太阳系的新的里程碑，解决了历史遗留问题。对行星定义的明确和统一的认识，将对历史和文化产生巨大的影响。但也有学者指出，科学的本质不在于命名和分类，通过新决议的新闻效应比科学意义更强烈。

2006 年 9 月 13 日，IAU 进一步发布公告：冥王星被赋予小行星正式编号 134340；冥王星一家四口的另外三个成员查龙、尼克斯和休德拉的正式编号为 134340 I、134340 II 和 134340 III（详见 2.8 节）。

图 2.3.1 是八大行星和太阳大小的比较。八大行星中离太阳较近的 4 个：水

图 2.3.1 八大行星和太阳大小的比较

星、金星、地球、火星称为类地行星；另外 4 个较远的：木星、土星、天王星、海王星称为类木行星。光盘图 2.3.2、2.3.3、2.3.4 是它们和太阳大小比较的模型照片。类地行星的体积和质量都比较小，密度比较大，平均比水大 5 倍；有坚硬的岩石外壳；没有光环，一共只有 3 个卫星——地球 1 个、火星 2 个，水星和金星没有卫星。类木行星体积和质量都很大，但密度却很小，平均只有水的 1.24 倍；都有光环，还有很多卫星——木星 63 个、土星 60 个、天王星 27 个、海王星 13 个。类地行星得到太阳的能量比较充分，温度较高；类木行星因为离太阳远，得到太阳的能量相对微弱，温度很低。类木行星都没有坚硬的岩石外壳，大气层下面是液态氢组成的海洋，直达深处的行星内核。在类地行星和类木行星之间，隔着一层相当宽广的小行星带，其中分布着几千万颗小行星，最大的直径近 1 000 千米。

表 2.3.1 是八大行星的大小和到太阳的距离数据（更精确的数据请见本书附录 8 八大行星表）。如果按一亿分之一的比例缩小，太阳是直径 14 米的大球，大约有 4 层楼房的高度。地球直径缩小成 12 厘米，相当于一个苹果，距离楼房 1.5 千米。地球和太阳之间还有一个略小的苹果金星，距离楼房 1.1 千米；水星好比直径 5 厘米的乒乓球，距离楼房 600 米。从地球往外，火星是直径 7 厘米的柑橘，距离楼房 2.3 千米。最大的木星，直径 1.4 米，距离楼房 7.8 千米；土星直径 1.2 米，距离 14 千米。29 千米处有直径 0.5 米的天王星；45 千米处有相似大小的海王星。已经不算行星的冥王星距离楼房 59 千米，直径 2.6 厘米，犹如一粒失落的葡萄。

表 2.3.1　八大行星的大小和到太阳的距离

行　星	水	金	地	火	木	土	天	海	(冥)
直径/10^3 千米	5	12	13	7	144	120	52	49	(2.6)
距离/10^8 千米	0.6	1.1	1.5	2.3	7.8	14	29	45	(59)

从太阳到海王星，所有天体差不多都在一个扁平的空间系统中。相当于一个直径 1 米的大圆饼，厚度只有 3 厘米。海王星以内的大行星和主要的卫星们，都处在这个圆饼形的空间范围之内。1930 年发现的冥王星，体积比月亮还小，质量只有水星的 1/25，它的轨道偏出大圆饼 20 厘米。

航天时代以来，人类对八大行星都做过近距离的考察。美国发射的水手 10 号，飞行轨道距水星表面只有 327 千米，相当清晰地探测到水星表面像月球一样布满了大大小小的环形山（光盘图 2.3.5　布满环形山的水星）。水星大气极其稀薄，大气压为地球的一万亿分之一，略胜于无。由于自转很慢，一昼夜有 176 个地球日那么长，公转周期88天，一天竟有两年。昼夜温差达600度以上。由于自转轴直立而没有倾斜，不存在一年四季的变化。2004年8月3日，美国宇航局发射了信使号水星探测器（MESSENGER mission to Mercury）（光盘图2.3.6　信使号水星探测器）。2008年1月首次飞掠水星。2008年10月6日再次飞掠水星（光盘图2.3.7　信使号拍摄的水星环形山照片）。信使号将于2011年3月正式进入环绕水星的轨道，至2013年结束探测。

金星堪称地球的姊妹，因为它的质量和体积都和地球差不多。但金星的大气层非常稠密，大气压比地球大90倍。光学望远镜无法看透浓云密雾掩盖下的金星真面目（光盘图2.3.8　浓云密雾掩盖下的金星）。美国发射的麦哲伦号金星探测器，通过射电波段探测了97%以上的金星表面（光盘图2.3.9　射电波探测的金星表面），到处是炽热的火山地貌，年龄不超过5亿年，最高峰1.2万米。金星上的一昼夜长117天，一年长225天。一年只有两天。大气成分97%是二氧化碳，其余是氮、氩、氨气和硫酸蒸气，温室效应非常严重，温度高达480℃，昼夜温差很小。自转轴也基本上是直立的，不存在一年四季的变化。但金星自转方向与公转相反，太阳和所有天体都西升东落。金星这位地球的姊妹，空有黄金般璀璨的外表，实为不容任何生命存活的炼狱（光盘图2.3.10；光盘图2.3.11　炼狱般的金星表面）。

火星比地球小，质量是地球的十分之一，因而重力小、大气层稀薄，大气压不足地球的百分之一。大气成分95%是二氧化碳，其余是氮、氩和少量水蒸气。火星与地球相似之处是它的自转周期24小时37分和自转轴倾斜$25.2°$，因而有和地球一样的昼夜长短变化和一年四季的变化，不过火星的一年有680多天。火星离太阳比地球远，得到的太阳能低，加上大气稀薄，虽有较多的温室效应气体二氧化碳，调节温度的能力依然低下，昼夜温差和年温差都很大。变化在$-139℃\sim+20℃$。望远镜中看火星，有一年四季的颜色深浅变化，特别明显的是两极地区的白色极冠，冬日扩大、夏季消融（光盘图2.3.12　火星极冠）。一些天文学家曾误以为火星有植被。更有甚者，一位美国人宣称火星上有人工开凿的运河，误导人们对火星人的各种想象。航天时代以来，火星成为重点探测对象，先后有几十艘飞船莅临火星附近或登陆探测，揭示出火星的真实面目。

1997年7月4日，美国"火星探路者"探测器到达火星上空。由反推器点火降速进入大气层，张开降落伞缓缓着陆。接触火星表面后，弹跳冲击约1小时，最终静止在火星阿瑞斯平原上。紧接着，着陆器张开像莲花瓣似的3片太阳能电池板，一辆精致的火星小车"索杰娜"开上了火星表面，这一壮举被评为当年十大科技新闻之首（光盘图2.3.13　火星探路者登陆火星；光盘图2.3.14　火星小车"索杰娜"；光盘图2.3.15　"索杰娜"拍摄的荒凉干燥的火星表面）。2004年1月4日和25日，美国"勇气号"和"机遇号"两个火星探测器分别在"睡眠谷"和"美力迪亚"平原着陆，降落方式与1997年基本相同（光盘图2.3.16　美国发射的"勇气号"火星探测器；光盘图 2.3.17 "勇气号"拍摄的荒凉干燥的火星表面)。2003 年 6 月 2 日，欧洲空间局发射了"火星快车"探测器，包括轨道飞行器和"猎兔犬 2 号"登陆器。2003 年 12 月"猎兔犬 2 号"失踪，轨道飞行器仍正常工作，发回了许多高清晰度火星照片，河床景观历历在目，显示火星上曾有大水冲刷过的痕迹（光盘图 2.3.18　长 1 500 千米，宽 200 千米的火星河床景观；光盘图 2.3.19　火星上的水流痕迹；光盘图 2.3.20　"火星快车"拍摄的火星水手谷)。2008 年 5 月 25 日，美国宇航局发射的"凤凰号"探测器（Phoenix Mars Mission），着陆在火星北极地区（光盘图 2.3.21　着陆后的"凤凰号"示意图；光盘图 2.3.22　"凤凰号"拍摄的火星北极区地貌)。"凤凰号"着陆没有采用气囊弹跳方式，而采用反推器点火减速加降落伞的方法。"凤凰号"发现火星土壤含有水蒸气，还观察到火星上的霜冻和降雪（光盘图 2.3.23　凤凰号拍摄的火星北极区土壤水冰）。2008 年 11 月 10 日，"凤凰号"停止工作，完成任务。

中国首个火星探测器"萤火一号"将搭载俄罗斯飞往火卫一伏波斯的飞船飞往火星并绕火星运行，而俄罗斯探测器将在火卫一伏波斯上登陆（光盘图 2.3.24　中国"萤火一号"绕火星飞行示意图；光盘图 2.3.25　中国"萤火一号"模型）2009 年 10 月俄方宣布将发射计划推迟到 2011 年。

从 1975 年"海盗一号"算起，一共已有 6 次探测器成功登陆火星。火星上有高山、盆地、平原、沙丘、陨击坑和干涸的河床。最高峰奥林匹斯山高达 2.5 万米。没有找到任何与生命有关的痕迹，运河更是子虚乌有。火星的土壤富含红色的氧化铁，常有持续数月的大风暴把红壤卷上高空，使天空呈桃红色。从地球上遥望火星呈火红的颜色就是这个原因。

火星有两颗卫星，体积都很小，形状奇特，距离火星较近。火卫一伏波斯直径约 20 千米，在火星上空 6 000 千米，每 0.319 天转一圈；火卫二代莫斯直径约 10 千米，距火星表面 1.7 万千米，转一圈 1.263 天（光盘图 2.3.26　火卫一伏波斯；光盘图 2.3.27　火卫二代莫斯）。虽然两颗卫星的公转方向相同，但一颗比火星自转快，另一颗比火星自转慢，所以从火星上看，火卫一西升东落，火卫二东升西落。火星上空虽有两个月亮，但又小又暗，角直径分别是地球月亮的 1/2 和 1/10，而且反照率都很低，反光微弱，算不上奇观。

木星是太阳系行星家族中的巨无霸。其体积相当于 1 300 个地球，质量是其余 8 个行星总和的 2.5 倍。木星被液态氢组成的海洋包围着，海深 1.6 万千米。其下是液态金属氢和氦，深 4.4 万千米。岩石组成的内核直径只是地球直径的 1.6 倍（图 2.3.28）。木星的公转周期 11.8 年，自转周期 9.8 小时。木星上的一年有 10 566 天。木星的全

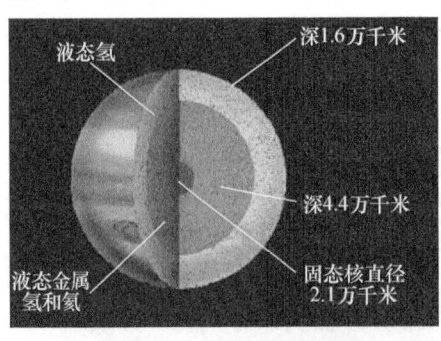

图 2.3.28　木星内部结构

球自转周期不是均匀一致的，高纬度地区比赤道地区滞后5分钟。有固体外壳的类地行星不可能有这种情况。

木星的大气层厚约1 000千米，82%是氢，17%是氦，其余是甲烷和氨，不含水蒸气。由甲烷和氨形成的云霾布满木星上空，望远镜看到的条带状是它的云层，而不是其液体表面。木星有63颗卫星，最大的4颗是伽利略发现的，另8颗是航天时代之前发现的。光盘图2.3.29是土星探测器卡西尼号路过时拍摄的木星，照片上的小黑点是木卫二凌木星。著名的大红斑有两个地球大，是由含磷化合物组成的气体旋涡，从伽利略时代发现以来，400年未曾平息（光盘图2.3.30 旅行者号拍摄的木星大红斑）。别处还可见到一些类似大红斑的较小的气体旋涡。1989年，美国发射伽利略号飞船，历时6年到达木星。由伽利略号释放的探测器于1995年12月7日以47千米/秒的速度冲入木星大气层，减速以后缓缓降落，只发回了57分钟的探测数据，还遭遇过狂风和比地球上强10倍的雷电袭击。深至161千米处，探测器毁于高温高压，不知所终（光盘图2.3.31 伽利略号飞船）。伽利略号飞船继续环绕木星飞行，对木星本体、木卫系统和木星环进行了大量的考察工作，拍到大红斑的精细结构（光盘图2.3.32 伽利略号拍摄的大红斑）、木卫一有火山喷发（光盘图2.3.33 正在喷发火山的木卫一）、木卫二有带裂纹的冰层（光盘图2.3.34 有冰层的木卫二），以及太阳系中最大的卫星木卫三和第三大卫星木卫四等精彩照片（光盘图2.3.35 木卫三和木卫四）。2003年9月21日下午（北京时间9月22日凌晨），伽利略号探测器按预定计划撞向木星，结束了8年的探测使命。

土星是肉眼所见最远的行星。它的内部结构与木星类似：表面是液态氢的海洋，其下是液态金属氢和氦，岩石组成的内核只占整个半径的0.21。土星是"最轻"的行星，密度只有水的0.69，是唯一能"漂浮"在水面上的大行星。土星也是"最扁"的行星，赤道半径与极半径之比是1:0.9。土星的大气层也与木星类似，条带状的云层覆盖行星表面。土星最显著的特征是它美丽的光环，用望远镜看过土星的人一定会留下终生难忘的印象（光盘图2.3.36 美丽的土星）。宽广的光环由大大小小的冰块组成，越靠近内层，冰块的粒度越小（光盘图2.3.37 土星光环由大大小小的冰块组成）。1980年11月，"旅行者1号"飞船掠过土星，穿环而过，拍摄到像密纹唱片一样的光环照片，令人目不暇接（光盘图2.3.38 旅行者号拍摄的土星光环）。土星有60颗卫星，其中9颗是航天时代之前发现的（光盘图2.3.39 土星的卫星们）。

1997年10月，美国和欧洲合作发射了"卡西尼号"土星探测飞船（光盘图2.3.40 "卡西尼号"土星探测飞船），2004年7月进入环绕土星轨道，2004年7月1日穿环而过（光盘图2.3.41 "卡西尼号"穿环而过；光盘图2.3.42 "卡西尼号"拍摄的土星光环）。此前一个月，当飞船掠过离土星最远的卫星土卫九时，拍下了这颗非常怪异的小天体的近距照片（光盘图2.3.43 怪异的土卫九）。"卡西尼号"的一项重要使命是对土卫六的探测。土卫六也叫泰坦,是土星的第一大卫星、太阳系第二大卫星,也是唯一有浓密大气层的卫星。大气成分很接近原始地球的情况。可能有液态碳氢化合物的海、湖乃至河流,而河床是水冰。那里是否有生命物质是人们特别感兴趣的问题(光盘图 2.3.44 旅行者号拍摄的土卫六——泰坦)。"卡西尼号"装载着一台由欧洲航天局制造的"惠更斯号"探测器准备在泰坦降落(光盘图 2.3.45 "惠更斯号"降落泰坦设想图)。2005 年 1 月 14 日世界时 16 时 19 分,"惠更斯号"开始向"卡西尼号"发送降落过程中的第一批探测数据。90 分钟后,"惠更斯号"完成了它的历史使命,葬身于泰坦卫星上。光盘图 2.3.46 是"惠更斯号"拍摄的最后一张泰坦表面彩色照片,一些白色的石头状物体可能是碳氢化合物冰块,位于照相机前方仅 85 厘米处。美国宇航局 2008 年 2 月 13 日发布"卡西尼号"飞船最新观测成果,"卡西尼号"的雷达设备已测绘出土卫六表面大约 20%的面积。科学家们发现了几百个湖海,其中有的湖海液态甲烷和乙烷含量据估计要超过地球已探明的天然气总储量。他们据此推算,土卫六的液态碳氢化合物总量是地球已探明天然气总量的数百倍。土卫六不可能存活过大量生物,故而表明行星和卫星上的天然气有非生物的来源,改变了人们以往对地球上的天然气总是和石油共生在一起,因而都具有生物来源的看法。地球上的天然气更多地应属于前生物期的行星物质,可能存储于比石油更深、更广的地层中,储量可能比前预估的要大得多。

  天王星和海王星有许多相似之处,天王星体积略大而质量略小,自转周期也差不多(约 18 小时)。它们也都被液氢和液氨的海洋包围着,都有浓密的大气,也都有光环(光盘图 2.3.47 旅行者号拍摄的天王星;光盘图 2.3.48 旅行者号拍摄的海王星)。不同的地方是自转轴倾斜的角度:海王星倾斜约 30°,有与地球相似的一年(165 个地球年)四季变化;而天王星倾斜近 90°,是唯一一个"躺在"轨道面上自转的大行星,而且和金星一样是逆向自转,太阳西升东落。虽然自转周期只有 17.2 小时,但天王星的全球大部分地区在"一年"(84 个地球年)之中都有最极端的昼夜长短变化。以纬度 50°处为例:在 84 年的周期中,从连续 20 多年的全天黑夜到慢慢有一点蒙蒙曙光,4 年以后,天才大亮;过完十多年有昼有夜的日子,白天越来越长,长到有一段时间太阳虽落,天并不黑,犹如"白夜";接着就进入连续 20 多年的全天永昼;再经历好几年的黄昏景色,不见太阳,天亦不黑;渐渐地,恢复有昼有夜,白天由长趋短;10 多年后,白天短到有一段时间太阳已落而天仍黄昏;终于,连续 20 多年的漫漫长夜又来临了。

2.4 行星的真实运动

  16 世纪哥白尼(N. Copernicus)发表的太阳中心说,改变了人们几千年来以为地球是宇宙中心的错误观念,认识到地球也是绕太阳运动的一颗行星。但哥白尼

2.4 行星的真实运动

认为行星的运动轨道是正圆,太阳位于圆心。17 世纪初,德国天文学家开普勒(J. Kepler)在其前人丹麦天文学家第谷(B. Tycho)大量观测资料的基础上,潜心研究,发表了行星运动的三大定律,正确指出行星的运动轨道是椭圆,太阳位于椭圆的焦点上。1687 年,牛顿发表万有引力定律和三大运动定律,完满地解释了行星绕太阳运动的力学原因,把天体和地面物体的运动规律统一起来了。行星与太阳之间的引力迫使行星绕太阳运动,而引力来源于质量;只要质量不发生变化,行星运动的轨道是不会改变的。牛顿的力学定律成为进入 20 世纪以前经典物理学的主要理论框架。1942 年,爱因斯坦在纪念牛顿诞辰 300 周年的文章中写道:"那些为现代技术发展所不可缺少的理智工具,主要来自对星空的观察。……像牛顿那样有创造能力的思想家,他们的思想由于凝视这星空而展翅高飞。"1950 年,爱因斯坦在一所医学院发表演说,提到在牛顿那个时代,"物理学像天体力学的小妹妹一样随之发展,而生物学则又是像物理学的小妹妹一样随之发展。"牛顿不仅是伟大的物理学家;他在数学领域创建了微积分,在天文学领域创建了天体力学。

天体力学研究天体的运动学和动力学。假设只有两个天体,在万有引力作用下如何运动的问题,叫做二体问题。在牛顿力学框架下,建立二体问题的微分方程,再用数学方法求解,二体问题可以彻底解决。即可以完全准确地指出任意时刻,某一天体在空间中什么位置,或根据天体的实际观测位置,完全准确地计算出它们在空间运行的轨道。

二体问题中,天体的运行轨道是圆锥曲线,包括圆、椭圆、抛物线和双曲线。中心天体位于圆锥曲线的焦点上。运动天体的运动速度遵守面积定律:单位时间内,天体向径扫过的面积相等(图 2.4.1)。运动天体离中心天体越远,绕中心天体公转的周期越长,周期的平方与距离的立方成正比。最后一条只对圆和椭圆轨道成立,因为抛物线和双曲线运动不存在周期。这些规律是求解二体问题微分方程获

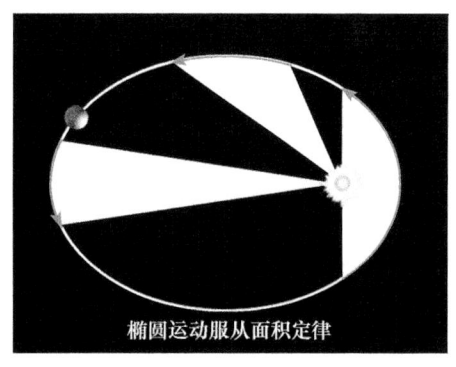

图 2.4.1 行星运动遵守面积定律

得的结果。然而,在牛顿找到微分方程之前 70 年,开普勒就已经知道了由太阳和任一行星组成二体问题的这些结果,即开普勒行星运动三大定律。先知结果,后知原因;先知其然,而后知其所以然。这是人类科学发展的历史中著名范例之一(光盘图 2.4.2 八大行星的运动轨道;光盘图 2.4.3 四颗类地行星的运动轨道)。

二体问题已经圆满解决。但是,如果有第三个天体插足,形成三体问题,情况马上就复杂化,三体问题的微分方程一直找不到完全求解的方法。从牛顿时代至

今，300多年来，许多著名的数学家和天体力学家投入其求解难题，研究论文超过1 000篇，依然未能获得成功。

实际的天体系统远不止三个天体，求解的问题就更加困难了。天体力学虽然不能从理论上精确地圆满解决实际天体的动力学问题，但为了计算行星轨道和预知天体的位置，人们改弦易辙，探求有效的近似求解的方法，提出了摄动理论。摄动是指在二体问题中天体沿轨道运动时，因受到其他天体的影响而偏离原来轨道的运动。欧拉（L. Euler）、拉格朗日（J. L. Lagrange）、高斯（J. G. F. Gauss）、泊松（S. D. Poisson）、拉普拉斯（P. S. Laplace）等数学名家都对摄动理论做出过贡献，找到了许多解决实际问题的方法。摄动方法又分为理论分析方法和数值计算方法两类。现代高速电子计算机用于摄动研究，使理论成果更加丰富，解决实际问题的能力和速度也大大提高。现代摄动方法已越出了天体力学的研究范围，进入理论物理和工程技术等领域，得到广泛应用，在有的学科称之为微扰理论。

月球是地球的卫星。假设不存在其他天体，只有月球绕地球的运动，这属于二体问题。事实上，月球的运动受到地球以外诸多天体的干扰，月球绕地球的公转运动比单纯的椭圆运动要复杂得多。干扰月球运动的主要天体是太阳，太阳的身份是摄动者。按照摄动理论，二体问题中运动天体（月球）受摄动的程度与摄动天体（太阳）的质量成正比，与其距离的立方成反比。而单纯的直接引力只与距离的平方成反比。太阳对月球的直接引力比地球对月球的直接引力大一倍多，但月球并没有被太阳吸引过去绕太阳公转，原因就在于太阳是第三者。影响月球运动的主力是地球对它的引力，太阳只起摄动作用。如果当初月球没有绕地球公转，没有形成二体问题，月球就会归属于太阳的怀抱了。插足的第三者，如果没有特别强大的摄动力，很难破坏二体问题的结构（图2.4.4）。好像一对已婚的恋人，如果没有特殊的魅力，第三者是休想插足成功的。太阳干扰月球绕地球运动的摄动力，相当于地球对月球引力的1/90，虽然不足以拆散地月之间的关系，但已经造成对月球运动的较大干扰。加上其他大行星等诸多干扰因素，使月球的运动成为天体力学中最复杂的问题之一。精确确定月球的空间位置需要考虑好几百项因素的影响。至于问到为什么月球自诞生之初就绕地球旋转，这是当年牛顿也无法回答的"第一推动力"的问题。今天，我们不能像牛顿那样，将原因推给万能的上帝，但要想全面、准确、科学地回答这一问题，说明"第一推动力"的起因，仍然是相当困难的。

图2.4.4　地球的引力使月球绕地球公转

2.4 行星的真实运动

1900年在巴黎召开的国际数学家大会上，顶尖级的德国数学大师希尔伯特（D. Hilbert）提出了即将带入新世纪的23个数学难题，后人称之为23个希尔伯特问题。在同一篇演说中，希尔伯特还举出了另外两个难题，一个是费马大定理，另一个就是三体问题。此后100年的历史表明，这两个问题对于20世纪数学的整体发展，超过了任何一个希尔伯特问题所起的作用。在人们试图解决问题的过程中，产生了一系列全新的数学思想和方法。例如，大数学家庞加莱（J. H. Poincaré）在求证三体问题的过程中发现了20世纪80年代在数学、物理学和天文学领域大放异彩的混沌（chaos）理论的源头。

费马大定理终于在1994年被美国普林斯顿大学的怀尔斯（A. Wiles）证明，他被破例授予了菲尔兹特别贡献奖（这项数学领域的最高荣誉规定只授予40岁以下的年轻人，而1998年怀尔斯获奖时已经45岁了）。350年未解的难题得到解决，当然是好事，怀尔斯也将因此而名垂青史。但也有人遗憾地感叹："一只会生金蛋的母鸡被杀死了。"另一只会生金蛋的母鸡三体问题，至今还没有人能真正抓住它。

在希尔伯特发表演说之前，19世纪末，庞加莱等已证明：找到三体问题的全部代数函数形式的解是不可能的。于是数学家和天体力学家们转而寻找级数形式的解。1912年，芬兰数学家松德曼（K. F. Sundman）找到了附加限制条件的幂级数解。遗憾的是这些级数收敛得非常慢，以至于没有实用价值。例如，要获得三体问题的一个位置数据，级数至少要取 $10^{80\,000}$ 项，才能达到一般的精度，而按爱丁顿的计算，整个宇宙中的质子加中子数也不超过 10^{80}。求三体问题的通解陷入困境。虽然出路没有完全被堵死，但到达通解的前途还看不到任何光明。人们期望于对一些特殊的三体问题求解。讨论得最多的是一种比较简单的类型：平面圆型限制性三体问题，即在二体问题的圆轨道平面上再增加一个无限小质量体。

无限小质量体的含义是指其质量小到对组成二体问题的一大一小两个大天体的运动不产生影响。即使对如此简化的问题，通解依然难求。法国大数学家拉格朗日只找到了5个特解，出现5个特殊的空间位置，被称为5个拉格朗日点：L_1、L_2、L_3、L_4、L_5（图2.4.5）。L_1、L_2、L_3 位于大天体与小天体质心的连线上。L_1 在大天体与小天体之间，L_2 在小天体外侧，L_3 在大天体外侧。L_4、L_5 分别位于与大天体和小天体成等边三角形的两个对称点上。位于这5个点上的任一质量甚小的天体，将在大天体和小天体引力的联合作用下，保持着与大、小天体相对固定的位置关系，随大、小天体一起整体地绕大小天体的质心做圆轨道运动。

考虑地球和太阳组成的二体问题，它们的拉格朗日点将如图2.4.6所示那样分布：L_3、L_4、L_5 点和地球都在以太阳为中心，以天文单位为半径的圆周上。L_1 点在地球向太阳一侧，距离地球质心149万千米，L_2 点在地球背太阳一侧，距离地球质心150万千米。

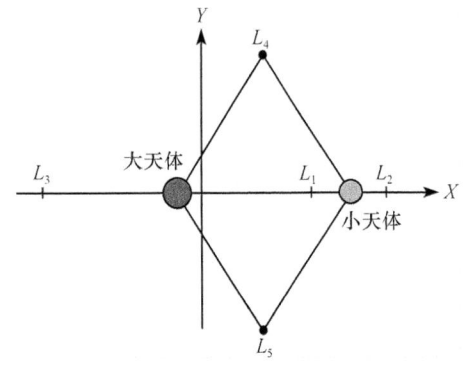
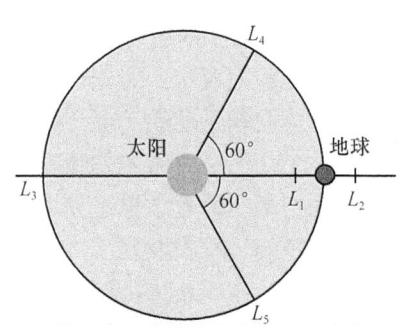

图 2.4.5　5 个拉格朗日点　　　　图 2.4.6　地球和太阳的 5 个拉格朗日点

1995 年，欧洲和美国联合发射的"太阳和日球层探测器"，简称 SOHO 探测器位于 L_1 点上。2001 年，美国发射的"宇宙背景辐射各向异性探测器" WMAP 位于 L_2 点上。已于 2009 年 5 月 14 日发射的欧洲空间局赫歇尔远红外至亚毫米波空间望远镜，以及与之一箭双星的普朗克宇宙微波背景辐射望远镜也将工作在 L_2 点上。将于 2013 年发射的美国新一代空间望远镜 JWST（为纪念阿波罗计划的领导人 James E. Webb 而命名）也将发射到 L_2 点上（光盘图 2.4.7　新一代空间望远镜 JWST 设想图）。JWST 口径 6.5 米，投资 10 亿美元，将是目前人类最大的空间望远镜。控制它的自转与公转取同一周期，它便总是以一面对着地球与太阳方向，在这一方向上放置一面巨大的遮光隔热垫（光盘图 2.4.7 中所示深蓝色的部分），可以避免阳光和地球散射的红外线对仪器产生的影响。计划于 2011 年发射的欧洲空间局天体测量卫星 GAIA，投资 4.5 亿欧元，也将发射到 L_2 点上（光盘图 2.4.8　欧洲空间局 GAIA 卫星设想图）。所有发射到拉格朗日点上的探测器，其实已经不是卫星，而是绕太阳运动的人造小行星。这些设备的建成和发射，必将开创人类认识宇宙的新纪元，迎来人类探索宇宙的第二次飞跃。

2.5　行星的视运动

八大行星中，天王星、海王星太远、太暗，不可能被肉眼看见；地球踩在脚下自不必说，剩下的只有金、木、水、火、土 5 颗行星了。水星永远追随在太阳附近。日未出，它慵懒不起；日既落，它匆匆落下，所以难得一见。金、木、火、土则常在天空显现，也不难辨认。看到这些太阳系家族的兄弟姐妹，便给人亲切的感受。它们的识别特征是：①都在黄道附近，也就是离太阳运行的轨道不远。②亮度一般比恒星亮。金星特别亮，超过所有的恒星，有黄金一样的颜色和光亮，通常黄昏后出现在西方，黎明前出现在东方；火星颜色发红；木星是橙黄色，亮度仅次于金星；土星比木星略暗。③恒星光芒闪烁，而行星的光比较稳定，不闪烁。这是因为恒星仅是一个光点，而行星有一块面积，由地球大气抖动产生的闪烁效应被平衡掉了。如果熟悉星座的话，只要看到黄道附近的星座里多出一颗亮星，那就是行星了。用小型业余级望远镜可以看到金星有盈亏（水星、金星都和月亮一样，有盈亏变化），土星有光环，木星有4颗伽利略卫星。

行星出没的规律是不难掌握的。稍加留意，人们常常可以在晴朗的夜空，于群星之中找到并欣赏它们的倩影。

2.5.1 行星相对于太阳的视运动

行星什么时候能在天上见到，它的方位和亮度如何，都和它们与太阳的相对位置有关。在天球上，行星相对于太阳的运动规律，地内行星和地外行星有所不同。地内行星是指轨道在地球轨道以内的水星和金星；地外行星是指轨道在地球轨道外面的其余5颗行星。

1. 地内行星相对于太阳的运动

在图2.5.1中，地内行星在轨道上有4个特殊位置（图2.5.1）：上合，下合，东大距，西大距。上合和下合，太阳与行星都在同一方位，黄经相等；上合时行星比太阳远，下合时行星比太阳近。东、西大距是行星与太阳角距离最大的位置；在太阳东边的为东大距，在太阳西边的为西大距。由于地内行星公转角速度比地球快，所以相对而言，行星的位置变化是由上合而东大距，再到下合而西大距。上合时，行星与太阳同升同落，不可能被看见。以后逐渐向东运动，到离开太阳一段角距后，当太阳落山、天已变黑时，行星出现在西边地平线上方，称为昏星。至东大距时，与太阳角距最大，可见时间最长，高度也最高。东大距后，行星转而向太阳靠拢，与太阳角距逐渐缩

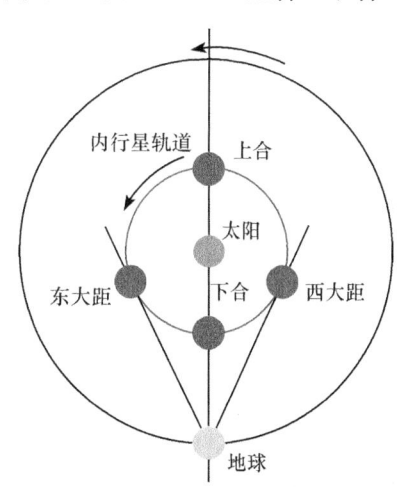

图2.5.1 地内行星的运行规律

小，直到下合，又与太阳同升同落，不为人所见。再出现时，行星运动到太阳西边，日出以前现于东边天际，称为晨星。然后与太阳渐行渐远，至西大距时与太阳角距最大，可见时间最长，高度也最高。东、西大距是观测的最好时机。由于轨道不是正圆，大距角常有变化，水星在18°～28°，金星在45°～48°。晨昏之时，日未出或日已落，天空渐明渐暗，这是因为高空大气仍在阳光下，散射阳光而照亮大地。当太阳在地平线下18°以下，天空才是完全黑暗的。而这时水星通常也走下地平线了，所以难得为人所见。金星常常显出它那灿烂若黄金般的光彩，非常惹人注目。中国古代称之为太白金星，早晨出现的叫启明，黄昏出现的叫长庚。西方称之为维纳斯（Venus）。地内行星同月亮一样有盈亏变化。上合时为盈，离地球最远；

图 2.5.3　2003 年 5 月 7 日的水星凌日

下合时为亏，离地球最近；东西大距时是半圆形；下合与大距之间最亮。金星的最大亮度会达到 -4.5 等，比天狼星亮 16 倍。

如果水星或金星下合发生在黄道面附近，会与太阳圆面重合，人们看到它们的影像从日面上缓缓通过，称为"凌日"。水星凌日平均每 100 年发生 13 次。因为水星的圆面非常小，它的凌日用肉眼是看不到的，必须借助望远镜才能观测（光盘图 2.5.2　水星凌日）。图 2.5.3 是中国台湾地区《观星人》2004 年第三期杨正裕发表的 2003 年 5 月 7 日水星凌日照片。最近的一次水星凌日是 2006 年 11 月 9 日 3 时 12 分至 8 时 10 分（北京时间），但日出后才能看见（光盘图 2.5.4　2006.11.9 水星凌日）。下一次水星凌日发生在 2016 年 5 月 9 日，但中国适逢半夜，无法观测。

金星凌日每两次为一组，两次之间相隔 8 年，但两组之间却相隔 100 多年。最近的一组在 2004 年 6 月 8 日和 2012 年 6 月 6 日。2004 年 6 月 8 日这一次，中国及欧亚大陆大部分地区都能看到全过程（图 2.5.5）。许多爱好者拍下了精彩的照片（光盘图 2.5.6　法国人拍的凌日照片，恰好有一架飞机通过；光盘图 2.5.7　斯洛伐克人拍的凌日照片，恰好国际空间站飞过日面）。2004 年，所有在世的人都是第一次亲见金星凌日。过去都以为不用望远镜也能看到金星凌日，事实证明对于大多数人这是很难做到的。本书作者那几天正在西藏进行科普报告活动，特地携带一台装好滤光片的双目望远镜，指导当地藏族学生和群众观看百年一遇的天文奇观，将天文科普的种子洒向雪域高原（光盘图

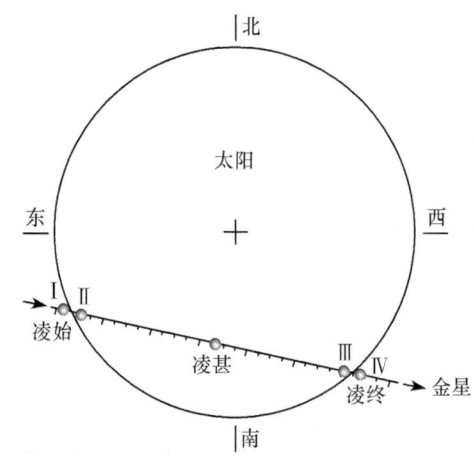

图 2.5.5　2004 年 6 月 8 日金星凌日过程

2.5.8　在西藏观看金星凌日）。2012 年 6 月 6 日金星凌日，欧洲和中西亚只能在日出后见到后一段过程，北美地区只能在日落前见到前一段过程，而在中国中东部能见到全过程：从北京时间 6 时 10 分到 12 时 50 分左右。如果错过这一次大好机会，再下一次 2117 年 12 月 11 日金星凌日，所有在世的人都等不到了。1761 年金星凌日，只有在亚洲才能看到，法国一位名叫勒让提的天文学家，提前一年乘船去

2.5 行星的视运动

印度准备观测，辗转到达时，正值英法战争，英军不准法国人上岸，痛失观测良机。但他痴心不改，留居印度苦心等待 8 年，决心再次观测金星凌日。岂料天公不作美，临观测前 10 多分钟，突然电闪电鸣，风雨交加，待雨过天晴，金星已走出了日面。他想到有生之年再也没有机会看到金星凌日了，身心憔悴，竟病倒异乡。两年后回到法国，科学院院士的职位早已被除名，财产也被别人继承了，幸亏后来得到一位善良女性的敬重与同情，才算有晚年的慰藉与补偿。表 2.5.1 列出公元 1518～2984 年全部金星凌日发生的日期。

表 2.5.1 公元 1518～2984 年全部金星凌日的发生日期

公元年及日期	间隔/年	公元年及日期	间隔/年
1518.5.25/26		2247.6.11	
1526.5.23	8	2255.6.9	8
	105.5		105.5
1631.12.7		2360.12.12/13	
1639.12.4	8	2368.12.10	8
	121.5		121.5
1761.6.6		2490.6.12	
1769.6.3/4	8	2498.6.10	8
	105.5		105.5
1874.12.9		2603.12.16	
1882.12.6	8	2611.12.13	8
	121.5		121.5
2004.6.8		2733.6.15	
2012.6.5/6	8	2741.6.13	8
	105.5		105.5
2117.12.10/11		2846.12.16	
2125.12.8	8	2854.12.14	8
	121.5		121.5
		2976.6.16	
		2984.6.14	8

注：有双日期的表示是因为时差而全球各地日期不同。

2. 地外行星相对于太阳的运动

在图 2.5.9 中，地外行星也有 4 个特殊位置：合、冲、东方照和西方照。合时，行星离地球最远，黄经与太阳黄经相同；冲时行星离地球最近，黄经与太阳黄经相差 180°；东方照在太阳东边，黄经比太阳黄经大 90°；西方照在太阳西边，黄经比太阳黄经小 90°。由于地外行星公转角速度比地球慢，所以相对而言，行星的位置是由合向西方照方向运动，经冲再达到东方照。合时，行星与太阳同升同落，不可能被看见。以后逐渐西移，黎明前从东方升起，日出前可观测

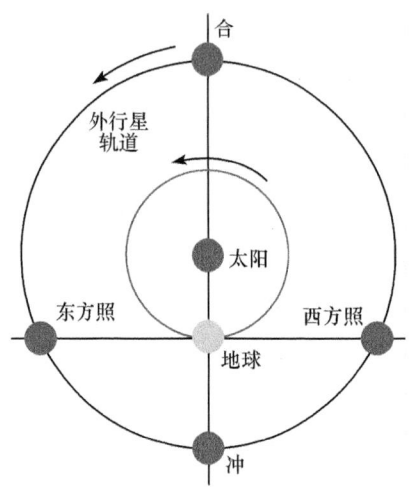

图 2.5.9 地外行星的运行规律

一段时间,以后离太阳角距渐远,升起时间逐日提前,可观测时间增加。到西方照位置时,行星与太阳相距 90°,半夜即已升出地平,日出时到达南方最高位置,整个后半夜可以观测。到冲时,日落时升起,半夜中天,日出时方落,整夜都可以观测。到达东方照位置时,行星在日落时现于南方最高点,半夜没入地平,前半夜可以观测。冲是观测地外行星的最佳时期。由于地球轨道和行星轨道都不是正圆,每次冲,行星与地球距离不同,距离最近的冲叫"大冲"。火星冲每两年多发生一次,但大冲每隔 15 年或 17 年发生一次,而且总在 7~9 月。最近一次火星大冲发生在 2003 年 8 月 29 日,位于宝瓶座。下一次大冲将发生在 2018 年 7 月 27 日,位于摩羯座。每一个行星从某一个特殊位置到下次同样位置,如火星冲到下一次火星冲,其周期是固定的,叫做会合周期。表 2.5.2 列出了各行星会合周期的天数。

表 2.5.2 各行星的会合周期

大行星	会合周期/天	大行星	会合周期/天
水星	116	土星	378
金星	584	天王星	370
火星	780	海王星	367
木星	399	冥王星	367

2.5.2 行星相对于恒星的视运动

由于行星和地球都在运动,相对于恒星背景,行星在天球上的运动,大部分时间沿黄经增加的方向(与太阳视运动同方向,自西向东运动),称为顺行。但也有时反方向运动,称为逆行。顺、逆转换期间,行星暂时没有运动,称为留。地内行星的留发生在大距与下合之间。地外行星的留发生在冲和方照之间。对于非专业人士,行星相对于恒星的视运动通常是不受关注的。

当行星、月亮两两之间,以及它们与黄道附近的 5 颗亮恒星之间,黄经相同的时候,称为两者之间的"合"。这 5 颗亮恒星是:毕宿五(金牛 α)、轩辕十四(狮子 α)、角宿一(室女 α)、心宿二(天蝎 α)、北河三(双子 β)。如金星合月、火星合木星、土星合轩辕十四等。如果月亮与上述天体完全相重,把它们挡在了身后,称为月掩星,如月掩金星、月掩心宿二等。月掩星是难得的天象,有一些特殊的研究可以利用月掩星的机会进行。行星掩行星，行星掩恒星，甚至小行星掩恒星是更为难得的天象。

2.6 日食和月食

日食和月食的发生是由太阳、月球、地球三个天体的几何位置决定的。这三个天体的尺度和距离刚巧符合比例关系：地日距离与地月距离之比等于太阳直径与月球直径之比，因此在地球上看日轮和月轮几乎大小相同。只是由于沿椭圆轨道运动，距离略有变化，日轮比月轮才有时略大有时略小。当月球、地球和太阳运动到同一条直线上，并且月球在中间的时候，月轮与日轮重合。如果月轮略大，便完全遮住了太阳，天空顿时变为黑暗，星斗出现，气温突然降低，鸟兽惊飞疾走，这就是日全食；如果月轮略小，太阳露出边上窄窄的一圈，形成日环食；如果月轮未与日轮完全重合，只挡住它的一部分，就是日偏食。

日食、月食也可以用阳光下月球和地球的影子来说明。在图 2.6.1 中，月球的影子呈锥形，黑色区域是月球的本影区，灰色部分是半影区，本影锥尖向后延续的部分是伪本影区。如果地球表面的一部分处在本影区中，看到的是日全食；处在半影区中看到的是日偏食；

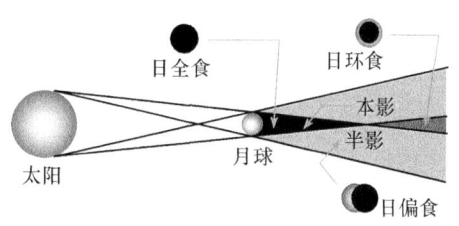

图 2.6.1 日食原理图

处在伪本影区中，看到的是日环食。如果地球上一部分地区可见到日全食，另一部分地区又可见到日环食，则称为日全环食。地球面积广大，看到日食的只是一小部分区域，特别是全食和环食，区域更小。由于地球自转和月球公转运动，见食区域在地面掠过，各地居民便先后看到日食。因月球绕地球公转，月影锥在地面上自西向东运动；因地球自转，月影锥又在地面上自东向西运动。两者相反相消，但前者速度大于后者，结果月影锥在地面上仍是自西向东运动，因此日食带在地面上呈东西分布，西部的居民先看见日食，东部的居民后看见日食。全食带一般宽几十至几百千米，长几千至上万千米或更短。偏食带要宽广得多，偏食带内的居民在不同时刻看到不同程度的日偏食。通常用图形表达日月食的相关信息，要学会阅读它。图 2.6.2 是 1999 年 8 月 11 日日全食的例子：中央窄窄的黑色全食带从大西洋北美岸边向东横穿大西洋，经欧洲和中东地区直到印度东海岸，带内居民可以看到全食。但在左边"日出时初亏"与"日出时食甚"范围内看不到开始发生日食的前一段，因为日出时日食已经发生了。同样，在右边"日没时复圆"与"日没时食甚"范围内看不到最后阶段的日食，因为太阳带着食就落山了。在整个元宝形的黑线范围内，可以看到日偏食，包括北冰洋、非洲北部和中国中西部地区。

图 2.6.2　日食带分布图

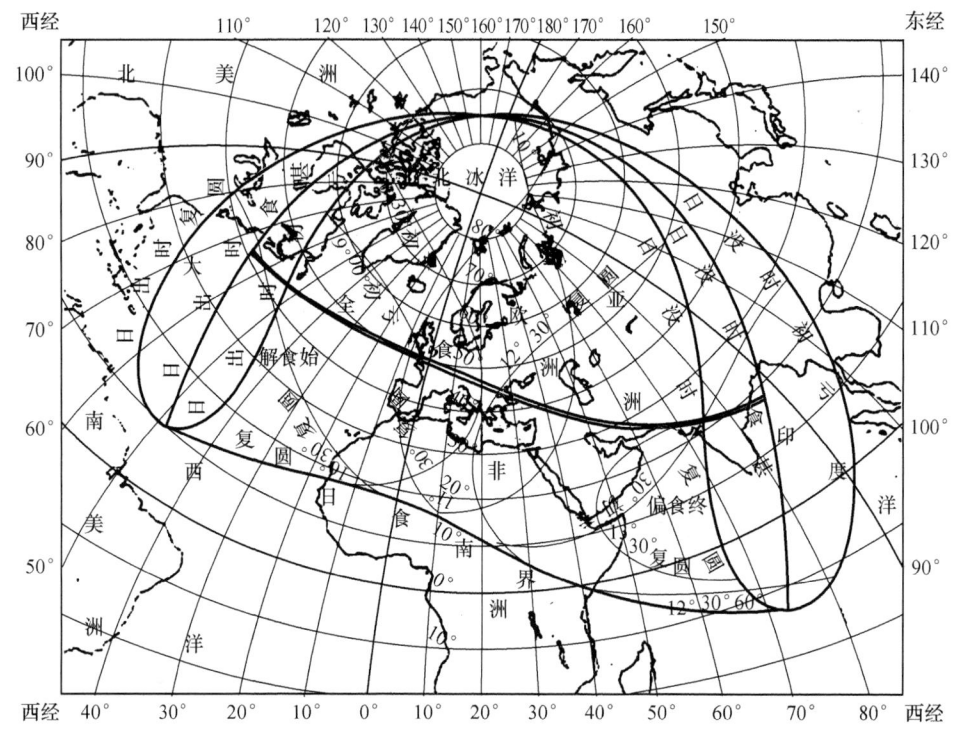

图 2.6.3　日食过程分阶段图

在天空中，月轮相对于日轮总是自西向东运动，日食总是先从日面的西边缘开始，东边缘结束。日食过程按时间的先后顺序分为 5 个阶段（偏食为 3 个），详细情况如图 2.6.3 所示。从初亏到复圆一般在 2 小时以上，从食既到生光为全食阶段，一般 2～3 分钟，最长 7 分 45 秒，最短只有几秒钟。

对全食和环食，月轮直径与日轮直径之比称为食分。显然，全食食分大于 1，环食食分小于 1。对于偏食，食分等于食甚时日轮直径被挡部分所占的比值。

日食只能发生在月相朔的时候（农历初一），但由于月亮公转轨道（白道）与黄道不在一个平面上，朔时日、月通常只在同一方位而不一定在一条直线上，所以不一定发生日食。只有月球运动到黄道与白道交点附近又逢朔的时候，才会发生日食，一般每年至少两次，最多五次。每世纪平均发生日全食 67.2 次，环食 82.2 次，偏食 82.5 次，全环食 4.8 次，总共 236.7 次。全食的机会约占 30%。因为全

2.6 日食和月食

食带很窄，重复出现在地球上同一地区的可能性很小。同一地点两次看见日全食的间隔一般在 300 年左右。

月食的情况与日食不同。月食一定发生在月相望的时候。月球钻进了地球的影子里，得不到太阳的光照，就发生月食（图 2.6.4）。由于地球的本影远比月球范围大，所以月全食发生的时间较长，一般达 2~3 小时。如果月球从地球本影边缘掠过，只有部分进入本影，便形成月偏食。地球除本影外也有半影，可是月球落入地球半影时，月面只稍稍有一点变暗，肉眼觉察不出来，所以这种"半影月食"一般不叫月食。由于月球自西向东运动，所以月食总是从月轮的东边缘开始。月全食也包括 5 个阶段：初亏、食既、食甚、生光、复圆（图 2.6.5）。月食的各个阶段对地球上任一地区的居民都是同时发生的。只要能看得见月亮的地方，都能同时进行观赏。月全食时，月亮并未完全消失，仍然发出红铜色的微光。这是由地球大气折射阳光，照亮月面所致。光盘图 2.6.6 是 2004 年 10 月 27 日在美国见到的月全食照片，从右到左是全食开始、中间、结束时的 3 张，历时 81 分钟。月食发生的机会比日食少，但因为可见月食的地区范围广大，所以同一地方的居民看到月食的机会比日食多得多。月食的食分规定为月轮进入地球本影的最大深度与月轮直径之比。月偏食的食分小于 1，月全食的食分大于 1。

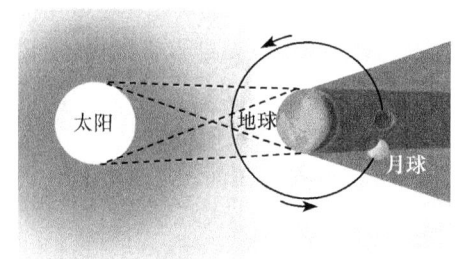 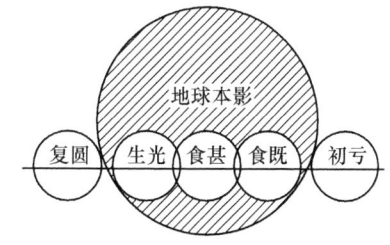

图 2.6.4　月食原理图　　　　　图 2.6.5　月食过程分阶段图

在科学不发达的时代，日食、月食常常引起人们恐慌，被认为是不祥之兆。现在人们知道了日食、月食的道理，反而把它们当成公众乐于观赏的对象。特别是壮观的日全食，天文学家和业余爱好者常常不远千万里，赶赴全食带进行观测。对于天文爱好者来说，最值得观赏和拍照留念的日全食景观有 4 项：①贝利珠。在日全食"食既"和"生光"两个瞬间，月轮刚好与日轮相切之际，从月球环形山的缝隙中漏出来的日光，像一串闪光的珍珠，十分美丽壮观。最早为英国天文爱好者贝利（F.Baily）1836 年作出科学解释，故名贝利珠（光盘图 2.6.7　日全食贝利珠）。②色球层和日珥。全食时，在"黑太阳"周围有细细的一圈红色，这是色球层；从有的地方喷吐着火焰状的日珥，在放大的照片上清晰可见（光盘图 2.6.8　1999.8.11 法国日全食时的色球层和日珥）。③日冕。全食太阳周围的银珠色光芒，扩展到两三倍太阳范围。那是太阳的高层大气——日冕。光线柔和，形态各异，是比较容易拍照的对象（光盘图 2.6.9　2006.3.29 土耳其日全食时的日冕）。光盘图 2.6.10 是 2003 年 11 月在南极大陆上看到的日全食。南极时值夏季，太阳整天都在天上，不升不落。这是一张非常珍贵的照片，由 Fred Bruenjes（版权所有者）公布在 NASA"每日一天文图"上。④日全食时天空显露出来的星空背景，特别是离"黑太阳"不远的水星和金星，在大白天突然显现，给人神奇美丽之感。

即使是日偏食，也常常引起天文摄影爱好者的兴趣。他们用望远镜逐格拍下太阳被食的全过程，加上地面景物的衬托，也能得到一幅幅有价值的大自然景观照片（光盘图 2.6.11　带地景的日偏食）。日环食虽然没有日全食那样昼夜突变的景观，但也是难得一见的（光盘图 2.6.12　2005.10.3 西班牙日环食风景）。光盘图 2.6.13 是日本 Hinode（Solar-B）太阳观测卫星 2008 年 2 月 7 日，在离地面 600 千米的轨道上拍摄的日偏食 X 射线图像，十分难得和壮观，这次日食地面上只有南极洲的一条窄带上才能看到。

日食、月食的成因只与日、地、月三个天体的几何位置有关。只要精确掌握了这三个天体的运动规律，日食、月食是可以准确地加以计算和预报的。中国古代从汉武帝《太初历》开始，即对日食、月食作出预报。历代都用日食、月食发生的日期、时刻检验历法的疏密。奥地利天文学家奥波尔泽（T. R. Oppolzer）1887 年出版《日月食典》，给出了公元前 1208 年～公元 2161 年 8 000 次日食、公元前 1207 年～公元 2163 年 5 200 次月食的详细资料，包括可计算地面见食带的全部公式和数据。经近代电子计算机校验，只有极个别的地方有一些误差，是一本非常重要的日月食经典著作。当代中国有关日月食的预报数据，由中国科学院紫金山天文台负责计算与发布。表 2.6.1 和表 2.6.2 分别列出了由该台发布的 1995～2020 年中国能见到的日食和月食数据。

表 2.6.1　1995～2020 我国可见日食表

日　　期	类型中心带	我国主要城市的食分及食甚时间（北京时间）
1995 年 10 月 24 日	全食 伊朗 印度 太平洋	乌鲁木齐 0.46（11 时 20 分）　昆明 0.73（11 时 46 分） 成都 0.57（11 时 46 分）　西安 0.43（11 时 55 分） 广州 0.63（12 时 14 分）　武汉 0.45（12 时 10 分） 北京 0.24（12 时 08 分）　南京 0.37（12 时 20 分） 上海 0.36（12 时 28 分）　哈尔滨 0.07（12 时 26 分） 台北 0.49（12 时 35 分）　香港 0.64（12 时 17 分） 澳门 0.65（12 时 16 分） 说明：南沙群岛可见全食
1997 年 3 月 9 日	全食 中国 俄罗斯 北冰洋	乌鲁木齐 0.94*（8 时 34 分）　昆明 0.57（8 时 10 分） 成都 0.70（8 时 18 分）　西安 0.77（8 时 26 分） 广州 0.51（8 时 13 分）　武汉 0.68（8 时 25 分） 北京 0.85（8 时 41 分）　南京 0.70（8 时 31 分）

2.6 日食和月食

续表

日　　期	类型中心带	我国主要城市的食分及食甚时间（北京时间）
		上海 0.67（8 时 32 分）　哈尔滨 0.90（9 时 02 分） 漠河 1.02（9 时 10 分）　台北 0.53（8 时 23 分） 香港 0.49（8 时 13 分）　澳门 0.49（8 时 12 分） 说明：新、黑可见全食
1998 年 8 月 22 日	环食 印度洋 印度尼西亚 太平洋	昆明 0.29（8 时 23 分）　成都 0.13（8 时 27 分） 西安 0.04（8 时 32 分）　广州 0.38（8 时 30 分） 武汉 0.16（8 时 35 分）　南京 0.12（8 时 40 分） 上海 0.14（8 时 43 分）　台北 0.33（8 时 41 分） 香港 0.41（8 时 31 分）　澳门 0.41（8 时 31 分）
1999 年 8 月 11 日	全食 大西洋 法国 伊朗 印度	乌鲁木齐 0.48（20 时 01 分）　昆明 0.27*（19 时 46 分） 成都 0.37*（19 时 49 分）　西安 0.20*（19 时 36 分） 拉萨 0.70（20 时 21 分）　西宁 0.51*（20 时 08 分） 银川 0.42*（19 时 53 分）　兰州 0.48*（19 时 59 分）
2002 年 6 月 11 日	环食 太平洋 墨西哥	昆明 0.25（6 时 21 分）　成都 0.16（6 时 27 分） 西安 0.14（6 时 31 分）　广州 0.39（6 时 16 分） 武汉 0.25（6 时 25 分）　北京 0.12（6 时 39 分） 南京 0.27（6 时 27 分）　上海 0.32（6 时 26 分） 哈尔滨 0.13（6 时 51 分）　台北 0.44（6 时 17 分） 香港 0.42（6 时 15 分）　澳门 0.41（6 时 15 分）
2003 年 5 月 31 日	环食 格陵兰	乌鲁木齐 0.19（11 时 13 分）
2004 年 10 月 14 日	偏食	沈阳 0.08（10 时 07 分）　长春 0.15（10 时 08 分） 哈尔滨 0.21（10 时 08 分）
2005 年 10 月 3 日	环食 大西洋 非洲 印度洋	拉萨 0.07（19 时 32 分）
2006 年 3 月 29 日	全食 巴西 大西洋 非洲	乌鲁木齐 0.77（19 时 50 分）　成都 0.09*（19 时 19 分） 拉萨 0.31（19 时 55 分）　兰州 0.26*（19 时 22 分） 西宁 0.39*（19 时 31 分）　银川 0.18*（19 时 13 分）
2007 年 3 月 19 日	偏食	乌鲁木齐 0.72（10 时 07 分）　昆明 0.36（9 时 42 分） 成都 0.43（9 时 53 分）　西安 0.43（10 时 04 分） 广州 0.19（9 时 47 分）　武汉 0.30（10 时 03 分） 北京 0.40（10 时 23 分）　南京 0.25（10 时 10 分） 上海 0.20（10 时 12 分）　哈尔滨 0.33（10 时 45 分） 台北 0.10（9 时 59 分）　香港 0.17（9 时 46 分） 澳门 0.17（9 时 45 分）

续表

日　期	类型中心带	我国主要城市的食分及食甚时间（北京时间）
2008年8月1日	全食 加拿大 北冰洋 俄罗斯 中国	乌鲁木齐0.95（19时07分）　昆明0.81（19时35分） 成都0.91（19时27分）　西安0.99（19时20分） 广州0.47*（19时07分）　武汉0.87*（19时16分） 北京0.92（19时10分）　南京0.65*（19时01分） 上海0.40*（18时48分）　哈尔滨0.82（18时57分） 郑州0.99（19时18分）　兰州0.99（19时19分） 银川0.99（19时15分）　石家庄0.95（19时13分） 台北0.03*（18时37分）　香港0.37*（19时03分） 澳门0.41*（19时05分） 说明：新、陇、内蒙、宁、陕、晋、豫可见全食
2009年1月26日	环食 大西洋 印度尼西亚	昆明0.19（18时04分）　西安0.01（18时02分） 广州0.35（18时02分）　武汉0.14*（17时52分） 南京0.05*（17时31分）　上海0.02*（17时23分） 台北0.24*（17时33分）　香港0.38（18时02分） 澳门0.37（18时02分）
2009年7月22日	全食 印度 中国 太平洋	乌鲁木齐0.49（9时10分）　昆明0.88（9时08分） 成都1.00（9时12分）　西安0.90（9时20分） 广州0.77（9时23分）　武汉1.03（9时26分） 北京0.72（9时31分）　南京0.99（9时34分） 上海1.01（9时38分）　哈尔滨0.52（9时47分） 杭州1.02（9时36分）　台北0.84（9时40分） 香港0.75（9时25分）　澳门0.74（9时24分） 说明：藏、滇、川、鄂、湘、赣、皖、苏、浙可见全食
2010年1月15日	环食 印度洋 缅甸 中国	乌鲁木齐0.41（16时27分）　昆明0.90（16时46分） 成都0.89（16时48分）　西安0.87（16时51分） 广州0.71（16时53分）　武汉0.88（16时54分） 北京0.82（16时52分）　南京0.87（16时56分） 上海0.82（16时56分）　哈尔滨0.44*（16时13分） 郑州0.91（16时53分）　济南0.90（16时54分） 台北0.66（16时57分）　香港0.68（16时54分） 澳门0.68（16时53分） 说明：郑州可见环食，滇、川、黔、鄂、湘、豫、皖、鲁、苏可见环食
2011年1月4日	偏食	乌鲁木齐0.24（18时08分）
2011年6月2日	偏食	长春0.21*（4时01分）　哈尔滨0.23（4时01分）
2012年5月21日	环食 中国 日本	乌鲁木齐0.42（6时45分）　昆明0.78*（6时23分） 成都0.73（6时21分）　西安0.71（6时25分） 广州0.96（6时09分）　武汉0.82（6时19分）

2.6 日食和月食

续表

日　期	类型中心带	我国主要城市的食分及食甚时间（北京时间）
	太平洋 美国	北京 0.67（6 时 33 分）　南京 0.83（6 时 20 分） 上海 0.87（6 时 19 分）　哈尔滨 0.66（6 时 45 分） 台北 0.94（6 时 19 分）　香港 0.95（6 时 08 分） 澳门 0.95（6 时 08 分） 说明：福州、广州、台北、香港、澳门可见环食，桂、粤、赣、闽、台、浙可见环食
2015 年 3 月 20 日	全食 大西洋 北冰洋	乌鲁木齐 0.06（19 时 13 分）
2016 年 3 月 9 日	全食 印度尼西亚 太平洋	昆明 0.23（8 时 48 分）　成都 0.11（8 时 58 分） 西安 0.05（9 时 09 分）　广州 0.31（8 时 57 分） 武汉 0.15（9 时 11 分）　南京 0.14（9 时 20 分） 上海 0.18（9 时 23 分）　台北 0.31（9 时 14 分） 香港 0.33（8 时 57 分）　澳门 0.33（8 时 56 分）
2018 年 8 月 11 日	偏食	乌鲁木齐 0.20（18 时 44 分）　成都 0.08（19 时 06 分） 西安 0.19（19 时 0 分）　武汉 0.15（19 时 03 分） 北京 0.34（18 时 50 分）　南京 0.19*（18 时 52 分） 上海 0.11*（18 时 40 分）　哈尔滨 0.48（18 时 39 分）
2019 年 1 月 6 日	偏食	西安 0.13（8 时 22 分）　武汉 0.10（8 时 24 分） 北京 0.32（8 时 33 分）　南京 0.18（8 时 29 分） 上海 0.19（8 时 32 分）　哈尔滨 0.49（8 时 51 分） 台北 0.06（8 时 29 分）
2019 年 12 月 26 日	环食 阿拉伯半岛 印度 印度尼西亚	乌鲁木齐 0.17（12 时 30 分）　昆明 0.40（13 时 09 分） 成都 0.29（13 时 13 分）　西安 0.22（13 时 28 分） 广州 0.44（13 时 49 分）　武汉 0.30（13 时 48 分） 北京 0.15（13 时 46 分）　南京 0.29（14 时 0 分） 上海 0.32（14 时 08 分）　哈尔滨 0.12（14 时 02 分） 台北 0.45（14 时 13 分）　香港 0.46（13 时 53 分） 澳门 0.46（13 时 51 分）
2020 年 6 月 21 日	环食 非洲 阿拉伯半岛 中国	乌鲁木齐 0.61（15 时 0 分）　昆明 0.86（15 时 44 分） 成都 0.94（15 时 42 分）　西安 0.80（15 时 46 分） 广州 0.90（16 时 05 分）　武汉 0.86（15 时 58 分） 北京 0.59（15 时 49 分）　南京 0.78（16 时 02 分） 上海 0.77（16 时 05 分）　哈尔滨 0.36（15 时 50 分） 拉萨 0.95（15 时 16 分）　长沙 0.94（15 时 59 分） 台北 0.94（16 时 12 分）　香港 0.89（16 时 07 分） 澳门 0.88（16 时 06 分） 说明：藏、川、黔、湘、赣、闽、台可见环食

注：带 * 号的为带食日出或日没，时间及食分均指日出或日没时。

表 2.6.2 1995～2020 年我国可见月食表

日 期	类 型	食 分	初亏时间	复圆时间
1995 年 4 月 15 日	偏食	0.12	19 时 40 分	20 时 55 分
1996 年 4 月 4 日	全食	1.38	6 时 20 分	9 时 58 分
1997 年 9 月 17 日	全食	1.20	1 时 08 分	4 时 25 分
1999 年 7 月 28 日	偏食	0.40	18 时 21 分	20 时 42 分
2000 年 7 月 16 日	全食	1.77	19 时 57 分	23 时 53 分
2001 年 1 月 10 日	全食	1.19	2 时 42 分	5 时 59 分
2001 年 7 月 5～6 日	偏食	0.50	21 时 35 分	0 时 16 分
2003 年 11 月 9 日	全食	1.02	7 时 32 分	11 时 04 分
2004 年 5 月 5 日	全食	1.31	2 时 49 分	6 时 12 分
2005 年 10 月 17 日	偏食	0.07	19 时 34 分	20 时 32 分
2006 年 9 月 8 日	偏食	0.19	2 时 05 分	3 时 37 分
2007 年 3 月 4 日	全食	1.24	5 时 29 分	9 时 11 分
2007 年 8 月 28 日	全食	1.48	16 时 50 分	20 时 23 分
2008 年 8 月 17 日	偏食	0.81	3 时 35 分	6 时 44 分
2010 年 1 月 1 日	偏食	0.08	2 时 51 分	3 时 54 分
2010 年 6 月 26 日	偏食	0.54	18 时 16 分	21 时 0 分
2010 年 12 月 21 日	全食	1.26	14 时 32 分	18 时 01 分
2011 年 6 月 16 日	全食	1.71	2 时 21 分	6 时 01 分
2011 年 12 月 10～11 日	全食	1.11	20 时 45 分	0 时 18 分
2012 年 6 月 4 日	偏食	0.38	17 时 59 分	20 时 06 分
2013 年 4 月 26 日	偏食	0.02	3 时 51 分	4 时 25 分
2014 年 10 月 8 日	全食	1.17	17 时 13 分	20 时 33 分
2015 年 4 月 4 日	全食	1.00	18 时 15 分	21 时 45 分
2017 年 8 月 8 日	偏食	0.25	1 时 21 分	3 时 18 分
2018 年 1 月 31 日	全食	1.32	19 时 47 分	23 时 10 分
2018 年 7 月 28 日	全食	1.61	2 时 23 分	6 时 18 分
2019 年 7 月 17 日	偏食	0.67	4 时 08 分	6 时 59 分

1997 年 3 月 9 日的日全食是 20 世纪中国能见到的最后一次日全食。刚好赶上一颗亮彗星海尔-波普在近日点附近，日全食发生时，黑太阳与亮彗星同显风采，这种特殊天象有史以来只发生过 4 次，前 3 次是：1882 年 5 月 17 日在埃及，1947 年 5 月 20 日在巴西，1948 年 11 月 1 日在肯尼亚。这次日全食和彗星同现，在中国科学院、中国天文学会和黑龙江地方政府的组织下，300 多人云集中国领土最北端的漠河县，其中有中国科学院院士、天文学家、大中小学师生、新闻工作者及各界天文爱好者，冒着零下 35℃ 的严寒参加观测，仅业余级的天文望远镜就有 47 台，拍摄了大量贝利珠、钻石环、日珥和日冕的精美照片。中央电视台在现场通过卫星向全世界直播实况，中国各地掀起了观测日偏食和普及天文知识的热潮（光盘图 2.6.14 黑龙江漠河日全食观测现场）。

21 世纪的前 20 年内，在中国境内最有价值的日食有 5 次。

2008年8月1日的日全食。新疆、甘肃、内蒙、宁夏、陕西、山西和河南等部分地区可看到日全食。中国科学院、中国天文学会选择了两处最佳观测地点。一处在新疆哈密伊吾县的苇子峡乡，来自世界各地的天文工作者和天文爱好者超过2500人云集于此进行日全食观测，海峡两岸四地天文科普大会也在此同时召开，当地政府为此次日全食观测专门修建了太阳历广场永久性建筑（光盘图2.6.15 新疆伊吾日全食观测现场）。另一处在甘肃酒泉金塔县的大庄子乡，日全食期间在此举行了太阳磁场、日冕与空间天气国际研讨会和东亚青年天文学家研讨会。

2009年7月22日的日全食。西藏、云南、四川、重庆、湖北、湖南、江西、安徽、江苏、浙江和上海等部分地区可看到日全食，全食过程长达6分钟，而且经过数座人口稠密、文化发达的特大型城市及长江流域广大地区（光盘图2.6.16 2009年7月22日的日全食带）。中国天文学会曾建议国际天文学联合会第27次大会届时来中国上海召开，让全世界一流的天文学家目睹这次重要的日全食，但这个议案以一票之差被否决。遗憾的是，2009年7月22日的日全食带多数地区赶上阴雨或厚云天气，唯有全食发生时天色变暗、气温下降等过程留给人们特殊的感受（光盘图2.6.17 日全食发生时苏州城一片黑暗）。日全食当天，天气最好的地方居然是以"雾都"著名的重庆市。光盘图2.6.18是重庆市民拍到的日全食贝利珠。

2010年1月15日的日环食。云南、四川、贵州、湖北、湖南、河南、安徽、山东和江苏等部分地区可看到日环食，环食时间长达7~8分钟。北京天文馆、上海天文台、云南天文台、台北天文协会等单位联合在云南大理洱海风景区，组织了较大规模的观测。紫金山天文台青岛观象台在山东青岛一处西面是大海的胶州湾红岛海滨组织观测。日食发生时，大理天遂人愿，碧空万里，人们兴奋地观看了长达8分12秒的日环食（光盘图2.6.19 2010.1.15云南大理日环食）。青岛地处环食带的最东端，在长达7分12秒的环食之后带食落，本应看到一轮镶着漂亮红边的黑色太阳，缓缓落入金色的大海。可惜当时海平面上方云层较厚，未能看到金环入海的美景（光盘图2.6.20 山东青岛2010.1.15日环食）。

2012年5月21日的日环食。广西、广东、江西、福建、台湾、浙江、香港和澳门等部分地区可看到日环食，环食时间将长达4分钟。

2020年6月21日的日环食。西藏、四川、贵州、湖南、江西、福建和台湾等部分地区可看到日环食。

2021~2100年全球可见的日食列于4幅光盘图中（光盘图2.6.21 2021~2040年全球日食图；光盘图2.6.22 2041~2060年全球日食图；光盘图2.6.23 2061~2080年全球日食图；光盘图2.6.24 2081~2100年全球日食图）。图中蓝色的为全食，深红色的为环食，银红色的为全环食。中国境内可以看到的有：2030年6月1日环食，2034年3月20日全食，2035年9月2日全食，2041年10月25日环食，2057年7月1日环食，2060年4月30日全食，2063年8月24日全食，2064年2月17日环食，2074年1月27日环食，2085年6月22日全食，2088年4

月21日全食，2089年10月4日全食，2095年11月27日环食。其中重要的几次是：2035年9月2日，全食带经过西北、华北地区，北京市区也在全食带中，这是北京城400年来才有的机遇（光盘图2.6.25 2035年9月2日的日全食带）；2060年4月30日，全食带经过西北地区；2074年1月27日，环食带经过西南、西北、东北地区；2089年10月4日，全食带经过西南、华东地区。

2.7 太阳系小天体

2.7.1 小行星

早在17世纪初，开普勒就从"宇宙和谐"的观点出发，认为在火星与木星之间过于宽阔的地带应当有一颗未知的行星。1801年元旦，意大利天文学家皮亚奇（G. Piazzi）发现了第一颗小行星，经数学家高斯计算其轨道，确实位于火星与木星之间，有1/4月球直径那样大，相当于中国的青海省，取名为谷神星。至1807年，又发现3颗：智神星、婚神星、灶神星。婚神星最小，比中国的海南省略小。此后38年没有再发现过。人们以为这是仅有的4颗，并把它们当作大行星看待。然而，自1845年第5颗小行星义神星被发现之后，小行星不断地时有发现，特别是在现代技术条件下，被发现的小行星总数越来越多。截至2010年1月2日，已确认轨道并获得国际永久编号的小行星已达229 914颗。估计小行星的总数，直径在100千米以上的有200颗，30千米以上的有1 000颗，1千米以上的超过100万颗。小行星大都不是球形。测定它们的真实形状和大小是十分困难的。近代用光干涉技术及小行星掩恒星时的亮度变化来测量。小行星的质量更难测定，用引力摄动方法得出的3颗最大的小行星的质量为：谷神星1.2×10^{21}千克，智神星2.1×10^{20}千克，灶神星2.7×10^{20}千克。估计所有小行星加在一起的总质量不到地球质量的1/1 000，而前4~5颗小行星占总质量的一半以上。

小行星主要集中在火星与木星轨道之间宽约2亿千米的小行星带中（光盘图2.7.1 小行星带）。大多数小行星是一些形状很不规则、表面粗糙、结构松散的硅酸盐石块，有的含碳较多，有的有较多的金属成分（光盘图2.7.2 小行星951嘎斯普拉；光盘图2.7.3 小行星243艾达）。小行星也有自转，周期一般在2~16小时，自转轴有各种取向，没有规律。1996年2月17日，美国发射了专门探测433号小行星爱神星（Eros）的宇宙飞船，于2000年2月14日，恰为西方的情人节那天到达爱神星上空，对之进行近距离考察，并于2001年2月10日实现了人类首次在小行星上的软着陆。光盘图2.7.4为飞船在距爱神星1 800千米处拍摄的爱神星照片，它的外形像是一块被仔细啃过的肉骨头，最大直径34千米。通过对小行星掩恒星的观测，人们还发现小行星居然也有卫星，如532号小行星大力神可能拥有4~5颗卫星，智神星、婚神星和爱神星也都拥有自己的卫星。"伽利略木星探测器"飞越小行星带时,拍到过小行星卫星的照片(光盘图 2.7.5 小行星艾达的卫星)。艾达表面布满撞击坑,小卫星距离艾达 90 千米,直径 1.2 千米~1.6 千米。美国宇航局已于 2007 年 9 月 27 日发射"黎明号小行星探测器",将于 2011 年到达灶神星、2015 年到达谷神星上空,对这两个最大的小行星进行近距离探测。2003 年 2 月,发现一颗完全在地球轨道以内的小行星 2003CP20,直径 1~2 千米,绕日周期 235 天,轨道半径 0.98 天文单位,尚属首例。

探测和研究小行星,被认为有以下 4 方面的意义:①太阳系演化研究。因小行星质量小,没有改变自身形态和物理特征的能力,因而保存着形成之初的大量信息,反映了太阳系早期的历史,是研究太阳系演化的太空标本。②宇航安全或宇航中间站。穿过小行星带的行星际航行,要避开小行星的撞击,必须预知它们的轨道,有些较大的小行星可考虑利用它的宇宙速度作搭载或作中间站停靠之用。③资源价值。有的小行星富含对人类有用而地球上稀少的矿物,可以考虑开采利用或拖回地球使用。美国《科学》周刊曾报道小行星 1986DA(永久编号 6178),直径 2.3 千米,质量 200 亿吨,是一颗金属结构的小行星,估计含铁 100 亿吨,镍 10 亿吨,黄金 1 万吨,白金 10 万吨。④避开撞击地球的可能性。绝大多数小行星都在小行星带内绕太阳运行,不会和地球相撞。但也有少数特殊轨道的小行星,它们的轨道近日点深入到火星、地球、金星,甚至水星轨道以内,与地球轨道有交叉或轨道接近地球,称为"近地小行星"(图 2.7.6)。有些近

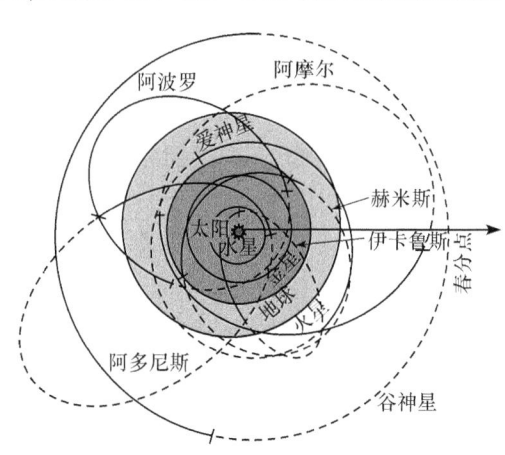

图 2.7.6 近地小行星的轨道

地小行星的轨道上不止一个而是一群小行星(光盘图 2.7.7 近地小行星群的轨道)。它们在运行过程中可能与地球相撞或因太靠近地球而被地球的引力拉拽坠向地球,形成撞击事件。

现已确认,直径 1 千米以上的近地小行星有 200 多颗,直径 50 米以上的近地小行星有 6 000 多颗,估计实际存在的总数达 100 万颗。这数以百万计的小行星,在地球周围织成一张"蜘蛛网",地球在网中穿行,危险的撞击在所难免。20 世纪 70 年代以来,包括古生物学家在内的科学界已经普遍接受一种说法:6 500 万年之前,一颗直径约为 10 千米的小行星撞击地球,使生态系统发生重大灾变,导致统治地球生物界长达 1.6 亿年之久的恐龙家族在短时期内灭绝(光盘图 2.7.8 6 500 万年前小行星撞击地球)。20 世纪 90 年代,由资源卫星探测到墨西哥南部海域有一个直径 160~180 千米的陨星坑。经海底蛙人取样分析,发现铱的含量反常,这是曾遭受小天体撞击的证据之一。地质钻探还找到了撞击时形成的玻璃陨石,经样

品年龄测定，恰为距今 6 500 万年之前。最近发现，2.5 亿年前二叠纪末期，那时地球上只有一块盘古大陆和一个超级盘古大洋，发生过一次生物大灭绝。约 90% 的海洋和 80% 的陆地动植物从地球上消失。很可能是由一颗直径为 8～11 千米的小行星撞击所致。遗留的撞击坑位于现在的大洋洲海岸附近的海洋中，直径约 200 千米（光盘图 2.7.9 2.5 亿年前小行星撞击地球）。科学家们认为这样激烈的撞击事件，概率大约每 1 亿年发生一次，而直径 1 千米级的小行星撞击地球的概率为 100 万年一次，直径 100 米级的小行星撞击，概率为 1 万年一次。人类有文字以来的历史还不到 1 万年，没有遇到过严重的撞击事件。但小行星 1991BA 离地球最近时只有 16.5 万千米；小行星 1994XM1 则从 10.5 万千米处掠过地球。直径约 30 米的小行星 2004 FH 离地球最近时只有 4.3 万千米。它们都进犯到月球轨道以内。1972 年 8 月 10 日，一颗直径约 10 米、质量几千吨的小行星，以 15 千米/秒的速度飞越美国和加拿大西部上空。不少人目击火球并耳闻隆隆的响声，是从 58 千米上空传来的。美国的空间红外探测器也记录了这一事件。如果撞上地球，将相当于 2～3 颗广岛原子弹爆炸的威力。小行星 2004 MN4，永久编号 99942，正式命名阿波菲斯（Apophis），直径约 320 米，2029 年离地球近至 3.4 万千米，2005 年曾提出预警，说是 2036 年有可能撞击地球，至 2006 年 8 月又宣布解除了预警。虽然在已发现的直径 1 千米以上的 200 多颗近地小行星中，没有一颗会在未来两个世纪内与地球相撞。但这类小行星总数约 2 000 颗，90% 尚未发现，它们与地球相撞的可能性是人类面临的巨大的潜在威胁。现代人类掌握的科学技术已经能够准确地计算出将要发生撞击的小行星轨道，可以提前采取人为措施使其轨道偏离，避免撞击事件发生。

20 世纪 80 年代以来，以美国帕洛玛山天文台的"小行星和彗星巡天搜索"计划为代表的国际监测网正在形成，执行国际近地小行星研究计划（Lincoln Near Earth Asteroid Research project，LINEAR）。从 1997 至 2008 年 9 月 18 日，LINEAR 已发现并获正式编号的小行星 97 466 颗，发现数量列世界排名第一位。未来 10 年之内，人类将监控所有大于 100 米级的小行星，使地球成为一颗设防的星球。中国紫金山天文台建在江苏盱眙的观测基地，投资近 2 000 万元的 1.04/1.2 米施密特型"近地天体探测"望远镜已于 2007 年投入使用，监测近地小行星的能力排名世界第五位。未来 20 年内可发现 500～1 000 颗有可能给地球带来危害的近地小天体，其中直径 1 千米以上的约 50～100 颗（光盘图 2.7.10 紫金山天文台盱眙基地的近地天体探测望远镜）。

小行星是目前各类天体中唯一可以由发现者命名并得到国际公认的天体。国际天文学联合会下属的小行星中心设在美国史密松天体物理台，专门负责小行星的编号、命名和其他与小行星有关的工作。小行星中心在接到发现新小行星的报告并初步确认之后，先给予一个国际统一格式的暂定编号：在年代后面跟 2 个拉丁字母和 1 个序号，如 1996TV1。小行星的轨道周期一般为 3～5 年，但对于地球而言的回归周期，即发生"冲"的周期通常只有一年多一点。获得暂定编号的小行星在经过

2.7 太阳系小天体

至少 4 次回归周期的观测，轨道又能足够精确地确定时，它将得到一个永久性的国际编号，发布在国际小行星中心的通报上。在通报发布后 10 年内，最早发现这颗小行星并算出轨道的发现者有权对这颗小行星命名，最后由国际天文学联合会确认并予以公布。中国人发现的第一颗小行星 1125 号，由紫金山天文台老台长张钰哲 (1902~1986) 于 1928 年在美国发现，命名"CHINA"（中华）。1955~1983 年，紫金山天文台共发现并获得国际正式编号的小行星 149 颗，名列世界排名第 52 位。盱眙基地建成后，2007~2008 年已发现小行星 452 颗，其中获得国际正式编号的 10 颗。中国国家天文台（原北京天文台）1982~2002 年共发现并获得国际正式编号的小行星 1 190 颗，名列世界排名第 14 位。落成于 2007 年 6 月 9 日的山东大学威海天文台，用 1 米口径的反射望远镜发现一批小行星，其中一颗 2008 YM9 已获得永久编号 207931，同时获得命名权。这是中国高校天文台获得永久编号的第一颗小行星，被命名为"威海"星。

1999 年 7 月，国际天文学联合会的专门委员会在意大利都灵制定了近地小行星是否会对地球造成威胁的"小行星险级都灵标准"。那些肯定不会与地球遭遇的小行星称为 0 级小行星。有可能使地球遭受危险的小行星分为 10 个等级，其中 1~7 级有可能造成某种程度的威胁，8~10 级肯定会对某个地区甚至整个地球造成灾难性的危害。截至目前，只有一颗小行星 1950DA（29075）被宣布可能于 2880 年 3 月 16 日撞击地球，超过都灵 0 级标准，撞击概率约 0.003。1950DA 直径约 1 千米，1950 年发现后一度失踪，2000 年 12 月 31 日重又找回。

2.7.2 彗星

彗星拖着长长的尾巴，在古人眼里常被视作灾难的征兆。中国民间俗称为"扫帚星"，"彗"字即指扫帚。很多人把彗星的彗字写成智慧的慧，那是写错了。肉眼能见的明亮的大彗星是难得一见的。20 世纪 50 年代以来出现的大彗星有：1956 年阿伦德-罗兰（Arend Roland）彗星（光盘图 2.7.11 阿伦德-罗兰彗星），1957 年穆尔克斯（Mrkos）彗星（光盘图 2.7.12 穆尔克斯彗星），1965 年池谷-关彗星（光盘图 2.7.13 池谷-关彗星），1969 年贝耐特（Bennett）彗星（光盘图 2.7.14 贝耐特彗星），1973 年科胡特克（Kohoutek）彗星（光盘图 2.7.15 科胡特克彗星），1976 年威斯特（West）彗星（光盘图 2.7.16 威斯特彗星；光盘图 2.7.17 威斯特彗星的另一张照片），1996 年百武彗星（光盘图 2.7.18 百武彗星），1997 年海尔-波普（Hale-Bopp）彗星（光盘图 2.7.19 海尔-波普彗星），2006 年麦克劳特（McNaught）彗星（光盘图 2.7.20 麦克劳特彗星）。

彗星质量都很小，与小行星同属太阳系小天体，一般沿着狭长的椭圆轨道或者抛物线、双曲线轨道绕太阳运行。其结构由冰和尘埃、砂粒、石头混合组成，即所谓"冰冻团块模型"，俗称"脏雪球"（光盘图 2.7.21 彗核俗称"脏雪球"）。当彗星离太阳很远（在木星轨道外面）时，脏雪球处于冻结状态，直径在几百米到几十千米范围。它是没有尾巴的,在望远镜中呈现很暗的星点状,称为彗核。随着彗星接近太阳,来到火星与木星轨道中间时,表面部分开始融化、升华,形成朦胧的大气,包裹在彗核周围,称为彗发,仍没有尾巴。彗核与彗发合在一起称为彗头。离太阳更近时,彗发变大变亮,范围可达 10 万~100 万千米。彗星进入火星轨道以后开始出现彗尾。彗尾分为尘埃尾和离子尾两类。尘埃尾的主要成分是大小为十分之几微米到上百微米的尘埃,受太阳辐射压力的推斥作用,向与太阳相反的方向延伸,因反射阳光而发亮,偏黄色。因同时受轨道运动惯性力的影响,尘埃尾表现为弯曲的形状。离子尾由一些气体分子的离子组成,受太阳辐射压和太阳风的双重作用,压向背着太阳的一面,因气体的荧光辐射而发光,偏蓝绿色,比尘埃尾直。许多彗星同时呈现一直一弯两条尾巴,如海尔-波普彗星。离太阳越近,彗尾越长、越亮,过近日点后,随着远离太阳,彗尾逐渐减小直到消失(图 2.7.22)。大彗星尾巴最长时上亿千米,1842I 彗星的尾巴长 2 亿多千米,超过太阳到火星的距离。

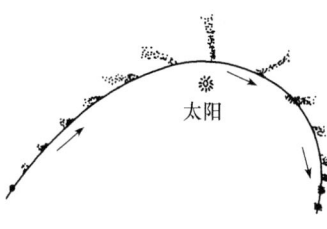

图 2.7.22 彗尾消长的过程

　　轨道为椭圆的彗星会重复出现,叫做周期彗星。如果轨道为抛物线或双曲线,它们出现一次以后就一去不复返了。只有很亮的彗星才能为肉眼所见,其余的只能在望远镜中观测。彗星有尾巴的时间是在它经过近日点前后,通常只有几天或几个月。对公众来说,彗星是较罕见的天象。

　　专业人员用望远镜观测彗星,每年约 30 颗左右。已记录在案的彗星有 1 800 多颗,其中 200 多颗是重复出现的。最负盛名的是哈雷彗星(光盘图 2.7.23 1910 年回归的哈雷彗星)。哈雷(E. Halley)是与牛顿同时代的英国天文学家。1682 年,哈雷用牛顿力学理论计算出当年出现的彗星轨道,同时指出历史上 1531 年、1607 年两次出现的都是这同一颗彗星,并且预言 1758 年将再次出现。那一年来到了,哈雷已经作古,彗星也不见归来。一些人开始嘲笑天文学家并怀疑牛顿力学的可靠性。法国天文学家克莱罗(A. C. Clairaut)经过更缜密的计算,勇敢地宣告它应于 1759 年 4 月 13 日过近日点。果然,1759 年 3 月 12 日,这颗拖着长尾巴的彗星重现天际。牛顿力学得救了,哈雷彗星也因此而得名。87 年之后,海王星的发现使牛顿力学体系大放异彩,确立了无可辩驳的地位。

　　哈雷彗星的近日点在金星轨道以内;远日点在海王星轨道以外,轨道周期 75.98 年。哈雷彗星的轨道如光盘图 2.7.35 和光盘图 2.7.42 所示。人类最早的哈雷彗星记录在中国。第一次确切的记录载于《春秋》:"鲁文公十四年秋七月有星孛入于北斗"。星孛(音 bèi)是中国古人对彗星的称呼。如果从最近一次哈雷彗星回归(1986 年)起算,-1 次在 1910 年(宣统二年),-2 次在 1834 年(道光十四年),可以追溯到-29 次,即公元前 240 年,秦王政七年。在这期间哈雷彗星共 30 次回归,中国史书都有记载,连续不断。秦王政即嬴政,公元前 221 年统一中国后即始皇帝位，后称秦始皇。鲁文公十四年（公元前 613 年）应是哈雷彗星－34 次回归。从－33 次到－30 次，文献未见记载，但有人考证，《淮南子》一书所说"武王伐纣……彗星出"是哈雷彗星－40 次回归。外国最早的哈雷彗星记录是公元前 164 年古巴比伦的泥版书，现保存于英国博物馆。

1986 年 2 月哈雷彗星回归，引起世界各地天文学家和公众的强烈兴趣。虽然这次回归的观测条件不好，到达近日点时地球正在太阳的另一侧，距离彗星较远，远不如历史上的壮观（光盘图 2.7.24　1986 年回归的哈雷彗星）。但在现代技术条件下，天文学家对它进行了详尽地观测。欧洲空间局发射的乔托号飞船离彗核最近时只有 500 千米，发现哈雷彗星的彗核不是球形，而是如图 2.7.25 所示的形状。彗核质量约 1 000 亿吨，长 16 千米，横径 9 千米，表面高低不平，有几个直径约 1 千米的浅坑及丘、谷，覆盖着一层不均匀的暗尘，平均密度 0.1～0.3 克/厘米^3，水分子占总质量的 80%，证实了彗星的"冰冻团块模型"。彗核绕其自转轴有周期为 7.4 天的自转，同时自转轴又以 77°夹角进动，周期为 52 小时（图 2.7.26）。下一次哈雷彗星过近日点的时间是 2061 年 7 月 28 日。

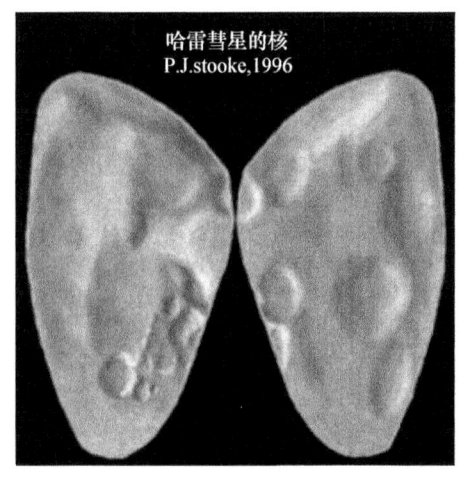
图 2.7.25　哈雷彗星的彗核

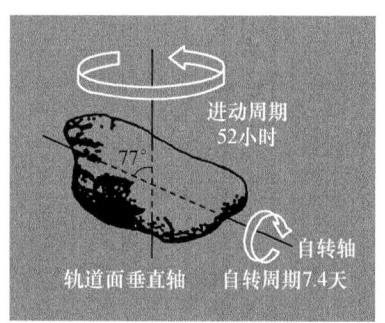
图 2.7.26　哈雷彗星彗核的自转

恩克彗星是历史上著名的一颗彗星。它的回归周期为 3 年零 106 天，自 1786 年发现以来已观测了 60 多次。比拉彗星是 1772 年发现的，周期为 6.6 年，1846 年回归时一分为二，1852 年再次回归时发现两部分拉开了距离，1858 年和 1865 年没有出现，1872 年 11 月 27 日，当地球穿过比拉彗星原来的轨道时，夜空中突然出现了一场壮观的流星雨，历经 4 个多小时。

2001 年 9 月，美国发射的"深空一号"探测器在距地球 2.2 亿千米处深入波莱利彗星的彗发，拍回了彗核的照片，拍摄距离 2 000 千米（光盘图 2.7.27　"深空一号"探测器和波莱利彗星的核；光盘图 2.7.28　"深空一号"与波莱利彗星；光盘图 2.7.29　波莱利彗星的彗核、彗头和彗发）。2004 年 1 月，美国发射的"星尘号"探测器在火星轨道之外,拍到了仅 240 千米远的怀尔德-2 彗星的彗核(光盘图 2.7.30 "星尘号"探测器拍摄的怀尔德-2 彗星的核;光盘图 2.7.31 "星尘号"与怀尔德-2 彗星),并采集到彗发物质样品(光盘图 2.7.32 "星尘号"探测器采集怀尔德-2 彗星的尘埃物质)。2006 年 1 月,"星尘号"探测器的回收舱返回地球,人类首次实现在实验室中研究采集到的彗星实物样品(光盘图 2.7.33 星尘号回收舱回到地球)。"星尘号"项目的副首席科学家、采集方案的设计者是美国华人科学家邹哲博士(光盘图 2.7.34 星尘号项目负责人邹哲博士)。2005 年 1 月 12 日,美国"深度撞击"号探测器升空,7 月初到达坦普尔 1 号彗星附近(光盘图 2.7.35 坦普尔 1 号彗星的轨道)。在距离 80 万千米处,发射 372 千克重、电冰箱大小的铜质炮弹,以 10 千米/秒的速度,于 7 月 4 日世界时 5 时 52 分命中直径 6 千米的彗核,希望获取有关彗核深部及碎片的信息,同时检验人类主动向小天体"进犯"的能力(光盘图 2.7.36 深度撞击示意图;光盘图 2.7.37 炮弹向彗核撞去;光盘图 2.7.38 深度撞击产生的光)。2004 年 3 月 2 日,欧洲空间局发射的罗塞塔探测器(光盘图 2.7.39 罗塞塔探测器、着陆器和彗星)将于 2014 年到达 67P/C-G 彗星附近,释放重约 100 千克的着陆器,实现首次在彗核表面的软着陆(光盘图 2.7.40 罗塞塔软着陆示意图)。

  2002 年 2 月 1 日傍晚,中国河南开封市 32 岁的张大庆独立发现一颗新彗星,此前一小时日本(傍晚来临刚好比中国早一小时)的池谷熏也发现了,被正式命名为池谷-张彗星。这是 21 世纪初最亮的肉眼可见彗星,也是中国业余天文学家第一个发现的彗星(光盘图 2.7.41 2002 年出现的池谷-张彗星;光盘图 2.7.42 池谷-张彗星与哈雷彗星的轨道)。2008 年 2 月 1 日,苏州的陈韬和乌鲁木齐的高兴共同发现了中国业余天文学家发现的第二颗彗星,被正式命名为陈-高彗星。2007 年 7 月 11 日,广州中山大学本科生叶泉志和中国台湾地区"中央大学"天文研究所鹿林天文台林启生合作发现一颗新彗星,被正式命名为鹿林彗星。彗星由叶泉志从照片中发现,而照片由林启生用鹿林天文台 41 厘米望远镜拍摄。

  发现彗星的另一种方式是利用互联网上发布的天文观测图像,而不是用望远镜观察天空。从 1999 年开始,至 2003 年底,从"太阳和日球层探测器"(SOHO)图像中已发现 SOHO 彗星 723 颗,其中 621 颗是业余爱好者发现的。光盘图 2.7.43 中太阳本体被圆盘遮盖,只露出白色的日冕,左下方是带尾巴的 SOHO-6 彗星。这些彗星都是近日点离太阳很近的"掠日彗星",它们从远方长途跋涉而来,大多数成员在朝拜过太阳之后便勇敢地投入太阳的怀抱,葬身于火海之中。中国新疆阿拉山口气象站的周兴明业余发现 SOHO 彗星 64 颗,排名世界第四位。2004 年 8 月,周兴明不幸遭车祸遇难,年仅 39 岁。2004 年 10 月,国际小行星中心直接将一颗由中国紫金山天文台发现的小行星 4730 号命名为"周兴明"星。

  1994 年 7 月 16 日世界时 20 时 15 分至 22 日 8 时,发生了一次史无前例的太阳系天体撞击事件。一颗名为苏梅克-列维的彗星(SL-9)分裂成 21 块碎片,以比炮弹大10倍的速度撞入木星大气层（光盘图2.7.44 已分裂的彗星向木星撞去，哈勃望远镜拍摄），形成高达3000千米的烟柱，在木星表面留下了21块黑色的疤痕（光盘图2.7.45 哈勃望远镜拍摄的木星挨撞后的疤痕）。第7块碎片撞击的伤疤直径2万多千米，比地球还大，成为木星上仅次于大红斑的第二个显著标志"黑眼睛"。估计未分裂前的彗星质量约5000亿吨，直径10千米。21次撞击的总能量相当于40万个氢弹爆炸的能量，瞬间最高温度可能达3万℃。由于与地球距离遥远，不会对地球产生什么影响。对于人类来说，观测这次撞击事件的意义不在撞击本身，而在于天文学家早在一年多以前就对事件做出了相当准确的预报。

2.7.3 海外天体

海外天体（TNO）指海王星轨道以外的天体。根据国际天文学联合会所作的决议，绝大多数的海外天体列为太阳系小天体。在"绝大多数"以外的TNO应指冥王星、查龙、赛德娜、爱丽丝等较大的TNO，被称为"矮行星"。根据决议"注2：IAU将建立一个程序对接近'矮行星'和其他分类边界的天体进行评估"，矮行星还应包括小行星中体积特别大的成员，如谷神星等。

1951年，美籍荷兰天文学家柯伊伯（G. P. Kuiper）为了解释海王星轨道的细微变化，提出一种见解，认为在冥王星轨道两侧，宽约30亿千米的环状区域里，有10亿~100亿颗以冰为主要成分的小天体绕太阳公转，后人称之为柯伊伯带天体。其中极个别的成员，沿着狭长的椭圆轨道或抛物线轨道，来到太阳和地球附近，成为引人注目的彗星。著名的哈雷彗星就是其中之一。

20世纪的最后10年，柯伊伯的见解得到天文观测的证实。1992年发现第一颗柯伊伯带天体，到2010年1月6日已发现999颗。估计直径大于100千米的柯伊伯带天体有10万颗，大于10千米的有2亿颗。有一些比查龙甚至冥王星还要大。2002年6月发现的夸阿（Quaoar），直径1200千米；2004年2月17日发现的奥尔库斯（Orcus），直径1600千米，都比查龙大。2005年7月，发现3颗直径大于1000千米的柯伊伯带天体：爱丽丝（Eris）或翻译为"阋（音xì）神星"、浩米亚（Haumea）或翻译为"妊神星"和马克马克（Makemake）。爱丽丝的直径比冥王星还大，并拥有1颗卫星黛斯诺米亚（Dysnomia），直径250千米（光盘图2.7.46 爱丽丝及其卫星示意图）。浩米亚有2颗小卫星：西亚卡（Hi′iaka）和纳玛卡（Namaka）（光盘图2.7.47 浩米亚及其卫星示意图）。除冥王星、爱丽丝和浩米亚之外，还发现7颗柯伊伯带天体拥有卫星。其中有2颗卫星与主星差别不大，质量几乎相等，应看作双柯伊伯带天体。光盘图2.7.48是哈勃望远镜拍下的双柯伊伯带天体1998WW31的运行图像。估计有卫星的柯伊伯带天体占10%。

人们已清楚地看到，柯伊伯带是太阳系中位于海王星轨道外面的第二个小天体环带。既不类地也不类木的冥王星仅是其中较大的成员，而不属于大行星的行列（光盘图2.7.49 包括冥王星在内前十名柯伊伯带天体）。这是国际天文学联合会2006年8

月决议的主要依据。除了极少数以外,绝大多数海外天体都属于太阳系小天体。

2.7.4 流星和陨石

流星像笔直的闪电,寂静无声,划破群星灿烂的夜空。那不是遥远的星星在流动,而是地球大气层中转眼即逝的光痕。流星是太阳系中非常细小的天体,与地球遭遇,被地球引力吸入大气层,在高速运动中摩擦燃烧,周围大气分子也受激而发光的现象。亮流星的亮度会超过天上最亮的恒星和行星。如果特别亮,途中还有分裂出来的溅落物质,便成为火流星。亮的火流星可以照出地面景物的影子。极个别更大的途中没有来得及全部烧毁而坠落地面,成为陨石。

太阳系各大行星之间广泛散布着这些非常细小的天体,称为流星体。它们也绕太阳运行,质量从 100 吨到百万分之一克。大的流星体和小的小行星之间已没有严格界限。绝大多数流星体是细小的砂粒或尘埃,也叫宇宙尘、行星际尘。它们主要来源于被太阳和大行星引力撕碎的彗星、小行星,少量来自月球、火星和其他大行星的卫星因受撞击而散落的碎屑。单个、偶然出现的流星称为偶发流星,没有一定的时间和方位,差不多每夜都有。通常在后半夜看到流星的机会要比前半夜多,就像在雨中快跑的人,前胸淋湿的程度要大于后背一样。处在后半夜的 1/4 地球表面,恰为地球公转运动的"前胸";而处在前半夜的 1/4 地球表面,则是地球的"后背"(图 2.7.50)。从星空中某一辐射点向四周大量迸发出现的称为流星雨,少则每小时数十颗,多到数十万颗,通常有固定的周期和方位,以辐射点所在的星座命名。数量多规模大的流星雨称为流星暴。一般界定达到每小时 200 颗以上的称为强流星雨,每小时 400 颗以上的称为流星暴。

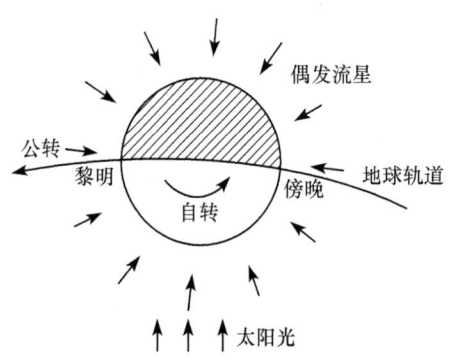

图 2.7.50 地球公转运动的"前胸"和"后背"

狮子座流星雨是非常出名的流星雨之一,来源于一颗名为坦普尔-塔特尔的彗星。这颗彗星每 33.2 年绕太阳一周,轨道倾角 162°,每年 11 月 17 日或 18 日,地球通过离彗星轨道最近点,而彗星每隔 33.2 年也在同一日期前后通过这个轨道最近点,而且两个天体几乎是迎面相遇(图 2.7.51)。彗星周围相当广大区域内的散落物在地球大气中溅落,形成壮观的流星雨,由于投影、透视的缘故,看起来像是从天空某一点辐射出来的,每 33 年一个周期(图 2.7.52),该点恰在狮子星座中,其实与星座中的恒星没有任何物理联系。中国古代文献中有过多次狮子座流星雨记录。1799 年、1833 年、1866 年这几年在西方都有很壮观的表现。1833 年,美国波士顿的目击者形容,流星雨像从天空飘落的大雪,纷纷扬扬,每小时有三四万颗(图 2.7.53)。其后两个周期 1899 年、1933 年数量不多,但 1966 年又有壮观表现（光盘图 2.7.54　1966 年狮子座流星雨照片），最多时每分钟 2 400 多颗。新一轮周期在 1998～2002 年来到，2001 年达到高潮。2001 年 11 月 19 日北京时间 2 时前后，流星计数为每小时 3 400 颗。

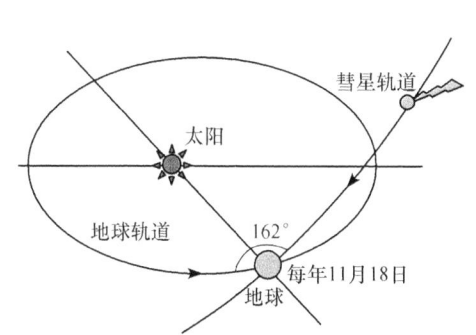

图 2.7.51　坦普尔-塔特尔彗星轨道

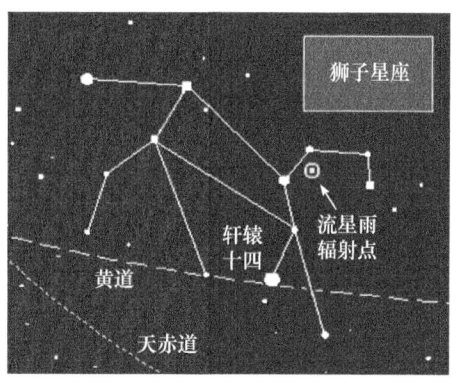

图 2.7.52　狮子座流星雨的辐射点

流星和流星雨在中国古代文献中有丰富的记录。《春秋左氏传》中记有"鲁庄公七年夏四月辛卯（公元前 687 年 3 月 23 日）夜，恒星不见，夜中星陨如雨。"恒星不见，似指天气不好；后来天气又好了，恰逢"星陨如雨"，被古人观测到了。据考证，这是天龙座流星雨的宝贵记录。古书《竹书纪年》还有更早的流星雨记录："夏帝癸十五年，夜中星陨如雨。"中国古代流星雨记录有 400 多次，陨石降落地面的记录 500 多次。《史记·天官书》中说"星坠至地，则石也"。北宋沈括的名著《梦溪笔谈》中有一段非常生动的描写："治平元年，常州日禺时，天有大声如雷，乃一大星几如月，见于东南；少时又震一声，移著西南；又一震而坠在宜兴县民许氏园中，远近皆见，火光赫然照天，许氏藩篱皆为所焚。是时火息，视地

图 2.7.53　1833 年狮子座流星暴雨的图画

中只有一窍，如杯大，极深。下视之，星在其中，荧荧然，良久渐暗，尚热不可近。又久之，发其窍，深三尺余，乃得一圆石，犹热，其大如拳，一头微锐，色如铁，重亦如之。州守郑伸得之，送润州金山寺，至今匣藏。游人到，则发视。"这段描写对陨石下落时的情况、温度变化、挖掘过程和收藏地点都作了详尽的记述。

1976年3月8日下午3时许,中国吉林省吉林市北部降落下一次规模很大的陨石雨。在约500千米^{2}区域共落下总重2 700千克以上的陨石碎块,最大的一块吉林一号重1 770千克(光盘图2.7.55 吉林一号陨石),深入地下6米,地面坑径2米多,震起的土浪高达数十米,土块飞溅到百米之外,还升起了一个高达50多米的蘑菇云状烟柱。成千上万人目睹了陨石雨降落的奇观(光盘图2.7.56 吉林陨石雨陨石分布图)。

陨石按金属和硅酸盐含量分为三种类型:石陨石、铁陨石和石铁陨石。最大的石陨石是中国吉林一号陨石。最大的铁陨石是非洲纳米比亚的霍巴陨铁,重约60吨,其次是格陵兰冰层中找到的约克角陨铁,重约57吨,第三位是中国新疆陨铁,重约30吨(光盘图2.7.57 中国新疆陨铁),现存放在乌鲁木齐市新疆展览馆院中。另外还有一种陨石为玻璃陨石,是一种天然玻璃体,大小不一,从1毫米以下至10~20厘米,黑色不透明或半透明。因曾在中国雷州半岛发现,又被误会为是遭雷击以后形成的,所以又叫雷公墨。更加细碎的流星体或陨石称为微陨石或宇宙尘。质量在1毫克以下,大小在几十微米以下的宇宙尘进入高空大气时受阻尼而减速,受热程度减小,其温度达不到熔点,不会烧蚀,成为原样的宇宙尘慢慢飘落下来;而较大的宇宙尘在穿过大气时发生烧蚀,原貌已经改变。有人估计每年陨落到地球上的宇宙尘总量约15 700吨。在中国天津蓟县山区的中上元古界地质剖面中,发掘出一些夹在岩层里的宇宙尘,用电子显微镜可以观察到它也有壳、幔、核等类似一颗小行星的完整的分层结构。

除宇宙尘之外,还有来自太阳的微粒辐射(太阳风),从行星大气层逸散出来的气体和从彗星、卫星散发出来的气体弥散在广大的行星际空间。在地面上看到的黄道光现象就是由这种宇宙尘和星际气体产生的。北半球低纬度地区,在远离城市的山上,每年的二月到四月傍晚,如果天气十分晴朗,在西方天空可以看一条锥形的光带,上窄下宽,中线沿着黄道,亮度与银河相仿,这就是黄道光。夏末秋初的黎明前,在东方天空也可以看到黄道光。因为这时同冬春之交一样,黄道与地平线交角接近90°。海拔越高,纬度越低,黄道光越显著,可能延伸到离太阳很远的地方。黄道光是由一个以太阳为中心,以黄道面为对称面的透镜状宇宙尘和星际气体云散射太阳光形成的。

陨冰也是陨石的一种类型,主要来自彗星的散落物,因陨落后很快化解,只有极少数偶然被人发现。中国江苏无锡地区自1982年以来已发现4起陨冰事件。在内蒙古鄂尔多斯市、宁夏吴忠县、甘肃华池县、莫斯科市郊、美国威斯康星州都有过发现陨冰的记录。

陨石撞击地面形成陨击坑。利用空间遥感技术已发现100多个大型陨击坑。最著名的是位于美国亚利桑那州的巴林格陨击坑(光盘图2.7.58 美国亚利桑那州的巴林格陨击坑)。坑径约1 240米,深180米,坑沿比附近平地高出40米左右,估计是2万年前陨击形成的。在加拿大马尼科甘有一个直径65千米的大型陨击坑,坑底覆盖着由撞击热产生的熔岩层，厚约 200 米，中心处还有一山形突起，很像月球上的环形山构造，估计陨击年代在 2.1 亿年之前。加拿大另一处萨德伯里盆地，也被认为可能是 17 亿年前陨击形成的。

中国地球科学家通过遥感或航测地图，也提出了几处可能存在的大型陨击坑。一处在广东始兴县境内，坑径 3.2 千米，深 250 米，坑底显露出撞击形成的放射形痕迹，坑周围有典型的岩石被冲击的变质现象。另一处在河北与内蒙古交界的多伦地区，有两层环形构造，内环直径 70 千米，外环直径 190 千米。还有吉林九台市上河湾、广东阳春、河北涿鹿和山东栖霞县唐家泊等地都发现了可能的陨击坑。还有人提出香港维多利亚湾及周边地区和太湖也可能是陨击造成的，并取得了一些地质考察的证据。当然也有相反的看法和理由。目前发现世界上最大的陨击坑卧在南极的冰原之下，直径 240 千米，深 800 米，估计是六七十万年前一颗 130 亿吨重的陨石撞击成的。

2.8 太阳系的物质分布

按照 2006 年 8 月 24 日国际天文学联合会关于"太阳系行星的定义"，冥王星不再作为大行星的成员。过去人们一直以为，出了冥王星轨道就是太阳系外面的世界了。现在知道，太阳系的物质边界要比冥王星轨道远 2 000 多倍。1930 年发现的冥王星到太阳的距离是地球到太阳距离的 39 倍，体积只有月亮的 40%。从它那里反射的太阳光，再传回地球，已经非常微弱，亮度相当于 700 千米远处的一支烛光。冥王星绕太阳公转一圈需要 248 年，从发现到现在，还没有转到 1/3 圈。1978 年发现冥王星有一颗卫星，取名查龙（Charon），直径约为冥王星的一半，两者相距 1.9 万千米，绕转周期 6.387 天。冥王星加上查龙，如果搬到地球上，单是中国的大陆国土面积就足以承载了（光盘图 2.8.1 冥王星、查龙与中国大陆国土大小的比较）。在冥王星的天空中，太阳不再有光焰万丈的气势，变成一个小光点，而查龙比地球上所见的月亮大 7 倍，高悬于暗淡冷漠的天庭（光盘图 2.8.2 冥王星的世界）。2005 年又发现冥王星还有两颗更小的卫星，取名尼克斯（Nix）和休德拉（Hydra），直径大约为 48 千米和 165 千米，比直径 1 200 千米的查龙小得多（光盘图 2.8.3 冥王星一家四口的合影）。冥王星的轨道偏心率比较大，以至于一部分冥王星轨道在海王星轨道里面（图 2.8.4）。有时候冥王星离太阳的距离比海王星还近，1979～1999 年就是这样。

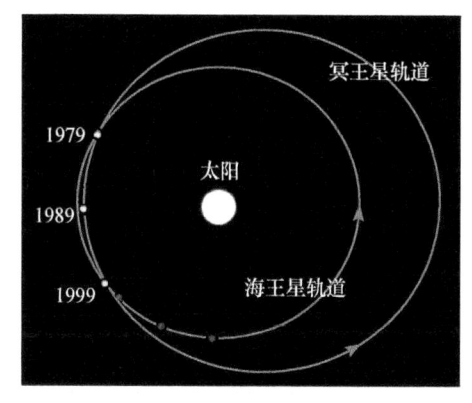

图 2.8.4 冥王星和海王星的轨道

当然，不必担心海王星与冥王星会有相撞的危险，因为它们的轨道不在一个平面上，二者没有实际的交点。

2006年1月19日，美国宇航局发射了"新视野号"冥王星探测器（光盘图2.8.5 "新视野号"冥王星探测器），2007年3月已越过木星轨道，将于2015年7月到达冥王星。届时传来的信息将揭开冥王星及柯伊伯带更多的细节和谜团（光盘图2.8.6 "新视野号"飞行路线图）。

2.7节介绍的柯伊伯带延伸到离太阳55个天文单位范围。而远至100个天文单位的地方，还有一重太阳系物质的分布：从太阳发出的太阳风粒子，完全笼罩着所有大行星和柯伊伯带天体。如果说火星木星之间的小行星环带一样是扁平系统，柯伊伯带已经不再扁平，而太阳风粒子就完全是球形分布了。这个以太阳为中心、直径200个天文单位的大球，太阳物理学家称为"日球"也叫"太阳风层"，它的边界叫做日球层顶（光盘图2.8.7 太阳风粒子示意图）。日球是太阳电磁场所能控制的空间范围。太阳引力场所能控制的空间范围更要大得多，达到10万个天文单位的距离。

在离日球边界更远的地方，最后的太阳系物质范围叫奥尔特彗星云。奥尔特（J. H. Oort）是荷兰天文学家，是柯伊伯的老师。他最早提出，位于离太阳3万～10万个天文单位的区域，分布着约1 000亿颗彗星，总质量与地球质量相当，称为奥尔特彗星云。彗星云中的那些更加遥远的小天体，如果偶然有机会改变轨道，经过数千年甚至数万年的长途跋涉，来到太阳和地球附近，也会成为长尾巴的彗星。1997年出现的海尔-波普彗星就属这一类（光盘图2.8.8 柯伊伯带和奥尔特彗星云示意图）。

2004年3月，美国天文学家宣布发现了一个远在90个天文单位处的太阳系小天体，颜色偏红，直径约为冥王星的3/4，是自1930年发现冥王星以来，太阳系中被发现的最大星体，取名"赛德娜"。光盘图2.8.9是2003年11月14日拍摄的"赛德娜"的移动情况。当时它距离地球135亿千米，亮度20.5等，相当于8 000千米外的一支烛光。"赛德娜"的轨道近日点76个天文单位，远日点884个天文单位，2076年过近日点，公转周期10 500年。因为它位于极遥远的太阳系寒冷边陲，最远时可达1 300亿千米，温度低于－240℃，故以古希腊神话中的北冰洋女神"赛德娜"命名。光盘图2.8.10是"赛德娜"的轨道示意图。图右上是"赛德娜"被发现时的位置，左上是木星轨道以内小行星带和几颗内行星，右下是"赛德娜"的轨道，左下是"赛德娜"在奥尔特彗星云中的位置。当时媒体纷纷炒作"赛德娜"是第10颗大行星，其实它连柯伊伯带天体都算不上，因为其近日点在柯伊伯带以外，但其远日点还够不着奥尔特彗星云。有人提出可能存在"内奥尔特彗星云"，"赛德娜"是其中第一个被发现的天体。或许奥尔特彗星云内边界比原来估计得要宽广得多。

按照现代天文学对太阳系的观测和认识，太阳系的物质范围可分为6重界限：第一重是4颗类地行星、月球和火星的两个卫星；第二重是小行星带，分布着数千

2.8 太阳系的物质分布

万个以岩石为主要成分的小行星;第三重是4颗类木行星,携带着160多个卫星;第四重是包括冥王星在内的以冰为主要成分的柯伊伯带天体;第五重是太阳风粒子能到达的区域;最后一重是奥尔特彗星云。

如果将海王星轨道以内的领地缩小为直径1.2千米的城堡,城堡中央有直径20厘米的火球——太阳。大行星们稀稀落落地环绕在太阳四周,走马灯似地旋转。4个小的在里层,只有毫米大小;4个大的在外层,也不过是1~2厘米大小的颗粒。里外两层之间,小行星们像一圈细碎的小粉末,纷纷扰扰地运转着。柯伊伯带天体如散乱的尘埃,簇拥在城堡外围,散布在宽约400米的环带中,缓慢地绕转。笼罩城堡的日球,飞舞着无数个太阳风粒子,直径比城堡直径大3倍。远方的奥尔特彗星云如冰晶雾霰,延伸到辽阔的球形空间,直径4 000千米。如果按比例尺画太阳系物质的分布图,将直径1.2千米的城堡画在中国大陆国土中央,那么中国大陆的全部领土都还在太阳系的物质范围内。

第3章 恒　　星

3.1　灿烂的星空

夜空闪烁的繁星，都是和太阳一样的天体，有的比太阳大得多，也明亮得多。人们之所以看不到它们光焰万丈的气势，只看到荧荧寒光，唯一的原因就是它们全都距离十分遥远。斗转星移，是因为地球本身在自转（光盘图 3.1.1 "斗转星移"了两小时的星空）；四季星空的变化，是因为地球绕太阳公转。由各个星座组成的星空整体是没有变化的。众星之间虽然也有相对运动，但因为距离十分遥远，在几千年这样短的时间里，显现不出来。古人看不出星空排列图形的变化，所以称它们为"恒星"。如果时间拉到 10 万年，星空也许就会面目全非了（图 3.1.2）。

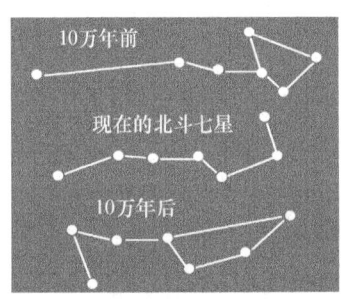

图 3.1.2　北斗七星 10 万年有明显变化

"银烛秋光冷画屏，轻罗小扇扑流萤，天阶夜色凉如水，卧看牵牛织女星。"（唐·杜牧·秋夕）夏秋之交，晴朗的夜空中，银河像一袭柔曼的轻纱斜挂天际，牛郎织女隔河相望（光盘图 3.1.3　牛郎织女附近的星空）。牛郎两侧各有一颗小星，那是肩挑着的一双儿女，古称"河鼓三星"。十字形的天鹅星座展翅飞翔在银河中央。天鹅的尾羽上有一颗亮星，那是银河上的渡舟，中名天津四（天鹅 α），与牛郎（天鹰 α）、织女（天琴 α）组成一个很大的等腰三角形，叫做夏夜大三角。即使月明星稀或天气不太好，也都很容易见到。为什么是"卧看"？因为这一天区在夏秋之交位于头顶正上方，"站着看"或"坐看"会使人脖子发酸，不能坚持。

盛夏时，南天低空处还有一个著名的星座天蝎座（光盘图 3.1.4　天蝎座——黄道上的著名星座）。弯弯的毒钩，硕大的躯体，中部一颗红色亮星中名心宿二（天蝎 α），又称大火星，是殷商时代判断季节指导农耕的重要星辰，也称商星。《诗经》中所谓"七月流火，九月授衣"，指的是农历七月大火星逐渐"流"向西方，盛夏将尽，九月之前要准备好过冬的衣服。杜甫名句"人生不相见，动如参与商。"意指商星与冬季猎户座中的参星此起彼落，永无见面的机会，以此描写战乱之中亲人离散，天各一方。

深秋时节，牛女西沉，飞马、仙女大四方形成为星空主角（图 3.1.5）。四方形东北角上的亮星是仙女 α（壁宿二），著名的仙女座星系 M31 就在附近；另 3 颗属飞马座。如果能看到大四方形里还有星（一共有13颗），说明你眼力过人。

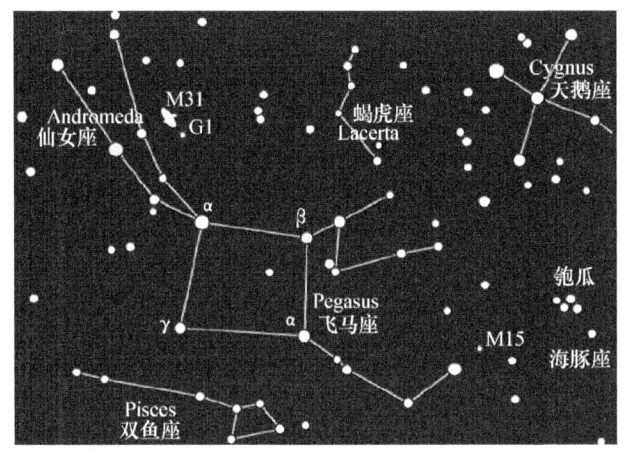

图 3.1.5　飞马座和仙女座

冬夜星空中，最为壮丽动人的是猎户座（图 3.1.6；光盘图 3.1.7　猎户星座照片）。猎户腰带上排成一线的三颗亮星，中名参宿三星。没有钟表的时代，它是漫长冬夜里的天然计时器。因为它正好位于赤道上，运行时间又均匀又长久。看三星而知时辰，在中国古代尽人皆知，《诗经》中也多处提到。猎户腰带上下各有两颗明亮的星组成猎户伟岸的身躯。左肩上红色的是参宿四（猎户 α），右膝下蓝色的是参宿七（猎户 β），都是超巨星，真实亮度比太阳大 10 万倍。猎户座中的 M42 和马头星云是著名的星云（详见 4.2 节）。

猎户右上不远处是金牛座，拥有一颗红色亮星毕宿五（金牛 α），那是金牛与猎户斗红了的眼睛（图 3.1.8）。再往上是著名的昴星团，西方叫七姊妹星团。好眼力的人可以看到六七颗星密集在一起。这是全天唯一可以用肉眼看见的银河系疏散星团，成员星有 120 多颗。金牛、猎户左下方，全天第一亮星天狼星，在凛冽的寒冬，发出蓝宝石一样的光辉。天狼星属大犬座（图 3.1.9），与双子座、小犬座为邻（光盘图 3.1.10　双子星座与小犬星座）。天狼星（大犬 α）、参宿四与南河三

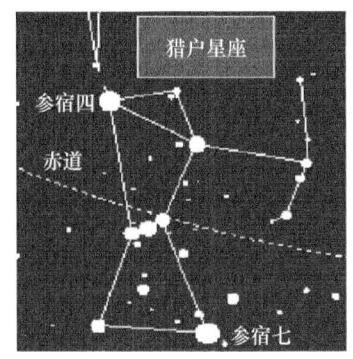

图 3.1.6　猎户星座

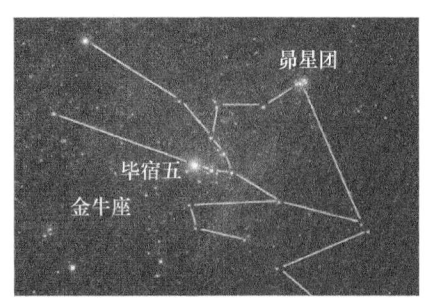

图 3.1.8　金牛星座

（小犬 α）组成的等边三角形，称为"冬夜大三角"，是冬夜星空显著的标志（光盘图 3.1.11　冬夜大三角）。大犬、小犬是猎户携带的两条猎犬，正在与金牛战斗。从猎户座向更大的范围展望，由 6 颗特别亮的恒星——天狼星、参宿七、毕宿五、五车二（属御夫座）、北河三（属双子座）、南河三（属小犬座）——组成一个硕大的六边形，称为"冬夜大花环"（图 3.1.12）。

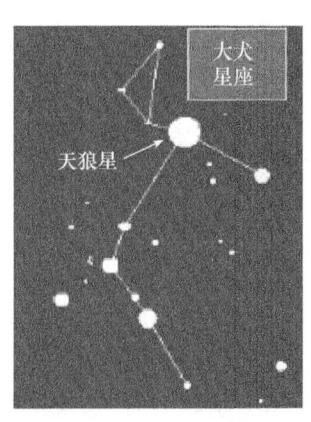

图 3.1.9　大犬星座

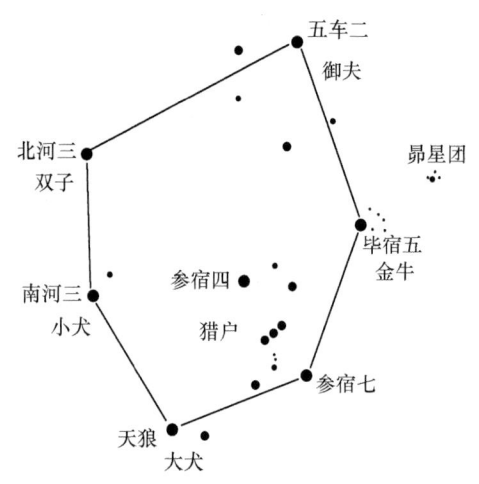

图 3.1.12　冬夜大花环

冬去春来，星移物换，狮子座升上高空。狮子的头部像一个反写的大问号，侧卧着面像西方。前腿上有一颗一等亮星，中名轩辕十四（图 3.1.14），是著名的 9 颗航海亮星之一（另 8 颗是：角宿一即室女 α，心宿二即天蝎 α，河鼓二即牛郎星，北落师门即南鱼 α，室宿一即飞马 α，娄宿三即白羊 α，毕宿五即金牛 α，北河三即双子 β），不知为多少古代航海家指引过航向（图 3.1.13）。狮子 β（中名五帝座一）、牧夫 α（中名大角）和室女 α（中名角宿一）这三颗亮星也组成一个等边三角形，是有名的"春夜大三角"。沿着大三角的一条边划一道弯弯的弧线，可以直达北斗七星的大水勺。

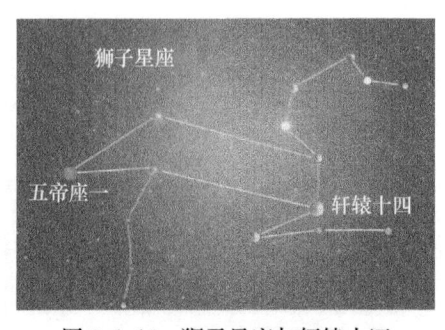

图 3.1.13　狮子星座与轩辕十四

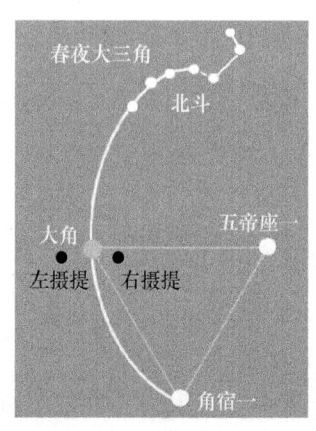

图 3.1.14　春夜大三角

北部星空最有实用价值的要数北极星，它紧挨着天北极。天北极是定义一切方向的基准。在北半球的夜晚，找到了北极星，就找到了确定无疑的正北方向。但北极星比较暗，直接找不太容易，通常借助北斗七星或仙后星座的指引确认。北斗七星是大熊星座的一部分（图 3.1.15），大勺子一样的形状很容易找到。从大勺子最外沿的两颗星延长约 5 倍远处就是北极星（图 3.1.16）。如果北斗位置很低，不容易见到，与之相距 180°的仙后星座一定在天空高处，排成一个 W 字母形状（所以又叫 W 星座）。沿着 W 星座的张口方向，约在张口大小的两倍远处也可以找到北极星。北极星安守正北方向（略微有一点偏离），所有日月星辰都围绕它做周日运动。

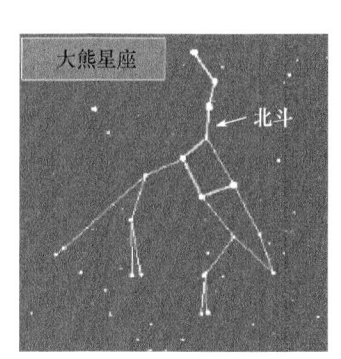

图 3.1.15 大熊星座

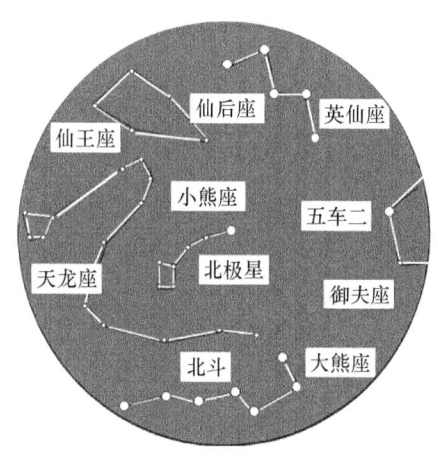

图 3.1.16 北极天区星空图

南半天球最著名的星座是南十字座，与船底座和半人马座为邻（光盘图 3.1.17 南十字座附近）。在澳大利亚、新西兰、西萨摩亚和巴布亚新几内亚的国旗上都有南十字座图案。银河系中心方向在人马座，其中有 6 颗亮星，中国古称"南斗六星"（光盘图 3.1.18 人马座和南斗六星）。

对于苦短的人生来说，星空简直就是永恒。仰望星空，无论是几十年前还是几十年后，无论你身在地球上什么地方，灿烂的群星总以它那无比的庄严和静谧，向你展示着神秘而和谐的宇宙图景，使你心驰神往，无限遐思，心灵得到净化。

所有的恒星都是遥远的太阳，但它们竟也个性多多，千差万别。它们的颜色和表面温度各不相同，发光本领也相差极大，有的比太阳亮几十万倍，有的只有几十万分之一。它们的体积差异更加巨大（图 3.1.19）。牛郎、织女星都比太阳大许多。大红星参宿四的直径比太阳大 900 倍，仙王座 VV 星的直径比太阳大 1 600 倍。如果把它们搬到太阳的位置，那么水星、金星、地球和火星都要装到它们的肚子里。1995 年 1 月，哈勃望远镜拍到了参宿四的圆面照片，这是人类首次获得的恒星圆面图像（光盘图 3.1.20 参宿四的圆面图像），照片显示参宿四的圆面比木星轨道还大。1998年，美国国家射电天文台又拍到了参宿四的射电图像，其范围竟然超过了土星轨道（光盘图3.1.21 参宿四的射电图像）。目前已知体积最大的恒星是御夫座ε（中名柱一），其直径比太阳大2 500倍，体积相当于150亿个太阳，土星的轨道肯定能装进它的肚子里。当然也有体积特别小的恒星。天狼星有一颗伴星，体积只有太阳的二百五十万分之一（参见3.5节）。天狼星是全天第一亮星，而天狼伴星的亮度只及天狼星的一万分之一，天文学家十分艰难地拍下了它们的照片（图3.1.22）。

图3.1.19 恒星大小的比较

图3.1.22 天狼星和天狼伴星

恒星们的大小差别如此之大，但有一个参数彼此差别不大，那就是质量。目前已知质量最大的恒星LBV1806-20，只比太阳大150倍，亮4 000万倍，距离4.5万光年（光盘图3.1.23 目前已知质量最大的恒星）；最小的鲸鱼座UV星约为太阳质量的5%。特大质量恒星数目稀少而且极不稳定。大多数恒星的质量在太阳质量的0.1～10倍范围。它们体积差别巨大而质量差别甚小，因此恒星们的密度差异特别悬殊。像参宿四这样的红色巨星相当于实验室里的高真空；而天狼伴星，体积接近地球，质量却与太阳相当，它的密度高达水的250万倍。一杯天狼伴星的物质竟有1 000多吨重。其表面引力足以把人的躯体吸成一摊肉饼！

恒星物理状态的多样性不亚于生物多样性，然而著名恒星物理学家爱丁顿却说过"再没有比恒星更简单的物体了"。天文学家研究遥不可及的恒星，找出了大自然简单而庄严的规律。壮丽的星空陶冶着人们的性灵，不断开启着人类智慧的心扉。

3.2 恒星的亮度

"天上星，亮晶晶，数来数去数不清。"远离城市，赶上特别晴好的天气，在没有月光干扰的夜空中，满天繁星密密匝匝，似乎数不胜数，多得不得了。天文学家

3.2 恒星的亮度

对星空拍照、画图、列表，并按其亮度分成等级，再一一统计其数目，所有能见到的恒星都了如指掌。即使在最晴朗的夜晚，所有肉眼能见的星也只有3 000颗左右，加上地球另一半所见的天空，整个苍穹共有6 000多颗肉眼能见的恒星，并不是想象的那么多。当然，如果通过望远镜，那又另当别论了。

恒星的亮度用星等表示，星越亮，星等数字越小。最亮的天狼星是-1.46等，记为$-1^m.46$。织女星$0^m.03$，北极星$2^m.12$。在没有人间灯火的干扰下，天气特别晴朗的无月之夜，空气透明度特别好的话，肉眼能见最暗的星是$6^m.5$。所有亮于$6^m.5$的恒星有6 974颗。城市上空，常有烟尘污染和灯光干扰，只能看到很少的星。城市越大、越繁华，问题越严重。大城市长大的孩子，可能从来没有见过银河，也不认识几颗星。现代大望远镜都选择在看星条件特别好的地方，最暗能观测到30^m星。银河系的恒星总数大约3 000亿颗，人类只能观测到其中很少的一部分。

人的生理视觉和听觉反应，与客观的物理亮度和声音强度都是呈对数和指数的关系。古希腊时代的天文学家，凭肉眼视觉，将星的亮度分为1～6个等级。1等星比6等星亮5个等级。用现代方法测量1等星的物理亮度比6等星大约亮100倍。但相差1个星等，亮度的提高并不是$100/5=20$倍，而是100开5次方即2.512倍。相差2个星等，亮度提高2.512的平方倍；相差5个星等，亮度提高2.512的5次方倍，刚好等于100倍。0等星比5等星亮100倍；10等星比15等星亮100倍，如此类推。织女星比北极星亮2.09星等，实际亮度相差2.512的2.09次方，约7倍。大望远镜能"看"到28等星，比人眼多看21.5个星等，"眼力"相差2.512的21.5次方，约为4亿倍。望远镜"眼力"增强，主要原因是受光面积比人眼大得多，同时也因为收录光波的是电子设备而不是人眼。人眼的视觉暂存效应，只能维持1/24秒，时间一到，视网膜上的画面就会更新，所以看的时间延长并不能提高视力。而望远镜加上照相和电子设备能长达几小时地观察同一天体，大大提高看得见的能力。天文学家用眼睛直接凑在望远镜上观察天体的时代早已成为历史。

夜空的恒星犹如山野间寥落的灯火，那稍亮的可能较近，暗弱的必定很远。远远近近，竟分不清哪个真亮，哪个不然。飞机上的灯，蓦见之下以为是一颗特别亮的星，其实只不过是普通的照明灯而已。一些遥远的恒星，看似荧荧寒光，其实要比太阳亮数百万倍。要比较出恒星们真的孰亮孰暗，必须把它们都放到同一个距离上来。天文学中恒星真亮度的定义是：假设把它们都放到10个"秒差距"远处来看的亮度。表示真亮度的星等，叫做绝对星等。人们直接看到的亮度叫视亮度，与之相应的是视星等。"秒差距"是天文学中常用的距离单位，等于206 265倍地球到太阳的距离，或大致等于3.26光年。恒星全都十分遥远，从那里看地球与太阳之间的最大张角，叫做"周年视差角"，简称视差（图3.2.1）。

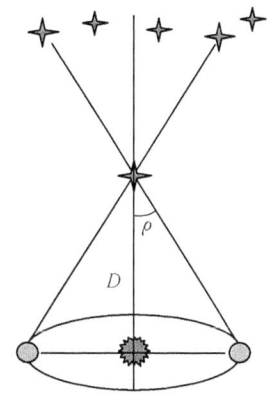

图3.2.1 恒星视差示意图

视差越小说明距离越远。当视差等于1角秒时，距离定义为1个秒差距。所有恒星到太阳的距离都超过1个秒差距。离太阳最近的半人马座比邻星，距离1.31秒差距或4.27光年。光线从它那里传过来需要4.27年的时间。

全天空亮于1.5等的恒星共有21颗（请见附录6最亮的21颗恒星），大多数是因为离人们比较近，所以才显得亮。但其中与牛郎、织女成犄角之势的天津四却距离十分遥远，它的绝对星等是－8.7等，真实亮度是织女星的4 800倍、太阳的26万倍。人们现在看到的光辉是它3 200年前发出来的。"近在咫尺"的太阳光传到地球只要8分钟。太阳的视星等－26.74，绝对星等4.83。如果把太阳放到10个秒差距远的地方，它便成为一颗肉眼很难寻觅的小星了。

真亮度代表真实的发光本领。恒星真亮度与太阳真亮度的比值称为光度。太阳的光度是1，真亮度或发光本领超过太阳的恒星，光度大于1；不如太阳的，光度小于1。光度通常用绝对星等数来表达。星等数有正有负，但光度数不可能是负的。织女星的光度是54，绝对星等0.5；北极星看起来不亮，但它的距离约400光年，光度1 820，绝对星等－3.32，比织女星亮多了；天狼星距离8.6光年，光度22.9，绝对星等1.43；天狼伴星光度0.002，绝对星等11.56；离太阳最近的比邻星光度只有0.000 056，绝对星等15.45。

直接观测得到的是视亮度和视星等。真亮度和绝对星等需要从理论推算得出。测量视星等的技术工作叫光度测量，它是研究恒星最重要、最基本的测量之一。传统的光度测量方法是照相法：把照相底片放在望远镜焦面上，长时间的露光拍照以后，测量底片上星像黑的程度。像点越黑，说明星越亮。亮度换算成星等，测量工作就完成了。1960年以后，出现了光电方法：通过电子设备让望远镜得到的光信号转换为电流信号，测量电流的强弱而知道星的亮度。1980年以后，出现了更先进的CCD（电荷耦合器件）技术，使测量精度和自动化程度大幅度提高。CCD是一种能将光学像转换为数码信息的高精度电子芯片，现已广泛应用在照相和摄像技术中。天文上使用的CCD精度要求要高得多，价格相差数万倍（光盘图3.2.2天文望远镜上使用的CCD）。

恒星的亮度是所有各个波段能量加在一起的总亮度。通过滤波技术可以测量各个波段上的亮度，它们是彼此不同的。根据物理定律，亮度最大的那一个波段，它的波长值叫做峰值波长，与发光物体的温度有关：波长越长，温度越低。分波段的亮度测量叫做分光光度测量，这是用来测量恒星温度的主要方法。图3.2.3给出不同恒星峰值波长与温度的关系。位于中央的是太阳，温度5 800开；左边的是角宿一，温度2.3万开；右边的是心宿二，温度3 400开。

天文学家通过精密的亮度测量，揭示了天体的许多秘密。除了温度，还有距离、发光本领、互相绕转的运动，乃至追随恒星的行星们。

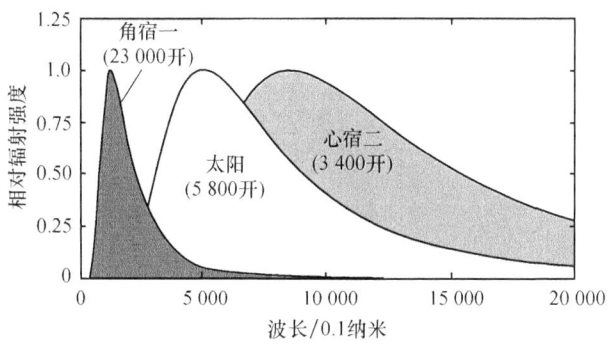

图 3.2.3　通过峰值波长测量恒星的温度

3.3　恒星的光谱

恒星的光谱分析技术是物理学在天文研究中起到突出作用的例子。1825 年，法国著名的实证主义哲学家孔德（A. Comte）曾经断言："恒星的化学组成是人类绝对不能得到的知识。"30 多年后，恒星光谱分析技术的出现不仅使天文学家得到了恒星化学组成的知识，还得到了恒星表面大气层的温度、压力、密度，以及恒星的质量、体积、磁场状况、自转运动、距离和空间运动的知识，甚至包括宇宙的物质组成、结构和运动规律及演化的知识，开创了人类研究天体的新纪元，促进了天体物理学的长足发展。

在可见光范围内，不同波长的光给人视觉的感受是颜色不同。颜色直接代表光的波长或频率。在红、橙、黄、绿、青、蓝、紫 7 色光中，红光波长最长，紫光波长最短。各种频率混杂在一起的光造成各种颜色的混合，给人眼的感受是白色。如果某种频率的光占的比重较大，混合光就偏显某种颜色。太阳光是稍微偏一点黄色的白光。天空的蔚蓝色是由于地球低层大气分子偏重于散射蓝色波长的太阳光而造成的。一些恒星明显偏于某种颜色，那是该种颜色的辐射强度较高的缘故。

辐射通过两种不同介质的界面时会产生折射；频率不同，折射率便不同。当混合光通过一块三棱镜时，由空气—玻璃—空气两次界面的折射，多种频率混合在一起的白光就分成了多种颜色的彩带，按红、橙、黄、绿、青、蓝、紫的顺序，也就是波长从大到小的顺序排列，称为光谱（图 3.3.1）。使人赏心悦目的雨后彩虹，就是阳光通过富含水滴的云层起到分光作用形成的。牛顿最早用实验的方法，通过三棱镜得到太阳光谱，发展成为后来的分光技术，也叫色散技术。

牛顿发现的太阳光谱是色彩生动而又明亮的连续光谱。凡是炽热的固体、液体和处在高压下炽热的气体都会发出这种连续光谱。1814 年，德国物理学家夫琅和费（J. Fraunhofer）发现了在太阳光连续光谱的背景上有许多细细的黑线。1859 年，基尔霍夫（G. Kirchhoff）和本生（R. W. E. Bunsen）发现高温下的化学元素

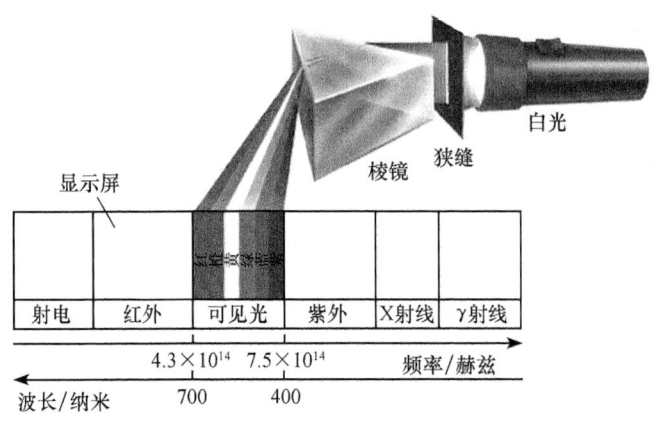

图 3.3.1　三棱镜分光示意图

发出的光不是连续的，而是由一条条亮线组成的光谱（后被称为明线光谱或原子发射光谱）。他们还发现每一种元素都有一些相对位置非常固定的明线，不同的元素绝不雷同，就像人有各不相同的指纹一样。明线光谱成为原子的特征而被称为"原子指纹"。他们还发现，如果高温元素发出的光再穿过低温下同一种元素的蒸气，明线就消失了，显出一条条暗线，形成暗线光谱或吸收光谱，位置与明线一一对应，完全相同。基尔霍夫通过以上发现总结出著名的定律：每一种化学元素在高温状态下都能产生辐射而发出自己的明线光谱；同时，在低温状态下，它又能吸收这些辐射，而使光谱中的明线变成暗线。他还提出，将复杂的化合物燃烧成火焰，观察火焰形成的光谱，就能认证出化合物中含有哪些元素。比较谱线的强度还能确定各元素的含量。这就是后来广为应用的光谱分析技术。他还提出，太阳光谱中的暗线，是温度较低的太阳大气层中的原子吸收相应的谱线造成的；从太阳的暗线光谱中能够认证出太阳大气的化学成分，从而分析出各种成分的含量。对于遥远的恒星，如果有办法获得它们的光谱，恒星大气的化学成分问题也就迎刃而解了。根据物理学中的塞曼（P. Zeeman）效应，如果光源处在强磁场中，光源发出的光谱线会分裂成数条，裂开的宽度与磁场强弱有关。测量恒星光谱中的塞曼效应，可以得知恒星的磁场强度。恒星磁场的强弱差异很大，太阳属于弱磁场恒星。

早期天文学中，获得恒星光谱的方法，是把三棱镜放在望远镜的物镜前面（称为物端棱镜），使恒星的光分成各种频率的光，然后再进入望远镜，使每一颗星光都展现出光谱（光盘图 3.3.2　用物端棱镜获得的恒星光谱）。由于大尺寸三棱镜制造困难，以及光能量被玻璃吸收而损失严重，降低了望远镜的使用效率，物端棱镜不再适用，改用放在望远镜焦点后面的棱镜摄谱仪，使已经成像的星光经过棱镜分光后再获得光谱。棱镜光谱仪的分光能力超过物端棱镜，但它一次只能得到一颗星的光谱，而不像物端棱镜那样同时得到视场内所有恒星的光谱。分光能力更强的设备是光栅摄谱仪。光栅是一种精密光学元件。在非常平整光洁的光学玻璃平板上，

3.3 恒星的光谱

刻出许多条间隔相等互相平行的细线，做成光栅。利用光的干涉和衍射的叠加原理使通过光栅的混合光分解成光谱。天文学用的典型光栅是每毫米刻100～1 000条线的大面积光栅，分反射光栅和透射光栅两种，价值都非常昂贵。光栅摄谱仪将光栅放在望远镜焦面上使用，一次也只能获得一颗星的光谱。现代有一种新技术，就是利用光导纤维把望远镜焦面上的许多星像引导到多台摄谱仪上，同时得到许多恒星的光谱。

一颗恒星的光谱是一条只有几厘米到十几厘米长的彩色光带，上面布满了疏疏密密的许多暗线或明线（光盘图 3.3.3 恒星光谱的实例）。正是这小巧的方寸之物，将几十光年到几十万光年、几十亿光年远处的庞然大物的种种秘密，透露给小小地球上渺小的人类。这既是大自然的神功机巧，也凝聚着聪明人类多少代人的智慧结晶（光盘图 3.3.4 恒星上不同的化学元素表现出不同的光谱线；光盘图 3.3.5 复杂的太阳光谱）。

恒星的电磁波辐射是天文学家研究恒星的主要信息来源。电磁波既具有粒子性，也具有波动性。不同波长的电磁波在真空中的传播速度都是一样的，但不同波长的电磁波，其光子所具有的能量是不同的。依物理学中的做法，将电磁波按波长或频率的次序排列起来，称为电磁波谱。电磁波谱中各段的名称和波长范围如下（图 3.3.6）。波长在1毫米以上的电磁波为射电波也叫无线电波段。其中波长大于10千米的称超长波，10～1千米的称长波，1千米～100米的称中波，100～10米的称短波，10米～1毫米的称微波。波长为1毫米～10纳米的电磁波为光学波段。其中1毫米～0.76微米的称为红外光，0.76～0.4微米的称为可见光，0.4微米～10纳米的称为紫外光。波长为10纳米～1皮米的电磁波称为X射线波段。其中10～0.1纳米的称软X射线，0.1～1皮米的称硬X射线。波长短于1皮米的电磁波为γ射线波段。

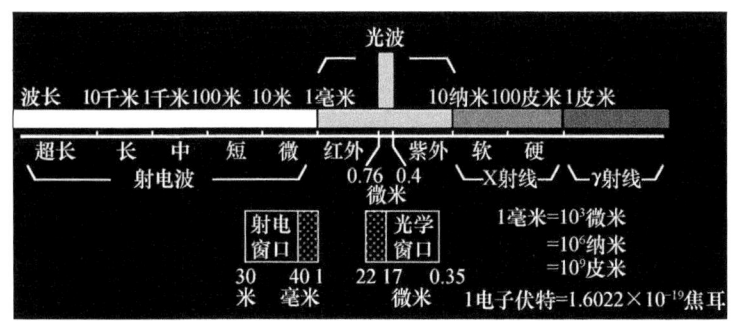

图 3.3.6 电磁波谱

在恒星辐射的全部波段中，可见光只占很窄的一段，但却是非常重要的一段，是迄今为止人类获得天体信息最多的一段。可见光按红、橙、黄、绿、青、蓝、紫的顺序排列；红光波长最长，紫光波长最短。

恒星及其他天体的辐射穿过地球大气层时，很多波段都被大气分子吸收掉了。也就是说，对于地面上的生物体及人类的天文观测设备，来自天体的辐射很大一部分为大气层所屏蔽。屏蔽紫外光、X射线、γ射线的主要是大气中的臭氧层和氧原子、氧分子、氮原子、氮分子；屏蔽一部分红外光的主要是大气中的水分子和二氧化碳分子。这种屏蔽作用是地球上生物体的生命保障之一。没有这种屏蔽，生命会受到威胁，也就不可能有人类来研究天文学；但对天文观测来说，这种屏蔽却是获得天体信息的一种障碍。幸好地球大气层对电磁波辐射留下了两处透明的窗口：光学窗口和射电窗口，为人类天文学的发展提供了必要的信息通道。其中光学窗口也是地球上生物体至关重要的生命保障窗口，如果没有这个窗口，太阳的可见光也被屏蔽在外，生命也就不复存在了。光学窗口是波长22~0.35微米的光学波段，包含全部可见光和一部分红外光。其中22~17微米是半透明窗口，即辐射的一部分可以透过；17~1.1微米是间断性窗口，即有若干个小缝隙辐射能够通过。波长比0.35微米更短的紫外光，大于0.2微米的能透过距地面50千米以上的大气层；0.1~0.2微米的能透过距地面100千米以上的大气层。射电窗口能通过波长30米~1毫米的无线电波段。其中40~1毫米的一部分微波也是半透明窗口。

3.4 恒星的位置和运动

"斡维焉系？天极焉加？……日月安属？列星安陈？"在屈原的《天问》中，这些凝重的诗句指天发问：斗转星移皆绕极斡旋，那天极又支架在哪里？……日月缘何运行？众星何处安身？

星海茫茫，无数的光点，它们究竟居于何处？离我们多远？它们向何方运动？快慢速度如何？当代天文学研究恒星也必须回答这些基本问题。人类经过长期艰苦的积累已掌握了相当丰富的信息。

恒星的空间位置由三个坐标参数来确定，两个是天球球面上的经纬度：赤经和赤纬，另一个是距离。开创了日心说、被誉为"自然科学独立宣言"的发表者哥白尼当年也不知道恒星为何物，认为它们是在上帝的世界里。当牛顿的经典力学体系已经相当完备，天文望远镜已经有相当威力的时候，很多人想借助地球公转运动来测量恒星的视差（参见3.2节）以确定恒星的距离，却总是不能成功。人们甚至质疑地球到底有没有公转运动。直到19世纪30年代，才有三位天文学家分别测出了三颗恒星的视差，他们是：俄国的斯特鲁维（В. Я. Струве）在彼得堡测织女星；德国的贝塞尔（F. W. Bessel）在柏林测天鹅座61星；英国的汉德森（T. Henderson）在好望角测半人马座α星。1837年、1838年、1839年他们分别发表了所测出的恒星视差值，突破了恒星距离无法测定的难关。三人中难度最大的是斯特鲁维，因为织女星视差最小，只有0.12角秒，相当于50千米外的一枚分币的张角。织女星的实际距离是25.3光年。光年是天文学中常用的距离单位，等于光在一年中走过的路程。光的速度是30万千米/秒，一秒钟绕地球7.5圈。太阳距离地球1.5亿千米，光用8分钟就走到了，而从织女星到地球，光要走25.3年的

3.4 恒星的位置和运动

时间。到离太阳最近的半人马座比邻星，光也要走 4.2 年（光盘图 3.4.1　英澳天文台拍摄的比邻星）。如果把比例尺缩小 1 万亿倍，太阳和比邻星都缩成两颗绿豆，它们之间的距离有 40 千米之遥。"盈盈一水间"的织女星与牛郎星相距 16 光年，七夕鹊桥相会只不过是民间美丽的神话。不要说过河相会，即使用最快的手机短信方式联系一次，电波来回也要 32 年的时间。恒星的遥远、空间的辽阔可想而知。

天球球面上的赤经和赤纬用专门的天体测量技术测定，登记或拍照在星表或星图中。人类历史上最古老的星表是中国战国时代石申编制的《石氏星经》，载有 121 颗恒星的位置。

当代比较早期的著名星表有 1886 年出版的德国 BD 星表，星数 457 847 颗，1973 年以磁带方式出版的德国天文学会 AGK3 星表，星数 183 000 颗。以位置精确著称的德国天文学会奥韦尔斯基本星表，它的最新版本称为 FK5，1988 年出版，包括 4 652 颗恒星。

1972 年完成的以照相底片方式发行的帕洛玛星图，由美国国家地理学会和帕洛玛天文台联合制作，使用口径 1.83/1.22 米施密特望远镜，分别用红敏和蓝敏技术拍照同一天区，共 985 对底片，每张底片的尺寸是 35.5 厘米×43.2 厘米，包括南纬 −45° 以北所有暗至 21 等的恒星和其他天体，总星数约为几十亿颗。欧洲南方天文台和澳大利亚的英澳天文台用与帕洛玛天文台同样的设备和技术于 1996 年完成了 −45° 以南直至 −90° 的 ESO-SRC 南天星图，共 1 212 张底片，售价 2.4 万德国马克。两份星图覆盖了整个天球，并且已经完全数字化，将所有的数据压缩在 200 张光盘上。这是目前最有权威性的恒星球面位置数据，为专业天文机构使用，价格十分昂贵（光盘图 3.4.2　英澳天文台 1.83/1.22 米施密特望远镜）。

20 世纪 60 年代末期，美国史密松天体物理台出版了由计算机绘制的 SAO 星图，星数 258 997 颗。20 世纪 80 年代末，美国宇航局（NASA）发表了储存在光盘上的 GSC 星表。原是为哈勃空间望远镜用的工作星表，星数 1 800 多万颗，可快速显示于计算机屏幕上或打印在纸上，使用非常方便。

1989 年 8 月，欧洲空间局（ESA）发射了依巴谷（Hippareos）天体测量卫星（光盘图 3.4.3　依巴谷天体测量卫星），精密测定了 11.8 万颗恒星的位置数据，精确度高达 0.001～0.002 角秒，超过了 FK5 基本星表，是恒星位置数据的重大突破。1997 年 6 月，ESA 发表其最后成果 Hipparcos and Tycho 星表，包括 Hipparcos 星表 118 218 星，Tycho（为了纪念丹麦天文学家第谷·布拉赫）星表 1 058 332 星，Tycho2 星表 2 539 913 星。

1996 年，美国海军天文台编纂了一本包括 4.9 亿多颗恒星和星系的星表，后来又扩充到 1 045 913 669 颗暗至 21 等的天体，位置精度 $0''.2$，是当前星数最多、又有较精确位置的星表，名为 USNO-B。

同一个星座里的恒星，有的看似挨得很近，但在视线方向可能相距遥远，即彼此距离不同。如北斗七星，7 颗星的距离相差甚远，如图 3.4.4 所示，图右边的数字表示每一颗星与太阳相距的光年数。恒星距离的测定比球面位置测定要困难得多。最直接可靠的方法是传统的三角视差法。使用长焦距的天体照相仪分区拍摄恒星照片，将相隔半年的同一天区照片进行对照，测出因地球公转运动造成的恒星周年视差，再用解三角形的方法算出距离。由于测角精度的限制，三角视差法只能适用于距离小于100秒差距的近距恒星。至1963年，地面望远镜的测量，只得到6 400多颗星的距离，发表在《恒星三角视差总表》及其补编中。近年来空间天体测量的发展及CCD技术的应用，用电子记录方式代替照相底片，哈勃空间望远镜、依巴谷天体测量卫星及一些地面大型光学望远镜都有三角视差测定计划，测量精度提高到$0''.001$，星数也会大大增加。美国NASA天文数据中心发行的天文数据光盘已经列有9 359颗星的三角视差数据。依巴谷天体测量卫星星表有全部11.8万颗星的三角视差距离数据。其中有2万颗星的测量误差小于10%，5万颗星的测量误差小于20%。欧洲空间局制定了新的计划，将在2013年发射新一代天体测量卫星GAIA（光盘图2.4.8），将精密测量10亿颗恒星的三维空间位置，精度达到10～20微角秒（微角秒即百万分之一角秒）。

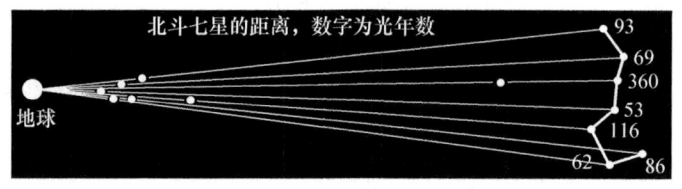

图 3.4.4　北斗七星距离各不相同

另一种测定恒星距离的方法是分光视差法，即利用分光技术获得恒星的光谱，从光谱线的某些特征（如氢和一些金属元素的谱线强度）可推知恒星的绝对星等，再从恒星光度测量测出视星等，就可以计算出天体的距离。目前已获得分光视差数据的恒星有6万颗以上。一般而言，分光视差精度低于三角视差。但分光视差的精度高低与恒星远近无关，而三角视差的精度随恒星距离变远而下降。故对于远距离的恒星，分光视差精度反而高于三角视差。

除以上两种方法之外，还有其他测定恒星距离的方法。距离越远，难度越大，精度越低。

银河系所有恒星都绕银河系核心公转，太阳拖带着它的家庭成员绕银河系核心公转的速度是250千米/秒，比地球绕太阳公转的速度快8倍。恒星的公转速度各不相同，因此恒星之间也有相对运动。由于距离十分遥远，短时间内是看不出来的，但从精密的天体测量中可以检测出来。

恒星相对于太阳的运动也由三个坐标参数表现出来。它们是：天球球面上赤经和赤纬的变化两个参数，距离的变化一个参数。前者称为自行，后者称为视向速度。

恒星的自行用角秒/年来表示，如织女星的自行为$0''.345$/年，天狼星的自行为

1″.324/年。自行比较大的通常是距离比较近的恒星。自行最大的巴纳德星 10″.31/年，距离 5.9 光年（光盘图 3.4.5　巴纳德星的自行）。自行是通过比较相隔时间很长的恒星球面位置数据来测定的。

视向速度测定用的是物理学方法——多普勒效应。1842 年，奥地利物理学家多普勒（J. C. Doppler）指出，波源与波的接收器之间如果有相对运动，接收器接受到的波长应当与波源发出的波长有所不同，靠近时波长变短，远离时波长变长。从波长的变化量可以计算出两者之间相对运动的速度。这一现象称为多普勒效应。光波和声波都有这种效应。站在铁路路边的人，注意倾听鸣笛疾驶而过的火车汽笛声调的变化，一定会发现火车从远驶近时笛声尖锐，一旦驶过身边由近驶远时，声调突然变得低沉，火车速度越快，差别越明显，这就是声波的多普勒效应（图 3.4.6）。光波的多普勒效应表现为，当光源与观测者之间有视线方向的运动时，光源发出的光被观测者测到的时候，波长发生变化。这一变化与光源至观测者之

图 3.4.6　声波的多普勒效应

间的距离无关，只与两者之间的视向运动方向和速度有关。相向运动时，波长变短，如果是可见光，就向紫的方向变化，称为紫移；相背运动时，波长变长，可见光向红的方向变化，称为红移。光盘图 3.4.7 是一幅红移和紫移的示意图：由于飞机的高速飞行，前方的恒星颜色变蓝了，因为它靠近我们而来；后面的恒星颜色变红了，因为它远离我们而去。当然，乘飞机时不可能真的看到这种效果，因为飞机的速度太低了。恒星辐射的波长反映在光谱上。某种元素的谱线发射时对应于一定的波长值，这是原子的特性，是不会改变的。但是地球上的望远镜接收到这种谱线时，它的波长会因恒星的视向运动速度而改变，有红移或有紫移（光盘图 3.4.8　恒星光谱线的红移和紫移）。测量出这一改变量，就可以计算出视向运动的速度。而且判定：光谱线有红移，表明恒星远离我们而去；光谱线有紫移，表明恒星靠近我们而来。恒星光谱中有很多条谱线，多普勒效应造成的位移对每一条谱线都是一样的，即集体位移，所以这种位移比较容易判断出来。用这种方法测定视向速度，一般来说是比较可靠的，而且测量精度与恒星远近关系不大，只要有比较清楚的光谱图像即可。当然，谱线不限定在可见光波段，其他波段的谱线及其位移用专门的仪器也能观测到，在这种场合，仍然将波长变短称为紫移，波长变长称为红移，虽然含义已经有点不太确切了。

3.5　主　星　序

3.5.1　光谱型

光谱是恒星的身份证。20 世纪初，美国哈佛大学天文台对已经拍到的 50 万颗

恒星的光谱进行研究，并对它们分类。用 7 个英文字母将恒星光谱分为 7 类，在每种类型的英文字母后面再加上 1 位阿拉伯数字，细分为 10 个次型。如织女星是 A0 型，天狼星是 A1 型，北极星是 F8 型，太阳是 G2 型等。后来又在字母 G 和 K 型后面加上 S、R、N 三个亚型，构成了由 10 个字母表示的 100 种光谱型系列，顺序为

$$\text{O—B—A—F—G}\begin{smallmatrix}\text{S}\\ \text{—K—M}\\ \text{R—N}\end{smallmatrix}$$

分类的主要判据有连续谱的能量分布，谱线的数目和强度，特征谱线所属的化学元素等。这一分类系列称为哈佛分类法。实际上，它是一个恒星表面的温度系列，也是一个颜色系列。从左到右对应于温度的下降和颜色的由蓝到红。最热的 O 型星温度约为 40 000 开，蓝色；最冷的 M 型温度约为 3 000 开，红色。其他各型的温度和颜色见表 3.5.1。S、R、N 三个亚型与相应的主型温度相同，光谱结构上有一些次级的差异。

表 3.5.1　光谱型与颜色和温度的关系

光谱型	恒星表面温度/开	恒星颜色
O	40 000～25 000	蓝色
B	25 000～12 000	蓝白色
A	12 000～7 600	白色
F	7 600～6 000	黄白色
G	6 000～5 000	黄色
K	5 000～3 600	橙色
M	3 600～2 600	红色

在以太阳为中心，450 秒差距（约 1 500 光年）为半径的银河系空间中，各类光谱型恒星所占的比例约为：B 型 1%，A 型 1.5%，F 型 8%，G 型 13%，K 型 20%，M 型 56%，其余各型共 0.5%。可见低温度的恒星，也就是小光度、小质量的恒星比高温度、大光度、大质量的恒星要多。由于光谱型对恒星物理研究的重要性，调皮的美国大学生为了记住光谱型的 10 个字母，编了一句俏皮话：Oh, Be A Fine Girl Kiss Me! Right Now, Smack!

哈佛分类法是最通用的恒星光谱分类法。全世界按哈佛分类系统作过光谱型分类的恒星总数在 90 万颗以上。哈佛分类反映的主要物理参量只有一个，就是恒星的表面温度，属一元分类法。20 世纪 40 年代，美国天文学家摩根（W. W. Morgan）和基南（P. C. Keenan）提出一种二元分类法，即在哈佛分类法以温度为依据的基础上，再加一个光度数据。光度共分 7 级，用罗马数字表示，附在哈佛分类标记后面，分别表示：Ⅰ，超巨星；Ⅱ，亮巨星；Ⅲ，正常巨星；Ⅳ，亚巨星；Ⅴ，主序星（矮

星);Ⅵ,亚矮星;Ⅶ,白矮星。如果有必要,在罗马数字后面再加小写英文字母排列光度顺序。所谓巨星和矮星,指的是光度大小,光度大的也就是真亮度大的为巨星,小的为矮星。这种二元光谱分类系统称为 MK 系统。目前只对一小部分恒星作了 MK 系统分类,以后将逐步扩大进行。太阳的 MK 光谱型是 G2V,表明太阳是黄色主序星;参宿七(猎户β)的 MK 光谱型是 B8Ia,表明它是光度特别大的蓝白色超巨星。

3.5.2 赫罗图——光谱光度图

丹麦天文学家赫茨普龙(E. Hertzsprung)和美国天文学家罗素(H. N. Russell)各自独立地提出了恒星的光谱型与光度之间存在着相关关系,并以图形来表示,称为赫罗图或 H-R 图。赫罗图以光谱型(或温度)为横坐标,以光度(或绝对星等)为纵坐标,把所有已知光谱型和光度的星点在图上,每个点代表一颗星。结果发现,全部星点群集在三个不同的区域里(光盘图 3.5.1 赫罗图——光谱光度图)。大多数(占90%以上)星落在从左上角延伸到右下角的带状区域,称为主星序。在这个序列里的星就是主序星。太阳是一颗非常标准的主序星。主星序服从明显的规律:温度越高光度越强。这也是斯特藩-玻尔兹曼定律显示的必然结果:恒星表面单位面积的辐射能量与温度的 4 次方成正比。如果面积都相等,温度一高,光度当然也就高上去了。赫罗图的右上角有一个点群,这些星温度偏低、颜色偏红,但光度却很大。按斯特藩-玻尔兹曼定律来理解,必然发光面积特别大,也就是恒星的体积特别大,称为红巨星或红超巨星。毕宿五和参宿四就是红巨星和红超巨星的例子。赫罗图的左下角也有一个点群,温度很高,颜色偏白,光度却很小,这一定是体积很小的星,称为白矮星。天狼星伴星就是典型的白矮星的例子(光盘图 3.5.2 一些恒星在赫罗图上的位置)。赫罗图简单明了,却有着深刻的含义,为许多研究课题所使用,是现代天文学中非常重要的图表(光盘图 3.5.3 根据真实数据描画的恒星彩色赫罗图)。

3.5.3 主序星

恒星的一生经历好几个阶段(详见第 5 章)。处在停留时间最长、最稳定阶段的恒星就是主序星。恒星在这个阶段停留的时间占整个寿命的 90% 以上,相当于人生的青壮年阶段,而人的这一段时间达不到整个寿命的 90%。主序星的内部化学成分基本相同,产生能量的机制也基本相同,都是由氢原子核聚变为氦原子核产生的能量。在恒星演化早期,还没有发育成熟的时候,核聚变反应还没有形成规模,不占主要的产能方式,恒星在赫罗图上处于主星序右边的位置。当恒星演化到晚期,内部的化学成分和产能机制都发生了较大的变化,就会离开主星序转移到赫罗图中别的位置上去。主序阶段的恒星有的处在温度和光度都较高的位置(赫罗图的左上部),有的处在温度和光度都较低的位置(赫罗图的右下部),这主要取决于恒星的质量。质量越大的主序星,光度

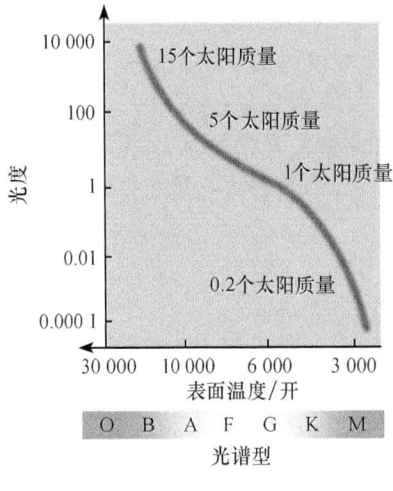

图 3.5.4 质光关系图

越高，温度也越高。主序星的光度大约和质量的 3.5～4 次方成正比，这一规律称为"质光关系"（图 3.5.4），它提供了一个估计恒星质量的重要方法。

质量是恒星最重要的一个物理量，决定着恒星内部的物理性质和演化历程，但恒星的质量很难测定。恒星在主序阶段停留时间的长短也取决于质量：根据质光关系，质量大的必然光度巨大，损耗速度加快，维持辐射的时间就短，寿命也短。质量小的光度小、损耗慢，维持辐射的时间长，寿命就很长。图 3.5.5 给出了不同质量的恒星在主序停留的时间。太阳停留在主序阶段的时间约 100 亿年，有 15 个太阳质量的恒星在主序阶段停留的时间只有 1 500 万年，0.5 个太阳质量的恒星在主序阶段停留的时间会长达 2 000 亿年。可见不同质量的恒星，寿命相差很远。恒星的质量有一定的限制范围。最大不超过太阳质量的 150 倍，最小不能小于太阳质量的 0.05 倍。大多数恒星的质量在 0.1～10 个太阳质量之间。当质量大到 60 倍太阳质量以上时，光度大于 100 万，星体很不稳定，强大的辐射压力会把恒星外层的物质吹跑，造成大量的星风损失；当质量小于 0.05 个太阳质量时，内部温度和压力太低，不足以形成热核反应，而失去恒星的资格。无论质量大小，恒星内部由氢核聚变为氦核的热核反应是维持主序阶段的主要物理标志。一旦氢核燃料消耗殆尽，恒星就进入晚年，离开主星序，由衰老而死亡。

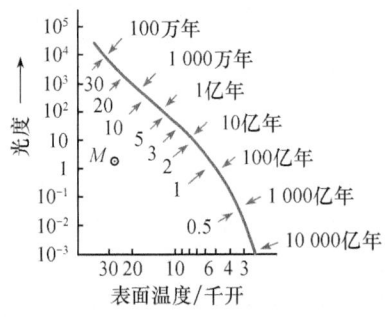

图 3.5.5 不同质量的恒星在主序停留的时间

不同质量的恒星，衰老和死亡的表现大不相同。详细的介绍将在第 5 章中展开。

3.6 双　　星

3.6.1 双星的发现

双星是两颗恒星，像地球和月亮绕着它们的公共质心转一样互相绕着转。如果它们周围也有行星，并且有智慧生命存在的话，那里的"外星人"就会拥有两个太阳。也许一个是红色的，另一个是蓝色的，交替着在天空出现。"外星人"在何方，目前尚无消息，但双星倒是确切的存在。而且据对恒星世界的调查，约有半数以上

3.6 双　星

的恒星是"成双成对"的。大多数双星因为距离遥远，从地球上分辨不清，看起来以为是一颗星。

18 世纪以前，人们偶然发现有靠得很近的恒星，有时同时出现在望远镜的视场里，两颗星紧挨在一起，亮度和颜色也许都不一样。大家以为只不过是两颗星偶然巧合在同一方向而已，两者并没有什么关联。直到 1779 年，天文学家迈耶（C. Mayer）才想到有可能存在互相绕着转的双星。1802 年，英国天文学家威廉·赫歇尔（W. Herschel）开始认真搜寻成对的恒星，4 年之内找到 434 对。他通过非常细致地观测，发现了它们确实是在引力作用下互相绕着转。图 3.6.1 是赫歇尔观测到的第一对双星，距离 49 光年的北河三（双子 α）的轨道。图 3.6.2 是赫歇尔观测到的另一对双星，距离 16 光年的蛇夫座 70 的轨道。此后，双星研究成为天文学家的重要课题。一些人为此付出了毕生的精力。

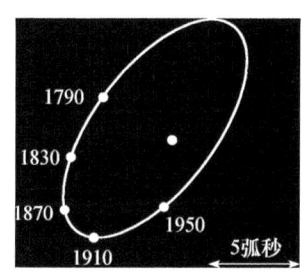

图 3.6.1　双星北河三的轨道

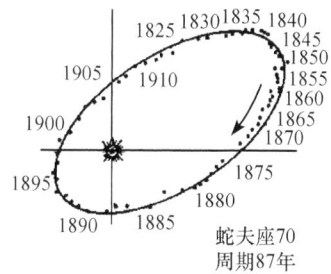

图 3.6.2　双星蛇夫座 70 的轨道

距离较近，或彼此分得比较开的双星，能用望远镜观测到两颗星的光学像，这样的双星称为目视双星。例如，克鲁格 60，图 3.6.3 是它的轨道和光学像。光盘图 3.6.4 是目视双星猎犬 α（中文名常陈一）的光学像，距离 130 光年。光盘图 3.6.5 是目视双星天鹅 β 的光学像，距离 350 光年，橘红色和蓝色的恒星凑成一对。

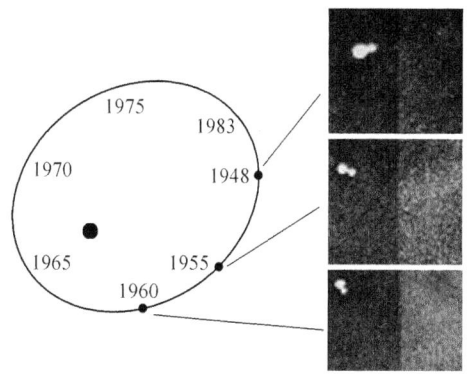

图 3.6.3　目视双星克鲁格 60 的轨道和光学像

大多数双星距离遥远，即使运动到彼此相距最远的位置，两子星在视线方向的张角依然小到望远镜分辨能力的极限以下，不能直接观测到两个星的像，怎么看也是一颗星。天文学家找到一些间接的方法来判断它们是双星。如用光度方法发现的食双星和用光谱方法发现的分光双星。

3.6.2 食双星

当双星的轨道面与人们的视线几乎在一个平面上时，人们就会看到一颗星挡住另一颗星的掩食现象，就像发生日食那样，星光会明显变暗。这种双星叫食双星。最典型的也是最早发现的食双星是英仙座β，中国星名大陵五，西方也称之为"魔星"（Algol）。它的轨道周期是 2 天 20 小时 48 分 55 秒。在这段时间里，它的亮度有明显的变化，而且有特殊的规律，光变曲线如图 3.6.6 所示。最亮时 2.13 等，最暗时 3.40 等，亮度相差 3 倍多，最亮的一段时间中央又有一点变暗。这种略见奇特的光变情况，其实很容易用食双星的轨道运动来解释。对照图 3.6.6 中的 A、B、C、D 四个位置：位置 A 时，体积小而光度大的子星被另一个子星挡住了，只有体积大但光度小的子星贡献亮度，总亮度最小，只有 3.40 等；位置 B 和 D 时，两颗星同时贡献亮度，总亮度极大，达到 2.13 等；位置 C 时，亮子星挡住了一部分暗子星的光，总亮度有一点下降。这就是大陵五光变曲线形成的原因。大陵五亮度大的子星光谱型 B8，有 3.7 倍太阳质量，2.5 倍太阳半径；亮度小的另一子星光谱型 G0，0.8 倍太阳质量，3.0 倍太阳半径。两子星相距 0.2 个天文单位，距离太阳 88 光年。天文学上通常称双星中亮的一颗为主星，暗的一颗为伴星。两颗子星都绕公共的质心旋转，其相对于空间的运动轨道称为绝对轨道。如果以主星为参考体，只考虑伴星绕主星的运动轨道，称为相对轨道。除大陵五之外，典型的食双星还有渐台二（天琴座β）、大熊座 W 等（图 3.6.7）。精确测定食双星的光变曲线细节，有可能测定两颗星的直径。在图 3.6.8 中，如果知道双星的距离和轨道运动速度，精确测量从 1 到 2、3、4 的时间，两颗星的直径就可以计算出来了。分析食

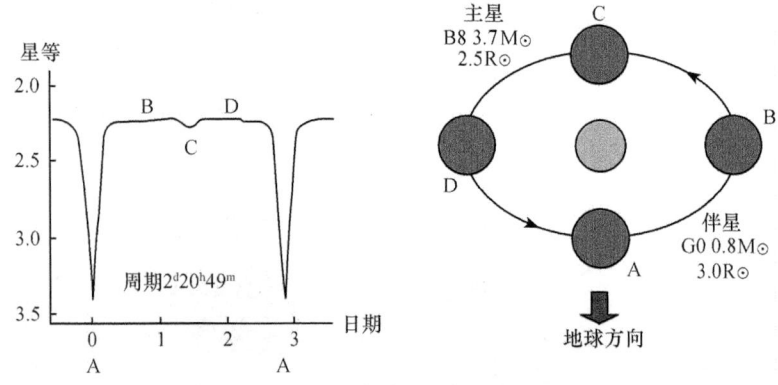

图 3.6.6　大陵五的光变曲线

3.6 双 星

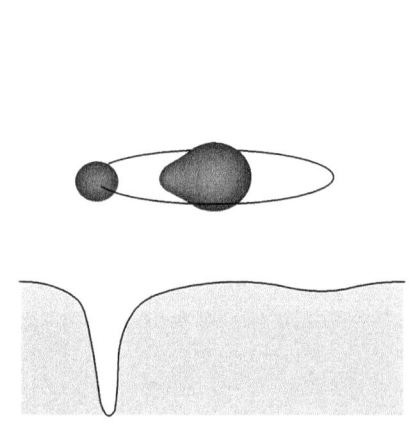

图 3.6.7 渐台二双星的光变曲线和轨道运动

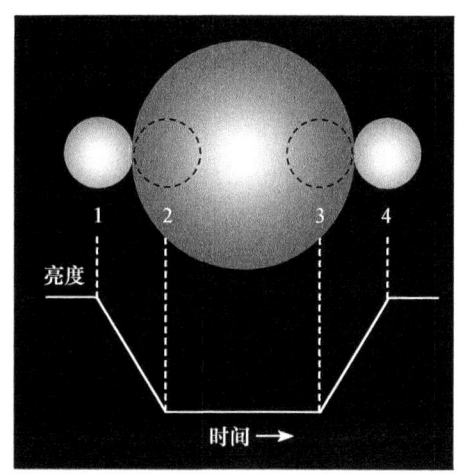

图 3.6.8 从光变曲线测定两颗星的直径

双星的光变曲线，还可以获得两颗星的轨道面倾角及光度比例等比较可靠的数据。1969年苏联出版的"变星总表"中收有食双星4 000多对，但真正研究清楚的只是其中很少的一部分。人们看到食双星的条件是双星轨道面刚好与视线在一个平面上，这毕竟是难得的巧合，所以食双星只占双星很少的一部分。

3.6.3 分光双星和密近双星

用光谱分析方法发现的双星称为分光双星。如果一颗恒星有两条光谱叠加在一起，或者虽然只有一条光谱，但所有谱线都表现出周期性的红移和紫移，表明有轨道运动，就可以判断出那是一对双星。分光双星中所包含的恒星种类繁多，涉及的物理和演化等问题相当广泛。已发现的分光双星约有5 000多对。

密近双星是指两颗星靠得很近，在相互引力的影响下，有物质在其间交流或出现引力变形的双星（光盘图3.6.9 密近双星间的物质交流）。密近双星在恒星世界中普遍存在，研究密近双星可以得到一些重要的恒星演化线索，分析恒星大气层的结构、恒星内部的密度分布等物理特性，因而是相当重要的研究内容。食双星和分光双星中有很多也同时都是密近双星。密近双星分为三类：仅出现引力变形而没有物质交流的称为不接密近双星（光盘图3.6.10 不接密近双星）；一颗星的物质单方面的流向伴星的称为半接密近双星（光盘图3.6.11 半接密近双星）；双方都有相互物质交流，你中有我、我中有你，形成公共包层的称为密接密近双星（光盘图3.6.12 密接密近双星）。

有一类双星的轨道面接近于与视线方向垂直，在绕转运动中既不会出现交食，也不会表现出光谱线因视向运动而位移，需要用另外的方法来判断它们是双星。1834年，德国天文学家兼数学家贝塞尔发现天狼星的自行不走直线而呈螺旋线（图3.6.13），推测它与一颗看不见的伴星组成双星。因为有绕转运动，才表现出螺旋式的自行。图 3.6.14 是天狼双星的轨道示意图，天狼星（A）及天狼伴星（B）各自绕着共同的质量中心运动。1862 年，美国克拉克父子（A. Clark 和 A. G. Clark）用大望远镜拍到了天狼星及其伴星的照片（图 3.6.15），证实了天狼伴星确实存在。图 3.1.22 是哈勃望远镜拍摄的更加清晰的天狼双星图像。对天狼伴星的光谱和绕转运动的分析，知道它的质量、温度和光度信息，判断它是一颗白矮星。这是天文学家发现的第一颗白矮星。贝塞尔用类似方法还预言过南河三也是一对双星，1892 年被望远镜证实。通过对恒星自行的分析判定的双星也叫"天体测量双星"。天狼双星既已获得两颗子星的光学像，所以也是目视双星。

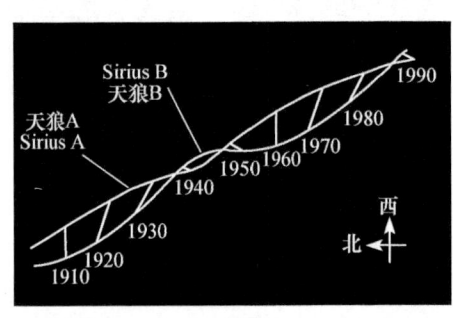

图 3.6.13　天狼星的自行不走直线

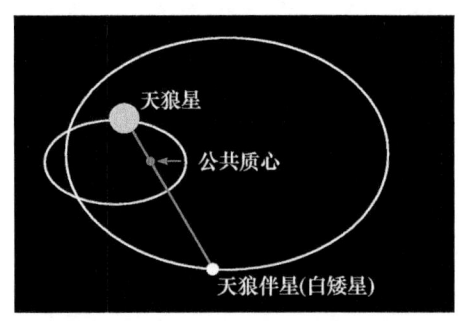

图 3.6.14　天狼双星的轨道

图 3.6.15　1862 年拍摄的天狼双星图像

三颗以上恒星聚在一起的情况称为聚星，更多的称为星团（详见 4.3 节）。在太阳周围 17 光年半径以内的范围共有恒星 60 颗，其中双星就有 11 对，三合星有两组，单星只有 32 颗，占一半左右，其中可能还有一些难以发现是双星的。据恒星物理学的统计，在银河系范围内，有 60% 甚至 85% 的恒星是成双成对或者聚集在小家庭里，像太阳这样的单身汉反而是少数。从双星的轨道运动，可以比较准确的应用力学方法测定恒星的质量。如果是单星，质量就很难测定了。幸好有这么多成双成对的恒星，才给地球上的天文学家带来好运，得到关于恒星的一项非常重要的参数——恒星质量，这对宇宙结构和演化的研究是特别有意义的。但也有人提出，有生命存在的行星只能属于单星系统。双星周围即使也有行星，在两个太阳照耀下，轨道运动将非常不稳定，难以有生命形成。我们庆幸，我们生活在单星家庭里，有一个非常好的恒星——我们的太阳。

3.7　不稳定恒星

主序星是处于稳定阶段的恒星。所谓稳定是指恒星各方面保持着动态平衡：整

3.7 不稳定恒星

个星体每一个局部所受到的引力与压力相平衡；从星体表面每秒钟辐射损失掉的能量与从内部产生、传递出来的能量相平衡。恒星的温度、亮度、光谱、体积和质量都基本上保持不变。

有一类恒星不处于这种平衡状态，上述各种参数存在不同程度的变化，变化的形式可能是周期性的脉动，不规则的迸发或者是巨大的毁灭性的爆炸。这一类恒星称为不稳定恒星。各种参数变化中，最容易直接观测到的就是亮度的变化。凡亮度有变化的恒星统称为变星。亮度变化的原因有真正的物理因素的称为物理变星。有一些恒星的亮度变化并不是恒星本身物理原因引起的，如前面介绍过的食双星，虽然也叫变星或"几何变星"，但不属于不稳定恒星的范围。

从天体演化的角度看，物理变星的"变"与"不变"是相对的。任何时候，没有一颗恒星绝对稳定不变。就连最典型的稳定恒星——我们的太阳，也随时都在进行着一定程度的变化。随着观测仪器灵敏度的提高，变星和稳定恒星之间的界限越来越难以明确，对许多原来以为亮度不变的星，现在也发现有亮度变化。从物理机理上说，作为庞大而炽热的气体球的恒星，其内部不断发生着许多的物理过程，时刻都处于变化之中。但从宏观来看，恒星通常有能力通过自身的调节维持平衡和稳定：如果产出的能量过多，超过辐射的需求，那么多余的能量会引起星体膨胀，使内部温度下降，产能减少而保持平衡；反之，如果产出的能量减少，星体就会收缩而使内部升温，促进产能增加，依然保持平衡。微观的动态的平衡维持着宏观的稳定。

变星或不稳定恒星一般是指在较长时间（几小时、几天或几年）内，亮度有明显变化的恒星。"亮度"泛指光学波段及光学波段以外的电磁波辐射的强度。不稳定恒星按物理机制分为脉动变星和爆发变星两大类。至 20 世纪 80 年代，在银河系之内，已发现和命名的变星有 2.8 万多个，其中 20% 为几何变星，爆发变星不足 10%，余下大部分都是脉动变星。银河系之外其他星系中的变星已发现 1.1 万多个。

3.7.1 脉动变星

大质量恒星离开主序之后，步入老年阶段，热核反应的情况开始发生变化。有一类恒星会经历体积胀缩的过程：当热核反应产生的能量减少，引力迫使恒星收缩；收缩到一定程度又导致温度升高，恒星转为膨胀。恒星的半径、体积、温度和亮度在平衡点附近往复变化。直接可以观测到的就是亮度的变化，时而明亮，时而暗弱，像人的脉搏一张一弛，当然节奏要慢得多。这就是脉动变星。脉动变星明亮、暗弱的变化周期，叫做光变周期。脉动变星有三种主要的类型：长周期脉动变星；造父变星和天琴座 RR 型变星。

长周期脉动变星，光变周期在 70～700 天，变光幅度比较大，达 7～8 个星等，亮度变化数百至数千倍，都是红巨星或超红巨星。最典型的长周期脉动变星是鲸鱼座 o 星，中国古代叫刍藁增二，亮的时候接近 2 等星，3 个月之内一天比一天暗，到后来就消失了；半年以后，重新出现，3 个月之内一天比一天亮，及至恢复到一年前的最大亮度后，又开始变暗了。如此周而复始，周期性的变暗变亮。周期为 320～370 天。西方人称这颗星为"魔眼"，意指天上一位独眼妖魔的眼睛，它半年睁着，半年闭上。其实它闭上的那半年，这颗星并没有消失，只是亮度暗到 9 等以下，肉眼看不见而已，用望远镜仍能看到（图 3.7.1）。最亮与最暗时，亮度相差 2 000 倍。它是一颗红巨星，直径约为太阳的 390 倍，离太阳 130 光年。这颗明灭可睹的红巨星还有一颗体积很小的白矮星做伴侣，二者直径相差数万倍，好比蚂蚁嫁给了大象，彼此形影不离，每 261 年相互绕转一圈。

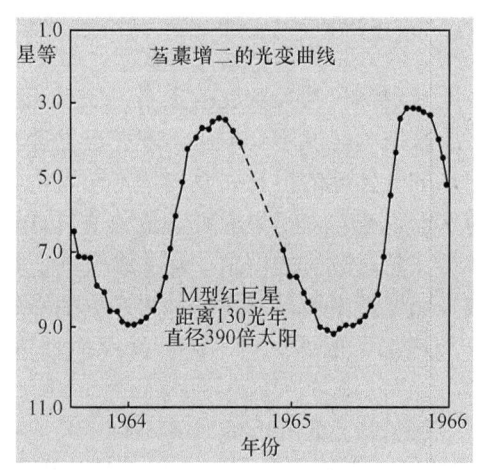

图 3.7.1　刍藁增二的光变曲线

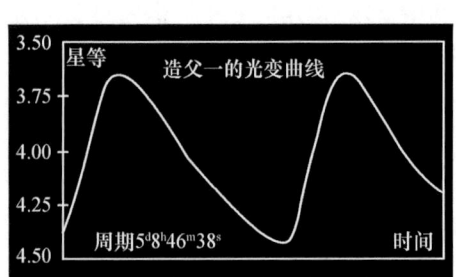

图 3.7.2　造父一的光变曲线

造父变星，地位特别重要，其典型星是仙王座 δ 星，中文名造父一。造父原是春秋时代一位给国王驾马车的驭手，因为立功，国王赐其名为天上一颗小星命名。"造父一"的光变周期为 5 天 8 小时 46 分 38 秒，像钟表一样准确，亮度变幅 1.9 倍（图 3.7.2）。整个变亮变暗的过程都可以凭肉眼看到，也是天文爱好者用小望远镜乐意追逐的目标。凡是光变周期在 1～50 天，周期非常稳定，变光幅度约几倍的脉动变星，通称为造父变星。它们都是黄色巨星或超巨星，质量在 10 倍太阳质量左右。地位特别重要的原因是，其非常稳定、准确的光变周期的长短与真实亮度之间存在着非常明确的关系，即著名的"周光关系"。只要通过望远镜监测它们的变光周期，即能知道其真实亮度，再根据视亮度，便可算出其距离。这是天文学家知道天体距离的一个非常重要的方法。虽然造父变星数量不多，只占所有脉动变星总数的5%，但因为地位重要而被誉为测定天体距离的"量天尺"，测量范围延伸到几千万光年之外、遥远的河外星系中，是天文学家最为器重的一类恒星。NGC1365是天炉座星系团中的一个星系。光盘图3.7.3黑白部分是地面望远镜拍摄的全貌，而在梯形彩照部分，哈勃望远镜拍到了约50颗造父变星，从而测出它的距离为6 000万光年，这也就是整个星系团的距离。NGC4639是室女座旋涡星系，通过对其旋臂外侧一些造父变星的测量，得出它的距离为7 800万光年。1990年，在星系中发现一颗超新星SN1990N，是可用于更遥远距离测量的Ia型超新星（详见5.4节），从而很好的校准了这两种方法的比较尺度，解决了比之远数百倍的天体距离的测量问题（光盘图3.7.4　NGC4639中的造父变星）。

天琴座RR型变星也称星团变星，占脉动变星总数的1/4，光变周期0.05～1.5天，变光幅度0.5～1.5个星等，在星团中发现较多，虽然不具有周光关系，但光度基本趋同，绝对星等0.5等左右，偏离在±0.2星等范围。因此也可以根据目视亮度估计其距离，被称为"第二量天尺"。

脉动变星亮度变化的原因是星体有节奏的膨胀和收缩，离恒星中心约2/5半径以外的物质，沿半径方向，往复运动。恒星的亮度、温度和颜色都随之变化。这是大质量的老年恒星因能量收支失衡而导致的一种病态的表现。病程不长，从数千年到数十万年。从光盘图3.7.5中可以看到，脉动变星在赫罗图上处于特定的位置，3类不同的脉动变星依光度和温度顺序分布。一些天文学家认为，恒星的脉动膨胀病，不是老年恒星所专有；其他年龄段的恒星也会有脉动现象，但是非常罕见。像太阳这样的小质量恒星是不会生这种病的。

3.7.2　非径向脉动与特殊变星

恒星的膨胀收缩属于物质沿半径方向的径向脉动。如果恒星物质仅有横向运动，半径不变，亮度可能没有变化，而表现为磁场、光谱结构等其他物理参数的脉动变化，称为非径向脉动。太阳不是脉动变星，而且历来被认为属于最稳定的类型。但现在也发现太阳表面物质有大规模的非径向脉动。太阳对流层顶端范围达数千千米的物质以0.4千米/秒的速度横向运动，而且在5分钟之内改变方向，使太阳表面气流总在紊乱之中。这一现象被称为"5分钟震荡"，是20世纪60年代发现的，并由此开创了关于日震学的研究。研究恒星表面物质类似运动的星震学也逐渐开展起来了。看来，非径向脉动可能是比径向脉动更为普遍的现象。

特殊变星是一类有特殊的强烈变化的恒星。沃尔夫-拉叶星就是其中的一种。它们的光谱中全部为发射线，有非常强烈的星风损失。太阳风损失的物质粒子相对于太阳总质量是微不足道的，而沃尔夫-拉叶星每年损失的物质粒子总量比太阳风多数十亿倍，使星的寿命大大缩短，一般只有几百万年。它们都是大质量恒星，根据质光关系，光度与质量的4次方成正比，因此它们的光度特别巨大，同时伴随着强烈的星风损失，抛射出大量的物质。光盘图3.7.6是哈勃望远镜拍摄的沃尔夫-拉叶星WR124

正在抛射物质的情况，抛射速度达 16 万千米/秒。WR124 位于人马座，距离太阳 1.5 万光年，绝对星等-4 等，质量约为太阳的 25 倍。大犬座头盔星云 NGC2359 轻盈飘逸、红绿相间，距离 1.5 万光年，星云中央有一颗吹出大量星风的沃尔夫-拉叶星 HD56925（光盘图 3.7.7　大犬座头盔星云 NGC2359）。新近发现 50% 以上的沃尔夫-拉叶星为双星结构（光盘图 3.7.8　有双星结构的沃尔夫-拉叶星 WR120）。

SS433 是另一种类型的特殊变星。SS 是星表名称，433 是星表中的编号。SS433 是银河系中的天体，位于天鹰座，目视星等 13.5 等，距离 1 万光年。它是一对密近双星，主星为蓝色巨星，伴星是中子星或黑洞，相互绕转的周期是 164 天（光盘图 3.7.9　SS433 双星系统示意图）。伴星强大的引力场把主星的物质吸引过来，形成高速旋转的吸积盘，同时发出 X 射线。沿吸积盘垂直方向有两股物质粒子的喷流，一股远离我们而去，另一股朝向我们而来，所以它的光谱线表现出同时有红移和紫移，强度有周期性变化。

船底座 η 是船底座发射星云中的一颗特殊变星。质量有 100 倍太阳质量，距离约 8 000 光年。这是一颗只有 10 万岁的年轻恒星。原来为 2 至 4 等星，1820 年突然喷发，最亮时绝对星等达-14 等，比太阳亮 3 000 万倍，成为当时南半天球最明亮的天体，目视星等-2 等。20 年后停止喷发；降为 8 等星。20 世纪以来，它再度喷发增亮，目前绝对星等为-11 等，光度比太阳大 200 万倍，目视星等 0.95 等。哈勃望远镜拍到它的照片，正在以 600 千米/秒的速度喷射物质（光盘图 3.7.10　船底座发射星云中的船底座 η；光盘图 3.7.11　船底座 η 正在喷射物质；光盘图 3.7.12　船底座 η 的 X 射线图像）。

2002 年 1 月在银河系边缘的麒麟座方向，距离约 2 万光年处，突然爆发一颗特殊变星，光度比太阳大 60 万倍，成为银河系中最亮的天体，名为 V838（光盘图 3.7.13　麒麟座 V838 位置示意图）。它强烈的光辉照亮了原先看不见的周围尘埃物质，范围达 6 光年。从内到外需 3 年时间才能陆续被照亮，反射的光线也在前后 3 年之间先后到达地球。哈勃望远镜拍到了它们生动而瑰丽的图像，前后 4 张照片

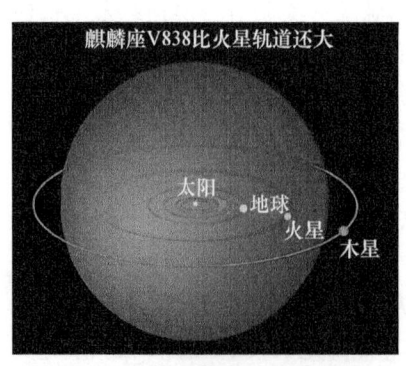

图 3.7.19　麒麟座 V838 的体积超过火星轨道

记录下 V838 从 2002 年至 2004 年的风景（光盘图 3.7.14　2002 年 5 月的 V838；光盘图 3.7.15　2002 年 12 月的 V838；光盘图 3.7.16　2004 年 2 月的 V838；光盘图 3.7.17　2004 年 10 月的 V838）。最后一张照片是 2005 年 2 月 5 日公布的，下面附有 4 张前期拍摄的小照片。光盘图 3.7.18 是 2005 年和 2006 年的 V838。有人称麒麟座 V838 为"类新星"。与新星不同的是，它只有体积膨胀而没有星风损失。体积最大时直径超过火星的轨道（图 3.7.19）。有人认为它是一颗垂死的超巨星，

3.7 不稳定恒星

核心质量并不比太阳大,将来的归宿是白矮星加行星状星云(参见5.4节)。

3.7.3 新星

如果在星座当中,原来没有恒星的地方,突然冒出一颗恒星,甚至达到很高的亮度,维持数月或一年,以后又慢慢变暗,最终消失,西方叫"新星"。中国古代称之为"客星",认为它们是短时间来做客的;虽然也没有认识到新星的本质,但名称比"新星"恰当,而且比西方更早的一次次留下了宝贵的历史记录,最早可以追溯到3 000年前的甲骨文时代:"七月己巳,新大星并火。"(图3.7.20)新大星指新星,火指心宿,在天蝎座。《汉书·天文志》更有明确记载:"元光元年六月客星见于房。"元光是汉武帝的年号之一,房指房宿,也在天蝎座。中国古文献中共留下 90 多次新星记录,为人类认识宇宙做出了卓越的贡献。

图 3.7.20 记录古代新星的甲骨文拓片

其实新星并不是新诞生的星,只不过原来亮度很低,肉眼看不见,突然大幅度增亮而已。1918年出现的天鹰座新星。从 6 等以下突然亮至 -1.1 等,超过附近织女星的亮度,成为北天第一亮星(图3.7.21)。1935年5月出现的武仙座新星,亮度增加了 6 000 倍(图3.7.22)。1975年8月29日出现的天鹅座新星,从 20 等亮至 1.9 等,被国内外许多业余爱好者独立发现。8月31日最亮时比爆发前增亮 1 600 万倍(图3.7.23)。9月4日降至 5 等,9月15日降至 6.5 等以下,肉眼不可能看见了。

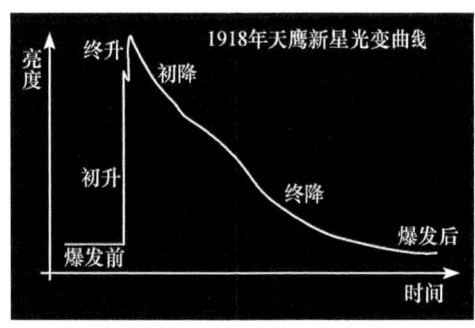

图 3.7.21 1918年天鹰座新星的光变曲线

图 3.7.22 1935年武仙座新星爆发前后

新星爆发是双星系统演化到晚期的一种特殊表现。当双星中的一个已经死亡,成了白矮星;另一个也演化到老年的红巨星阶段,两者相距很近。巨星的外围物质被白矮星吸引过去,天长日久,白矮星外围的物质堆积到一定的厚度,温度和压力增强到突然产生氢核聚变为氦核的热核反应。把吸来的外围物质炸成一个急速膨胀的气壳,亮度急剧增加,这就是地球上看到的新星爆发。当气壳消散之后,亮度复原，客星离去，新星消失（图 3.7.24）。新星不是新诞生的星，而是年老垂死的星。因此用"新星"来称赞社会上新出现的明星人物是不恰当的。

图 3.7.23　1975 年天鹅座新星爆发前后

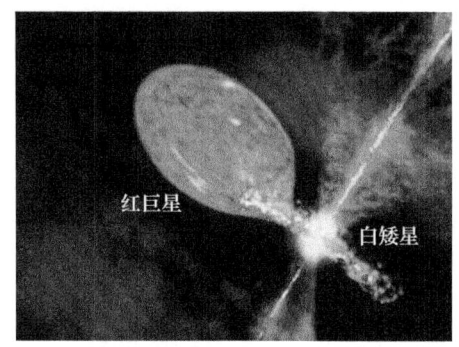

图 3.7.24　新星成因示意图

第4章 银 河 系

4.1 银河——奶之路

"九曲黄河万里沙,浪淘风簸自天涯。如今直上银河去,同到牵牛织女家。"(唐·刘禹锡·浪淘沙)"君不见黄河之水天上来,奔流到海不复回?"(唐·李白·将进酒)诗人心目中,滔滔黄河与天上的银河是通着的。很可惜,现代都市里的人已经难得一见璀璨的银河了。

无月的晴夜,大气透明度好的地方,能看到横跨天际的银白色光带,那就是银河,也叫天河。银河环绕全天空,跨越25个星座,它们是:天鹅、天鹰、狐狸、天箭、蛇夫、盾牌、人马、天蝎、天坛、矩尺、豺狼、南三角、圆规、苍蝇、南十字、船帆、船尾、麒麟、猎户、金牛、双子、御夫、英仙、仙后和蝎虎。银河各段明暗不一,宽窄不等。北半球夏秋季节见到的天鹅、天鹰及天蝎、人马段比较明亮壮观(图4.1.1)。

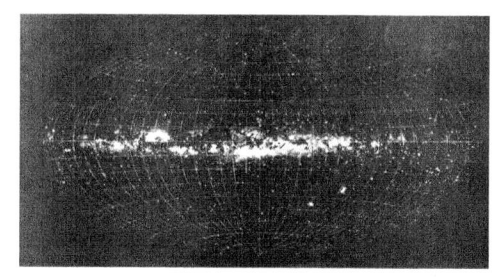

图 4.1.1　银河全貌图

西方称银河为奶之路。一种传说是,大神宙斯与凡女爱克米拉生子赫克里斯,宙斯趁神后赫拉睡梦时让赫克里斯偷吮赫拉的乳汁以得到神后的法力。赫拉惊醒,盛怒之下推开了正在吃奶的孩子,乳汁洒向天庭,形成乳白色的光带——奶之路。文艺复兴时代的意大利画家丁托莱托(J. R. Tintoretto)以此为题材的油画(光盘图4.1.2　油画:神后的乳汁形成奶之路),现藏于伦敦国家画廊。

用望远镜可以分解出银河是由许许多多恒星密集组成的,伽利略的人类第一架天文望远镜已经做到了这一点。20世纪初,天文学家开始认识到,银河系是一个包含着3千亿恒星和其他天体的庞大集团。在地球的角度上,银河系众星在天空中的投影,就是人们看到的银河(光盘图4.1.3　天鹅座附近银河中密密麻麻的恒星)。太阳是银河系的普通成员。3千亿这个数字,由一个人1,2,3,4,…这么数,平均每秒钟数一个数,不吃不喝、昼夜不停地数,需要数上9400年!

"不识庐山真面目,只缘身在此山中。"(宋·苏轼)人们不可能看见银河系的全貌,因为人们在银河系里面。即使有宇宙航行技术,现代人类也只能在太阳系附近转一转,不可能飞到银河系外面去。但聪明的天文学家,用统计分析和类比的方法推测出银河系的结构图形。银河系是一个旋涡星系,一个扁平的圆盘。正面看接近圆形,带有旋臂图样;侧面看似纺锤形,中央球状,两侧扁平。双鱼座旋涡星系 M74(光盘图 4.1.4 双鱼座旋涡星系 M74),后发座旋涡星系 NGC4565(光盘图 4.1.5 后发座旋涡星系 NGC4565)是人们用望远镜看到的遥远的河外星系,它们的外貌很像银河系的正面和侧面的形象。银河系的外形和尺度如图 4.1.6 所示(光盘图 4.1.7 银河系正面和侧面示意图)。银盘直径有 10 万光年,厚度约 5 000 光年。银盘是恒星相对集中的区域。太阳系在盘中比较靠边的位置,距离中心 2.8 万光年。从这里向圆盘四周看盘中的恒星,重重叠叠,密密麻麻,投影出去就是人们看到的银河。如果向银盘以外的方向看去,星数就少得多,不能显出重重叠叠的效果,但所见众星依然是银河系的成员。那些较亮的、肉眼能见的,是离太阳较近的恒星。如果以太阳为中心,以 1 500 光年为半径作一个不算太大的球,其中将包容 5 000 万颗恒星。人类从夜空中肉眼能见到的全部恒星,总共只有 6 000 余颗,将全部囊括球中。那些闪耀着红、橙、黄、蓝、白各种绚丽光辉的恒星珠宝,只有一颗或许例外,那就是天鹅座中的一等亮星天津四。最新的依巴谷卫星测定它的距离是 3 230 光年,但同时标出测定误差是 ±1 800 光年。也就是说它的距离在 1 400～5 000 光年不能确定。在人们所假设的大球中,天津四可能已被囊括其中,也可能是漏网之鱼。大球中的 5 000 万颗恒星,只占银河系全部恒星的 1/6 000,银河系之寥廓,超乎人们一般的想象。如果用 1 厘米代表太阳到地球的距离来画图,那将需用 5 个地球直径大的纸才能画得下银河系!

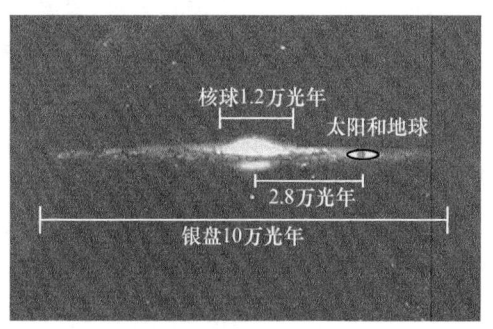

图 4.1.6 银河系外形和尺度示意图

　　从太阳处看银河系中心的方向,在天蝎座与人马座交界之处。地球载着人类沿图 4.1.6 中示意的轨道绕太阳公转。北半球夏秋之际,地球在银心与太阳之间,夜空中人们正对着银心方向,人马座中群星密集,星光灿烂(光盘图 4.1.8 人马座中群星璀璨),银河也显得分外明亮和宽广(光盘图 4.1.9 天蝎、人马座之间的一段银河);冬春之交,地球在太阳远离银心的一侧,入夜以后,人们背对太阳,面向银河系外缘,天上的御夫座、金牛座附近是银河系外缘中的恒星,数量较少,银河也显得浅淡和狭窄,有的地方似有若无。在南半球的夜空中,从天狼星再往南方，直达南天极附近的船帆座、南十字座，再延伸至与天蝎、人马座相接，银河又辉煌亮丽起来，全天第二亮星老人星和肉眼能见的河外星系大、小麦哲伦云尽收眼底（光盘图 4.1.10 南半天球的银河）。

在太阳与银河系中心之间，有大量的气体和尘埃物质，它们挡住了人们观察银河系中心区域的视线。牛郎、织女之间（图 4.1.11）及天蝎、人马座附近的银河看似分成两杈，其实不然（光盘图 4.1.12 盛夏之夜银河直达南天）。那是暗黑的气体和尘埃物质遮挡了明亮的银河，形似河中的岛屿。沿天蝎、人马座再往下延伸，就可以接上半人马和南十字座了。所有位于银河系中心区域的恒星和其他天体，都受到气体和尘埃物质的减光作用。银心附近一颗像太阳那样亮的恒星，如果没有减光，将有 19 等的亮度，人们用大望远镜可以看到。但浓密的气体和尘埃物质使亮度减弱到 1 万亿分之一，19 等变成 49 等，望远镜

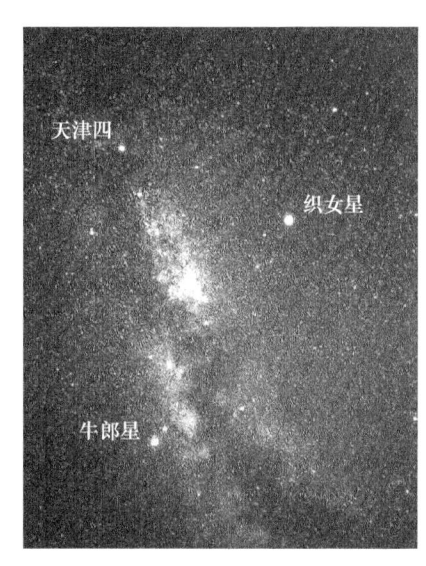

图 4.1.11 牛郎、织女之间的一段银河

再大也看不见它了。幸好人类掌握了射电、红外、X 射线和 γ 射线的观测技术，比光学波段的穿透力强大许多，人们仍然获得了关于银河系中心的大量信息。光盘图 4.1.13 是 1989 年发射的宇宙背景辐射探测器携带的红外设备 DIRBE 获得的银河全貌图。

4.2 银河系中的瑰宝——弥漫星云

在银河系众星之间，有许多非恒星天体，其中一类是弥漫星云。弥漫星云没有明显的边界，形状也多姿多彩，体积比恒星大得多，平均直径几十光年，但密度非常稀薄，每立方厘米约一万亿亿分之一克。

弥漫星云分为发射星云、反射星云和暗星云三种。其实这三种星云的物质成分基本上是一样的，都由气体和尘埃组成。如果在星云当中或其附近有高温的大质量恒星，恒星强劲的紫外辐射使星云里面的气体受激而发出荧光，这就是发射星云；如果在星云附近只有较低温度的普通恒星，紫外辐射不够强劲，只能由星云中的尘埃反射恒星的光，这就是反射星云；如果在星云附近没有恒星，气体不能发光，尘埃也无从反光，就成为暗星云。暗星云只能在它身后的亮背景衬托下，显出黝黑的身影。

弥漫星云不像天上的云彩那样瞬息多变，它们在星空中的位置、形状和色彩是固定的，千年万年也不会变化。云彩只在近地面的大气层中，而星云是在银河系

里、甚至遥远的河外星系中。

弥漫星云是天文爱好者们用业余级小望远镜最乐意追逐、欣赏的天体品种之一。在大望远镜拍摄的天体照片中，星云也显得最为多姿多彩、绚丽动人。它们有的像绽放的花朵；有的像取自海中的珊瑚，色彩艳丽、姿态万千；有的黑黝黝、峥嵘突兀；也有的轻柔飘逸、宛如薄纱，能透过它身后的星光。

冬夜星空，在参宿三星的左下方，猎户的腰间有一把佩剑，尖端也有三颗小星。中间那颗其实不是恒星，而是著名的猎户座大星云M42，在天气特别晴朗的时候肉眼依稀可辨。在光盘图3.1.7中清楚地显示出猎户座大星云的位置，它是离人们较近的银河系弥漫星云，距离1500光年。在望远镜下，它像彩色大棉桃，有很多明亮的发光气体，延伸达3个月亮直径大小（光盘图4.2.1 猎户座大星云M42）。它也是银河系中有名的恒星孵化场，那里正在成批的出现许多刚刚形成的恒星（光盘图4.2.2 猎户座大星云M42的局部）。麒麟座玫瑰星云NGC2237色彩艳丽，酷似盛开的玫瑰，距离4600光年（光盘图4.2.3 麒麟座玫瑰星云NGC2237）；人马座三叶星云M20也像绽放的花朵，距离5600光年（光盘图4.2.4 人马座三叶星云M20）同样是许多恒星"婴儿"正在诞生的场所，光盘图4.2.5是地面望远镜（左图）和斯必泽空间红外望远镜（中及右小图）拍摄的三叶星云。光盘图4.2.6是加-法-美夏威夷3.6米望远镜CFHT拍摄的三叶星云近照。在天鹅座里，离天津四不远的地方，有一片红色星云NGC7000，形状很像地图上的北美洲，称为北美洲星云（光盘图4.2.7 天鹅座北美洲星云NGC7000），在光盘图4.1.3天鹅座密密麻麻的群星中也可以找见它的身影，离我们有2000光年远。光盘图4.2.7中北美洲星云右边的一小片是IC5067-70鹈鹕星云，颜色和距离都和北美洲星云相近。天鹅座NGC6888又称新月星云，距离5000光年，其中有一颗沃尔夫-拉叶星（光盘图4.2.8 天鹅座新月星云NGC6888）。天鹅座中还有一朵鲜花般的星云IC5146（光盘图4.2.9 天鹅座IC5146星云），距离4000光年，既有发射部分，也有反射部分，中央的亮恒星刚形成不久，年方10万岁。半人马座弥漫星云RCW79中有几个由尘埃和气体组成的区域，光学望远镜看不透内部的情况，钱德拉X射线望远镜看到了（光盘图4.2.10 半人马座RCW79星云）。其中有年轻的恒星，正吹出热的星风。人马座ω星云M17，距离人们4200光年，其中显示有大量的闪光气体（光盘图4.2.11 人马座ω星云M17）。麒麟座NGC2264是结构比较复杂的星云，其中有恒星、疏散星团和黑暗物质，距离2500光年（光盘图4.2.12 麒麟座星云NGC2264）。星云下边缘上一块黑色V字形缺口，被哈勃望远镜拍得雄伟壮观：黝黑的锥状尘埃柱仿佛一座陡峭的山峰（光盘图4.2.13 麒麟座星云中的锥状尘埃柱）。笼罩四周的红色光环，被顶端几颗年轻的高温恒星照耀着。人马座星云NGC6559，距离5000光年。两颗亮星之间有弯曲的条带状黑色尘埃物质（光盘图4.2.14 人马座星云NGC6559）。礁湖星云M8，距离3900光年（光盘图4.2.15 人马座礁湖星云M8），哈勃望远镜拍摄到的局部细节，展现出明暗强烈对比、色彩艳丽的景象（光盘图 4.2.16 人马座礁湖星云细部）。仙后座 NGC7635 被称为泡泡星云，距离 1.1 万光年（光盘图 4.2.17 仙后座泡泡星云 NGC7635）。船底座钥匙孔星云 NGC3372，离船底座 η 星不远，距离 8000 光年，也有着诡秘艳丽的色彩（光盘图 4.2.18 船底座钥匙孔星云 NGC3372）。天坛座弥漫星云 RCW108，距离 4000 光年，有一批从中诞生出来的大质量高温恒星（光盘图 4.2.19 天坛座弥漫星云 RCW108）。船尾座弥漫星云 NGC2467，距离 1.7 万光年，位于南美智利的美国南双子 8 米望远镜拍摄（光盘图 4.2.20 船尾座弥漫星云 NGC2467）。

以上介绍的星云都是银河系内的天体。大小麦云是河外星系，其中的星云也被观测得相当清楚。大麦云中的魔鬼星云 NGC2080，直径 50 光年，距离 17 万光年，样子像魔鬼的头（光盘图 4.2.21 大麦云中的魔鬼星云 NGC2080）。大麦云中的蜘蛛星云 NGC2070，远在 17 万光年之外，真实亮度超过银河系中任何一个星云。如果将其放到猎户座星云的位置，它的光辉将照出地面物体的影子（光盘图 4.2.22 地面望远镜拍摄的蜘蛛星云；光盘图 4.2.23 斯必泽望远镜拍摄的蜘蛛星云）。光盘图 4.2.24 是小麦云中的 N81 星云，距离 20 万光年。M33 是离仙女座星系 M31 不远的河外星系，在三角座中，距离 270 万光年（光盘图 4.2.25 河外星系 M33）。其边缘部分有一个庞大的星云 NGC604，直径达 1500 光年（光盘图 4.2.26 M33 中的 NGC604 星云），星云中有 200 多颗 10 倍太阳质量以上的恒星，强劲的紫外线使星云物质激发出明亮的光辉。

反射星云的典型是昴星团云，鲜艳的翠蓝色包裹着整个昴星团（光盘图 4.2.27 昴星团云）。这张照片是北京巡天会的天文爱好者用 20 厘米小望远镜拍摄的。仙王座 NGC7023 是另一团疏散星团反射云，以美貌的童话小姑娘爱丽丝命名，光盘图 4.2.28 是加-法-美夏威夷 3.6 米望远镜拍摄的照片。猎户座中的气体云 NGC1999，距离 1500 光年，玲珑淡雅，质感轻柔，好像触手可及（光盘图 4.2.29 猎户座中的反射星云 NGC1999）。它反射的是猎户座中的恒星 V380 的光。南天一个小巧玲珑的星座南冕座，那里有一片密集的尘埃云 NGC6729，厚厚的尘埃挡住了它后面的星光，却被它前面的星光照亮而反射（光盘图 4.2.30 南冕座尘埃星云 NGC6729）。

暗星云中最著名的是猎户座马头星云，距离 1600 光年，在玫瑰色背景光的衬托下，显示出酷似马头的黑黝黝的身影（光盘图 4.2.31 猎户座马头星云）。光盘图 4.2.32 是马头星云附近猎户座中的景色，图中最亮的星是"参宿三星"靠左边的猎户座 ξ 星。光盘图 4.2.33 是更大范围的马头星云附近的星空，照片正下方是猎户座大星云 M42。IC2944 直径 1.4 光年，是半人马座中的发射星云，但其中镶嵌着一些暗星云，距离 5900 光年（光盘图 4.2.34 半人马座星云 IC2944）。光盘图 4.2.34 中右上角有几组稠密黝黑，被称为"小球状体"的暗星云（光盘图 4.2.35 半人马座 IC2944 中的小球状体暗星云；光盘图 4.2.36 小球状体暗星云细部)。仙王座 IC1396 疏散星团,也是发射星云、反射星云和暗星云的结合体,距离 3 000 光年,光盘图 4.2.37 上部黄色区域中的小球状体名为 VDB142。

弥漫星云是银河系中的瑰宝,既是恒星的来源,又是恒星的归宿。然而,在广漠的银河系空间里,还广泛分布着密度比星云更低的星际物质,每立方厘米不到一个氢原子(星云的平均密度为每立方厘米 100~10 000 个原子)。那是一些散落的分子、原子、游离电子、质子等,以及直径小于 0.1 微米的冰、硅酸盐、石墨等星际尘埃。星际尘埃有吸收辐射能量,特别是蓝、紫色可见光波段辐射能量的作用,因此在地球上观测深空天体,总是受到减光和颜色偏红的影响,天文上称之为星际消光和星际红化。星际尘埃在银盘的中央平面附近比较浓密,因此消光和红化尤其严重,在 4.1 节中已经介绍过了。广义的星际物质也包括各种星云在内。银河系空间辽阔,星际物质的总质量约占银河系总质量的 10%。

4.3 星　　团

银河系中的恒星大部分是成双成对的双星,像太阳这样孤单一个的,只占少数。双星之外,有多颗恒星相聚一处的称为聚星。北斗勺子把上的第二颗星古名开阳,即大熊座 ζ 星。好眼力的人能够分辨出开阳旁边有一颗小星,古名为"辅"。据说古代征兵时用它来检验士兵的眼力,看得清开阳与辅的,算是眼力合格(光盘图 4.3.1　开阳与辅)。现代知道,它们不只是两颗星,而是由 6 颗恒星组成的聚星家族,分布范围 1.9 万个天文单位,比海王星轨道直径大 300 倍。离太阳最近的恒星半人马座比邻星(光盘图 4.3.2　半人马座比邻星),是一组三合星的成员,另外两颗星是半人马座 αA 和 αB(中名南门二)。但比邻星与它的两位兄长亮度相差 100 万倍。猎户座大星云 M42 中央,有一组四合星,构成有名的"猎户座四边形",被称为 M42 的心脏。4 颗星彼此相距约 20 角秒,是用业余极小望远镜能够欣赏的美丽天体(光盘图 4.3.3　猎户座四边形聚星)。光盘图 4.3.4 是钱德拉空间望远镜拍摄的 X 射线图像,光盘图 4.3.5 是猎户座四边形在猎户座大星云中的位置,由日本 8 米望远镜拍摄。

由十几个以上至几百万个恒星聚集在一起的恒星集团,称为星团。星团分为两类:疏散星团和球状星团。

星团、星云,以及后面将要介绍的河外星系常用代号作名称。最广泛使用的代号由 M、NGC 或 IC 打头。M 代表法国天文学家梅西耶(C. Messier)编的一本星表(见本书附录 7),包括 110 个星云、星团和星系(其中星团占 50%,星系占 36%),几乎囊括了全部业余级小望远镜所能观测到的这类天体,所以很受天文爱好者的青睐。每年 3 月下旬北半球中纬度地区,在夜空晴朗、视野开阔、没有地面灯光干扰的情况下,从黄昏到黎明,用业余级的小型望远镜可以观测到 100 颗以上的梅西耶天体。各国的天文爱好者们届时经常举行"梅西耶天体马拉松观测"竞赛活动，比赛谁用最短的时间，观测到最多的梅西耶天体。NGC 是专业的《星云星团新总星表》的简称，包括 7 840 个星云、星团和星系等非恒星天体。IC 是 NGC 的补编，包括 5 386 个非恒星天体。M、NGC 或 IC 后面的数字是该星表中的编号。有一些特别的天体取有专名，如 M1 或 NGC1952 是蟹状星云，M31 或 NGC224 是仙女座星系，M13 或 NGC6205 是武仙座球状星团等。

疏散星团由较年轻的恒星组成，结构比较松散，主要分布在银盘中。深秋至冬夜星空中，沿猎户座腰带和金牛座 α 向右上方延伸，可以见到一团密密麻麻的星，这是肉眼唯一能见的疏散星团——金牛座"昴星团"M45，位于 28 宿之一的昴宿当中（光盘图 4.3.6　金牛座昴星团位置图）。小说《西游记》中描述过昴宿星君变成一只大公鸡协助孙悟空打死妖怪蝎子精的故事。昴星团 M45 由 120 多颗恒星组成，分布范围约 4 个月亮直径，实际大小 13 光年，距离太阳 400 光年，是银河系中比较年轻的星团（图 4.3.7）。西方称之为"七姊妹星团"，肉眼可见有 6 颗集中在一起的较亮的星，传说是最小的妹妹因失恋而哭瞎了眼睛，所以看不见她了。

图 4.3.7　金牛座昴星团 M45

仙后座疏散星团 M103，实际大小 18 光年，距离 8 000 光年（光盘图 4.3.8　仙后座疏散星团 M103）。巨蟹座疏散星团 M44，距离 520 光年，位于 28 宿的鬼宿之中，故称"鬼宿星团"，中国古人又叫它"积尸气"。其实它是由 50 多颗星组成的疏散星团，伽利略最早发现其为星团（光盘图 4.3.9　巨蟹座鬼宿星团 M44）。光盘图 4.3.10 有两个疏散星团 M35 和 NGC2158，都在双子座中，看似趋近，实际距离相差很远。M35 距离 2 800 光年，由年轻的蓝星组成，有两个满月大小；NGC2158 距离要远 6 倍，由年老的红、黄色星组成（光盘图 4.3.10　两个双子座疏散星团）。位于南天的盾牌座 M11 疏散星团，又叫"鸭子星团"，有 2 000 多颗成员星，距离 5 000 光年（光盘图 4.3.11　盾牌座疏散星团 M11）。疏散星团 M7 在天蝎的尾钩旁边，距离 1 240 光年，肉眼隐约可见（光盘图 4.3.12　天蝎座疏散星团 M7）。疏散星团 M46 在船尾座，距离 5 400 光年，30 光年大小，约 500 颗成员星（光盘图 4.3.13　船尾座疏散星团 M46）。疏散星团 M67 在巨蟹座，距离 2 700 光年，约 500 颗成员星（光盘图 4.3.14　巨蟹座疏散星团 M67）。仙后座疏散星团 NGC7789，距离 7 600 光年，成员星超过 1 500 颗（光盘图 4.3.15　仙后座疏散星团 NGC7789）。麒麟座 Trumpler5 是比较年轻疏散星团，估计只有 1.25 亿岁（光盘图 4.3.16　麒麟座年轻的疏散星团 Trumpler5）。船底座疏散星团 NGC3293，距离 8 500 光年（光盘图 4.3.17　船底座疏散星团 NGC3293）。光盘图 4.3.18 是钱德拉空间望远镜拍摄的船帆座年轻的疏散星团 RCW38，5 光年大小，有数千颗星，其中190颗从热的大气层中发射X射线，距离6 000光年，年龄只有100万年。光盘图4.3.19是大麦云里的疏散星团LH95，也是正在诞生恒星的地方。哈勃望远镜2005年1月公布的光盘图4.3.20是小麦云中的年轻星团NGC346，其中有一些是尚未成熟的恒星胎儿。光盘图4.3.21是小麦云里的疏散星团NGC265和NGC290。

图4.3.22　武仙座球状星团M13

球状星团由老年恒星聚集而成，拥有几万甚至几百万颗恒星，呈球形分布，尺度30～200光年。星团中恒星的平均分布密度为太阳附近的50倍，中心处达1 000倍。球状星团在银盘之外的银晕中有广泛分布，有的游离到距银盘很远的地方。著名的武仙座球状星团M13，是北半天球最亮的球状星团，在望远镜中犹如一朵盛开的菊花（图4.3.22）。它由大约30万颗恒星组成，距离太阳2.5万光年。光盘图4.3.23是斯隆数字巡天拍摄的M13多个滤波器的合成照。半人马座ω星团NGC5139在南半天球，比M13更亮，星数有几百万之多，距离1.6万光年（光盘图4.3.24　半人马座ω球状星团；光盘图4.3.25　半人马座ω球状星团的红外图像）。在哈勃望远镜下，它的核心部分如花团锦簇，五彩缤纷（光盘图4.3.26　ω球状星团的核心部分）。天坛座球状星团NGC6397，距离8 200光年（光盘图4.3.27　天坛座球状星团NGC6397）；人马座球状星团M22，距离8 500光年（光盘图4.3.28　人马座球状星团M22）；天蝎座球状星团M80，距离2.8万光年（光盘图4.3.29　天蝎座球状星团M80）；另一个天蝎座球状星团M4，距离5 600光年（光盘图4.3.30　天蝎座球状星团M4），哈勃望远镜拍到它精彩纷呈的放大照片（光盘图4.3.31　天蝎座球状星团M4放大部分），图中绿色小圆圈所指是一颗有中子星伴星的白矮星，中子星的代号为B1620-26。距离人们1.5万光年的杜鹃座球状星团NGC104风姿绰约（光盘图4.3.32　杜鹃座球状星团NGC104），其核心部分又被哈勃望远镜拍得"乱花渐欲迷人眼"（光盘图4.3.33　NGC104球状星团的核心部分）。宝瓶座球状星团M2，距离3.7万光年（光盘图4.3.34　宝瓶座球状星团M2）；巨蛇座球状星团M5，距离2.6万光年（光盘图4.3.35　巨蛇座球状星团M5）；猎犬座球状星团M3，距离10万光年，直径160光年，有50万颗恒星（光盘图4.3.36　猎犬座球状星团M3）；人马座球状星团M55，距离1.8万光年，直径约100光年（光盘图4.3.37　人马座球状星团M55）；天鹰座球状星团GLIMPSE-C01，距离1.7万光年，在银道面附近，光学波段很难发现，由斯必泽空间红外望远镜拍到它的图像，红色区域是星团中隐蔽的尘埃物质，右上角是地面望远镜的可见光图像（光盘图4.3.38　球状星团

GLIMPSE-C01 的红外图像);人马座球状星团 NGC6522,距离 2.5 万光年,也在银道面附近,能被光学观测发现,是非常难得的(光盘图 4.3.39 人马座球状星团 NGC6522)。

以上介绍的都是银河系中的球状星团,共已发现 200 多个。还有一些球状星团在遥远的河外星系中。南天极附近的大麦哲伦星云(简称大麦云)是与银河系紧邻的一个河外星系,距离 17 万光年,其中的球状星团 NGC1850 清晰可见(光盘图 4.3.40 大麦云中的球状星团 NGC1850)。Hodge11 也是大麦云中的球状星团,年龄可能和大麦云一样老(光盘图 4.3.41 大麦云中的球状星团 Hodge11)。仙女座星系 M31 距离人们 290 万光年,其中的球状星团 G1,可能是邻近星系中最亮的球状星团(光盘图 4.3.42 仙女座星系 M31 中的球状星团 G1)。

4.4 银河系的结构

银河系的结构示意如光盘图 4.4.1 和光盘图 4.4.2 所示(光盘图 4.4.1 银河系的结构示意图;光盘图 4.4.2 银河系剖面示意图)。中央的椭球状隆起部分叫核球,横径 1.2 万光年,竖径 1 万光年。核球中有许多老年恒星,红外辐射特别强。核球中恒星的分布密度比太阳附近要高得多。如果人们居住在位于核球中某个恒星的行星上,就会看到夜空中有几百万颗比天狼星还亮的恒星,夜空几乎和白天一样亮。

从核球向外延伸,由恒星组成的盘状结构叫做银盘。银盘的直径约 10 万光年,厚 5 000 光年。银盘的中央平面称为银道面,高温 O、B 型恒星集中在银道面附近,分布密度很高;银道面上下两侧离银道面渐远处,恒星逐渐稀疏,温度也有所降低。银盘内的恒星镶嵌在气体和尘埃之中,气体和尘埃盘在直径和厚度两方面都比恒星盘大,而且越靠边缘处越厚,与恒星盘越靠边缘处越薄正好相反。银道面是气体和尘埃最浓密的地方。

银河系中的恒星们分两大族群:星族Ⅰ和星族Ⅱ。银盘内的大多数恒星属于星族Ⅰ;核球中的恒星主要属于星族Ⅱ;而范围更小的银核中又有许多星族Ⅰ恒星。天文学中,习惯上把氢和氦以外的所有元素统称为重元素。星族Ⅰ恒星重元素的含量比较高,占 1%～2%,星族Ⅱ恒星重元素的含量不到万分之一。通常称星族Ⅰ恒星为富金属星,星族Ⅱ恒星为贫金属星。金属的贫富程度用氢原子核与铁原子核的数量之比来衡量。星族Ⅰ恒星是新生代恒星,包括第 3 代或第 4 代恒星,年富力强;而星族Ⅱ恒星是老一代、甚至是第 1 代恒星,明显苍老。疏散星团里主要是星族Ⅰ恒星;球状星团里主要是星族Ⅱ恒星。疏散星团里最亮的星是高温的蓝、白色超巨星;球状星团里最亮的星是低温的红色超巨星。深入的研究将恒星按年龄分成 5 个星族,太阳属于星族Ⅰ中的盘族恒星。

银核是深深地隐藏在核球中央的一个大约直径 10 光年的中心部分,这里聚集着一大批年轻的大质量蓝巨星。恒星的分布密度超过太阳附近 1 000 万倍。银核区的总质量相当于 1 000 万个太阳的质量。从地球上看,银核的面积应和木星一般大,如果没有气体和尘埃物质的遮挡,银核的亮度将超过满月,成为夜空中最亮的天体,仅次于白天的太阳。可惜气体和尘埃物质使人们看不到如此景观。恒星以高速绕银心公转,银心是银核的中心。据红外观测得知,距银心 0.015 光年处,公转周期为 16 年。距银心 0.004 3 光年处,公转周期只有 2.8 年。而太阳绕银心公转的周期长达 2.7 亿年。银心是强射电辐射区,称为人马 A 射电源。其中隐藏着一个有几百万太阳质量的巨型黑洞。光盘图 4.4.3 是钱德拉空间望远镜提供的,银道平面上盾牌座中 170 光年×170 光年范围 X 射线图像。粉色和红色是大亮度恒星,蓝色是硬 X 射线源。由于气体和尘埃的严密包裹,这里是光学观测的盲区。以下几张银核区的图像都是钱德拉 X 射线空间望远镜提供的。光盘图 4.4.4 是银核区 900 光年×400 光年范围天体分布图。光盘图 4.4.5 是银核区 130 光年×130 光年范围的图像。图 4.4.6 是人马 A 周围 70 光年范围的图像;人马 A 细分为两个:人马 A 西和人马 A 东。人马 A 西直径 5.7 光年,真正的银河系核心在人马 A 西中,标记为人马 A*;人马 A 东直径 19 光年,涵盖着人马 A 西。光盘图 4.4.7 是同上范围更细致的图像,图中分布着 2 000 多个 X 射线源,细细的斜线表示银道面。人马 A* 拥有 300 万倍太阳质量的巨型黑洞,伸展两侧的两只耳朵(Lobe)是 2 000 万 ℃ 的高温气体。

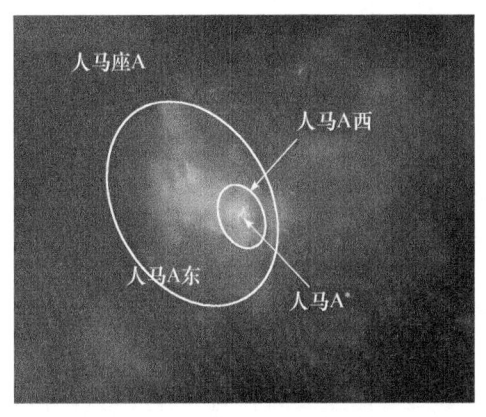

图 4.4.6　银核区 70 光年范围图

光盘图 4.4.8 是银核区 10 光年范围的特写,可见白色的高温气体和 1.5 光年长的喷流。光盘图 4.4.9 给出人马 A* 周围 4 个 X 射线变源。光盘图 4.4.10 是银核区弧状结构,图中的白色亮区是人马 A* 所在处。光盘图 4.4.11 是银核区 890 光年×640 光年范围的红外图像;光盘图 4.4.12 是银核区 16 光年×16 光年范围的红外图像。

银河系是旋涡星系,银盘中有 5 条旋臂。太阳位于猎户臂内侧,距离银心 2.8 万光年,在银道面以北约 39 光年。从太阳处看过去,在银心方向有人马臂和南十字臂,在反银心方向有英仙臂。英仙臂距离银心 4 万光年;人马臂距离银心 2.3 万光年;南十字臂距离银心 1.3 万光年(图 4.4.13)。旋臂中的物质相对集中,密度约等于旋臂以外区域的

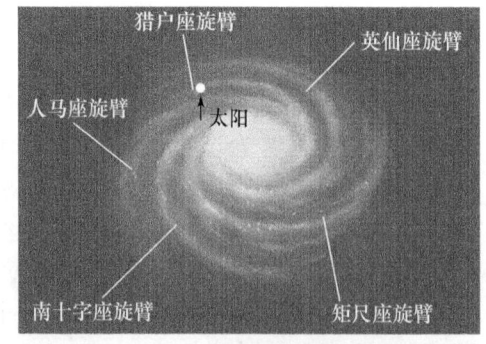

图 4.4.13　银河系旋臂示意图

10 倍。旋臂中有大量的高温蓝色恒星、年轻的星团、弥漫星云，也有星际气体和尘埃物质。

银盘以外有一个范围广大，近似球形的区域，叫做银晕，直径约 30 万光年。银晕中可观测到的物质分布密度比银盘中要低得多，球状星团在银晕中有比较广泛的分布。已发现的 200 多个球状星团，有 160 个分布在银晕中（光盘图 4.4.14 银晕中球状星团的分布示意图）。银晕中还有少量主要属于星族 II 的离群的恒星。银晕中隐藏着大量观测不到的暗物质。范围辽阔的银晕之内，银盘以外的总质量超过银盘以内。银晕外面还有物质密度更低的银冕，大致呈球形，直径估计为 68 万光年。

最近 10 年的一些观测，发现银河系的核球也许不是椭球，而是一条棒；银河系的总体结构也许不是车轮状的旋涡星系，而是棒旋星系（详见第 6 章）的类型。2008 年 6 月，根据斯必泽望远镜的观测资料画出一张新的银河系旋臂示意图（光盘图 4.4.15 新的银河系旋臂示意图），认为银河系只有两条主要的旋臂：盾牌-半人马臂（即南十字臂）和英仙臂，其余都是较小的旋臂。银河系中心区属棒状结构，棒长 2.7 万光年，与太阳-银心连线相交约 44°角。

4.5 旋臂与银河系自转

旋涡结构是星系中一种相当普遍的现象。在所有能观测到细节的星系中，有旋涡结构的占 60% 以上，有的右旋，有的左旋，有的有多条旋臂。旋涡结构外观上给人一种神秘的动感之美。但旋涡结构的实质是什么？是星系中的恒星都沿着旋臂在大规模地列队缓缓运动吗？还是旋涡意味着别的什么？天文学家苦苦思索了几十年不得其解。20 世纪 60 年代，两位华裔美国天文学家林家翘和徐遐生终于揭开了谜底。他们用 1942 年由瑞典天文学家林德布拉德（B. Lindblad）提出的"密度波"理论较好地解释了星系中的旋涡结构。

密度波是星系中由恒星的密集程度显示出来的一种波纹图样。众多恒星绕星系中心旋转，但旋臂并不是它们具体的转动路线。单个恒星的转动路线是封闭的椭圆轨道。大量恒星的集体行动受星系中某种引力扰动的影响，有时被迫趋于集中，有时又被迫趋于疏散，于是呈现出旋涡图样。石击水面时，水面的波纹不断扩散，但每一个水分子只是上下运动，并没有向波纹扩散的方向运动。密度波的形成与此有类似的地方。由密度波造成的星系旋涡结构示意如图 4.5.1 所示。

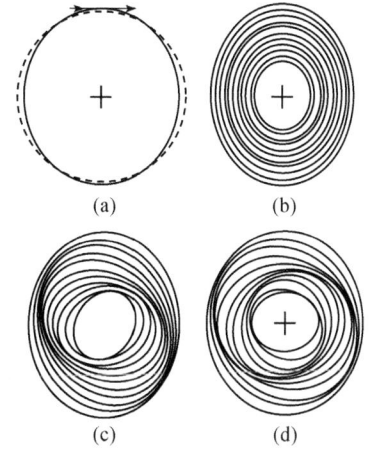

图 4.5.1 由密度波形成的星系旋涡结构

星系的旋涡结构具有稳定性，因而能长久留存。所以，无论身处遥远距离的年龄很老的星系，还是比较年轻的星系，都有可能表现出明显的旋涡结构。旋涡结构也可能有缓慢的转动趋势，但这种转动与恒星的公转运动显然是有区别的。

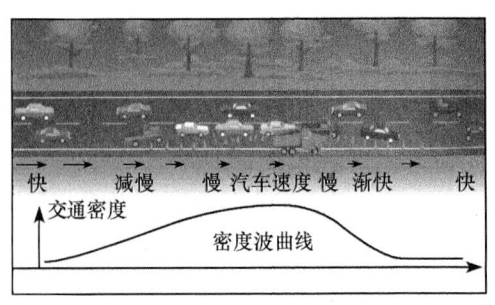

图 4.5.2　用车流拥堵比拟密度波图案

也可以将旋涡结构类比于高速公路上出现行车障碍的情形。假设公路管理当局正在路面某处施工，更新公路设施。途经的汽车需要缓速行驶，该处势必出现车流拥堵的现象，行过此段，所有车速恢复正常（图 4.5.2）。从高空俯视，可以看到，施工路段汽车密度增大的图案，这就是密度波。如果施工路段不止一处，而且某一处完工后又转移到新的路段，密度波图案也会复杂起来，并且随时间转移。但图案转移的速度与汽车行驶的速度是显然不同的。

银河系圆盘形的扁平结构是银河系中的天体快速转动的结果。庞大的银河系，弄清楚它的自转情况谈何容易。天文学家通过多种探测手段，经过半个多世纪的研究，只能描述出一个大概：在银河系中心区域是高速的类似刚体的转动，即处处以相同角速度旋转，线速度随离中心距离的增大而快速增加。至核球边缘处加到速度 250 千米/秒，再往外速度降低并略有起伏，到太阳处为 220 千米/秒。20 世纪 70 年代以来的观测表明，从太阳处往外，恒星绕银河系中心公转的线速度虽略有起伏但总的趋势为逐渐增加，到离银心 5.8 万光年处，达到 300 千米/秒，而且一路增加下去（图 4.5.3）。恒星绕银河系中心公转的规律不像太阳系里的行星那样，服从开普勒定律——公转角速度随到太阳的距离增加而大大减低，线速度也缓慢减少。现在推测，出现这种情况是因为，在银河系边缘区域，或者在银晕中有大量无法观测到的暗物质存在，比所有可观测到的天体的质量大得多。

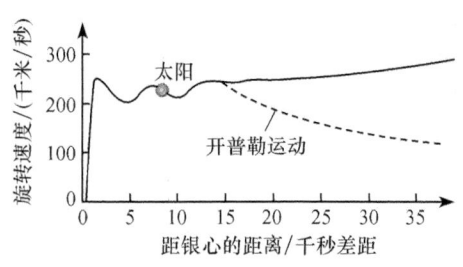

图 4.5.3　银河系自转的速度分布图

太阳带领其行星系统绕银河系中心转动的速度，1964 年国际天文学联合会推荐的值是 250 千米/秒，1985 年修改为 220 千米/秒。方向是：从银道北面俯视，取顺时针方向；与太阳系天体绕太阳公转及太阳自转的方向相反。周期 2.7 亿年。在绕银河系中心运转的同时，太阳系还在银道面上下运动，周期为 6 200 万年。

除了恒星等天体的公转，银河系的旋臂图案也在银盘中转动。相对于旋臂图案，当由气体和尘埃物质组成的云团"冲进"旋臂时，因运动受阻而被压缩，使云团受到扰动而出现新恒星孕育的契机（详见 5.3 节）。在旋臂中诞生的恒星，如果是大质量的 O 型和 B 型星，由于寿命只有几千万年，等不到走出旋臂就消亡了，所以在旋臂以外几乎看不到它们的踪影。而像太阳这样的小质量恒星，寿命在 100 亿年以上，便有着进出旋臂的经历。人们或可推测：太阳已经多次穿越银河系的旋臂，差不多是 6 000 万年在旋臂内，8 000 万年在旋臂外。虽然，人们还不知道旋臂对于地球的环境曾产生什么影响，但有一些事实或许值得人们思考：恐龙灭绝的时代，太阳系处于旋臂之外；而人类形成的年代，太阳系正在旋臂之中。人们现在还在猎户臂里，至少还将穿行 2 000 万年。

银河系中的恒星，除了绕银河系中心的公转运动之外，还有自己单独的运动。太阳携带着它的太阳系家族就有向着所谓"奔赴点"（也叫向点）的运动，速度 19.7 千米/秒，方向即奔赴点位置在武仙座中（图 4.5.4）。

根据银河系自转的规律可以用力学方法推算银河系的总质量。20 世纪 60 年代，天文学家们还没有发现外围天体线速度增加的情况。那时建立的银河系模型，得出的银河系总质量为 1.8×10^{11} 太阳质量，其中恒星质量占 90%，星云和星际物质占 10%。近 30 年来的观测，推测出暗物质的存在，重新估计银河系总质量达到 2×10^{12} 太阳质量，多一个数量级，总量就多了 10 倍。看来，在银河系范围内，亮物质与暗物质之比为 1∶9。2004 年以来的天文观测，揭示出新的宇宙秘密——在整个宇宙中，亮物质与暗物质之比为 1∶5，而亮物质与暗物质加在一起，只占宇宙物质总量的 27%，其余 73% 是神秘的暗能量（详见 8.6 节）。

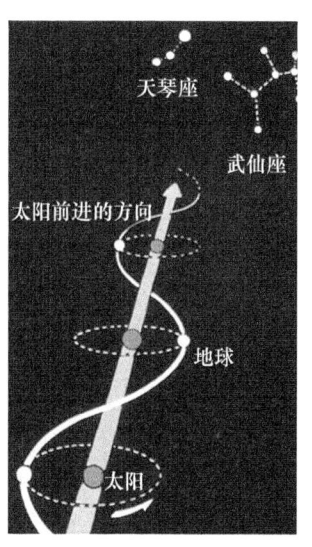

图 4.5.4　太阳带领我们向武仙座方向飞奔

第 5 章 银河系天体的演化

5.1 恒星的能源

恒星有两个最重要的特征。第一个特征是：拥有巨大的质量，由质量产生的引力使恒星物质聚向中心。第二个特征是：有极其强烈的热核反应，主要是氢原子核聚变为氦原子核的热核反应。由热核反应产生的压力，使恒星物质向外扩散。引力和压力相平衡，才能使恒星保持稳定（图5.1.1）。稳定的时间长达几十、数百亿年。这一见解来之不易。为了获知恒星的能源问题，天文学家摸索了几十年之久。

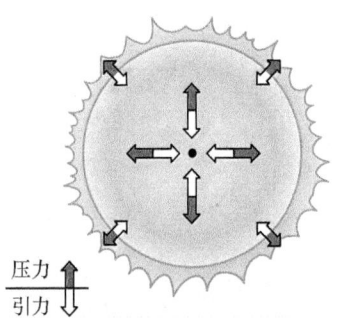

图 5.1.1 恒星内部的引力和压力相平衡

1926年，英国剑桥大学著名的天文学教授爱丁顿（A. S. Eddington）出版了一本非常重要的著作《恒星内部结构》。这本书对当时还不清楚的恒星能源问题作了预测性的且后来被证明是千真万确的阐述：恒星的能源来自恒星内部的原子核聚变反应，或称热核反应。当时人们还不知道恒星内部原子核反应的具体过程，以及产生这种反应需要何种条件。在那时，物理学家距离用人工方法在实验室里完成热核反应还很远。当时的物理学家认为，在恒星内部，原子核是不可能发生反应的。

爱丁顿为了论证他的学说，还具体计算了太阳内部的温度。太阳是由气体组成的，每一部分气体都要受到聚向中心的引力的作用。如果没有足够的压力与引力相抗衡，太阳就不会维持稳定的结构。根据物理学原理，气体物质的压力取决于它的温度，温度越高压力越大。为了抗衡由巨大质量造成的引力，在太阳内部必须维持强大的压力，温度也必定很高。爱丁顿据此计算出太阳中心区的温度为 4 000 万℃。尽管这一计算结果比现在知道的确切温度大了一倍，但当时的物理学家仍不以为然。他们认为要想发生热核反应，这个温度还是太低了；除非温度达到几百亿摄氏度，热核反应才有可能发生。爱丁顿无言以对这些物理学家，也说不清到底什么条件才能产生热核反应，但他坚信他的意见是正确的。他执著而又有几分无奈地写道："我们不和那些认为恒星内部的温度过低，从而不能发生这种过程的批评者们进行争论。我们只是告诉他，走吧，去找个温度高的地方吧。"

当爱丁顿遇到困难但没有气馁的年代，物理学界本身正遭受着巨大的冲击。德布罗意（L. V. P. R. De Broglie）、玻尔（N. Bohr）、薛定谔（E. Schrödinger）、海森伯（W. K. Heisenberg）、狄拉克（P. A. M. Dirac）等一代物理学精英冲破了经典物理学的藩篱，创立了全新的量子力学。新理论认为，氢原子核不一定非要几百亿度的高温才能发生聚变。在恒星内部，主要成分是氢原子核，也就是带正电的质子。一个质子和其他质子之间，因受同性电荷电磁力的排斥作用而相互分开，就好像当中隔着一座山一样彼此不能交往，这座山被称为"库仑壁垒"。但有一种可能性就是无须越过高山，而仅通过某种隧道，使它们得以相遇在一起，产生惊人的聚变反应。对此，物理学中有一个专门的名词叫做"隧道效应"。量子力学认为，温度达到1千多万摄氏度的时候，产生隧道效应的概率虽然非常小，但在太阳及其他恒星内部数量如此巨大的原子核集团中，发生足够多的反应次数以维持它们的能量辐射，是完全可能的。

1938年，美国物理学家贝特（H. A. Bethe）和德国物理学家魏茨泽克（C. F. Weizsäcker）分别发现了发生于恒星内部的两种氢原子核聚变为氦原子核的热核反应。一种称为质子-质子反应，另一种称为碳-氮-氧循环。氢是化学元素周期表中的第一号元素，氢原子核就是1个质子，核外有1个电子；氦是化学元素周期表中的第二号元素，氦原子核由2个质子、2个中子组成，核外有2个电子（图5.1.2）。质子-质子反应过程是这样的（图5.1.3）：先由2个质子

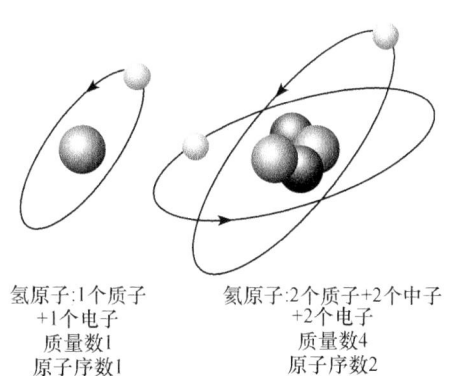

氢原子:1个质子 　　氦原子:2个质子+2个中子
　　　　+1个电子 　　　　　　+2个电子
质量数1 　　　　　质量数4
原子序数1 　　　　原子序数2

图5.1.2　氢原子和氦原子结构示意图

（即氢原子核）相碰撞而发生聚变，其中1个质子放出1个正电子和1个中微子后变为中子，中子与另一个质子组成氘（重氢）核，这个氘核又与另一个氢原子核相撞，聚合为由2个质子、1个中子组成的氦原子核，同时放出1个光子，但因为还缺少1个中子，还不是真正的氦核，而是它的同位素氦-3。两个氦-3继续相撞，就会聚合成1个由2个中子、2个质子组成的真正的氦原子核，同时又放出1个光

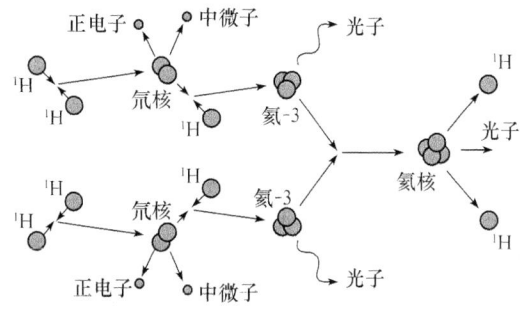

图5.1.3　质子-质子反应示意图

子,并富余2个质子(氢原子核)又回到氢原子核的队伍中去。以上过程,总共投入了4个氢原子核,产出的是1个氦原子核,同时放出2个正电子、2个中微子和3个光子。这3个光子就是太阳或恒星的辐射能。2个正电子与普通电子相湮灭也产生一份能量,但所得甚少。中微子不和任何其他粒子反应,也不被任何物质牵连而改变方向,它从产出地以光速沿着直线飞出去,任何其他物质都挡不住它。

碳-氮-氧循环,简称碳循环。投入的也是4个氢原子核,产出的也是1个氦原子核和2个正电子、2个中微子及3个光子。碳只作为催化剂参加反应而不受损失;氮和氧只是中间过程产物,不影响投入产出。

质子-质子反应和碳循环都是氢原子核聚变为氦原子核的热核反应,这两种反应都会在恒星内部出现。当温度为1 000万开时,主要是质子-质子反应;当温度高到已有一些氦原子核进一步聚变为碳原子核,能够提供足够多的催化剂的时候,碳循环成为主要过程。恒星质量越大,内部温度越高,碳循环产能所占份额越高。在太阳内部,99%的能源来自质子-质子反应,1%的能源来自碳循环。无论哪一种反应,4个氢原子核聚变为1个氦原子核以后,都要损失掉 $4\times1.007\ 276-4.001\ 505=0.027\ 599$ 原子量单位的质量。这一份损耗掉的质量转换成能量,就是太阳及所有恒星维持辐射所需要的能量。

恒星能源的机制问题终于找到了满意的答案,爱丁顿的理论稳稳地站住了脚跟。贝特获得了1967年诺贝尔物理学奖。但诺贝尔奖委员会当时似乎没有很好地调查就作出了决定,因而没有把这个奖项也分给德国的魏茨泽克。实际上两位物理学家在这一问题上是分别地且同样做出贡献的人。

恒星能源机制问题的解决,使人类认识到在原子核内部蕴藏着巨大的能量,开启了人类开发核能的新纪元。曼哈顿工程(美国人秘密研制原子弹的工程)将核能用于制造新式武器,在第二次世界大战中付诸实施。核电站的建设为人类提供了更高效的能源。氢弹的制造,是氢核聚变为氦核的热核反应的直接应用。受控热核反应用于发电,将直接为人类造福,正处在实验室研究阶段。新能源科学技术是一把无比锋利的双刃剑;杀人和救世的较量,正考验着人类的智慧和政治家们的道德和良知。

5.2 中微子失踪悬案

无论天体和生物,宇宙中的一切物体都是由原子组成的。原子的单一成分称为化学元素。各种化学元素的原子都是由三种基本物质所组成,它们是质子、中子和电子。质子带正电,中子不带电,电子带负电。质子和中子在原子核里,电子在核外某个绕核运动的轨道上。质子和中子比较重(中子比质子稍稍重一点),称为重子,又因为它们都受原子核内强相互作用力的影响,所以又叫强子。电子质量很轻,仅为质子质量的1/1 836,所以又叫轻子。原子整体不带电性,因为原子核中的质子数与核外电子数一样多,正负电荷数相等。所带正(或负)电荷的数目叫做原子序数。按原子序数从小到大排列，各种元素的化学性质表现出强烈的周期性，充分表现在俄国化学家门捷列夫（Д. И. Менделеев）研究出来的"化学元素周期表"中。至2011年，人类已经发现的化学元素有119种，其中原子序数到铀为止的92种在自然界天然存在着，其余20几种只发现于科学家的实验室中，是人工合成的超铀元素。据理论预计，化学元素周期表的终点可能在原子序数为170～210。因此，至少有50多种新化学元素还没有被发现。

作为强子的质子和中子还有一些兄弟，都属于强子家族，它们是介子和超子，品种有 π 介子、κ 介子、Λ 超子、Σ 超子等，总共100多种。它们的寿命都非常短（几亿分之一秒），不能稳定地存在，但在高能加速器实验中可以观察到。在天然存在的宇宙线中也有它们的踪迹。

当代标准基本粒子模型认为，物质世界的基本粒子只有12种：上、下、奇、粲、顶、底6种夸克，以及电子、μ 子、τ 子、电子中微子、μ 中微子、τ 中微子6种轻子。各种强子是由夸克组成的。夸克在极短距离和极高温度下，相互之间没有作用，处于自由状态，称为"渐近自由"。温度稍低，夸克就结合成强子；温度一高，强子又破碎为夸克。夸克一词是美国物理学家盖尔曼（Gell-mann）1964年从爱尔兰的一本文学作品中引用的。他因这方面的研究获得过1969年诺贝尔物理学奖。

中微子概念是瑞士籍奥地利物理学家泡利（Pauli）1930年提出来的，另一位意大利物理学家费米（Fermi）为它取的名字。在当时已经观察到的自由中子衰变为质子和电子的过程中，有一部分丢失的能量下落不明。为了挽救能量和动量守恒定律，泡利提出，这丢失的能量可能被一种未能检测到的、很轻的、不带电性的粒子带走，这种粒子就是中微子。它们与其他物质几乎不发生任何作用，穿透力极强，以近乎光速穿过遇到的一切物体。

1956年，美国物理学家莱尼斯（F. Reines）等在宇宙射线中探测到中微子的真实存在。1962年，列德曼（L. Lederman）和斯坦伯格（J. Steinberger）用加速器实验，观察到中微子的踪迹，并因这项实验的成功而获得1988年诺贝尔物理学奖。1963年，美国布鲁克海文同步加速器探测到电子中微子和 μ 中微子。1989年，由设在日内瓦的欧洲核子物理研究中心，组织世界各国372位科学家合作研究，确定出中微子有三个品种，而且只有三个品种：电子中微子、μ 中微子和 τ 中微子。1998年7月，美国费米国家加速器实验室捕捉到 τ 中微子的踪迹。

5.1节已介绍过，恒星内部通过热核反应产能的同时也放出中微子。放出的电子中微子数目是光子数的2/3。中微子不与其他任何物质发生作用，径直以光速运动。太阳中心区热核反应产生的光子在高温高密的环境中自由程很短，经无数次碰撞、迂回，要经历1000万年才能到达太阳表面。在地球上人们接受到的太阳光子，仅需8分钟就由太阳表面传到了地球，但这些光子从太阳中心产生出来的时间是1000万年以前。唯有中微子，是8分多钟以前刚刚从太阳中心产出的，唯有它们携带着太阳中心区的最新信息来到人们身边。如果人们有办法连续观察这些中微子,一旦发现中微子数目锐减或停止传送了,表明光子持续供应的时间还能延续1 000万年,起到了预警的作用。地球上每一个人体每秒钟都有数万亿个太阳中微子穿过,白天从头顶贯穿到脚下,晚上又从脚下贯穿过头顶,而人们却毫无知觉。科学家现在还没有能力截获中微子携带的任何信息。

如果天文学家要造一架特殊的望远镜来观察太阳中微子,白天把望远镜对准太阳,太阳中微子聚焦成一个亮斑;夜晚可以把望远镜朝向地下,隔着地球对准太阳,照样可以得到这个亮斑,因为地球对于中微子是透明的。然而这种望远镜不可能制造成功,因为找不到任何材料可以改变中微子的运动路径,使它们折而聚焦。

科学家们苦思冥想,终于找到几种探查中微子踪迹的办法。一种是氯探测器。氯元素的同位素氯37,原子核中有20个中子、17个质子。在中微子的轰击下,有一种概率很小的可能性,使氯37中的1个中子暂时性地衰变为1个质子加1个电子,于是氯37少了1个中子却多了1个质子和1个电子,变成了氩37,它含有19个中子、18个质子和18个电子。这不是通常的惰性气体氩原子,而是它的同位素。氩37具有放射性,不能长期稳定的存在,经过35天以后,它又重新变为氯37,并放走中微子。在这35天之中,如果探测到氩37的存在,就证明有中微子来过这里。但由于产生这一过程的概率很低,需要大量的氯才有机会观察到极少量的氩。

1968年,美国布鲁克海文实验室的物理化学家戴维斯(R. Davis)在南达科他州一个深1 500米的废金矿井中放置了一个巨大的容器,内装610吨四氯乙烯液体。这是一种工业中用作清洗剂,医学上用作驱肠虫药的氯制剂,与四氯化碳是近亲。在整个容器中有10^{30}个氯原子,其中1/4是氯37(光盘图5.2.1 戴维斯的氯中微子探测器)。按理论计算,在太阳中微子的轰击下,当产生和衰变达到平衡的时候,应当有35个氩原子出现在容器中。当然,要从610吨液体中观察到35个氩原子,比大海捞针还要困难得多。但科学家们还是想出了办法来统计氩原子的数目。据多年的监测和统计,探测到的中微子数目不及太阳中微子理论值的1/3,那2/3的中微子到哪里去了呢?是探测技术疏漏,是对太阳产能机制认识不全面,还是基本粒子理论出了问题?这就是有名的"太阳中微子失踪悬案"。

另一种探测中微子的办法,是利用镓71吸收中微子后变为锗71的原子核过程。镓探测器比氯探测器灵敏度更高,而且能探测到能量较低的中微子。镓虽然是冶炼铝的副产品,但数量非常稀少,而且是电子工业的重要原材料,所以价值贵重。各国为了国防上的需要都有镓的储备,但要把大量的镓用于天文探测显然是有困难的。德国的普朗克核物理研究所为建造镓探测器,向德国、美国和以色列用租借的方式获得镓,因为在探测过程中镓并没有损耗,探测结束后可以原物奉还。在俄罗斯高加索,俄美联合的镓探测器使用60吨液态金属镓;意大利一项名为GALLEX的实验,把含有30吨镓的110吨氯化镓($GaCl_3$)溶液,放进了阿布鲁斯省格兰萨索山地下1 200米深的矿井中,探测太阳中微子。

1983年,在日本东京以西300千米的岐阜县神冈町,一座深1 000米的砷矿矿井中,安置了一个装满2140吨纯水的容器,利用太阳中微子穿过时发生微弱闪光的原理,在容器周围安置了948只光电倍增管来监测进入容器的中微子。1996年扩建后,纯水量增加为5万吨,光电倍增管增加到11 200个(光盘图5.2.2 日本的纯水中微子探测器)。在美国俄亥俄州,一座盐矿的地下深处也有一个类似的国家实验室探测器。这些探测器都没有直接截获到中微子,只是探查出中微子曾经光顾过的蛛丝马迹。它们的探测结果依然表明2/3的太阳中微子下落不明。而且作过专门实验,用人工方法制造出一批中微子,都能被探测器发现。太阳中微子失踪悬案更加令人费解了。

1987年2月23日,当大麦哲伦云中的超新星(详见5.4节)SN1987A爆发的时候,日本神冈、美国俄亥俄、意大利和前苏联的4个中微子探测器共记录到24个来自17万光年以外的中微子,它们是从南极穿过地球来到这些探测器的,到达时间早于光学波段信号22小时。这是人类首次探察到超新星爆发过程中释放出来的中微子。

科学家们发现,在e(电子)、τ、μ三种中微子之间有振荡现象,即一种中微子会突变为另一种中微子。太阳热核反应中产生的e中微子,在飞行途中是否突变为另两种中微子,而造成中微子失踪之谜?1999年4月,在加拿大安大略湖畔萨德贝里一座镍矿的地下2 000米处,建成了新型的中微子天文台SNO(光盘图5.2.3 SNO中微子天文台地下位置)。直径12米的球形容器,储满1 000吨重水(光盘图5.2.4 SNO直径12米的球形重水容器),周围有9 600只光电倍增管,放在净高34米的坑洞内(光盘图5.2.5 SNO中微子天文台安装图)。重水对中微子探测的物理特性是e、τ、μ三种中微子都可以探测到。至2002年,由国际上17个单位、179位科学家共同协作,终于探测到已经转换成τ和μ的那丢失的2/3太阳中微子。实测结果与理论值符合得非常好。中微子失踪悬案终于破解,天文学家建立的太阳模型和物理学家关于中微子的理论都是正确的。2002年,中微子探测的开拓者,美国戴维斯和日本小柴昌俊获得了诺贝尔物理学奖。

神奇的中微子,无论在实验室里还是在太空中,人类都已观察到它的踪迹。在对核子理论和恒星能源机制问题的研究中,中微子都担负着重要的角色。小小的中微子,还在决定宇宙前途命运的关键问题中起着举足轻重的作用。

5.3 星云孕育恒星

恒星不是生物,它没有生命。但正如德国文学家歌德所说:"一切产生出来的东西,都一定要灭亡。"(歌德·浮士德)恒星也有产生和灭亡的经历。恒星是巨大的物质球体。促使恒星产生的,是巨量物质之间强大的引力;决定恒星死亡的,还是巨量物质之间强大的引力。

引力是存在于一切物体之间相互吸引的力。当代物理学家认为,宇宙之中一共有 4 种力：强力、弱力、电磁力和引力。强力和弱力只发生于微观的基本粒子之间，它们只有在比原子的尺度更小的范围内才起作用。电磁力和引力不受距离的限制，但其强度和距离的平方成反比。强力是最强大的力，比电磁力强 100 倍；引力是最弱的力，电磁力比引力强 10^{38} 倍。电磁力虽然强大，但只能在带电物体之间起作用。唯有引力才是宇宙当中最普遍、最顽强的力。天体与天体之间的引力，决定着它们的相对位置和运动；天体内部各个质点之间的引力，决定着它们自身的生死存亡。

引力的大小与双方质量的乘积成正比。两个人之间也有引力，但从来没有人感觉到它的存在，因为人的质量太小；即使是一座山，被劈开之后，也不会因为引力而重新黏合在一起，原因也是质量不够大。但质量大到像地球、太阳这样的天体，引力即成为压倒一切的力。如果地球被劈成两半，引力会使它重新黏合，完好如初。太阳和恒星们就更不必说了。

恒星起源于星云。星云起源于星际物质。星际物质主要是氢、氦气体的分子和离子，以及尘埃微粒。氢、氦是宇宙"大爆炸"初始时期布满整个宇宙的原初物质。星际物质充满宇宙空间，平均密度约为 10^{-24} 克/厘米^3，相当于每立方厘米 1 个氢原子。星际空间的温度为 10～100 开，尘埃星际物质的温度低于气体星际物质。在星际物质相对集中的地方形成星云，星云的密度为每立方厘米几千个原子。牛顿曾提出过弥漫物质通过引力收缩而形成恒星的思想，但那只是一种臆测。系统地提出恒星起源于星云学说的，是 18 世纪的康德（I. Kant）和拉普拉斯。前者更倾向于哲学上的思辨，后者也只限于经典力学的简单推理。用现代科学方法研究这一问题的首推英国天文学家金斯（J. H. Jeans）。

根据力学原理，星云中的气体和尘埃物质，在引力与由温度维系着的微弱的压力相平衡时处于稳定状态。在受到也许是偶然的扰动（如星系中的激波或附近的超新星爆发）以后，只要质量和密度的组合满足一定条件，引力就会超过压力而起主导作用，星云开始塌缩，密度逐渐增加。当密度大到一定程度时，星云便会分裂成若干个团块。金斯指出，团块的尺度与密度的平方根成反比。密度越大，团块的尺度越小。当母体星云的密度变大时，它碎裂成许多个团块。团块继续塌缩，密度再变大时，又会分裂成尺度更小的下一级团块。由于温度和密度都很低，塌缩产生的热量很快散发，反抗塌缩的热压力没有形成，塌缩的速度较快，处于快收缩阶段。塌缩的过程也许会延续几代，直到某个更小的团块质量为 0.05～150 倍太阳质量范围，便不再碎裂，反而会愈加聚拢，成为形成恒星的前期天体，不妨称之为"星胚"。再往后，依然是引力的作用，星胚发育成胎儿，恒星宝宝便降生了。当恒星宝宝完全依靠自身的热核反应维持热动平衡的时候便进入主序，成为一颗稳定的恒星，天文学上称之为"零龄主序星"。零龄的意思是恒星演化的年龄从这里算起。恒星一生长达几十、数百亿年，而从母体星云直到主序只需数千万年，从星胚到恒星宝宝不过 100 万年。这一段相对较短的时间通常不计入恒星年龄之中。

5.3 星云孕育恒星

母体星云同时孕育的是许多团块，因而不同质量的恒星宝宝们是成批诞生的。现实的天文观测，无论是银河系内还是河外星系中，都发现有很多年轻恒星聚集在一起的情况，它们是从同一个母体星云中孕育出来的。恒星的孕育过程与地球上的生物完全不同。生物的胚胎是从小长到大，而恒星的胚胎是从大长到小。恒星胚胎竟然比最后的稳定恒星直径大1000倍！

太阳是典型的稳定恒星。太阳的演化史可以作为恒星演化史的典型。天文学家对太阳的研究也最为充分。太阳进入主序以前的历史可大致描述如下：从母体星云中分裂出来的太阳前期物质团块，半径约有500万太阳半径，温度小于2000开，密度10^{-19}克/厘米^3，热压力没有形成，能量不能积蓄，温度提升很慢，处于快收缩阶段，有较低水平的红外辐射。当收缩到半径1000太阳半径时，密度增加到10^{-8}克/厘米^3，热压力逐渐形成，收缩逐渐减慢，温度提升加快并出现明显的梯度，越向中心区温度越高；尘埃物质形成不透明外壳，使能量在内部积蓄并以对流方式传导；由塌缩物质的动能转化来的红外辐射增强；这就是"星胚"。星胚内部，由温度产生的向外的压力依然敌不过由质量导致的向内的引力，星胚物质继续向中心区降落，物质不再均匀分布，而是越接近中心越密集。中心区的氢、氦原子离散成等离子状态。当温度升至700万开时，开始出现氢-氦聚变反应，压力迅速增加。中心区的压力与引力相等，达到流体静力学平衡；而外壳逐渐透明，能量主要以辐射方式传导；一个半径约4倍太阳半径的"太阳宝宝"就诞生了，取名为"原太阳"。原太阳有更强的红外辐射和X射线辐射，周围有尘埃物质组成的薄而宽大的"星周盘"，这是日后形成行星的前期物质。原太阳的外围物质仍在向中心区缓慢降落，氢-氦聚变反应规模扩大，温度越来越高，当中心区温度达到1000万开以上时，氢核聚变为氦核的热核反应占到全部能源的99%，可见光突然强烈地涌现出来，太阳进入主序，开始了为期100亿年的稳定时期。这时的太阳直径只有胚胎时期的1/1000（图5.3.1）。

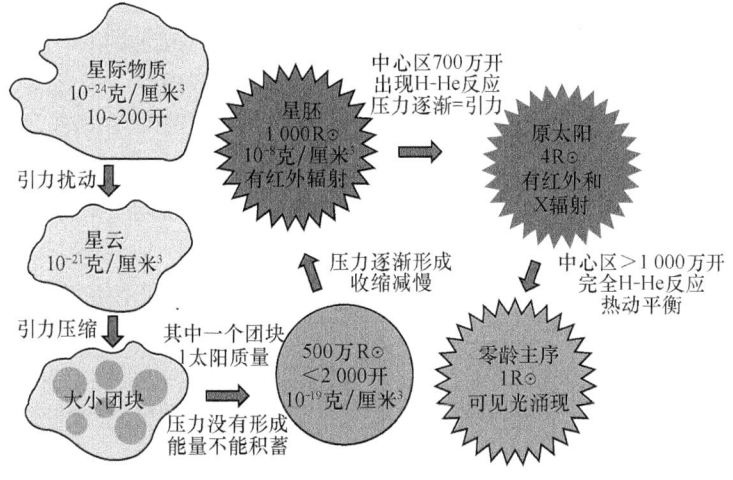

图5.3.1 星云孕育恒星的过程

从原始星云到太阳胚胎约需时 3 000 万年；从胚胎到婴儿出世约 100 万年，再到进入主序又需时 3 000 万年。前后 6 000 万年时间，与 100 亿年的稳定寿命相比，不算很长了。至于与太阳同时诞生的恒星姊妹们，它们如今身居何方，依人类目前的智力，尚无从得知。

猎户座大星云 M42 是银河系中有名的恒星孵化场，那里正在成批的生育着许多新恒星。光盘图 5.3.2 是哈勃望远镜拍摄的 M42 的"心脏"四边形聚星周围的恒星产区，左边是光学图像，右边是红外图像。中间的四边形清晰可见，这 4 颗星都是年轻的热星，相距约 1 光年，只有 100 万岁，周围有 300 多颗冷暗星。人马座三叶星云 NGC6514 是银河系中另一个恒星孵化场。光盘图 5.3.3 左图是哈勃望远镜拍摄的三叶星云中心区，箭头所指都是新恒星诞生之处。光盘图 5.3.3 右图是斯必泽空间望远镜拍摄的对应的图，新生的恒星显示得更清楚了。巨蛇座鹰状星云 M16，距离 1 600 光年（光盘图 5.3.4 巨蛇座鹰状星云 M16），在它的中心部位，一些星胚已经发育成熟。1995 年 4 月，哈勃望远镜拍下了非常精彩的照片（光盘图 5.3.5 鹰状星云 M16 的中心区），在几处被称为"大象鼻子"的柱状物尖端，显示出恒星"宝宝"正在诞生的动人景象（光盘图 5.3.6 鹰状星云 M16 中心区细部）。光盘图 5.3.7 是斯必泽空间望远镜拍摄的鹰状星云（光盘图 5.3.7 斯必泽望远镜拍摄的鹰状星云 M16），本书封面上采用的就是这张图片。与鹰状星云非常相似的是仙后座 W5 星云，它在天空中跨 4 个满月大小，距离 6 200 光年。2008 年 8 月 22 日斯必泽望远镜公布了那里正在孵化恒星的精彩照片（光盘图 5.3.8 仙后座 W5 星云正在孵化恒星）。疏散星团 NGC3603 位于船底座，距离 1 200 光年，附近的恒星孵化场清晰可见（光盘图 5.3.9 疏散星团 NGC3603 中的恒星孵化场）。反射星云 NGC7129 位于仙王座，距离 3 300 光年，斯必泽空间望远镜拍到了正在诞生恒星的照片（光盘图 5.3.10 反射星云 NGC7129 正在诞生恒星）。HD141569 位于天秤座，距离 320 光年（光盘图 5.3.11 带有星周盘的年轻恒星 HD141569）；HR4796A 位于半人马座，距离 220 光年（光盘图 5.3.12 带有星周盘的年轻恒星 HR4796A）。它们都是带有星周盘的年轻恒星，哈勃望远镜用遮挡中央恒星的办法拍下了星周盘的照片（光盘图 5.3.13 HD141569 星周盘的示意图；光盘图 5.3.14 HR4796A 星周盘的示意图）。仙后座 NGC281 星云距离我们 1 万光年，光盘图 5.3.15 是加-法-美夏威夷 3.6 米望远镜拍摄的照片，有不同质量的恒星正在形成，还可见到大量暗物质（光盘图 5.3.15 仙后座 NGC281 星云）。弥漫星云 IC1396 位于仙王座，距离 2 450 光年。斯必泽空间望远镜拍下的 IC1396，很像一尾美丽的金鱼（光盘图 5.3.16 美丽的金鱼 IC1396）。黑色的大眼睛是暗星云球状体，一些恒星胚胎正在其中形成。天鹅座 DR6 魔鬼星云，距离 3 900 光年（光盘图 5.3.17 可怕的魔鬼天鹅座 DR6），两只恐怖的眼睛，一张血盆大口，正在吞吐着十来颗新生的恒星。口眼之中暗绿的颜色是高热的风，四周红色是尘埃物质。这也是斯必泽空间望远镜的杰作之一。人马座有一个"拱状星团"，距离 2.5

万光年，约有2 000颗星，由巨大的氢分子云包裹着。从哈勃望远镜的观测资料分析出，那里正在形成一批大质量恒星，最大的有130倍太阳质量。太空美术家根据观测信息，画出一幅美丽的作品（光盘图5.3.18 人马座"拱状星团"的艺术创意），中央是新生的群星，紫色是巨大的氢云，弧状的是高能粒子，右上方红色的是100光年远处的银河系核心。光盘图5.3.19不是美术作品，而是斯必泽空间望远镜2003年12月拍摄的真实照片——半人马座弥漫星云RCW49，距离地球1.37万光年，有约2 000颗恒星正从其中诞生出来。因为有暗物质"襁褓"包裹着，在可见光波段是看不清楚的（光盘图5.3.19 半人马座RCW49弥漫星云）。

在遥远的河外星系中也观测到一些恒星诞生于星云的场景。在大麦云中就有好几处。Hodge301是蜘蛛星云中的恒星孵化场（光盘图5.3.20 蜘蛛星云Hodge301中的恒星孵化场）。光盘图5.3.21中用箭头一一标注了蜘蛛星云中正在孵化的恒星。大麦云中仅次于蜘蛛星云的第二大星云是N11。光盘图5.3.22是地面望远镜拍摄的N11全貌，中央绿色小区域被哈勃望远镜拍成放大照片N11B（光盘图5.3.23 N11的局部照片N11B），范围105光年×55光年。左边蓝色区域是高温大质量恒星的产出区，强烈的辐射和星风，压迫外围的物质也塌缩形成恒星。Hen 206是大麦云中的另一处发射星云，其中也有亮恒星正在形成，斯必泽空间望远镜拍下了它漂亮的照片（光盘图5.3.24 发射星云Hen 206中有亮恒星正在形成）。N44F是大麦云中少见的大洞，洞中新诞生的热星吹出大量气体和辐射出紫外线，比太阳风强劲一亿倍（光盘图5.3.25 大麦云中少见的大洞N44F）。N159是大麦云中隐秘的恒星产房，一个小白点隐藏在热气体和暗之中，还是被哈勃望远镜窥测到其中的秘密，放大成右上角蝴蝶状区域，两个10倍太阳大的恒星正在形成（光盘图5.3.26 大麦云中的N159）。在属于小麦云的NGC602星云中，也有一片恒星孵化场，方圆180光年。2007年1月，哈勃望远镜释放的照片，像银河系内的恒星孵化场一样清晰、壮观（光盘图5.3.27 小麦云NGC602星云中的恒星孵化场）。

NGC6822是人马座中的河外星系，距离160万光年，其中的气体云Hubble-V是一个恒星孵化场，有200光年大小，哈勃空间望远镜拍到了一窝刚生出不久的恒星（光盘图5.3.28 气体星云NGC6822中一窝年轻的恒星）。NGC2366是1 000万光年远的河外星系，光盘图5.3.29左边是地面望远镜拍摄的星系全貌，右边是哈勃望远镜拍摄的星系中NGC2363星团及一片渔钩状的发光气体，是正在诞生新恒星的区域，当中有一颗高光度的蓝变星。NGC4214是1 300万光年远的河外星系，位于猎犬座，其中有亮恒星正在形成（光盘图5.3.30 河外星系NGC4214中有亮恒星正在形成）。

5.4 恒星化作星云

恒星有巨大的质量，处处存在着聚向中心的引力。质量越大，引力越强。主序阶段的恒星，因为有强劲的氢-氦热核反应，使向外的压力与引力平衡，才能维持稳定。当一颗恒星内部的氢原子核消耗完毕，恒星将离开主序，进入不稳定的老年阶段，靠氦后元素的热核反应支撑着对抗引力。这些原子核的聚变反应主要有：氦-碳-氧、碳-镁、氧-硅、硅-硫-氩-钙-铬-铁等。一旦所有核燃料都消耗殆尽，再也没有能力进行热核反应的时候，它就要死亡了。死亡的方式是塌缩，塌缩的原因是它自身的重量——引力。因此说："恒星的一生是对其自身重量持久、拼死的反抗。持久，是因为在每个演化阶段都有新的能源来维持自己；拼死，是因为这个反抗注定是要失败的，或迟或早，引力终将战胜，恒星终将塌缩。"（卢米涅）

恒星寿命的长短取决于它的质量；恒星死亡取何种结局，也取决于它生前的质量。恒星的质量以太阳质量为单位。小于 2.3 太阳质量的属小质量恒星，死亡方式较为平稳，结局是白矮星加一片硕大而稀薄的星云——行星状星云。

太阳是小质量恒星。太阳形成到现在，已经有 50 亿年的历史。再过 50 亿年，太阳中心区的核燃料氢原子核都变成了氦原子核炉渣。氦核因失去压力而收缩，温度升高而使外壳膨胀，太阳在赫罗图上离开主序星的位置，沿着迂回的路径变成红巨星。这时的地球，距离太阳边缘不远，大陆将熔化，海洋会沸腾，如果人类还没有及时撤离，将会化为蒸气。当核心温度高到一定程度，原先的炉渣变成新的燃料，氦原子核聚变为更重的碳原子核和氧原子核，新一轮热核反应又开始了。外围部分的氢原子核也出现了聚变为氦原子核的反应。太阳内部进行着氢、氦双层热核反应，能量喷发出来，使太阳的体积膨胀到连地球轨道也吞没在它的肚子里（图 5.4.1）。再过 20 亿年，氢、氦燃料全部消耗完毕。作为炉渣的碳、氧原子核虽然也在引力驱使下强力塌缩，但因总量不足，无法启动下一轮热核反应。中心区塌缩为白矮星，外围物质扩散成行星状星云。图 5.4.2 描述了太阳一生演化的大体过程。

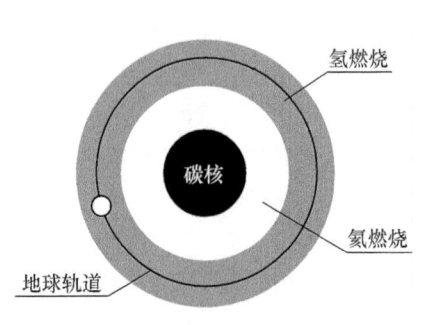

图 5.4.1 太阳膨胀到连地球轨道也吞没在它的肚子里

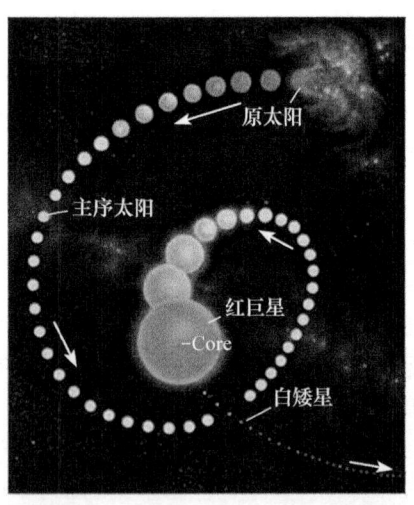

图 5.4.2 太阳一生的演化过程示意图

5.4 恒星化作星云

白矮星颜色发白、温度偏高，但体积很小密度很大、发光能力较弱；行星状星云体积庞大，密度稀薄到几乎透明无物。当初的发现者英国天文学家威廉·赫歇尔因为望远镜口径太小，模糊地看到它有点像行星的模样，取名为行星状星云，沿用到现在，其实与行星毫无关系。

白矮星和行星状星云都是小质量恒星死亡后的遗骸。通过天文望远镜，人们看到了在银河系中有许多这样的遗骸：孤立的白矮星或白矮星＋行星状星云。行星状星云是外观非常美丽的天体：一袭玲珑半透的彩色薄纱，中央一颗小小的白点（白矮星）。蓝色的青翠欲滴，红色的脂玉可亲。天文学家们也许有些情不自禁，将它们冠以各种好听的名字，有的被形容为宝石，有的被赞誉为鲜花。岂不知它们也曾经有过和太阳一样辉煌的历史，光照宇宙上百亿年，而今正走向销声匿迹的最后结局。

船帆座行星状星云 NGC3132，也叫南天环状星云，距离人们 2 600 光年。有人说它像一座天上的游泳池（光盘图 5.4.3　船帆座行星状星云 NGC3132），但这座游泳池实在太大了，直径 0.5 光年，光线畅游一个来回也要一年时间。星云中央的白矮星不是特别亮的那一颗，而是旁边的另一颗小白点。M57 环状星云在天琴座中，距离 2 300 光年，宛如一围金色的池塘（光盘图 5.4.4　天琴座 M57 环状星云）。

天龙座猫眼石星云 NGC6543，距离 3 600 光年，多么像一颗红色的猫眼石（光盘图 5.4.5　天龙座猫眼石星云 NGC6543，1995 年拍摄）；而它的另一张照片似乎又幻化出更加诡异的色彩（光盘图 5.4.6　猫眼石星云 NGC6543，2004 年拍摄）。天兔座 IC418 是另一颗璀璨的宝石，距离 1 300 光年（光盘图 5.4.7　天兔座 IC418）。

天坛座 Hen1357（光盘图 5.4.8　天坛座 Hen1357）距离 1 800 光年；蛇夫座 NGC6369（光盘图 5.4.9　蛇夫座 NGC6369）距离 2 500 光年，看似两朵含苞欲放的花；武仙座 NGC6210（光盘图 5.4.10　武仙座 NGC6210）距离 6 600 光年，中间的白矮星隐约可见，左上角小图是其中心部分的可见光与红外的合成像；豺狼座 IC4406（光盘图 5.4.11　豺狼座 IC4406）距离 1 900 光年；蛇夫座 M2-9（光盘图 5.4.12　蛇夫座 M2-9）距离 2 100 光年，细看有如绸缎般的质感。

天鹅座行星状星云 NGC6826（光盘图 5.4.13　天鹅座 NGC6826）距离 3 300 光年；宝瓶座行星状星云 NGC7009（光盘图 5.4.14　宝瓶座 NGC7009）距离 3 900 光年；狐狸座哑铃星云 M27，距离 980 光年，欧洲南方天文台拍摄（光盘图 5.4.15　狐狸座哑铃星云 M27）。它们都具有对称的形状和青翠的颜色。宝瓶座行星状星云 NGC7293 又叫螺旋星云，色彩瑰丽，是比较近的大型星云，天空面积有半个月亮大小，距离人们仅 300 光年（光盘图 5.4.16　宝瓶座行星状星云 NGC7293）。矩尺座蚂蚁星云 Menzel 3 距离 3 000 光年，像是一只星空中的大蚂蚁（光盘图 5.4.17　蚂蚁星云 Menzel 3）；双子座"爱斯基摩人"星云 NGC2392 距离 5 000 光年，被想象成带着花环的爱斯基摩人头像（光盘图 5.4.18　"爱斯基摩人"

星云 NGC2392)。行星状星云"天空之眼"NGC6751 位于天鹰座，距离 6 500 光年，充分表现出物质向外抛射的情况（光盘图 5.4.19 天空之眼 NGC6751）。麒麟座风筝星云 HD44179 与众不同，具有长方形对称形状，距离 2 300 光年（光盘图 5.4.20 风筝星云 HD44179）。

行星状星云的美丽为时不长，它们以 10～30 千米/秒的速度向外扩散，5 万年后完全散去，剩下孤灯独处的白矮星也许能熬过几十亿年的光阴，慢慢冷却、黯淡下去，光辉尽失，成为宇宙中的暗物质。

大于 2.3 太阳质量但小于 8.5 太阳质量的属中等质量恒星，寿命约 1 亿年，热核反应停止后将发生超新星爆发，几乎全部物质都被炸飞，只留下一片不断扩散的遗迹星云。大于 8.5 太阳质量的属大质量恒星，寿命只有几千万年，临终之时，将发生更猛烈的超新星爆发。除遗迹星云之外，残留的核心物质塌缩为一个新的天体：如果残留质量小于 3 倍太阳质量，塌缩为中子星；如果残留质量大于 3 倍太阳质量，塌缩为黑洞。

超新星爆发是中等质量和大质量恒星与自身重量抗争到最后，一次最猛烈的爆发。短时间内倾泻出的能量比恒星一生正常辐射能量的总和还要多。超爆之后，恒星死亡。

当中等质量恒星中心的热核反应把氢原子核全部变成碳、氧原子核之后，氦燃烧停止，压力顿失，碳、氧核心猛烈收缩，导致新一轮聚变为氖、钠、镁、硅的热核反应突然爆发，天文学家称之为"碳闪"。碳闪在短时间内释放出来的巨大能量，立即引发超爆，所有物质全被炸飞，压力与引力同归于尽，恒星彻底毁灭。即使碳闪没有引起超爆，只把大部分外围物质抛出，核心部分快速形成白矮星，白矮星吸积残留物质，到一定程度仍会引发超爆，使恒星化为乌有，只留下一片遗迹星云，了却恒星的一生。也有另一种可能是吸积率较低，或周围没有足够多的物质提供吸积，不能引发超爆，而以白矮星直至黑矮星的形式走到演化终点。

中等质量恒星的超爆属于 I 型超新星爆发。在一颗质量接近上限的白矮星与另一颗大质量主序星组成的双星系统中，如果二者距离很近，白矮星吸积同伴的物质，到质量超过上限时，突发引力收缩，导致碳闪而超爆，这属于 Ia 型超新星（图 5.4.21）。它有一个重要的特点是：因为它的质量是定数，当超爆达到最大亮度时，真实亮度也是一个定数，只是因为距离不同，视亮度才有差别。比较这种差别，可以推算出真实的距离。由于超新星亮度巨大，所以远在几十亿光年之外，仍然能被地球上的望远镜观测到。Ia 型超新星是宇宙中的标准光源，也是宇宙

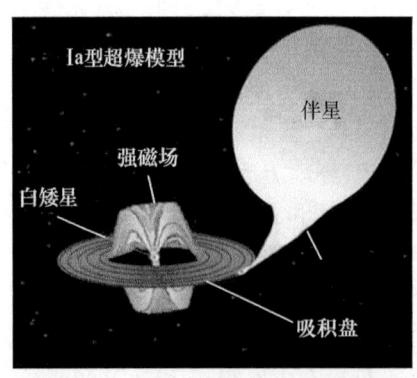

图 5.4.21 Ia 型超新星示意图

深处的天体距离指示器。超爆本是恒星的毁灭，而人类却从中窥测天机，得知其准确的距离。

大质量恒星由于质量更加巨大，能安全度过"碳闪"，继续更新一轮的热核反应，聚变出硫、氩、钙、钛、铬、铁等更重的原子核。分层进行的热核反应有数百种，恒星的体积膨胀到比土星轨道还大。越深入内部，温度越高，原子核的质量越大，反应也越强烈。恒星表面温度较低，颜色发红，成为又红又大的超红巨星，被戏称为"巨型洋葱头"（图 5.4.22）。这时的恒星已快到临终阶段，离死不远了。

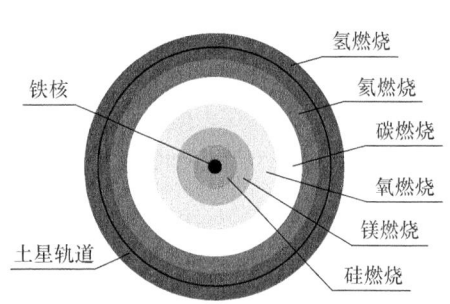

图 5.4.22 "巨型洋葱头"——"超爆"之前的超红巨星

在所有化学元素中，铁原子核的结合能最大。聚变反应到铁为止，就不能再进行下去了。大恒星核心部分全部变成铁原子核以后，不可能再有新的热核反应，只能向引力屈服。熬到最后，所有核燃料全部耗尽，热核反应戛然而止，引力所向无敌，辉煌一世的恒星巨无霸迅即塌缩。铁核中的质子统统转化为中子，被压缩得更加紧密，释放出强大的中微子流，带走一部分能量。外围物质迅即压向中心，与高度致密的核心遭遇，像是无数发猛烈的炮弹撞上了一堵无比坚硬的由中子组成的铜墙铁壁，统统反弹回来，再与正在向中心区塌缩的物质遭遇，形成强大的冲击波，以极其巨大的能量，毫不含糊地把整个恒星的大部分物质炸成齑粉，成为壮烈辉煌的 II 型超新星。爆发产生的能量超过它一生正常辐射能量的总和。爆发以后，恒星的外围物质解体为向外膨胀扩散的气体和尘埃星云，遗留下的核心物质，又在引力的摆布之下，要么塌缩为中子星，要么塌缩为黑洞。大恒星的一生走到了尽头。

"凤凰涅槃，死而新生"。超新星爆发是一颗恒星死亡的诏告，同时也是新一代恒星诞生的动力。超爆冲击波会促成原本弥散的星云或星际物质聚集在一起，迈上新恒星产出的途程。

宇宙当中，除氢、氦之外，所有的化学元素，凡元素周期表上在铁以前的都在恒星内部的大炼炉里形成，铁以后的只能在恒星超爆过程中产生。也只有超爆，才能使已经形成的元素从恒星内部倾泻出来，抛入太空，成为后一代天体的一部分原料。太阳、地球和生物的身体里所有的重元素，都来源于前几代大恒星的超爆。人们珍爱的金、银等贵金属也是超新星爆发的产物。宇宙付出了让大恒星毁灭的高昂代价，才能使人们披金戴银。人类自身乃至地球内外的一切，都有着深远的宇宙来源。有生于无，生源于死，没有往日大恒星的壮烈爆发，就没有今天多彩斑斓的宇宙，更没有人类来追寻宇宙演化的规律。

银河系中的超新星爆发，对于地球上的人类来说是非常罕见的天象。有史以来人类只记录到 9 次，都发生在望远镜发明之前，而且全部都记录在中国的历史文献中，从汉代一直到明朝。只有最后两次，公元 1572 年和 1604 年的两次分别由丹麦天文学家第谷·布拉赫（Tycho Brahe）和德国天文学家开普勒观测过，所以又叫第谷超新星和开普勒超新星（表 5.4.1）。

表 5.4.1　中国古文献中的超新星记录

1	东汉中平二年	公元 185 年	半人马座
2	东晋太元十一年	公元 386 年	人马座
3	东晋太元十八年	公元 393 年	天蝎座
4	宋景德三年	公元 1006 年	豺狼座
5	宋至和元年	公元 1054 年	金牛座
6	南宋淳熙八年	公元 1181 年	仙后座
7	明永乐六年	公元 1408 年	天鹅座
8	明隆庆六年	公元 1572 年	仙后座
9	明万历三十二年	公元 1604 年	蛇夫座

这 9 次超新星爆发，都在现代天文观测中找到了当年的遗迹。

公元 185 年（东汉中平二年）超新星，记录在《后汉书·天文志》中："中平二年十月癸亥，客星出南门中，大如半筵，五色喜怒，稍小，至后年六月消。"它的遗迹 RCW 86 也称 G315.4-2.1 星云，距离 8 200 光年，已被 XMM 牛顿和钱德拉 X 射线望远镜发现，照片释放于 2006 年 9 月 18 日（光盘图 5.4.23　超新星遗迹 RCW 86）。全景为牛顿望远镜所拍，局部细节为钱德拉望远镜所拍。

公元 386 年（东晋太元十一年）超新星的遗迹星云 G11.2-03，距离 1.6 万光年，钱德拉 X 射线望远镜 2001 年 1 月 10 日释放了它的照片，中央有一颗脉冲星（光盘图 5.4.24　SN386 超新星遗迹）。

公元 393 年（东晋太元十八年）超新星的遗迹星云 G347.3-0.5，距离 3 000 光年，钱德拉 X 射线望远镜 2007 年 8 月 8 日释放了它的照片（光盘图 5.4.25 SN393 超新星遗迹）。

公元 1006 年（宋景德三年）超新星亮度最大，除中国文献外，也见于日本、朝鲜、阿拉伯和欧洲的史籍。据资料分析，最亮时目视亮度达到 -9.5 等，比天狼星亮 1 600 多倍。中国《宋史·天文志》记载它"状如半月，有芒角，煌煌然可以鉴物"。它的遗迹是射电源 PKS1459-41，2008 年 7 月 1 日哈勃空间望远镜和钱德拉 X 射线望远镜同时释放了 SN1006 遗迹星云的照片，位于豺狼座，距离地球 6850 光年（光盘图 5.4.26　SN1006 超新星遗迹光学图像；光盘图 5.4.27 SN1006 超新星遗迹 X 射线图像），形象却大不相同。

公元 1054 年（宋至和元年）超新星最负盛名，出现在北宋仁宗至和元年，史称"天关客星"。在中国史书《宋史》、《宋会要》和《续资治通鉴长编》中都有明

5.4 恒星化作星云

确记载。如《宋会要》："初，至和元年五月，晨出东方，守天关。昼见如太白，芒角四出，色赤白，凡见二十三日。"凡见二十三日是指白天见到它的天数。综合其他史料可知，这颗超新星突然爆发并为宋朝人亲见的时间是 1054 年 7 月 4 日凌晨 4 点左右，最后消逝的日期是 1056 年 4 月 6 日，共见 643 天。位置在金牛座 ζ 星（中文名天关星）近旁。在这个位置上，用现代望远镜可以看到有一片蟹状星云，在梅西耶天体表中列为第一号 M1（光盘图 5.4.28 金牛座蟹状星云；光盘图 5.4.29 金牛座蟹状星云细部）。

公元 1181 年（南宋淳熙八年）超新星遗迹星云，钱德拉望远镜 2004 年 12 月公布的照片表现出它有复杂的 X 射线结构，还有两股喷流（光盘图 5.4.30 1181 年中国南宋超新星遗迹）。星云中央的射电源 3C58 是一颗射电脉冲星，编号 J0205+6449，距离 1 万光年。

公元 1408 年（明永乐六年）超新星，已故前中国科学院北京天文台台长李启斌曾发表论文（天文学报，1978 年第 2 期），认为它的遗迹就是著名的天鹅座 X-1 黑洞（详见 7.4 节）。

公元 1572 年（明隆庆六年）超新星，即第谷超新星，钱德拉 X 射线望远镜也拍到它的遗迹照片，距离 7 500 光年，直径 17 光年的气体云仍以 960 万千米/时的速度扩张（光盘图 5.4.31 SN1572 超新星遗迹）。

公元 1604 年（明万历三十二年）超新星，即开普勒超新星，钱德拉 X 射线望远镜也拍到它的遗迹，距离 1.3 万光年，直径 14 光年的气体云以 640 万千米/时的速度扩张（光盘图 5.4.32 SN1604 超新星遗迹）。

现代天文观测发现银河系中的超新星遗迹共有 150 多个，绝大多数爆发在人类史前时期，没有文字记载。著名的天鹅座网状星云，又称 Veil（面纱）星云，估计是 3 万年前爆发的超新星遗迹，已经相当分散，NGC6960、NGC6974、NGC6979、NGC6992、NGC6995 和 IC1350 都是它的组成部分，距离地球 2 500 光年。光盘图 5.4.33 和光盘图 5.4.34 都是天鹅座网状星云的照片（光盘图 5.4.33 天鹅座网状星云 NGC6992；光盘图 5.4.34 天鹅座网状星云 Veil）。

船帆座超新星遗迹，也称 Vela（船帆座）星云，距离 800 光年，估计是公元前 9000 年爆发的产物，那时的人类一定看到了这次爆发，但是没能记录下来。光盘图 5.4.35 是英-澳天文台所拍的船帆座超新星遗迹星云。光盘图 5.4.36 是斯必泽望远镜所拍，2007 年释放，有 20 个满月直径，100 光年大小，星云中央发现有脉冲星（光盘图 5.4.36 船帆座超新星遗迹 Vela 星云）。金牛座超新星遗迹 Simeis 147，有 6 个满月直径大小，距离 3 000 光年，估计爆发于 10 万年前，光盘图 5.4.37 是夏威夷加-法望远镜 CFH 所拍（光盘图 5.4.37 金牛座超新星遗迹 Simeis 147）。

仙后座 A 是天空中最强的射电源，周围有许多暗淡的星云碎片，经仔细分析，应当是公元 1670 年前后爆发的一颗超新星的遗迹。而那时，西方现代天文学已经兴起，望远镜已有相当威力，但无论东方或西方都没有任何观测记录，估计其原因是距离太远（1.1万光年），又被星际暗物质遮掩，爆发时目视亮度较低，没有引起人们注意。光盘图5.4.38是哈勃望远镜拍下的仙后A（光盘图5.4.38　仙后A超新星遗迹星云光学像）；光盘图5.4.39是钱德拉望远镜拍下的仙后A（光盘图5.4.39　仙后A超新星遗迹星云X射线图像），左图是三色合成像，右图是单色加强像。BeppoSAX卫星还拍到了它的γ射线图像（光盘图5.4.40　仙后A超新星遗迹星云γ射线图像）。

圆规座B1509-58，是距离1.9万光年的超新星遗迹（光盘图5.4.41　圆规座B1509-58超新星遗迹），上部绿色是超爆遗留的高温气体，下部紫色是X射线喷流，长20光年。

位于大麦云中的剑鱼座N49，距离17万光年，是银河系外面的古代超新星遗迹，人称"宇宙飘带"（光盘图5.4.42　剑鱼座N49超新星遗迹）。剑鱼座另一个超新星遗迹N63A爆发于2 000～5 000年前，钱德拉望远镜拍到了遗留至今的X射线亮球（光盘图5.4.43　剑鱼座N63A超新星遗迹）。2005年6月7日，哈勃望远镜又公布了新的N63A图像，推测其前身星约50倍太阳质量，它的超爆促进了周围10～15光年范围的新恒星诞生（光盘图5.4.44　新的N63A超新星遗迹图像）。SNR0103-72.6是小麦云中的超新星遗迹，有直径150光年的彩色光环，那是一万年前的遗留物（光盘图5.4.45　小麦云中的超新星遗迹）。

用现代天文望远镜观测到的超新星都在遥远的河外星系中，至1999年底已达1650多颗。唯一一颗肉眼可见的是1987年发生在大麦云中的超新星SN1987A（光盘图5.4.46　SN1987A爆发前后之比较）。SN1987A是典型的II型超新星，最亮时有北斗七星那样亮，爆发总能量3×10^{46}焦耳，相当于太阳一生辐射能量总和的300倍。天文学家对它进行了从射电、光学到γ射线的全波段观测。哈勃望远镜在它爆发3年之后才上天，对这颗离人类最近的现代超新星一再追踪观测。哈勃望远镜的照片（光盘图5.4.47　爆发19年之后的SN1987A）中，中央亮环直径0.7光年，外围还有一对略暗的环，那都是爆发冲击波激发周围的星际物质发光而产生的。光盘图5.4.48是1994～2003年哈勃望远镜对SN1987A的追踪观测，明显可见中央亮环发生的变化。光盘图5.4.49是大麦云的局部，SN1987A位于图片中央。银河系内的超新星是否也有亮环，古人语焉不详。但一件中国南宋瓷器"吉窑叶纹碗"（光盘图5.4.50　南宋瓷器"吉窑叶纹碗"）也许是当时超新星图像的真实写照，因为中国古人很可能视五彩斑斓的超新星为天上的祥瑞。

SN1987A爆发，日本神冈、美国俄亥俄、俄国和意大利的中微子探测器，还记录到几十个中微子事件。这是人类首次记录到超新星爆发产生的中微子，也是首次记录到太阳系以外的中微子事件。这些中微子是从南极穿越地球，经地下到达上述各地的。

人们现在观测到的超新星爆发，其实是很久以前的历史事件，因为信号从现场传到人们这里需要很长的时间。大麦哲伦云距离人们 17 万光年，SN1987A 实际上是 17 万年前发生的一颗恒星临终时的壮烈景象。天文学家们期盼着看到银河系内的超新星爆发，但千万不能距离太近，否则地球就该粉身碎骨了。即使是几十光年范围内的超新星爆发，也会给地球上的生命带来毁灭性的灾难（参见 7.6 节）。

5.5 恒星演化的最后结局

丧失热核反应能力使恒星走向死亡。恒星死亡后的遗骸在引力的摆布下，塌缩为高度致密的天体。如果残余质量小于 1.44 太阳质量，那是白矮星；在 1.44 太阳质量与 3 太阳质量之间，那是中子星；大于 3 太阳质量，那是黑洞（图 5.5.1）。1.44 太阳质量被称为钱德拉塞卡极限，美籍印度裔天文学家钱德拉塞卡（S. Chandraseckhar）因为算出该值而获得 1983 年诺贝尔物理学奖。钱德拉 X 射线空间望远镜就是以他的名字命名的。3 太阳质量被称为奥本海默极限，奥本海默（J. R. Oppenheimer）是美国物理学家，曼哈顿工程的首席科学家，被称为原子弹之父。

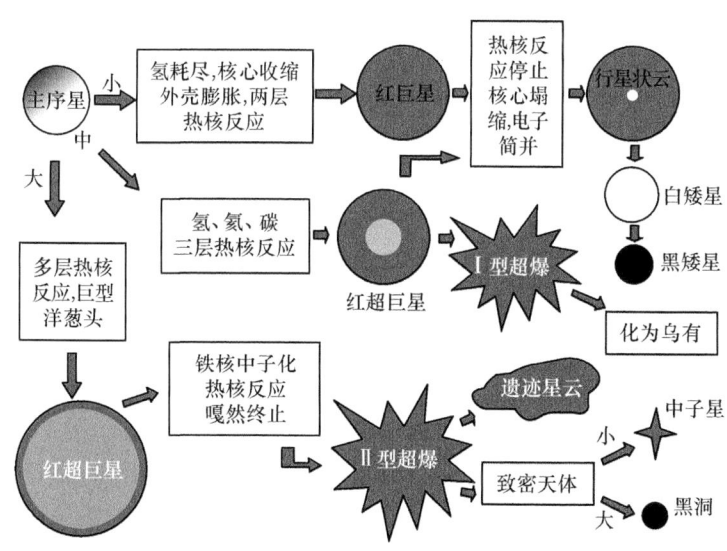

图 5.5.1 恒星演化的结局

白矮星颜色发白、温度偏高，但体积很小、发光能力较弱；白矮星有太阳般巨大的质量，却只有地球那么小的体积，所以密度特别高。天狼星的伴星天狼 B 是第一个被确认的白矮星，它的密度高达 3.6 吨/厘米^3。白矮星不至于进一步塌缩，是因为其内部存在着与引力抗衡的电子简并压力。

1925 年，物理学家泡利提出不相容原理：原子中的所有电子不容许取相同的运动状态；不容许两个以上的电子在同一时间共占空间的某一个小区域。这种情况类比于当剧场已经客满时，不容许再增加任何一位观众进场，因为所有的座位都已经占满了。这种不容许多余电子进入某一空间范围的力就是电子的简并压力。日常所见的物体，物质粒子之间有很大的空间，电子简并压力并不显现。但对于一颗被高度压缩的白矮星，简并压力便会异军突起，竟能与引力相抗衡。

太阳在变成白矮星以前的红巨星阶段，将吞没掉水、金、地三个行星；变成白矮星以后，虽然体积缩得很小但质量损失不多，引力依然强大。火星及更靠外面的行星还会绕着它旋转，但从它那里获得的热量已经非往日可比了。没有任何生命还会留存在这样的天体系统中。如果地球上的人类后代还能延续到那么久远，那么早在太阳变成白矮星之前就应该迁移到太阳系以外的地方去，否则是没有活路的。白矮星的温度靠它生前积蓄的热量维持。几十亿年之后，热量散发完毕，白矮星变成黑矮星——宇宙中的暗物质。

白矮星具有特异的性质：质量越大，体积反而越小，密度当然就更大。当质量超过 1.44 太阳质量时，引力增大到冲过电子简并压力的屏障，电子被压入原子核中与质子聚合为中子。电子简并压力不复存在，星体立即进一步压缩，使中子与中子紧密地挤压在一起。抗衡引力的最后一道屏障——中子的简并压力，成为阻止星体进一步塌缩的又一个中流砥柱。由中子简并压力与引力相平衡而维持稳定的恒星即为中子星。

中子星的典型尺度为半径约 10 千米，质量 2 太阳质量，密度高达 10 亿吨/厘米^3。中子星内部 99.5% 的物质是密集的中子，只有 0.5% 的电子浮于其表面。中子与中子之间没有质子与质子之间那种静电斥力，所有中子紧密地压缩在一起，整个恒星成了一个巨大的只由中子组成的原子核。中子星也具有与白矮星同样的特异性质——质量越大，体积越小。

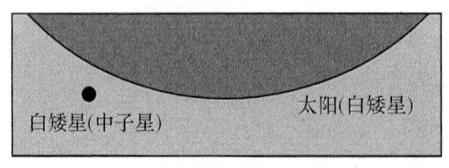

图 5.5.2 太阳、白矮星和中子星的大小比较

图 5.5.2 给出了太阳、白矮星和中子星的大小对比：如果大圆面是太阳，小圆点就是白矮星；如果大圆面是白矮星，中子星只有小圆点的 1/10。把比例尺缩小一亿倍，太阳是直径 14 米的大球，白矮星的直径缩为十几厘米，中子星的直径只有 0.1 毫米。

中子星的另一个特点是高速自转，速度快到每秒钟几十转、几百转。高速自转的原因来自物理学上的"旋转角动量守恒"原理：一个旋转着的物体，旋转半径越大，转得越慢；旋转半径越小，转得越快。花样滑冰运动员在做旋转动作时，如果

5.5 恒星演化的最后结局

突然蜷缩起身体,转速必然加快就是这个道理。恒星生前都有自转,当恒星塌缩为中子星后,半径缩小了几十万倍,转速当然也就大大加快了。转速加快的同时,中子星的磁场增强几十亿倍,整个星体变成一部奇妙的、高速转动着的磁力发电机,但发出的不是电力,也不是普通的光,而是强大的叫做"同步加速辐射"的定向电磁波射束(图5.5.3)。向两个方向喷射的光柱,飞快的旋转着,像是在茫茫宇宙中快速扫描的星海灯塔。中子星也有可能带有吸积盘,凭借它强大的引力吸引着周围物质围绕它高速旋转(图5.5.4)。

 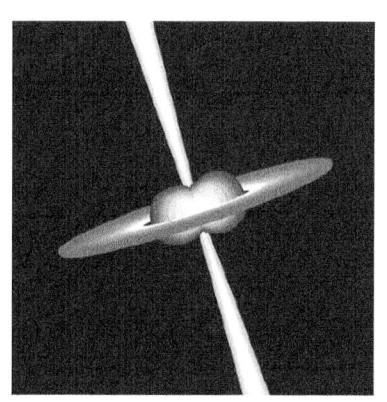

图5.5.3 中子星的定向电磁波射束模型　　图5.5.4 带有吸积盘的中子星模型

中子星是大质量恒星超爆之后的残留物,尽管有关的理论早已公之于世,但天文学家并没有着意在天空中去搜寻。直到1968年,中子星在偶然之中被首次发现,成为20世纪60年代天文学四大发现之一。

1967年,英国剑桥大学24岁的女博士生乔丝琳·贝尔(J. Bell)在射电望远镜的天文观测中注意到一种每隔1.33秒即闪现一次的射电脉冲,转瞬即逝,时有时无。这不像是地面上的电机或摩托车之类的干扰,难道是外星人发来的联络信号?贝尔及时地报告了她的导师、射电天文学家休伊什(A. Hewish)。博学认真的老师和细心敏锐的学生抓住机遇、改进仪器、加强搜索,居然在天空中4个位置都发现了类似的信号。经过冷静而缜密的思考,他们判断信号不是来自外星人,而是来自一种遥远的特殊天体——脉冲星。1968年2月24日,他们的发现在英国《自然》杂志上发表,同时指出脉冲星可能就是中子星。消息传开,立即被全世界的天文学家瞩目,纷纷传出新的脉冲星被发现的报道。理论工作者也深入进行研究,很快就确认:脉冲星正是快速自转的中子星;脉冲闪现的周期是中子星的自转周期。飞快旋转的电磁波束扫过寰宇,扫到人类架设的射电望远镜上,脉冲信号就被记录下来了。至2003年底,银河系中的脉冲星已发现1 400多颗,它们都是大质量恒星死亡后留下的遗物。早期发现的脉冲星"闪光"主要在射电波段,用大型射电望远镜接收。后来又发现了X射线波段、γ射线波段的脉冲星。

有些脉冲星兼有光学波段的脉冲发射，可以用加装了快速接收设备的光学望远镜进行观测。

1928 年，哈勃用望远镜测量蟹状星云的膨胀速度，表明它在 900 年前集中于一点，从而推断它正是公元 1054 年中国宋朝人亲眼所见的天关客星爆发的遗迹。1948 年又发现它正发出强烈的射电，1963 年还发现它是 X 射线源，1968 年又发现它是 γ 射线源，同年在星云中心认证出一颗中子星。这些发现无可置疑地表明：地球上的人类亲眼见到了一颗恒星以一种非常壮烈的方式猛然爆发，走向死亡，残骸化作一片弥漫星云和一颗中子星的全过程。近代天文学围绕蟹状星云的研究论文，在所有专题文献中数量首屈一指。它是第一颗被现代天文观测认证的超新星遗迹，也是中国古代天象观测在当代天文学研究中发挥独特作用的光辉范例。国际上都称之为"中国超新星"。从哈勃、钱德拉及斯必泽空间望远镜拍到的图像中可以清楚地看到蟹状星云脉冲星即中子星（光盘图 5.5.5　蟹状星云的光学、红外和 X 射线复合图；光盘图 5.5.6　蟹状星云中子星的光学和 X 射线复合图；光盘图 5.5.7　蟹状星云中子星的 X 射线图像）。

在光盘图 5.4.24 中，人马座超新星遗迹 G11.2-03 中央有一颗明亮的脉冲星即中子星，那是公元 386 年中国晋朝人看到的超新星遗迹。人马座的 X 射线双星 G359.23-0.82，距离也是 1.6 万光年。由射电（蓝色）和钱德拉 X 射线（金黄色）望远镜合成的照片（光盘图 5.5.8　人马座 X 射线双星 G359.23-0.82）中，显现出像老鼠似的图像，那是隐藏其中的中子星的强引力场使周围物质产生出的激波图样（光盘图 5.5.9　人马座 X 射线双星 G359.23-0.82 示意图）。天箭座 X 射线双星 B1957+20，距离 5 000 光年（光盘图 5.5.10　天箭座 X 射线双星 B1957+20），也有类似的激波图样（光盘图 5.5.11　天箭座 X 射线双星 B1957+20 示意图）。船帆座超新星遗迹 NGC2736，距离 1 000 光年，光盘图 5.5.12 是地面望远镜拍摄的全貌，图中部箭头所指是一颗中子星；左上部箭头所指的"铅笔星云"也是超新星遗迹，哈勃望远镜拍到了它的放大图（光盘图 5.5.13　船帆座"铅笔星云"超新星遗迹）。另一个周围有亮壳的超新星遗迹 G21.5-0.9，位于盾牌座，距离 1.6 万光年，其中有一颗脉冲星 PSRJ1833-1034（光盘图 5.5.14　盾牌座超新星遗迹 G21.5-0.9）。早期的射电观测没有发现亮壳，后来的 X 射线观测发现了。光盘图 5.5.15 是 2005 年 4 月 19 日钱德拉望远镜释放的照片（光盘图 5.5.15　超新星遗迹 G21.5-0.9 的 X 射线图像）。中国天文学家汪珍如等 2006 年发表文章，认为 G21.5-0.9 是中国汉朝的历史文献中记载的，公元前 48 年（西汉元帝初元元年）一颗"客星"的遗迹。

脉冲星的信号虽短，精度却非常高。第一个被发现的脉冲星，周期 1.337 301 192 2 秒；蟹状星云脉冲星，周期竟然准确到 0.033 097 565 054 19 秒。周期长短与中子星的年龄有关。刚刚超爆形成的，旋转特别快，周期就短；经过若干年，因能量损耗而转速降低，周期就变长了。蟹状星云脉冲星，从宋朝到现在，不到1000年，所以转速很快，每秒30转。1982年发现一颗周期只有1.5毫秒的脉冲星，转速高达每秒660转，比电动刮胡刀里的高速电机还要快十几倍。一个有两倍太阳质量的天体，居然以如此高速飞旋，而且比任何人造精密机械都转得更快、更准确，这真是星海奇迹。

脉冲星是快速旋转的中子星，但中子星不一定都有脉冲信号辐射。年龄超过几百万年的中子星，会因转速太慢而停止辐射。脉冲星的射束如果扫描不到地球所在的方向，人们也发现不了它的存在。因此，已发现的脉冲星，只是真实存在的中子星当中的一小部分。

恒星成双成对互相绕着转的情况，在银河系中，相当普遍。但双脉冲星却是非常罕见的。1974年，两位年轻的美国天文学家泰勒（J. H. Taylor）和赫尔斯（R. A. Hulse）发现一对双脉冲星PSR1913+16，两星相距只有几百万千米，互相绕着转的周期是7小时45分。根据广义相对论，两个靠得很近的强引力场，在绕转过程中，引力波辐射将把转动能量慢慢带走，使绕转周期变短，两星距离靠近。泰勒和赫尔斯对这对双脉冲星追踪观测12年，精确测定了绕转周期每年缩短百万分之76秒，与由理论计算出来的数值非常吻合。大约3亿年之后，这对中子星将碰撞在一起，并产生最后的引力爆发。他们的工作验证了广义相对论关于引力波的预言，因而意义重大，被授予1993年诺贝尔物理学奖。赫尔斯是泰勒的研究生，1974年他们发现PSR1913+16时的年龄，分别是24岁和33岁。

20世纪80年代以来，还发现32颗在球状星团中的脉冲星。1999年开始发现河外星系中的脉冲星。位于大麦云中的PSR0540-69是1000年前的超新星遗迹，初步判断其中有中子星，旋转周期1/20秒，周围的亮壳直径约5光年（光盘图5.5.16 大麦云中的脉冲星PSR0540-69）。

美国《科学》杂志评选的2004年十大科技成果之一，是新发现一对有完整价值的双脉冲星。说"完整价值"是指过去虽然发现了几对双中子星，但只能收到一颗星的脉冲信号，而这次是能收到两颗星的脉冲信号之首例，使人们更加完整地了解各种物理信息。这对新脉冲星名为PSRJ0737-3039A/B，位于大犬座，距离1600~2000光年，是澳大利亚帕克斯天文台64米射电望远镜发现的。两颗星的质量分别是1.337太阳质量和1.251太阳质量，脉冲周期23毫秒和2.8秒，相距仅100多万千米，绕转周期2.4小时，比1993年获诺贝尔奖的那一对更有条件准确地验证爱因斯坦的引力波理论（光盘图5.5.17 双脉冲星PSRJ0737-3039A/B示意图）。

关于脉冲星的研究已经两次获得诺贝尔物理学奖，但真正最早发现脉冲星信号的小女生乔丝琳·贝尔却被排除在获奖者之外，令各界人士不无遗憾。一本由诺贝尔奖得主泰勒与别人合著的名为《脉冲星》的专著扉页上写道："献给乔丝琳·贝尔。没有她的聪明和百折不挠，我们就分享不到研究脉冲星的幸运。"乔丝琳·贝尔现任英国开放大学物理系主任，IAU提案委员会委员（光盘图5.5.18 发现脉

冲星时（左）和担任 IAU 提案委员会委员（右）的乔丝琳·贝尔）

　　恒星演化的最后一种结局是黑洞。当质量比中子星再加大到超过奥本海默极限的时候，更加强大的引力将冲破中子简并压力的屏障。当今的物理学家们认为再也没有什么力，能出来抵御引力的作用，物质将被压缩到最极端的境界，使星体成为神秘的黑洞。关于黑洞的详细情况将在专门的一章——第 7 章加以介绍。

第6章 星系世界

6.1 宇宙岛之争

人类认识宇宙的历程是漫长而艰辛的。当哥白尼推动第一次飞跃，认识到地球只是一颗行星的时候，布鲁诺（G. Bruno）就大胆地指出太阳也只是千万个普通恒星中的一员，并为此付出了被焚死的代价。直到300年后，天文学家第一次测出了恒星的距离，布鲁诺的思想才得到确凿无疑的广泛承认。18世纪中叶，瑞典的斯维登堡（E. Swedenborg）和英国的赖特（T. Wright）先后提出天上所有的恒星都和银河是一家，它们共同构成了一个巨大的磨盘一样的天体系统，称为银河系。其后不久，大哲学家康德在其名著《宇宙发展史概论》中指出，银河系不是唯一的，宇宙中还有无数个像银河系一样的天体系统。此后，历经180年的纷争和曲折，这一光辉思想才得到最后证实。

宇宙岛（德文：Weltinseln）是德国科学家洪堡（F. W. Humboldt）1850年提出的名词。他把康德所说的宇宙中无数个像银河系一样的天体系统，比喻为大海中的小岛，并认为天文学家在望远镜中朦胧可见的一些被称为星云（Nebula）的云雾状天体，就是许许多多的宇宙岛。这种星云，人类用肉眼明显可见的有两个，它们就是位于南天极附近的大、小麦哲伦星云。尽管南半球的居民早已司空见惯，但被欧洲人见识则是15世纪以后的事。葡萄牙人远航非洲南部海域时称之为"好望角云"。麦哲伦（F. Magalhaes）环球航行到达南美洲南端时，看到这两块美丽的星云，对它们作了精确的描述。船队回到欧洲以后，人们就把这两块一大一小的星云称为大、小麦哲伦星云，简称大麦云和小麦云（光盘图6.1.1　大麦哲伦星云；光盘图6.1.2　小麦哲伦星云）。1612年，德国天文学家马里乌斯（S. Marius）最先用望远镜发现了北方天空中的仙女座大星云（图6.1.3）。光盘图6.1.4是仙女座大星云在星座中的位置图。仙女座大星云也叫M31，它的位置也如图3.1.5所示。此后，随着望远镜口径增大，成像质量提高，人们发现的云雾状天体越来越多。1781年法国天文学家梅西叶（C. Messier）为了更准确地判断彗星，而不致与这些固有的天体相混淆，特地编制了梅西叶星表。1908年，NGC、IC星表问世。NGC是星云星团新总星表的简称，丹麦天文学家德雷耶（J. L. E. Dreyer）编制，收录非恒星天体7 840个，IC是其补编，收录非恒星天体5 386个。围绕着这些云雾状天体究竟是不是宇宙岛的问题，进行了反反复复地争论。不同时期的争论双方各执一词，莫衷一是。其中一个主要原因是没有注意区分混杂其中的两种截然不同

图 6.1.3　仙女座大星云

的天体：属银河系内的星团或弥漫星云及远在银河系之外的星系级天体系统。

早在 1786 年，英国天文学家威廉·赫歇尔（W. Herschel）观测了 29 个梅西叶天体，发现其中大多数都能分解为恒星，于是他宣布这些"星云"确实是银河系外面的其他星系（即后来所谓的宇宙岛）。其实他观察的这 29 个天体中有 18 个是球状星团，6 个是疏散星团，都不是河外星系；有几个真正的河外星系，他的望远镜还不具备把它们分解为恒星的能力。1790 年，他在金牛座中观测到一个星云，中间是星，周围是弥漫的云，看似模模糊糊的行星样形状，取名为行星状星云（现在人们已清楚地认识到这是小质量恒星死亡后的遗留物。行星状星云的名称并不确切，不过还是沿用下来了）。后来他又观测到许多不能分解为恒星的弥漫星云，于是他又否认了自己原先提出过的星云是河外星系的主张。1845 年，英国天文学家帕森斯（W. Parsons）用更大的望远镜分解了许多赫歇尔未能分解的星云，并带动一些人进行观测，星云是河外星系的说法又重新活跃起来。洪堡的"宇宙岛"一词就产生于这一时期。

1864 年，哈金斯（W. Huggins）对星云进行分光观测，发现它们的光谱都是明线光谱，表明了它们的身份是发光气体云而不是恒星，于是"宇宙岛"之说又遭全盘否定。其实，哈金斯得到的是较亮的银河星云的光谱，那个时代的分光技术还不足以拍到河外星系光谱中的吸收线。1899 年，德国天文学家沙伊纳（J. Scheiner）虽然拍到了仙女座大星云的暗线光谱，但却在一片否定"宇宙岛"的呼声中遭到埋没，未受重视。1912 年，美国天文学家斯莱弗（V. M. Slipher）拍到昴星团反射星云的暗线光谱，而昴星团肯定是银河系内的天体，这就更加冲淡了仙女座星云有暗线光谱的科学价值。其实昴星团星云的暗线光谱是反射附近恒星的光谱，不能表明星云自身的身份，更不能与仙女星系混为一谈。一百多年来，如此反反复复的"宇宙岛"之争，关键问题是人们没有抓住事物的本质，单靠把星云分解为恒星或从光谱特性来判断宇宙岛的存在与否，理由是不充分的。真正解决问题的办法是测定银河系的大小和河外星系的距离。但是，由于当时测量精度不够，因方法不同而得到的测量结果差异很大，究竟孰是孰非依然扑朔迷离，甚至演出了一场天文学史上著名的沙普利-柯蒂斯大辩论：时间是 1920 年 4 月 26 日，地点在华盛顿美国国家博物馆，主持人是美国国家研究理事会主席、威尔逊山天文台台长海尔（G. E. Hale）。柯蒂斯（H. D. Curtis）认为，根据他测出的距离，仙女座星云应远在银河系之外，确实是一座宇宙岛；而沙普利（H. Shapley）坚持说柯蒂斯的距离数字是错误的,仙女座星云没有超出他测定的银河系范围。双方各执一词,辩论不了了之(据《星系天文学》一书的叙述,所谓"大辩论",只是每人半小时的轮流发言;各说各话,并无冲突。真正针锋相对的论战是在各自发表的论文中)。4年以后,年轻的美国天文学家哈勃(E. P. Hubble)发现了仙女座星云和三角座星云中的造父变星,比较准确地测定了它们的距离,这才肯定了它们确实是银河系之外的遥远星系,从此人们翻开了探索宇宙的新的一页。到20世纪40年代,德国天文学家巴德(W. Baade)把仙女座星云的核心部分也分解为恒星,更进一步证实了它确实是与银河系一样的恒星系统。这时,距离康德最早提出河外星系的概念已经一百八十多年了。

回顾这段历史,天文学家们对宇宙的认识,一方面受客观技术条件的限制,另一方面也不无陈旧观念和思想方法不当造成的影响。今天,天文学家们探测到数以百亿计的星系,"宇宙岛"这一名词已经成为历史,河外星云或仙女座大星云之类的称呼也应正确地改称为星系了。人类对宇宙的认识已经触及整个宇宙的结构,它如何诞生,又将如何演化的问题。星系成为浩渺宇宙中的基本建筑单元,对它们的整体研究,是当代天文学探索整个宇宙的前沿课题。光盘图6.1.5画满了密密麻麻的星系,多得数不胜数,那是天空30°跨距范围内,纵深约20亿光年的一部分宇宙,拥有不下100万个星系。人类对宇宙的认识,正面临着自哥白尼以来的第二次飞跃。

6.2 星系的分类

1926年,哈勃最早对星系分类,形成后来通用的分类法:按星系外形分为椭圆星系、旋涡星系、棒旋星系和不规则星系4类。主要的判据是:①中央核球相对于外围圆盘的大小;②旋臂特征;③旋臂或星系盘分解为恒星的程度。按哈勃星系分类法作的图解也叫"哈勃音叉图"(图6.2.1)。

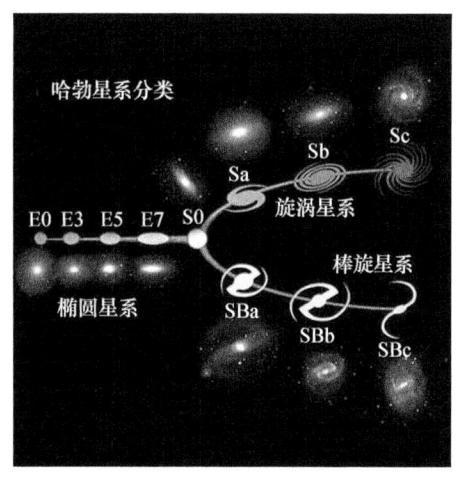

图 6.2.1 哈勃星系分类图

1. 椭圆星系

椭圆星系呈椭圆形或正圆形,没有旋涡结构。通常中央较密,包含一个核区,至外围亮度逐渐下降。椭圆星系用字母E表示,记为E0~E7,E0是正圆形,数字越大外形越扁。由于看到的只是投影,所以扁度不一定是星系的真实面貌。看起来很圆,可能并不是球形,也许是扁球形;但看起来扁的就不可能是球形,而一定是扁的。

2. 旋涡星系

旋涡星系具有旋涡结构。中心核区为球状或椭球状,从中心向外有两条或两条以上的亮暗相间的旋臂。旋涡星系用字母 S 表示。根据核球大小和旋臂伸展程度分为 Sa、Sb、Sc 三种类型。Sa 核球最大,旋臂卷得最紧;Sc 核球最小,旋臂最松弛。旋涡星系有较多的气体和尘埃,主要集中于旋臂和星系盘。有少数星系像旋涡星系那样扁平,却看不见旋涡结构,叫透镜型星系记为 S0。

3. 棒旋星系

棒旋星系用字母 SB 表示。除了中心部分不是球状或椭球状而是棒状以外,其余各方面与旋涡星系类似。同样按照旋臂缠卷的松紧程度分为 SBa、SBb、SBc 三种类型。

4. 不规则星系

不规则星系用字母 Irr 表示。它们没有可辨认的核,也没有旋涡结构,形状不对称,有的好像碎裂成几部分。根据其光谱偏重的颜色分为 Irr I 和 Irr II 两种类型。前者颜色偏蓝,气体含量超过旋涡星系,而尘埃云不显著;后者颜色偏黄,尘埃云比较明显。大、小麦云都属不规则星系。

在已观测到的星系中,不规则星系的数目很少,约占 3%。旋涡星系和棒旋星系合占星系总数的 77%,椭圆星系占 20%。但这种统计受观测条件选择性的影响:旋涡星系和棒旋星系光度比较大,容易被观测到,所以数量比较多,但不一定符合真实的比例。旋涡星系和棒旋星系有时也泛称为旋涡星系,它们的质量通常为 $10^9 \sim 10^{11}$ 太阳质量,直径 2~20 万光年,与银河系同一量级。银河系也是旋涡星系,属 Sb 型。椭圆星系质量有大有小,差别较大。超巨椭圆星系可达 10^{13} 太阳质量,直径 50 万光年,小的只有 10^6 太阳质量,直径 0.3 万光年。不规则星系直径最小,一般为 1~6 万光年,质量 $10^8 \sim 10^{10}$ 太阳质量。

质量、光度和直径都比较小的星系称为矮星系。从数量上说矮星系应当最多,而光度和质量很大的巨星系是较少的。星系的质量与光度之比叫做质光比。据统计,椭圆星系的质光比要比旋涡星系和不规则星系大得多。如椭圆星系 M32 的质光比是 27,而旋涡星系 M31 是 8,银河系为 10.4,NGC6503 只有 0.7。质光比大的星系中包含着较多对质量贡献大但对光度贡献小的天体。它们徒有质量而发光微弱,如红矮星、白矮星和中子星,乃至完全不发光的暗物质和黑洞。

典型的巨椭圆星系是室女座 M87,E1 型,距离 6 000 万光年,质量比银河系大 4 倍(光盘图 6.2.2 巨椭圆星系室女座 M87)。它是室女座星系团的中心天体,也是有强大喷流的活动星系(详见 6.4 节、6.5 节)。椭圆星系 M89,E0 型,直径 7 万光年,也是室女座星系团的成员(光盘图 6.2.3 椭圆星系 M89)。在仙女座

6.2 星系的分类

星系的左上边缘处有一个小圆斑,那是椭圆星系 M32,E2 型(光盘图 6.2.4 椭圆星系仙女座 M32);仙女座星系右下方不远处是椭圆星系 M110,E5 型(光盘图 6.2.5 椭圆星系仙女座 M110;光盘图 6.2.6 仙女座星系边缘上的 M32 和 M110)。六分仪座椭圆星系 NGC3115,E7 型,直径 4.6 万光年,距离 2 180 万光年(光盘图 6.2.7 椭圆星系 NGC3115)。英仙座椭圆星系 NGC1275,距离 2.35 亿光年(光盘图 6.2.8 椭圆星系英仙座 NGC1275)。它是英仙座星系团的中心天体,也是强射电源(详见 6.4 节、6.5 节)。

  天炉座 ESO418-008 星系属 S0 型,距离 5 600 万光年(光盘图 6.2.9 天炉座 ESO418-008 星系)。天龙座 NGC5866 是典型的 S0 型透镜星系,距离 4 400 万光年(光盘图 6.2.10 天龙座 NGC5866 星系)。

  Sa 型旋涡星系 NGC300 在玉夫座,距离 750 万光年,光盘图 6.2.11 是斯必泽空间望远镜拍摄的图像。旋涡星系 M83 也是 Sa 型,位于长蛇座,距离 1 500 万光年,光学像由欧南天文台 VLT 望远镜拍摄(光盘图 6.2.12 长蛇座 M83 旋涡星系光学像);X 射线图像由钱德拉 X 射线望远镜拍摄(光盘图 6.2.13 长蛇座 M83 旋涡星系 X 射线图像)。另一个 Sa 型旋涡星系 M100 在后发座,距离 5 600 万光年,哈勃空间望远镜拍摄的照片特别清楚(光盘图 6.2.14 后发座 M100 旋涡星系)。猎犬座 NGC4244 具长条形状,距离 4 800 万光年,在 NGC 星表中被列为 Sa 型旋涡星系(光盘图 6.2.15 猎犬座 NGC4244 旋涡星系)。

  以下 5 个旋涡星系属 Sb 型:猎犬座 M63,距离 2 400 万光年(光盘图 6.2.16 猎犬座 M63 旋涡星系);室女座 M104,也叫草帽星系,距离 2 800 万光年(光盘图 6.2.17 室女座 M104 旋涡星系;光盘图 6.2.18 M104 旋涡星系的红外图像;光盘图 6.2.19 M104 旋涡星系的 X 射线图像);半人马座 NGC4622,距离 3 400 万光年(光盘图 6.2.20 半人马座 NGC4622 旋涡星系);大熊座 NGC2787,距离 2 400 万光年(光盘图 6.2.21 大熊座 NGC2787 旋涡星系)。大熊座 M81,距离 1 200 万光年,斯必泽空间望远镜拍摄的图像分外美丽(光盘图 6.2.22 大熊座 M81 旋涡星系;光盘图 6.2.23 大熊座 M81 旋涡星系新照)。

  Sc 型旋涡星系数量较多:猎犬座 M51,距离 3 100 万光年(光盘图 6.2.24 猎犬座 M51 旋涡星系);后发座 NGC4414,距离 4 000 万光年(光盘图 6.2.25 后发座 NGC4414 旋涡星系);唧筒座 NGC2997,距离 5 500 万光年(光盘图 6.2.26 唧筒座 NGC2997 旋涡星系);狮子座 NGC3370,距离 9 800 万光年(光盘图 6.2.27 狮子座 NGC3370 旋涡星系);波江座 NGC1232,距离 1 亿光年,三色合成的光盘图 6.2.28,是欧南台 VLT 望远镜佳作之一。大熊座 M101,距离 2 700 万光年,外形很像银河系,直径比银河系大一倍。光盘图 6.2.29 是美国国家光学天文台(NOAO)基特峰 4 米望远镜展示的照片(光盘图 6.2.29 大熊座 M101 旋涡星系)。钱德拉空间望远镜拍到了它的 X 射线图像(光盘图 6.2.30 大熊座 M101 的 X 射线图像)。不过对照这两张照片,发现旋臂方向相反,经仔细查证,原来是基特峰的光学照片放反了。仙王座 NGC6946，距离 1 000 万光年，其中有许多超新星遗迹（光盘图 6.2.31　仙王座 NGC6946 旋涡星系）。鹿豹座 NGC2403，外形华丽，距离 1 200 万光年，其中也有一些超新星遗迹，与 M81 属于同一星系群（光盘图 6.2.32　鹿豹座 NGC2403 旋涡星系）。大熊座 NGC3184，距离 4 000 万光年，1998 年有过超爆（光盘图 6.2.33　大熊座 NGC3184 旋涡星系）。鲸鱼座 NGC1042，距离 6 000 万光年（光盘图 6.2.34　鲸鱼座 NGC1042 旋涡星系）。巨蛇座 NGC6070 是一个遥远的星系，距离 1 亿光年（光盘图 6.2.35　巨蛇座 NGC6070 旋涡星系）。M33 也是 Sc 型旋涡星系，4.2 节中介绍其中的星云 NGC604 时展示了它的黑白照片，光盘图 6.2.36 的彩照更加精彩，图中左上角的大红斑就是 NGC604 星云。美国国家射电天文台给出了它的射电图像（光盘图 6.2.37　M33 旋涡星系的射电图像），范围比光学图像大一些。图中中部偏左上位置的红色小点是 NGC604 星云。

棒旋星系 SBa 型以 NGC4314 为例。它在后发座，距离 4 000 万光年；地面望远镜拍到全貌，而哈勃望远镜拍到它的核心部分，一圈亮环是由新诞生的恒星组成的（光盘图 6.2.38　后发座 NGC4314 棒旋星系）。棒旋星系 NGC1512 在时钟座，距离 3 000 万光年，其内层有一圈亮环（光盘图 6.2.39　时钟座 NGC1512 旋涡星系内环），外面很远的地方又有一圈亮环（光盘图 6.2.40　时钟座 NGC1512 旋涡星系外环）。类似的星系还有被称为轮中轮的 Hoag 天体，外轮直径约 12 万光年，比银河系略大。1950 年由 A. Hoag 发现，位于巨蛇座，距离 6 亿光年。蓝色亮区分布着大质量年轻恒星，黄色的内圈主要由老年恒星组成。光盘图 6.2.41 是 2001 年哈勃望远镜拍摄的轮中轮星系 Hoag 天体。飞鱼座 AM0644-741 也是环状星系，距离 3 亿光年，环径 15 万光年，哈勃望远镜公布了它的不同波段的照片（光盘图 6.2.42　飞鱼座 AM0644-741 环状星系）。波江座棒旋星系 NGC1300，距离 4 600 万光年；天炉座棒旋星系 NGC1365，距离 6 000 万光年；剑鱼座棒旋星系 NGC1672，距离 6 000 万光年，都属 SBb 型（光盘图 6.2.43　波江座 NGC1300 棒旋星系；光盘图 6.2.44　天炉座 NGC1365 棒旋星系；光盘图 6.2.45　剑鱼座 NGC1672 棒旋星系）。飞马座 NGC7479，距离 1 亿光年，形象奇特，也属于 SBb 型（光盘图 6.2.46　飞马座 NGC7479 棒旋星系）。室女座 NGC4535，距离 5 200 万光年，属于 SBc 型（光盘图 6.2.47　室女座 NGC4535 棒旋星系）。

大、小麦云是不规则星系。M82 和 NGC1569 也是不规则星系。M82 在大熊座，距离 1 200 万光年（光盘图 6.2.48　大熊座 M82 不规则星系）；NGC1569 在鹿豹座，距离 700 万光年，哈勃望远镜与钱德拉望远镜拍出了大不相同的图像（光盘图 6.2.49　鹿豹座 NGC1569 不规则星系光学像；光盘图 6.2.50　鹿豹座 NGC1569 不规则星系 X 射线图像）。绘架座 NGC1705，距离 1 600 万光年（光盘图 6.2.51　绘架座 NGC1705 不规则矮星系）；玉夫座 NGC7793，距离 1 000 万光年（光盘图 6.2.52　玉夫座 NGC7793 不规则矮星系），都属于不规则矮星系。

后发座 NGC4725 只有一条旋臂，距离 4 100 万光年（光盘图 6.2.53 后发座 NGC4725 星系）；天龙座 UGC10214 是一个怪星系，长着长长的尾巴，不知属于什么类型，距离 4.2 亿光年（光盘图 6.2.54 天龙座 UGC10214 怪星系）。

6.3 星系红移和哈勃常数

1912~1917 年，美国天文学家斯莱弗测量了 15 个星系的谱线位移，得出它们的视向速度。其中只有 2 个（包括 M31）谱线紫移，表明它们在向银河系靠近；其余 13 个都是红移，表明远离银河系而去。从红移量的大小可以应用多普勒效应计算退行速度（参见 3.4 节）。1924 年，哈勃发现了仙女座星系中的造父变星并以此测定距离，给"宇宙岛之争"画上了圆满的句号。此后，更多星系的距离用造父变星法测定出来。1929 年，哈勃发表文章提出了著名的"哈勃关系"：河外星系的退行速度与距离成正比。文章所根据的是 46 个河外星系的谱线红移量，其中 24 个已确知距离，另 22 个可估计距离。最远的距离是六百多万光年。在文章结尾处，哈勃审慎地指出："这种正比关系只是有限距离范围内的初级近似"。此后（1929~1931 年），哈勃和哈马逊（M. L. Humason）合作，用当时世界上最大的威尔逊山天文台 2.5 米望远镜，测量了更多更远的星系来扩展"哈勃关系"适用的范围，把星系红移和距离的测量推远到 1 亿光年。1948 年，帕洛玛山天文台 5 米望远镜落成，他们又用 5 米望远镜把这一距离推远到 50 亿光年，确认哈勃关系依然成立。1953 年，哈勃的"红移定律"重要论文发表在《英国皇家天文学会月刊》上，同年 9 月哈勃辞世，享年 64 岁。哈勃是星系天文学的奠基人，观测宇宙学的开创者，对 20 世纪天文学做出过许多贡献，被尊为一代宗师。首次测定河外星系的距离和发现"红移定律"是他最重要的两大贡献。当他作为天文学家的首例，正被考虑授予诺贝尔物理学奖时，却不幸离开人世。哈勃的一生颇具传奇色彩。他是芝加哥大学数学及天文学学士，又是英国牛津皇后学院法律硕士，芝加哥大学天文学博士，还是一位体育运动的高手。他担任过律师、中学教师及体育教练。第一次世界大战时从军，服役于法国战场。战后一直在拥有世界最大口径天文望远镜的威尔逊山和帕洛马山天文台工作（光盘图 6.3.1 哈勃画像）。哈马逊小哈勃两岁，14 岁辍学，修建威尔逊山天文台时当过运送物料的马车夫，后来又当天文台的看门人，被海尔台长慧眼看中选做观测助理。他勤奋刻苦，几近着迷，经常通夜守候在望远镜旁，完成了许多重要的天文观测，63 岁时终于成为天文台的研究员，活到 81 岁。

现代大量的星系观测资料表明，哈勃关系在可观测的宇宙范围内是普遍成立的。哈勃关系的重大理论意义在于，它是宇宙膨胀的观测证据。逻辑推理方法能够证明，哈勃关系成立与宇宙在均匀膨胀可以互为因果关系：如果宇宙在均匀膨胀，可以导出哈勃关系；反过来，承认哈勃关系，即证明宇宙是在均匀膨胀。对哈勃关系更深刻的理解应当是：不是星系在空间中做退行运动，而是空间自身在膨胀！宇宙膨胀并不要求宇宙一定是有限的，有限或无限都可以，也都可能。即使原本是无限宇宙，也可以从小无限膨胀到更大的无限。对于有限宇宙，哈勃关系没有否定存在一个中心的可能。但当代天文学家们认为宇宙没有中心。至少，把人类所在的银河系当成宇宙中心是不可取的。

图 6.3.2　用吹气球比喻宇宙膨胀和宇宙没有中心

人们常用气球被吹胀来比喻宇宙膨胀和宇宙没有中心（图 6.3.2），但是要注意这种图是把现实宇宙的三维空间抽掉了一维。想象人类是弯曲的二维空间中的动物，他自身也是二维的。当气球膨胀时，他看到所有斑点都在后退，而且越远的退得越快。在整个球面上，没有任何一点是特殊的中心，或者任何一点都可以作为中心。

二维的人意识不到第三维，他不可能想象三维空间中有一个球心；虽然从三维观点来看，那是球面膨胀的中心点。同样的道理，在现实宇宙的三维空间里，人类不可能意识到，在第四维或更高的维度上，有什么宇宙中心。还有一个重要的观点是，我们看到，当气球膨胀时，每一个斑点也跟着胀大。但真实宇宙中，星系的尺度并没有随着空间的膨胀而胀大，那是因为星系内部物质之间有引力维系着。同样的道理：宇宙在膨胀，但恒星没有膨胀，地球没有膨胀，我们每个人也没有膨胀。

哈勃定律中，退行速度与距离的比值称为哈勃常数 H。它的单位是千米/(秒·百万秒差距)。秒差距是距离单位，长 206 265 个天文单位，或大约 3.26 光年（参见 3.2 节）。如果宇宙从一开始就以均匀的速度膨胀着，宇宙未来会越变越大。那么从前宇宙曾经很小，总有一个开始膨胀的时刻，那时，整个宇宙是在一个点上，从那时到现在就是宇宙的年龄。不难理解，哈勃常数的倒数 $1/H$，即星系距离与其退行速度的比值就是宇宙的年龄。

称 H 为常数，是指在同一物理时刻，对于不同距离处的星系，它们的退行速度与距离之比不变。但宇宙的不同历史时期，显然有不同的哈勃常数值，通常用 H_0 表示当代的哈勃常数值。$1/H_0$ 被称为"宇宙特征膨胀年龄"，或称"哈勃年龄"。如果宇宙自始至终都以均匀的速度膨胀，"哈勃年龄"就是宇宙真实年龄。如果宇宙一直减速膨胀，"哈勃年龄"将大于宇宙真实年龄；如果宇宙一直加速膨胀，"哈勃年龄"将小于宇宙真实年龄。哈勃本人当年测定的 H_0 值偏差太大，据以算出的年龄太小，以至于出现"宇宙年龄小于个别天体的年龄"这样的悖论。

从 20 世纪 70 年代以来，用多种方法测定的 H_0 值差别也很大，在 55～95，即宇宙年龄在 180～105 亿年。准确测定 H_0 值是哈勃空间望远镜的重要目标之一。1999 年 5 月 25 日，在美国 NASA 的新闻发布会上，由 27 位科学家组成的一个国际小组宣布：根据哈勃空间望远镜 8 年来的测定结果得出，$H_0=70\pm7$；而以著名天文学家桑德奇（A. R. Sandage）为首的另一个小组给出的值，$H_0=58\pm2$。如果

取平均值 $H_0=65$，则宇宙的特征膨胀年龄为 150.8 亿年。哈勃望远镜的测量对象包括 19 个距离 1 亿光年以上的星系，从中找到 800 颗造父变星。NGC4603 即为其中之一，它位于半人马座，距离 1.08 亿光年，其中有 4 颗造父变星（光盘图 6.3.3 半人马座 NGC4603 星系；光盘图 6.3.4 NGC4603 星系中的 4 颗造父变星）。2001 年，美国发射了"宇宙背景辐射各向异性探测器"WMAP，位于距离地球 150 万千米的拉格朗日 L_2 点上。WMAP 的观测和美国大学天文联盟"斯隆数字巡天（SDSS）"国际研究项目相互印证的成果，得出了哈勃常数的新值 71±7，该项工作被评选为美国《科学》周刊 2003 年全球十大科技成果之首。2008 年 11 月，WMAP 科学团组整理完成了五年工作成果，同时公布了将于 2009 年正式出版的《天体物理学杂志》（ApJS，180）预印本数据：用 WMAP 再加上 Ia 型超新星和 SDSS 的观测综合的结果，$H_0=70.5±1.3$，宇宙的真实年龄为（137.2±1.2）亿年（详见 9.6 节）。

　　哈勃定律不是从理论导出的，而是来源于实际测量的经验定律。而且，公式中的速度和距离也都不是直接测量出来的，真正直接测量出来的只有光谱线的红移量和星系的视亮度。如果光谱线红移还存在多普勒效应以外其他的原因，那么所谓视向速度的真实性就有问题了。天文学上把因视向速度产生的红移称为宇宙学红移，其他因素导致的红移称为非宇宙学红移。推导哈勃常数时应当将引力红移等已知的非宇宙学红移剔除掉。然而，是否还有尚不为人知的非宇宙学红移存在，它们在多大程度上影响着人们对宇宙结构的认识，历来是有争论的问题。大多数天文学家和物理学家，包括爱因斯坦在内，都认为哈勃给出的红移是宇宙学红移。至于如何从视亮度得出距离的问题，从方法和精度两方面都不是一帆风顺的。爱因斯坦 1945 年指出："有人试图不用多普勒效应来解释哈勃的光谱线红移，可是现在并没有支持这种想法的已知的物理事实。人们不得不认为哈勃的发现就是星系（空间）的膨胀。……看来我们必须认真接受膨胀宇宙这个观念，尽管这个膨胀的宇宙'年龄'不长。"

6.4　星系群、星系团和超星系团

　　对星系的空间分布进行研究，发现它们大多数都集结成大小不同的集团，孤立的星系仅占极少数。也许全部星系都属于某个星系集团。那些看似"孤立"的星系可能是某个遥远的星系集团内最亮的成员，其余较暗的成员没有被看到而已。三五个彼此靠近、有物理联系的星系组成的小团体称多重星系。由十几个或几十个星系组成的比较松散的集团称为星系群（group of galaxies）；更多的称为星系团（cluster of galaxies）。据统计，在银河系周围 1 亿光年范围内大约有 50 多个星系群或星系团。

　　星系群和星系团是同级大体系统，形状和疏密程度各不相同，成员数差别很大，少的十来个，多的上万个，但尺度差别不大，一般为 300 万～1 500 万光年。

　　银河系与大、小麦云组成三重星系，而它们又同其他大约 40 个星系组成一个星系群，称为本星系群。

大麦云（光盘图 6.1.1）的直径是银河系直径的 1/3，距离银河系约 17 万光年。小麦云（光盘图 6.1.2）的直径是银河系直径的 1/5，距离银河系约 20.5 万光年。在银河系与大麦云之间刚好能再放下一个银河系加一个大麦云。大、小麦云的质量分别是银河系质量的 1/200 和 1/1 000。在这个三重星系中，银河系堪称老大，携带着两个很小的小兄弟。在大、小麦云中观测到各种光谱型的恒星及星团、星云、X 射线源，襁褓中的恒星及迈向死亡的超新星和超新星遗迹，包括著名的 SN1987A（参见 5.4 节）。这两个银河系的小兄弟对地球上的人类来说，无论在恒星世界还是星系世界的研究中都占有重要的地位。可惜它们都在南天极附近，北半球大部分地区包括中国大陆都观测不到（图 6.4.1）。大、小麦云中含有大量星际气体，在银河系的引力作用下，一部分气体伸向银河系，形成连接这个三口之家的"气体桥"（光盘图 6.4.2 大、小麦云与银河系之间的气体桥）。

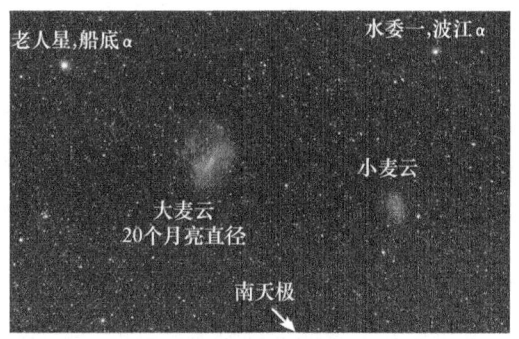

图 6.4.1 大、小麦云位置图

在本星系群中，比银河系更大的是 M31（光盘图 6.4.3 哈勃望远镜拍摄的 M31）。银河系第二，老三是 M33，其余都是暗弱的矮星系，簇拥在三个大星系周围。M31 距离银河系约 280 万光年，亮的可测部分直径约 17 万光年。天气特别好的时候，用肉眼勉强可以看到它暗淡的身影（光盘图 6.1.4 和图 3.1.5）。它是人类肉眼能见的最遥远的天体。M31 是旋涡星系，属 Sb 型，可能有 7 个小的椭圆星系陪伴着它，组成一个 8 重星系。M31 的形状和结构都和银河系相似，亮的可测部分外围有大量暗物质组成的晕，总质量约为银河系质量的 2.5 倍。在 M31 中已发现 300 多个球状星团、400 多个疏散星团、500 多个行星状星云、700 多个尘埃云。M33 位于三角座，是一个旋臂很开的 Sc 型星系，距离银河系约 270 万光年，直径约 4 万光年，质量只有银河系的 1/130。光盘图 6.2.36 和光盘图 6.2.37 展现了 M33 的风姿。

银河系之外，本星系群的一些主要成员见表 6.4.1。视向速度是负值的，都向银河系靠拢运动，光谱线有紫移现象。本星系群的直径约 400 万光年。星系群中星系的尺度与相邻星系之间的尺度之比约为一比几十；而星系中的恒星的尺度与恒星之间的距离相

6.4 星系群、星系团和超星系团

比为一比几百万，相差悬殊。但星系群的物质平均密度比星系的物质平均密度要低得多（光盘图 6.4.4 本星系群的空间分布图）。

表 6.4.1 本星系群主要成员

星 系	类 型	距离/万秒差距	直径/万秒差距	质量/太阳质量	视向速度/(千米/秒)
大麦哲伦云	Irr I	5.5	0.92	2×10^{10}	+13
小麦哲伦云	Irr I	6.4	0.77	6×10^{9}	−30
M31	Sb	89.0	6.00	4×10^{12}	−59
M32	E2	89.0	0.25	3×10^{9}	+35
M110	E5	89.0	0.52	1×10^{10}	−1
M33	Sc	92.0	1.84	2.5×10^{10}	+3
NGC147	E5	73.6	0.32	1×10^{9} *	+89
NGC185	E3	70.6	0.30	1×10^{9} *	+39
IC1613	Irr	89.0	0.4*	2×10^{8} *	−125
NGC6822	Irr	55.2	0.17*	3×10^{8} *	+66
玉夫星系	E3	8.6*	0.24*	3×10^{6} *	+162
天炉星系	E2	15.3	0.62*	2×10^{7} *	+53
狮子 I 星系	E3	27.6	0.18*	3×10^{6} *	+168
狮子 II 星系	E0	23.0	0.13*	10^{6} *	+16*
天龙星系	E0	8.6	0.10*	10^{5} *	−31
小熊星系	E4	7.4	0.24*	10^{5} *	−88*
IC10	Irr	128.8	—	—	−83
NGC3109	Irr	138.0	—	—	+131
人马星系	Irr	128.8	—	—	−19.5
船底星系	E3	11.0	—	—	229
仙女 I 星系	E3	92.0	—	—	—

* 表示较早期的数据。

光盘图 6.4.5 是一个被称为"塞弗特六重奏"的星系群，在巨蛇座，距离 1.9 亿光年。光盘图 6.4.6 是另一个 HCG87 星系群，在摩羯座，距离 4 亿光年。在飞马座与蝎虎座交界的地方，有一个斯蒂芬五重奏星系群 HCG92，距离 2.7 亿光年，由 NGC7317、NGC7318A、NGC7318B、NGC7319、NGC7320 组成（光盘图 6.4.7 斯蒂芬五重奏星系群 HCG92）。光盘图 6.4.8 是该星系群更大范围的图，图左边的 NGC7320C 也是群中的成员，所以实际应为六重奏。在长蛇座还有一个紧密星系群 HCG40，距离 3 亿光年，明显可见 5 个星系，其中 3 个好像有亲密接触（光盘图 6.4.9 HCG40 紧密星系群）。在狮子座有一个 M66 星系群，为首的 3 个星系是 M66、M65 和 M96（光盘图 6.4.10 狮子座 M66 星系群）。这几个星系群尺度大小差不多，大概几十万光年。因为距离很远，更多暗弱的成员不能够显现出来。

星系团按形态大致可分为规则星系团和不规则星系团两类。单从帕洛马天图上就可以认证出几万个星系团。不规则星系团的典型代表是室女座星系团（光盘图

6.4.11 室女座星系团),这是离人们最近的一个星系团,成员超过 2 500 个,其中椭圆星系占 19%,旋涡星系占 68%。位居中央的是超巨椭圆星系 M87(光盘图 6.2.2),距离银河系约 6 000 万光年,是全天最强的射电源和 X 射线源之一。梅西叶星表中,34 个河外天体中有 16 个星系属于室女座星系团,它们是:49,58～61,84～91,98,99,100。光盘图 6.4.12 是室女星系团的中心部分,右上方一组星系呈弯弯弧状,称为马卡良星系链。光盘图 6.4.13 是其局部放大图。光盘图 6.4.14 标志出室女座星系团在天球上的位置。

规则星系团的典型代表是后发座星系团,整体呈球状,中心区约有 1 000 多个亮星系,包括两个超巨星系:椭圆星系 NGC4889 和旋涡星系 NGC4874(光盘图 6.4.15 后发座星系团)。整个星系团成员可能有 1 万多个,距离银河系约 3.7 亿光年。从室女和后发座的星座图上,人们可以看到这两个星系团中星系密集的情况(光盘图 6.4.16 星座图上的室女座和后发座星系团)。

英仙座星系团,距离 2.7 亿光年(光盘图 6.4.17 英仙座星系团),其中的星系 NGC1275(光盘图 6.2.8)也是强射电源,称为英仙 A(光盘图 6.4.18 英仙 A 的射电图像)。哈勃望远镜和钱德拉望远镜拍到它复杂的结构(光盘图 6.4.19 NGC1275 的光学和 X 射线综合图像)。武仙座星系团,距离 3.6 亿光年,约有 100 个成员(光盘图 6.4.20 武仙座星系团),结构比较松散,没有特别强大的中央星系。大熊座星系团 Abell 1185,距离 4 亿光年,约有 100 万光年大小。光盘图 6.4.21 是夏威夷 CFH 望远镜拍摄的照片(光盘图 6.4.21 大熊座 Abell 1185 星系团)。光盘图 6.4.22 是欧洲南方天文台 8 米望远镜拍摄的 ACO3341 星系团,距离 5 亿光年。

2004 年,美国宇航局发布的第一张空间望远镜照片是两个大星系团:RDCS1252.9-2927(光盘图 6.4.23 长蛇座星系团 RDCS1252.9-2927)和 TNJ1338-1942(光盘图 6.4.24 室女座星系团 TNJ1338-1942)。前者在长蛇座,距离 90 亿光年;后者在室女座,距离 120 亿光年。RDCS1252.9-2927 可能是已知质量最大的星系团,有 200 万亿太阳质量。同时公布的还有钱德拉空间望远镜的 X 射线与哈勃望远镜合成的照片(光盘图 6.4.25 RDCS1252.9-2927 的 X 射线与光学合成照片),与光盘图 6.4.23 相比,比例尺有所缩小。漂亮的紫色是经过处理的 X 射线图像,发 X 光的物质温度高达 7 000 万℃。2007 年,哈勃望远镜公布了半人马座 Abell S0740 星系团的照片,其中心天体 ESO325-G004 椭圆星系非常突出,距离 4.63 亿光年(光盘图 6.4.26 半人马座 Abell S0740 星系团)。2009 年 4 月 16 日,哈勃和钱德拉望远镜公布 MACS J0717.5+3745 星系团的照片(光盘图 6.4.27 MACS J0717.5+3745 星系团),该星系团位于御夫座,距离 54 亿光年,可能是星系最密集的星系团。

光盘图 6.4.28 是 1995 年哈勃望远镜拍摄的大熊座宇宙深空图。光盘图 6.4.29 是光盘图 6.4.28 左下约 1/4 部分的放大,它只有 1/30 月亮直径的范围,却有数千个星系。整幅图是在连续 10 天之内 342 次拍摄,然后拼接而成的。图中最暗的天体只有 30 等的亮度，最亮的为 20 等。

光盘图 6.4.30 是 2003 年 9 月哈勃望远镜拍摄的南天天炉座宇宙深空图。在只有 1/10 月亮直径范围内，有 1 万个星系。光盘图 6.4.31 是光盘图 6.4.29 右下角一小块的放大。

1953 年，法国天文学家沃库勒（G. de Vaucoulears）提出超星系团的概念，认为本星系群、室女座星系团及 50 个左右较小的星系团、星系群共同构成一个巨大的扁平状天体系统，是比星系团更高一级的天体大家族，称为本超星系团（Cluster of hypergalaxies），范围为 1 亿~2.5 亿光年（光盘图 6.4.32 本超星系团示意图）。室女座星系团是本超星系团的中心天体，本星系群与之相比，就逊色多了。光盘图 6.4.33 是以本星系群为中心的本超星系团空间结构图。其结构和动力学性质尚很模糊，有待于进一步研究。

本超星系团之外，当然还有别的超星系团。但研究认为，像本超星系团这样拥有几十个成员的为数不多。其他的超星系团通常只含有 10 个左右星系团，具有扁长的外形，长径为 2 亿~3 亿光年。长短径之比约为 4∶1。超星系团内部，星系团之间的引力作用比星系团内部星系之间的引力作用弱得多，说明到这个级次上，天体成团趋势已经明显减弱。

前面介绍过的后发座星系团和英仙座星系团，按其距离已超出本超星系团的范围，应当是其他的超星系团的成员。现在已知的超星系团还有武仙座超星系团、北冕座超星系团和巨蛇座超星系团等。至于是否所有的星系团都是不同大小的超星系团的成员，由于观测资料的极其不充分和方法上的困难，还不能明确回答。

比超星系团更高一级的天体系统称为总星系（metagalaxy）。还有没有本总星系和别的总星系呢？没有了，或者说到现在还没有发现。超星系团之间似乎已不再有成团趋势，而趋于均匀分布。这种大尺度的均匀性，表现出物质和运动分布在统计上的各向同性，不存在任何特殊的位置和方向。总星系是目前人类已知的最高级的天体系统，包括所有可观测到的宇宙的全部。现代天文学观测所及的距离约 137 亿光年，年龄也在 137 亿年量级，还没有超出总星系的范围。

现代天文学已观测到的宇宙，从星系开始，共分为 4 级天体系统，它们是：星系-星系群（或星系团）-超星系团-总星系。回到前面曾经比拟过的，按 1∶1 亿的比例缩小太阳系尺度，地球缩成一个苹果。现在再缩小为原来的万分之一，即 1∶1 万亿的比例：太阳的直径只有 1.4 毫米，好像一粒绿豆；最近的比邻星是 40 千米外的另一粒绿豆；织女星直径 4 毫米，距离 250 千米；大角星直径 3 厘米，距离 3 000 千米；红色超巨星参宿四直径 1.2 米，但远在 6 000 千米之外。这些大大小小的恒星球体，总数有 3 000 亿个，组成一个扁平形状的银河系，直径竟达 90 万千米！小小的地球是在距离绿豆 15 厘米处的一粒微尘，直径只有 12 微米，同细菌差不多，不用显微镜是别想看到的。诗人苏东坡形容大小悬殊的物体是"寄蜉蝣于天地，渺沧海之一粟"（前赤壁赋），用之比拟地球在宇宙中的地位，还是远远不足的。

20 世纪 70 年代以来，随着观测设备和技术的日益提高，星系在宇宙空间的三维分布图像更加清晰。星系不仅成团，组成星系团和超星系团，而且还存在一些星系特别少的区域，被称为空洞或巨洞。如在牧夫座方向，已发现一个尺度达 2 亿光年的大空洞，由一些星系密度较高的壁状区域围绕着。空洞内的星系密度只有平均密度的 1/5 甚至更低。与空洞相反，还存在一些比超星系团更大的结构。如在离我们 3 亿光年的地方，存在着一个横跨很大天空范围的巨大的星系密集的片状区域，长约 5.5 亿光年，宽约 2 亿光年，厚约 0.16 亿光年，被称为宇宙"长城"（光盘图 6.4.34　宇宙"长城"示意图）。其中的星系密度比平均密度大 5 倍左右，总质量有银河系质量的几十万倍，是迄今所知的最大的天体结构。光盘图 6.4.35 和光盘图 6.4.36 是全天球星系分布统计图（光盘图 6.4.35　以银道为中心的星系分布统计图；光盘图 6.4.36　以北银极为中心的星系分布统计图）。银道附近是观测盲区，因为有暗物质的阻挡，其余部分仍可看出星系分布的不均匀结构。

哥白尼的《天体运行论》1543 年在纽伦堡出版，标志着人类认识宇宙的第一次飞跃；但哥白尼的时代还不知道土星以外的世界，他认为恒星是在属于上帝的不可知的天界上。时间流逝不到 500 年，人类的认识已经达到了总星系这个层次。如果再过 500 年、5 000 年、50 000 年，谁能预料人类的认识将会有怎样的进展。英国诗人雪莱的诗句："苍天，你还有秘密吗？人类已揭开面纱，一切都显露无遗。"虽然所有的认识都不是最后的结论，但人类用科学的思维了解了宇宙的尺度和总体分层结构，人们不得不惊叹：宇宙是多么宏大，而人类是多么渺小！但渺小的人类居然可以探测如此宏大的宇宙，追寻历史的踪迹，询问宇宙是如何产生、如何演化的。未来更多的观测发现也许还会揭示出更深层的宇宙秘密，这才是真正令人惊叹的奇迹。

6.5　活动星系

活动星系也叫特殊星系。当代天文学家们通过天文望远镜，观测到宇宙中有无数的星系，彼此相隔着十分遥远的距离。它们丰富多彩的形状和复杂的旋涡结构，展示出夜空中最美丽的图案，给人以宁静、庄严的感觉。20 世纪 50 年代以前，人们对星系的研究，主要是测量其位置和运动，属于空间几何学范畴，对星系的物理状况知之不多。当射电天文学、红外和 X 射线天文学发展起来，空间望远镜进入太空，星系物理方面的信息源源不断地展现出来，人们才认识到：遥远的星系庞大而远非静谧、安详。星系普遍存在着活动现象。以银河系为代表的大多数星系活动水平比较低，归为正常星系；约占 2% 的星系活动激烈，称为活动星系或特殊星系。

正常星系是大量恒星在引力约束下形成的天体集团，其辐射大部分由恒星发出，遵从热辐射的物理规律，辐射以光学波段为主，处于热平衡和引力平衡状态。

6.5 活动星系

活动星系的辐射遍布从射电到 γ 射线的全部波段,具有非热辐射的性质,处于远非热平衡和引力平衡的状态。活动星系含有大量非恒星物质,在特殊的物理条件下,大规模的涌动、爆发、吸积、喷流,或与同伴星系之间相互倾轧,发生激烈的扰动,甚至蚕食和吞并。这些星系的核区处于最强烈的活动状态,称为"活动星系核",是当代天体物理学研究前沿领域之一。活动星系常分为以下几种类型,有的以发现者或所在的星座命名。

6.5.1 射电星系

最早被发现的是天鹅座 A,也叫 3C405(1948 年发现)。其射电强度超过银河系各种辐射总和的 20 多倍。奇怪的是其射电辐射最强的区域分成两处,各呈圆斑状,相距甚远,射电天文学上称之为射电瓣(光盘图 6.5.1 天鹅 A 射电双瓣)。当时在这两个瓣的位置之间,用光学望远镜长时间露光拍照,结果除了空荡荡的天空之外,什么也没有。直到 1954 年才在中央位置发现一个光斑,视亮度 16 等,像是正在相互融合的两个旋涡星系(光盘图 6.5.2 天鹅 A 射电双瓣中间的旋涡星系)。光谱测定其红移量为 0.057,相应的距离为 8.3 亿光年,双瓣分开 45 万光年。40 年后,钱德拉 X 射线望远镜拍摄到天鹅 A 中央天体的细节,判断其中有巨型黑洞(光盘图 6.5.3 天鹅 A 中央天体)。

另一个较早发现的例子是半人马 A,中央星系是 NGC5128,距离 1 100 万光年,也是双瓣结构,双瓣分开 100 万光年(光盘图 6.5.4 半人马 A 射电双瓣和星系 NGC5128)。钱德拉望远镜拍摄的 X 射线图像显示出核心处有明显的喷流(光盘图 6.5.5 半人马 A 的 X 射线图像)。光盘图 6.5.6 是半人马 A 的光学、X 射线和射电综合图像。光盘图 6.5.7 是半人马 A 的喷流示意图。

波江座 0313-192 射电星系,距离 9 亿光年,双瓣分开 150 万光年,光学和射电望远镜的合成图像清晰而壮观(光盘图 6.5.8 波江座 0313-192 的光学和射电综合图像)。光盘图 6.5.9 是中央星系的红色喷流(光盘图 6.5.9 波江座 0313-192 的喷流)。

20 世纪 70 年代末,天文学家用综合孔径射电望远镜探测到最大的射电双瓣结构是位于小狮座的 3C236(光盘图 6.5.10 小狮座 3C236 的射电图像),双瓣延伸到相距 1 300 万光年,是宇宙间迄今已知最大的单个天体,距离人们 12 亿光年。哈勃望远镜拍到其中央位置的椭圆星系,尺度 1.6 万光年,只有射电尺度的 1/800(光盘图 6.5.11 小狮座 3C236 中央的椭圆星系)。

在所有已观测到的河外射电源中,有双瓣结构的射电星系约占 40%,说明这种结构是相当普遍的现象。天文学家认为射电瓣的辐射能量来自中央星系,往往有巨型黑洞藏匿其间,辐射性质不是热辐射而是同步加速辐射。这种辐射是电子在强磁场中高速螺旋形运动产生的,形成接近光速的喷流,功率大,方向性特别强(光盘图 6.5.12 射电星系喷流示意图)。喷流将能量从星系中心向两侧传送,在星际介质的阻滞作用下，流速渐减，物质和能量便在终点处堆积起来，形成双瓣结构，发出强大的射电辐射。射电星系的这种结构可能是统一的：一个核、一对喷流和一对瓣。有喷流但没有双瓣结构的射电星系，只是由于喷流的走向与观测视线之间角度不同，双瓣结构不能显现而已。光盘图 6.5.13 是室女座射电星系 NGC4261。左图是地面望远镜拍摄的光学像，右图是哈勃望远镜拍摄的中央星系，距离 4 500 万光年。

以下 5 张照片都是美国国家射电天文台拍到的射电星系。3C31 在双鱼座，距离 2.5 亿光年，中央是旋涡星系 NGC383，喷流长 9.2 万光年（光盘图 6.5.14 双鱼座 3C31 射电星系）；3C296 在牧夫座，距离 3.6 亿光年，中央是椭圆星系 NGC5532，喷流长 2.5 万光年（光盘图 6.5.15 牧夫座 3C296 射电星系）；3C433 在狐狸座，距离 14.5 亿光年，中央可能是一对双星系（光盘图 6.5.16 狐狸座 3C433 射电星系）；3C288 位于猎犬座，距离 30 亿光年，喷流长 34 万光年（光盘图 6.5.17 猎犬座 3C288 射电星系）；3C272.1 即 M84 星系，位于室女座星系团中心，距离 5 500 万光年，喷流长 45 000 光年（光盘图 6.5.18 室女座 3C272.1 射电星系）。

6.5.2 爆发星系

大熊座里的不规则星系 M82，距离 1 200 万光年，光盘图 6.2.48 已经展示了它的光学波段照片。哈勃空间望远镜的红外波段观测，发现其核心曾发生猛烈地爆发，以 1 000 千米/秒的速度向外抛射物质，仅在红外波段的能量输出功率即超过银河系辐射总功率的 20 倍。有爆发活动的星系又称为爆发星系。光盘图 6.5.19 是美国国家光学天文台基特峰 4 米光学望远镜和哈勃空间望远镜合成的 M82 爆发星系的照片（光盘图 6.5.19 大熊座 M82 爆发星系）。光盘图 6.5.20 是哈勃、钱德拉、斯必泽空间望远镜合成的 M82 图像（光盘图 6.5.20 M82 光学、红外和 X 射线合成图像）。

另一个被认为属于爆发星系的例子是室女座中的 M87，也叫室女 A 射电源，是室女座星系团的中心椭圆星系（光盘图 6.2.2）。哈勃空间望远镜拍摄到 M87 中心发出的炽热气体的喷流，长约 5 000 光年（光盘图 6.5.21 室女座星系 M87 发出的喷流）。美国国家射电天文台拍摄到了 M87 喷流中心点更精细的图像（光盘图 6.5.22 M87 喷流中心点的射电图像）。2008 年 8 月钱德拉望远镜公布的光盘图 6.5.23 是 M87 的光学、射电和 X 射线合成图像。

1983 年上天的红外天文卫星 IRAS 已发现数千个类似 M82 的星系，大多有旋涡结构，红外辐射的强度高于光学波段数十倍。其中有一类，爆发区的尺度约为数千光年，那里正在经历着迅速的恒星形成阶段，被归类为"星爆星系"，意指有大量恒星爆发式的产生。大熊座 NGC3079 就是一个星爆星系，距离 5 000 万光年。在它的核心区 3 000 光年范围内正在喷发大量的热气体，高度达 3 500 光年（光盘图 6.5.24 大熊座星爆星系 NGC3079），表明有大量恒星正在产生。大熊座另一个星爆星系是 NGC3310，距离 5 900 万光年（光盘图 6.5.25 大熊座星爆星系 NGC3310），估计其核心区在 10 万年内产生了 100 万颗恒星。玉夫座星爆星系 NGC253，距离 880 万光年，恒星产生区直径 1 000 光年。光盘图 6.5.26 是 NGC253 的全貌；光盘图 6.5.27 是 NGC253 的中央区域；光盘图 6.5.28 是 NGC253 中央区域的 X 射线图像。

6.5.3 塞佛特星系

塞佛特星系是一类具有亮核的旋涡星系，活动性比爆发星系更强。1943 年被美国天文学家塞佛特（C. K. Seyfert）首次发现。在全部最亮星系中，塞佛特星系占 10%。它们同时发出很强的射电、红外、紫外和 X 射线辐射，功率在银河系辐射总功率的 20 倍以上；可见光波段光度并不特别高，与普通星系相当，低于一些射电星系。还有一个特点是光度集中在核部，并发生快速变化，变幅达 2~3 倍，变化期可由几天延续至几年。如果对塞佛特星系短时间露光拍照，只能拍下亮核，长时间露光才能显出周围的结构和旋臂外形。亮核的尺度一般不超过 10 光年，其中有不足 1 光年的异常活动区，区内的辐射功率在强烈活动时超过银河系 100 倍。塞佛特星系也有巨型黑洞和喷流。

早期发现的塞佛特星系是位于猎犬座的 NGC4151，距离 4 000 万光年（光盘图 6.5.29 猎犬座塞佛特星系 NGC4151）。它的核特别明亮，每年约有 100 个太阳质量的物质从中抛射出来。从它的光变时间判断，核区的尺度只有 1/6 光年，而整个星系比核区要大数千倍（光盘图 6.5.30 猎犬座塞佛特星系 NGC4151 的射电图像）。飞马座塞佛特星系 NGC7742，距离 7 200 万光年，中央核区的明亮程度特别明显（光盘图 6.5.31 飞马座塞佛特星系 NGC7742）。

有些塞佛特星系核中还发出很强的红外辐射，表明星系中含有大量的很热很亮的年轻恒星及非恒星物质，包括尘埃和气体。圆规座中的塞佛特星系，距离 1 300 万光年，直径 1 300 光年，绿色的内环像星爆星系那样有大量热气体喷出（光盘图 6.5.32 圆规座塞佛特星系）。位于仙女与双鱼座之间的塞佛特星系 NGC262，距离 3 亿光年，跨距 95 万光年，比银河系直径大 10 倍（光盘图 6.5.33 塞佛特星系 NGC262 的射电图像）。在大熊和猎犬座之间的塞佛特星系 M106，从光学照片上看只是一个普通的旋涡星系（光盘图 6.5.34 塞佛特星系 M106 的光学图像），但射电图像显示明亮的核区和喷流，直径 3 000 光年，距离 2 500 万光年（光盘图 6.5.35 塞佛特星系 M106 的射电图像）。大熊座 3C219，距离 3 亿光年，具有射电星系的双瓣特征，但中央核区另有一道物质喷流，归类为塞佛特星系（光盘图 6.5.36 塞佛特星系 3C219）。

6.5.4 蝎虎座 BL 型天体

蝎虎座 BL 型天体（BL Lac 天体）是一类具有非常亮的星系核的椭圆星系，

它的典型代表是蝎虎座 BL，Lac 即蝎虎座。1929 年首次观测到这个天体时，以为是一颗银河系中的不规则变星，其亮度有时一周增强两倍，有时在几个月内增强 15 倍，没有什么规律性，最亮时视星等 13 等。其光谱是连续谱，没有任何谱线，因而无法得知它的距离。1968 年发现它有很强的射电辐射，后来又发现它还有很强的红外辐射和 X 射线辐射。在大望远镜拍摄的光学像周围，可以看到一些绒毛状的东西（光盘图 6.5.37 基特峰光学望远镜拍摄的 BL Lac）。天文学家用遮挡主体的办法拍到了"绒毛"的光谱线，才得以测定其红移量而确知距离。它不是银河系中的变星，而是 10 亿光年以外的天体。由距离和视星等算出其绝对星等为 -22.9 等，比银河系和一般其他星系都亮得多。由光变速度估计中心核的尺度只有几个"光日"或"光时"，比塞佛特星系的核要小得多，而外围是一个巨大的椭圆星系。

至 1958 年，这类天体还只是一个孤证，但至 1979 年，已发现类似天体 59 个，被称为 BL Lac 天体，至 1998 年共发现 350 个。光盘图 6.5.38 是 2006 年释放的 BL Lac 天体 H0323+02 的光学图像。光盘图 6.5.39 是 BL Lac 天体 Mar421 多波段图像和辐射强度分布图。BL Lac 天体是一类比塞佛特星系有更明亮星系核的遥远星系，活动十分激烈，几周或几十分钟内就有巨大的变化，最亮时比正常星系亮一万倍，而核的尺度非常小，其辐射肯定不是热辐射，在其内部很可能隐藏着巨大的黑洞。光盘图 6.5.40 是 BL Lac 天体的结构示意图。光盘图 6.5.41 是 BL Lac 天体 0735+178 的射电图像，距离 50 亿光年。对 BL Lac 天体的辐射机制、能量转换等问题的研究，是当代天体物理学的重要课题。

6.5.5 互扰星系

在星系团中，相互靠近的星系受引力作用可能会发生碰撞，碰撞的过程很长，最终可能会合并成一个星系。与原来的星系相比，结构上发生很大的变化。在富星系团中心附近，常存在一两个超巨椭圆星系，估计就是经这类碰撞后合并形成的。

在一个正常星系里，恒星之间相互碰撞的可能性几乎没有，而在大的星系团中心区域，特别是在宇宙早期，星系的间距相对较小，密近相遇或发生碰撞是可能的。从帕洛玛星图中可以找到一些相互靠得很近的星系，其间出现相互连接的"桥"或"尾"，经计算机模拟它们的结构和运动状态，说明正在相互密近或碰撞。这类星系称为互扰星系。

在 6.2 节里提到的猎犬座旋涡星系 M51，近旁有另一个小星系 NGC5195，无论是哈勃望远镜的光学图像还是斯必泽望远镜的红外图像都显示出二者之间的物质联系（光盘图 6.5.42 M51 与 NGC5195 之间的物质联系）。如果说这是偶然重叠在一起的影像，不代表真实的物质联系，那么更多的照片显示星系之间接触、碰撞、融合，就很难说都是偶然的了。距离 1.4 亿光年的大犬座旋涡星系对

NGC2207 与 IC2163 的紧密接触（光盘图 6.5.43　NGC2207 与 IC2163 之间的紧密接触；光盘图 6.5.44　NGC2207 与 IC2163 的红外图像）；距离 6200 万光年的乌鸦座 NGC4038 和 NGC4039 两个星系水乳交融（光盘图 6.5.45　NGC4038 与 NGC4039 水乳交融）；距离 3 亿光年的天龙座 NGC6621 和 NGC6622 两个星系如胶似漆（光盘图 6.5.46　NGC6621 与 NGC6622 如胶似漆），都是这类星系的典型例子。距离 2 亿光年的天琴座"一只鸟头"NGC6745 正在啄食同伴星系中的"食物"（光盘图 6.5.47　NGC6745 像一只鸟头）；距离 3 亿光年的后发座"一对耗子"NGC4676，已经是"你中有我，我中有你"（光盘图 6.5.48　NGC4676 像一对耗子）；距离 3 亿光年的后发座"两只水母"Arp87（光盘图 6.5.49　Arp87 像两只水母），均表现出星系之间的扰动和融合。在金牛座 NGC1409 与 NGC1410 之间，有一条清楚的暗带互相连接（光盘图 6.5.50　NGC1409 与 NGC1410 之间的暗带）；在孔雀座 NGC6872 与 IC4970 之间，正准备亲密接触（光盘图 6.5.51　孔雀座 NGC6872 与 IC4970），它们的距离也都是 3 亿光年。

长蛇座 NGC3314，距离 1.2 亿光年；半人马座 NGC4650，距离 1.3 亿光年，均有与星系盘面垂直的另一个小星系与之融合，形成极环，被称为极环星系（光盘图 6.5.52　极环星系 NGC3314；光盘图 6.5.53　极环星系 NGC4650）。这类星系已发现 100 个左右。哈勃望远镜 2008 年 9 月 16 日释放的玉夫座互扰星系，距离 7.8 亿光年（光盘图 6.5.54　玉夫座互扰星系），是正在形成极环的例子。

被称为"黑眼睛星系"的 M64，位于后发座，距离 1 700 万光年，是两个大星系碰撞、融合形成的（光盘图 6.5.55　黑眼睛星系 M64）。长蛇座 ESO510-G13，距离 1.5 亿光年，其扭曲的中央尘埃带，在碰撞形成之后还没有融合好（光盘图 6.5.56　长蛇座 ESO510-G13 星系）；而大熊座 UGC06471 与 UGC06472 之间正在融合（光盘图 6.5.57　大熊座 UGC06471 与 UGC06472 星系）；英仙座 NGC7331，距离 4 900 万光年，融合已经完成（光盘图 6.5.58　英仙座 NGC7331 星系）。天炉座 A 是具有双瓣的射电星系，距离 9 000 万光年，其中央星系不是一个而是两个椭圆星系 NGC1316 和 NGC1317，可能是 30 亿年前由更多的星系融合而成（光盘图 6.5.59　天炉座 A 射电星系）。玉夫座车轮星系，距离 5 亿光年，中央是星系核，外围一圈亮环，分布着许多年轻的恒星，其间有辐条状的结构，估计是 2 亿年前，遭一个小星系正面撞击后形成的（光盘图 6.5.60　玉夫座车轮星系）。

2008 年 4 月 24 日，哈勃望远镜网站公布了 59 幅互扰星系的精彩照片，这里选择 4 幅供读者欣赏：大熊座 Arp 148，距离 4.5 亿光年（光盘图 6.5.61　大熊座 Arp 148 星系）；武仙座 NGC6050/ IC1179，距离 1.5 亿光年（光盘图 6.5.62　武仙座 NGC6050/IC1179 星系）；剑鱼座 AM 0500-620，距离 3.5 亿光年（光盘图 6.5.63　剑鱼座 AM0500-620 星系）；大熊座 Arp 238，距离 4 亿光年（光盘图 6.5.64　大熊座 Arp 238 星系）。

6.6 类星体

类星体是一种光学像和恒星类似但又不是普通恒星的一类特殊天体,因为早期都是作为射电源而被发现的,所以也叫类星射电源。其特征可以概括为:大红移、远距离、高能量、小尺度。类星体是宇宙中最明亮的天体,形成于宇宙的极早期,因而是非常古老的天体;但又因为距离非常遥远,人们看到的只是它很久以前年轻时的相貌,故而又是宇宙中非常年轻的天体。

类星体是 20 世纪 60 年代天文学四大发现之一。它以非常怪异的性质成为震惊天文界的谜一样的天体。30 多年来,天文学家们从观测和理论上对之进行了大量的研究工作。对类星体更深刻的物理本质虽然仍存在不少疑难问题,但类星体之谜已基本上得到了化解。类星体的发现与深入研究,使人们对宇宙结构和演化的基本理论提升到一个新的高度。

1959 年,英国剑桥大学天文研究所发表了第 3 版射电源表,列有 471 个已观测到的射电源,名为 3C 表。其中一部分成员是银河系中的天体,如 3C144 是著名的蟹状星云 M1;另一些是河外星系,如 3C274 是椭圆星系 M87,3C405 是射电星系天鹅座 A。当天文学家们试图用光学望远镜去逐一辨认其余那些射电源对应的天体是什么的时候,类星体逐渐崭露头角,呈现在人们面前。1960 年,美国天文学家桑德奇(A. R. Sandage)等用 5 米望远镜找到了 3C48 的光学对应体是三角座中一颗 16 等的蓝星,并且拍下了它的光谱,但谁也认不出光谱中的许多发射线是由什么元素发出的。1962 年,英国天文学家哈扎德(C. Hazard)在澳大利亚新南威尔士天文台,利用射电源 3C273 被月球遮掩(月球遮掩其后面的星体,天文学上称之为月掩星)的机会,找到了与之对应的 12.5 等蓝星(光盘图 6.6.1 3C273 的可见光照片)。这颗星的光谱中同样有许多不认识的宽发射线。1963 年,年轻的荷兰天文学家施密特(M. Schmidt)用 5 米望远镜重拍了 3C273 的神秘光谱。经过整整 6 个星期的研究与思考,施密特终于揭开了关于未知元素的谜团。原来这些特别的光谱线都是已知元素的谱线,只是红移很大,所有谱线都改变了位置。本应在绿色区的谱线竟移到了橙红色区,红色的跑到了红外,紫外的进入紫区,难怪不为人所识了(图 6.6.2)。只要把红移量改正过来,所有的谱线就都一一归位,人们的迷惑得以消除。3C48 的情况也是如此,而且红移量更大。时隔不久,人们发现了更多的这类大红移天体。

根据多普勒原理,从红移量可以计算天体的退行速度;而用哈勃公式,又可以计算其距离;再从其视星等可以计算其绝对星等,从而得到光度。结果发现,这些天体的光度大得惊人。如 3C273 的真实亮度是太阳的 2.7 万亿倍,比银河系的总亮度还高 200 倍。如此明亮的天体,在这个距离上,如果是星系,在望远镜中应当有一定的面积,并能分辨其细节。但它看上去只像一颗恒星,不具有星系那样大的

6.6 类星体

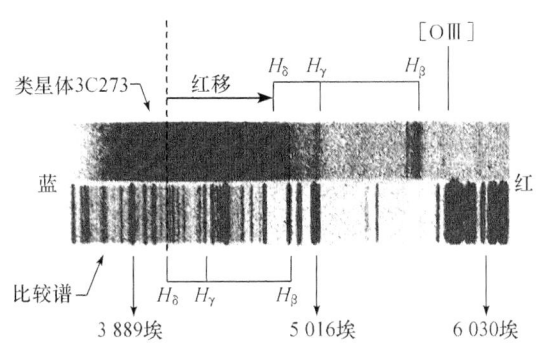

图 6.6.2　3C273 的光谱线红移

尺度。惊人巨大的能量密集在一个尺度很小的空间区域里,这就是谜一样的类星体。表 6.6.1 列出了一些类星体的红移量、退行速度、距离和光度值。

表 6.6.1　一些类星体的红移量、退行速度、距离和光度值

类星体	红移量	视星等	退行速度/(万千米/秒)	距离/亿光年	绝对星等	光度/千亿
3C273	0.15	12.5	4.2	19	−26.3	27
3C48	0.36	16.2	8.9	41	−24.3	4.3
3C196	0.87	17.6	16.6	76	−24.2	3.9
PKS2000-330	3.78	17.5	27.5	126	−25.4	12
SGP0046-2919	4.01	19.0	27.7	127	−23.9	3.0
BRI0151-00	4.20	18.9	27.9	127	−24.0	3.3
Q2203+2915	4.40	20.8	28.0	128	−22.2	0.63
PC1247	4.89	20.4	28.3	129	−22.6	0.90
SDSS1044-0125	5.80	21.8	28.7	131	−21.2	0.25
SDSS1030+0524	6.28	23.5	28.9	132	−19.3	0.05

　　类星体距离遥远,动辄几十亿、上百亿光年。光从那里传到地球上需要几十亿、上百亿年的时间,因此它们是诞生于几十亿、上百亿年前的古老的天体。也许宇宙自身的年龄比它们大不了多少。宇宙到底是多少年以前诞生的?类星体的研究直逼这一人们十分关注的问题。

　　红移量是类星体最直接的观测特征。红移量越大,说明它是宇宙中越加深远处的天体,发现就越困难。在目前已发现的 8 000 多颗类星体中,至 1992 年红移量最大值是 4.89。世纪末的 2000 年,美国基特峰天文台发现了红移量 5.50 的类星体 J030117+002025。进入新世纪,设在阿帕克天文台的美国大学天文联盟国际研究项目 SDSS,发现了 4 个大红移类星体:SDSS1044-0125,六分仪座,红移量 5.80;SDSS0836+0054,长蛇座,红移量 5.82;SDSS1306+0356,室女座,红移量 5.99;SDSS1030+0524,六分仪座,红移量 6.28。光盘图 6.6.3 是这 4 个类星体的照片:1 为牛顿 XMM 空间 X 射线望远镜所拍;2、3、4 为钱德拉空间 X 射线

望远镜所拍。2003 年 10 月，SDSS 又发现红移量为 6.4 的类星体，这是目前已知的最大值（光盘图 6.6.4　目前已知最大红移量的类星体）。

根据红移量计算退行速度和距离，需要使用哈勃常数的值，如果该值不准，结果会有偏差。但有一项数据与哈勃常数取值无关，那就是类星体的年龄与宇宙年龄之比 α。用简单、粗略的计算可知，红移量为 2 的类星体，$\alpha=0.8$；世纪末发现的遥远的类星体红移量是 5.5，$\alpha=0.954$；新近发现的最遥远的类星体红移量是 6.4，$\alpha=0.964$。它们的年龄相当于宇宙年龄的 80%，95.4%，96.4%。说明它们至少是在宇宙年龄的 20%，4.6%，3.6% 年代之前诞生的。如果宇宙已经 137 亿岁，那么它们的年龄至少有 110 亿岁、131 亿岁、132 亿岁，或者说它们分别诞生于宇宙 27 亿岁、6 亿岁、5 亿岁时。

统计发现，类星体的红移量在 2 附近数量最多，比 2 更大或更小的类星体数量逐渐减少。而且红移量越小的类星体，空间分布越不均匀，表现出较高的成团性，就像星系集结成星系团、超星系团一样；红移量更大的类星体，趋向于均匀分布。这正是宇宙本身总的演化趋势：由简单到复杂，由均匀分布到形成复杂的结构。统计结果还表明，类星体是在宇宙演化史上一个特定阶段内产生的。在宇宙的幼年时期，类星体非常少。与红移量为 2 相应的一段时期，即宇宙 30 亿岁前后，类星体大量产生，以后又逐渐稀少。近 20 亿年就不再有新的类星体产生了。

类星体之谜的一个关键问题是类星体的红移是否是宇宙学红移（参见 6.3 节）。是宇宙学红移，才能根据多普勒效应计算其退行速度，再用哈勃关系得出其距离，由遥远的距离和视亮度推知它具有很高的能量，以及由距离值估计它生成的年代。在这一系列推理过程中，只有红移量和视亮度是无可争议的直接测定值，其余性质皆由理论推导而来。另一个关键的问题是，对类星体来说，哈勃关系是否成立。如果类星体纵然有那样大的退行速度，但并不遵从哈勃关系，距离也许并不遥远，所谓的"高能量"和古老的年龄也就不是那么回事了。

大多数天文学家认为类星体红移是宇宙学红移，哈勃关系作为"距离指示器"也同样适用于类星体。剩下的问题就是如何解释小尺度与高能量之间的矛盾了——何以在不比太阳系大多少的体积内，能够产生出上百个星系的能量？

经过 30 多年的观测研究，天文学家们终于揭开了类星体之谜：它们是遥远的活动星系的亮核。人们看到的类星体不是一类天体的全貌，而只是其核心特别亮的部分。因为太过遥远，核区以外的暗弱部分难以看到。1981 年末，天文学家终于观测到 3C48 周围的暗云，暗云的光谱红移量与 3C48 一致，表明暗云就是 3C48 所在的基底星系。哈勃空间望远镜拍到了 3C273 结构的照片（光盘图 6.6.5　3C273 的结构），右图是左图中间部分的放大；后来又拍到 3C273 喷流的照片（光盘图 6.6.6　3C273 的喷流）。光盘图 6.6.7 是类星体 QSO1229+204 的照片，左图是地面望远镜所拍，基底情况不明；右图是哈勃望远镜所拍，基底星系已隐约可见了。光盘图 6.6.8 是哈勃望远镜所拍类星体 PKS2349 的照片，正与一个遥远的星系相

6.6 类星体

融合，距离数十亿光年。美国综合孔径射电望远镜 VLA 拍下的类星体 3C66B 具有与射电星系类似的双瓣，但其距离 53 亿光年，比一般的射电星系远得多，也明亮得多（光盘图 6.6.9　3C66B 的喷流）。类星体 3C175 也有类似的情况（光盘图 6.6.10　类星体 3C175 的喷流），它位于小犬座，距离 77 亿光年。类星体 3C215 位于巨蟹座，距离 36 亿光年，喷流受阻而扭曲变形（光盘图 6.6.11　类星体 3C215 的喷流扭曲变形）。类星体 GB1508+5714 位于天龙座，距离 120 亿光年。钱德拉望远镜拍到它的喷流有 10 万光年之长（光盘图 6.6.12　类星体 GB1508+5714 的喷流）。类星体 3C279 位于室女座，距离 60 亿光年，VLA 从 1991~1998 年，连续拍它的喷流，7 年居然延伸了 25 光年，每年流动 3.5 光年，比光速还要快，其实这是一种似超光速现象，并不是真正超过光速（光盘图 6.6.13　类星体 3C279 的喷流似超光速）。在双鱼座 100 亿光年远处，还发现一对双类星体 Q2345+007A、B，二者位置接近，红移量也相同（光盘图 6.6.14　双类星体 Q2345+007A、B）。武仙座类星体 4C38.41，距离 100 亿光年，除了有喷流之外，还发出很强的 γ 射线辐射（光盘图 6.6.15　类星体 4C38.41）。巨蛇座星系团远在 90 亿光年处，其中类星体 3C324 是其中心天体（光盘图 6.6.16　围绕着类星体的巨蛇座星系团）。

哈勃望远镜观测到的所有类星体中，75% 有基底星系。类星体虽然是由射电观测而发现的，但类星体的辐射并不只限于射电波段，而是遍及光学、X 射线及 γ 射线所有波段；不仅有喷流，还隐藏着巨型黑洞。与其他类型的活动星系核相比，类星体也许只剩下唯一的特殊点就是光度特别大——既明亮又遥远。美国国家射电天文台所拍类星体 IRAS17596+4221 与同伴星系靠得很近，但二者似无明显联系（光盘图 6.6.17　类星体 IRAS17596+4221）。类星体 4C29.45 也叫 B21156+295，位于大熊座，距离 68 亿光年，光盘图 6.6.18 是其射电干涉照片，方格上的刻度单位为 1/1 000 角秒。光盘图 6.6.19 是哈勃望远镜所拍 6 个类星体的照片，都在 10 亿光年以外，光度数千亿个太阳。

人们把现代天体物理学与考古学相比拟。考古学家通过发掘出的古人类遗存来考察人类的历史。遗存所在的年代越早，越能说明人类早期的情况。天文学家探寻的目标不在地下深处，而在遥远的太空中。天文学家通过观测星空来探索宇宙的历史。天体的距离越遥远，所观测到的越是宇宙早期的景象。因为在几十亿光年远处的天体，要经过几十亿年的时间，才能把它们的电磁波辐射传送到地球上。古人类学家根据北京猿人、南非古猿的几个头盖骨、几枚牙齿的化石判断出他们是否是人类的祖先及何者更为远古；天文学家有理由认为那些更遥远的天体是较近天体的祖先。或许蝎虎座 BL 天体正是由类星体演化而来，然后循着演化的阶梯，经过漫长的时间，演化成塞佛特星系、爆发星系、射电星系及像银河系这样的正常星系。一些研究结果表明，类星体的演化可能有两条途径：类星体—蝎虎座 BL 天体—椭圆星系；类星体—塞佛特星系—旋涡星系（图 6.6.20）。

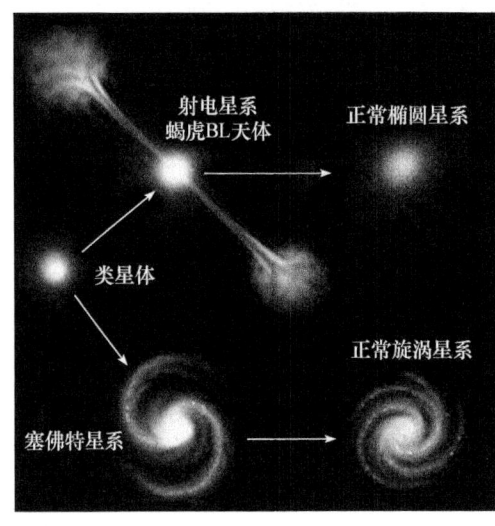

图 6.6.20 类星体的演化途径

类星体是星系演化的历史过程中一个特殊阶段的行为表现。正常星系的红移量一般都小于 1。更远的星系如果没有特别明亮的核，就不容易被观测到了。但通过引力透镜效应（参见 7.7 节），哈勃望远镜 1999 年发现了红移量 6.68 的星系。在大熊座天区还发现了一批红移量在 5~7 的遥远星系，它们不是类星体，这些星系比类星体更加遥远和古老。因此类星体作为宇宙中最明亮的天体，却不是如当初以为的最古老的天体，但它仍不失为遥远的宇宙深处的照明灯。在它的光芒照耀下，一些本无法看到的暗淡星系或不发光的星系际气体云由于吸收了类星体的光而使人们能够观测到。因此类星体也是研究星系际介质和中介星系的有力的工具。在宇宙演化的历史长河中，比星系更古老的宇宙遗迹是微波背景辐射，诞生于宇宙 40 万岁时；比之更古老的宇宙文物该是氦原子核的丰度，它代表着宇宙创生刚刚 3 分 46 秒时的印迹；至于重子与光子的比率则更为古老，那是宇宙刚创生 10^{-36} 秒时的遗存（详见第 9 章）。

第7章 黑　　洞

7.1 黑洞的数学模型

1796年，拉普拉斯在《宇宙体系论》里有一段话："天空中存在着黑暗的天体，像恒星那样大，或许也像恒星那样多。一个具有与地球同样的密度而直径为太阳250倍的明亮星球，它发射的光将被它自身的引力拉住而不能被人们接收。"拉普拉斯描述的这种天体，是表面逃逸速度大于光速的天体。地球表面的逃逸速度是11.2千米/秒，任何运动物体如果小于这个速度，最多只能绕地球旋转而不能到远方去（图7.1.1）。如果表面逃逸速度大于光速，那么光线就不能传到远方去了，远方得不到它的光线，它就成了完全黑暗的天体。虽然拉普拉斯的时代还没有现代量子力学中的光子概念，但牛顿的光是粒子的学说已经建立起来了。1676年，丹麦天文学家罗默（O. C. Roemer）已经提出光以有限速度传播的思想，并通过对木星的卫星食（卫星凌木星）的观测，粗略地测出了光速。1678年，惠更斯（C. Huygens）测出了光速较接近现代的值。尽管"黑洞"（black hole）一词是迟至1968年才由美国天体物理学家惠勒（J. A. Wheeler）提出来的，但拉普拉斯描述的正是黑洞这种天体。

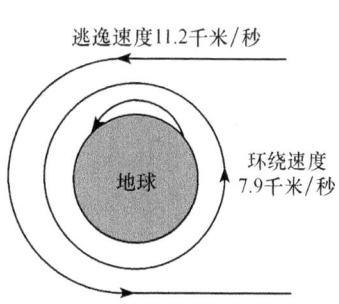

图7.1.1　地球表面的逃逸速度

1915年12月，爱因斯坦的广义相对论刚发表一个月，德国天文学家卡尔·史瓦西（Karl Schwarzschild）即得到了一个用广义相对论的弯曲空间概念描述的球状物体周围引力场的精确解。这时正值第一次世界大战，史瓦西应征入伍，与俄国军队作战。他从前线把论文寄给爱因斯坦。爱因斯坦代表史瓦西在柏林普鲁士科学院报告了这篇论文，并在此前寄给史瓦西一封信，提到："我没有料到有人能用如此简洁的方法得出这个问题的精确解，您对问题的解析处理令我极为满意。"4个月后，1916年5月11日，史瓦西因服役期间不幸生病而与世长辞，年仅43岁。爱因斯坦在为史瓦西写的悼词中说："这位有高度才能、学问渊博的科学家的早逝，不仅是我们科学院，而且也是天文学界和物理学界所有朋友们的悲痛和损失。"当时，他年仅4岁的儿子马丁·史瓦西（Martin Schwarzschild）后来也成为一名出色的天文学家。

广义相对论认为，时间和空间都是相对于物质而存在的。如果所有的物质都没有了,那么时间和空间也就跟着都没有了。广义相对论还认为,有天体存在的宇宙空间是弯曲的,就像重球压在一块橡皮布上,橡皮布会弯曲一样(图7.1.2)。天体的质量越大,离天体越近,那里的空间弯曲就越严重。在弯曲的宇宙空间里,光和所有电磁波辐射都不走直线,而是沿着弯曲的路径传播(图7.1.3)。1919年,英国天文学家爱丁顿通过日全食的观测验证出,从遥远恒星来到地球的光从太阳旁边经过时确实是弯曲了,表明相对论是正确的。消息传出,媒体竞相报道,通栏标题成为轰动世界的热点新闻。平时大白天人们看不见太阳旁边的恒星,日全食的瞬间人们便看见了。1919年5月29日的日全食,太阳刚好位于金牛座的一些亮星之间。爱丁顿带领观测队在非洲西海岸的普林西比岛拍下了全食太阳旁边的这些亮星的照片(图7.1.4)。拿半年之前的夜间,太阳不在那里时拍下的照片来对比,发现星星们的位置确实改变了,改变的程度与广义相对论预言的完全一致(图7.1.5)。这就是星光弯曲的证明。

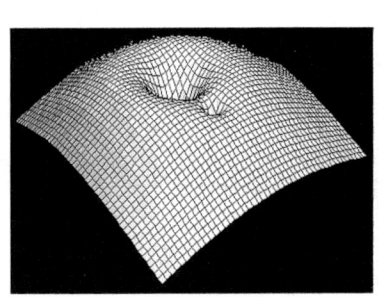

图7.1.2 空间弯曲示意图

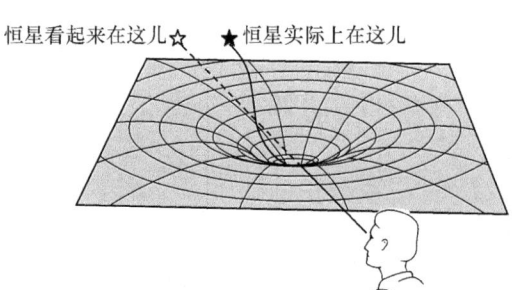

图7.1.3 光线弯曲示意图

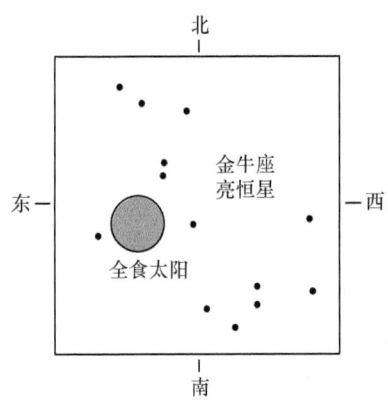

图7.1.4 全食太阳旁边的亮星

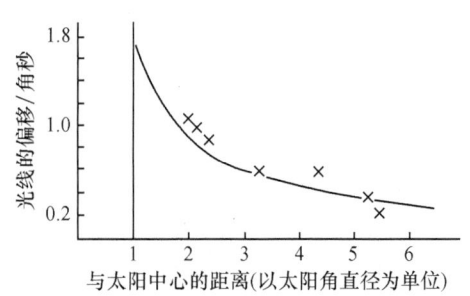

图7.1.5 光线弯曲的程度与理论一致

史瓦西的解给出,如果某个天体的全部质量都压缩到很小的称为"引力半径"的范围之内,该范围内的空间就弯曲到完全封闭的状态,所有的物质、能量和信息,当然包括传播光线的光子都被囚禁在里面,不可能发射出来。从外界看,这个天体就是绝对黑暗的,这就是"黑洞"。引力半径的大小只与天体的质量有关。将天体的质量除以太阳质量，再乘以 2.95，就得到该天体引力半径的千米数。像太阳这样质量的恒星，引力半径是 2.95 千米。把太阳的全部质量都压进直径 5.9 千米的球，太阳将成为永不发光的黑洞。与地球质量相当的引力半径只有 8.9 毫米。如果把属于地球的一切物质，包括大气、海洋、山脉、河流、人和所有生物统统压缩到直径 1.78 厘米的小球内，地球就成为一个黑洞，永远与世隔绝。在引力半径范围内，空间和时间都丧失了原有的特征，所有用于测量距离和时间的规则都失效了。拿爱丁顿的话说："这种奇异的时空世界是我们无法在其中进行任何测量的怪圈。"这就是黑洞。

虽然用拉普拉斯提出的逃逸速度概念也能推导出与史瓦西半径同样的结果，但牛顿经典力学体系与广义相对论这两种不同的理论是不相容的。按照牛顿理论，对于逃逸速度大于光速的天体，光子虽逃不脱该天体引力的约束，但仍然可以从星球表面射出到一定高度，然后再返回该星球，就像人们在地球上抛掷一块石头，尽管其速度远小于地球表面的逃逸速度，石头仍能在空中飞行一段时间。而按照广义相对论，光子根本不可能离开黑洞表面，最多只能贴着表面环绕飞行。黑洞表面像是一张由光线织成的网，任何一粒光子绝不能逃脱出来。外界看来，它完全是黑暗的。拉普拉斯计算的是一个实体星球，而史瓦西半径给出的仅是一个理论上不可视的界面。借助于逃逸速度来描述黑洞，虽然有着重要的历史价值和启发作用，但是过于简单了。而且，在不久以后，一些物理实验表明光是波而不是粒子，拉普拉斯的新版书中，也把原来那段描述删掉了。

7.2 黑洞的物理机制

黑洞的数学模型并没有回答在现实宇宙中是否真有黑洞存在的问题。恒星能被压缩成为半径只有几千米而形成黑洞的设想，在史瓦西的时代同在拉普拉斯的时代一样，是不被接受的。在当时的科学家看来，那只是一种纯理论的推导，或甚至只是一种数学游戏而已。史瓦西的时代，物理学家虽然已经发现原子中有电子，但对原子内部的结构，认识还很模糊。以为原子有如一团布丁，电子是分布其中的葡萄干，其余部分都是带正电的物质，提出所谓"葡萄干布丁模型"。1911 年，初出茅庐的卢瑟福（E. Rutherford）通过实验，认为"葡萄干布丁模型"不能成立而提出新的见解：原子内部大部分区域是空的，带正电的物质只集中在很小的核心部位。但这位年轻人的见解并没有得到公认。1917 年，天文学家证实了天狼伴星是一颗白矮星，它的密度是水的 250 万倍，令物理学家惊讶不已。与"葡萄干布丁模型"相比，只有卢瑟福模型能够解释，原子核区以外有很大的空间被强力压缩，才能达到这样高的密度。新的原子模型提高了可信度。但即便如此，要使恒星压缩成黑洞，密度还需比白矮星加大 1 000 亿倍，仍然使物理学家陷入困惑之中。

1927 年，量子力学建立起来。1932 年，英国物理学家查得威克（J. Chadwick）发现中子。物理学界更加认清了原子内部的结构，测量出原子核的直径只有原子直径的十万分之一,并进一步掌握了认识微观世界的全新理论,简并概念和引力塌缩的可能性也被提出来了。但作为广义相对论最伟大的卫士之一,号称世界上真正懂得广义相对论三人之一的爱丁顿,仍然怀疑黑洞存在的真实性。他认为:"必定有一条未知的自然定律,会阻止恒星塌缩为黑洞这种荒唐行为!"

1934年,德国天文学家巴德(W. Baade)和瑞士天文学家兹维基(F. Zwicky)指出,大质量恒星超爆之后,遗留下的核心部分,会在自身引力的作用下塌缩成为黑洞。1939年,美国物理学家奥本海默计算出,一颗质量超过太阳质量3倍(即奥本海默极限,参见5.5节)而又没有任何热核反应的"冷恒星",引力在击败了中子简并压力之后,所向披靡,无可阻挡,使全部物质连同时空一道,塌缩到史瓦西半径以内,永远不能逃脱而成为黑洞。没有任何热核反应的"冷恒星"其实已经不是恒星,准确地说,它是恒星已经死亡的遗骸。天文学家和物理学家的论述,是有真实物理过程支持的理论,而不仅仅是数学游戏。

银河系中的恒星,质量超过了3倍太阳质量的很多,甚至有大到100倍太阳质量以上。恒星在几十亿年或更长的演化过程中以星风的形式损失质量。质量越大的恒星,星风损失越严重,寿命也许不到1亿年。大恒星的超爆或许会一举丢失全部或大部分的质量。如果无论恒星的初始质量有多大,星风或超爆造成的质量损失总能使其最后质量小到3倍太阳质量以下,恒星演变成黑洞的可能性就没有了。反之,在137亿年的宇宙历史中,若有相当数量的恒星在完全丧失了热核反应的能力之后,仍保有3倍以上太阳质量,它们应已演变成黑洞,隐藏在深不可测的宇宙中。用大型高速计算机模拟计算质量为10~100倍太阳质量的恒星,在热核反应停止并经历超新星爆发以后,有两种可能形成黑洞的情况:

(1) 当简并核心的质量大于奥本海默极限时,塌缩将直接导致黑洞形成;

(2) 核心质量小于奥本海默极限而形成中子星,外围仍有被抛射后的残余物质又继续落向中子星,积累到质量超过奥本海默极限,再度塌缩为黑洞。

还有一种可能的机制是,在双星系统中,其中一颗已形成中子星,以后在一段很长的时间中,中子星不断捕获来自伴星的物质并堆积起来,由于堆积的进度很慢,不至于引起像新星或超新星爆发那样炸散这些物质,直到总质量堆积到超过奥本海默极限而塌缩成黑洞。

在恒星世界里,黑洞的出现标志着引力在恒星一生中的控制作用取得了最后胜利。在中子星被偶然发现以后,人们更加相信黑洞的存在是合乎逻辑的,尽管黑洞这种奇妙天体有着许多不可思议的物理性质。

7.3 黑洞的奇妙性质

7.3.1 视界

由引力半径决定的几何界面称为视界,视界的中心点称为奇点。视界把时空分

7.3 黑洞的奇妙性质

为截然不同的两部分。视界以外,是人们能观测到的正常宇宙,光或其他信息可以在任意距离上互相联系;而在视界以内,所有光线或其他信息只能向中心奇点集聚,任何两点之间或它们同视界以外都不可能有任何信号联系。视界以外的物质和辐射允许进入视界,但一旦进入,都无一例外地塌缩到中心奇点。任何物质和辐射都不能从视界构筑的囚笼中向外逃离。中心奇点处体积为零,密度为无限大,在那里,所有物质都被压缩到极限,时空无限弯曲,因而时空不复存在。黑洞之"黑",是因为光子逃不出来,外界看不见它,它是绝对黑暗的;黑洞之"洞",因为外界物质一旦落入视界就永无出头之日,落入多少就被吞噬多少,它是无底深洞。

图 7.3.1 显示了一个球对称恒星,在引力塌缩过程即光子被囚禁的过程中,4 个阶段光子发射的情况。其中,图 7.3.1(a)是塌缩以前的情况,从恒星表面发出的光子可以朝任何方向沿直线射出;图 7.3.1(b)是恒星半径开始塌缩,时空弯曲程度增加,一部分光子落回恒星表面;图 7.3.1(c)是恒星已塌缩到临近史瓦西半径,大部分光子落向恒星表面,能够逃逸出去的光子局限在一个锥形空间里;图 7.3.1(d)是恒星已塌缩到史瓦西半径,光子能够逃逸的锥形空间完全关闭,光球消失,黑洞形成。全部光子都被囚禁起来,谁也别想逃逸出去。

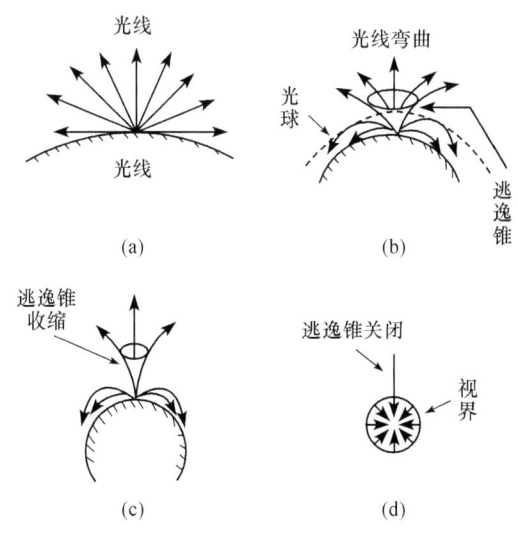

图 7.3.1 恒星塌缩,光被囚禁的过程

图 7.3.2 是一幅有科学创意的美术作品,黑洞周围画有 5 条光线,外面的 3 条在黑洞引力的作用下虽然已经弯曲,但还是逃脱出去了;第 4 条光线只能绕黑洞视界表面飞行;而第 5 条光线被黑洞吸进去,永无出头之日了。

彭罗斯(R. Penrose)定义的黑洞视界是"所有试图逃逸出去的光子统统都被引力拉回的最后的边界";霍金(S. Hawking)定义的黑洞视界是"空间中是否有能力向遥远宇宙发送事件信号的最后的边界(视界外的事件能发送,而视界内的事

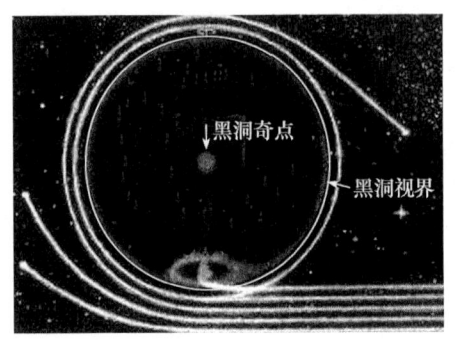

图 7.3.2 黑洞周围光线传播的各种情形

件不能)"。其实这两个定义是等价的。视界将黑洞与宇宙的其他部分截然分裂，外部的物质和能量可以进入视界，而视界内没有任何物质、信息和能量可以逃脱出来。

7.3.2 引潮力

地球上的海水潮汐现象来自月球和太阳的引潮力。引潮力源于引力但不等于直接引力。它是由一个天体对外界物体不同位置处引力之差造成的。引潮力的强度依赖于产生它的天体的质量和该天体到受力物体的距离。距离越近，引潮力越大；引潮力的大小与距离的 3 次方成反比（详见 1.5 节）。

在引力场中，一个人的头和脚因为到引力中心的距离不同，也会受到引潮力的作用，他的身体将会被拉长。在地球表面上，人体受到地球的引潮力只有 0.6 克，那不会有什么影响。可是，一个 10 倍于太阳质量的黑洞，其视界直径不到 60 千米，它对外界物体的引潮力巨大到难以想象的程度。用普通材料建造的飞行物，在距离视界 400 万千米之内，就会被黑洞的引潮力撕成碎片。设若经特殊设计的宇宙飞船和宇航员本身都具有神奇的刚性，能够抗拒强大的引潮力而免遭被撕碎的危险。那么，到达视界时，宇航员所承受的引潮力，相当于把他的头悬吊在地球上一根具有绝对刚性的钢梁上，而在他脚下绑吊着 2 000 万人口的总重量。引潮力使任何物体在一个方向上被拉长，而在另一个方向上被挤压。一头栽入黑洞视界的宇航员在到达奇点时纵向将被拉成无限长，而横向却被压得没影儿了。他的头和脚都被拉进奇点，但却分离无限远；虽已身长无限却不能将头钻出视界。这真是不可思议的奇妙性质（光盘图 7.3.3　飞往黑洞的飞船想象图）。

7.3.3 时空特性

在正常宇宙里，时间是一维的而空间有三维。在三维空间中有前后、左右、上下三个维度，朝任何方向的运动都是可能的。时间只有一个维度，而且只能向前不能向后。时间的后退意味着因果关系的颠倒：你先感觉被砸痛，然后才发生一个网球砸到你头上这件事，这是不可能的。科幻作品中乘光子火箭落入时间隧道，因而可以追回已经逝去的事物，这从根本上违反了相对论关于光速不可超越的前提。

在黑洞视界以内，一切物质只能径直落向中心奇点，没有别的方向可以选择，因而空间是一维的；时间虽然仍旧保持着因果关系不能颠倒的一维性，但时间出现了尽头。对于任何进入视界的物质，到达中心奇点意味着时间已经终结，一切物理定律会变得毫无意义。奇点是空间、时间都不复存在的终极之点。从视界到奇点，这段"缓死"的时间是可以计算的。黑洞质量越大，时间越长。对于 10 倍太阳质量的黑洞,是千分之一秒;对星系级的巨型黑洞(详见7.5节),可以长到几小时。

7.3.4 时间冻结

狭义相对论的时空效应是尺缩和钟慢。钟慢效应表现为,在与观测者做相对运动的坐标系中,时间要流逝得慢一些。著名的双生子佯谬是说明钟慢效应常举的例子。年龄30岁的哥哥以99%的光速飞到距离20光年处再返回时,他的飞行时间花了6年,年龄是36岁,几乎没有多大的生理变化。但回来时本来同龄的弟弟已经变成70岁的老翁,离哥哥出行已经整整40年了。"佯谬"之处,是可以辩解为哥哥没有动,而弟弟以相反的方式飞离之后又回到哥哥身边,那么应当是哥哥比弟弟老了34岁。回答这一辩解可以有两条思路。一条是如果兄弟之间永远以匀速相对运动,确实会彼此都觉得对方年轻,但这样一来兄弟不可能重逢。现在是参与飞行的哥哥有一个折返加速的过程,而弟弟却没有,因此二者是不等价的,不能互换位置进行类比。另一条思路是现实宇宙中不是只有兄弟二人,相对于恒星和寥廓宇宙中的诸多天体,哥哥在飞行并且有加速运动,而弟弟却没有,他们的地位也不可能是等价的。狭义相对论用常识很难理解,但有一句名言说:真理不一定是常识。利用高精度原子钟的现代实验,已经测量出在太空飞船里的钟确实比地面实验室里同样的钟走得慢一些。

狭义相对论描述的是一个理想化的,只存在惯性运动的,没有引力的宇宙。现实宇宙中处处都有引力,需要用广义相对论才能完满解释。在广义相对论中,引力也产生钟慢效应。楼下的钟会走得比楼上的钟慢,因为楼下离地球中心更近,引力场要强一些。注意这里所说的钟慢不是指摆动周期因重力位不同而产生的变化,而是时空本性的变化。1971年,水手号探测器所做的太空雷达实验也证明了现实宇宙中因引力不同导致的钟慢效应。黑洞周围引力场十分强大,钟慢现象应当突出地表现出来。

设想一艘飞船去执行探测远方某个黑洞的任务。有高超的技术使飞船不断有信号向地球报告他们的消息,而且飞船和宇航员都足够坚固,不致被黑洞的引潮力摧毁。由于受黑洞引力的影响和高速飞行,相对于地球钟而言,飞船上的钟越来越慢,以至于在接近视界的时候,宇航员飞速前进,而在地球人看来,一切进展越来越慢。几代地球人旷日持久地监测着飞船艰难地向黑洞进发的情景,而飞船上的宇航员却没有感觉时间变慢,他们依然年轻,一切正常,即使临跨越视界前也没有发现特别的事情。当然一进入视界,马上便灾难临头,一头栽入奇点,一切都粉身碎骨,荡然无存,时间和空间都到了尽头。可是地球上的监测者却永远都看不到这最后的几幕。因为飞船到达视界时,钟慢已经达到了极限,信号传递的过程需要无穷长的时间,时间被"冻结"了,事态的发展被永远定格在那里。当然,进入视界以后,任何信息都传不出来了。而且在这之前,电磁波信号的引力红移,使波长越来越长,能量越来越弱,已经使画面越来越模糊了。到达视界时,信号波长红移到无穷大，完全丧失了传播能力。在监测者的屏幕上，什么也看不到了。

7.3.5 黑洞无毛和黑洞蒸发

一般物体都是由亿万个分子、原子组成的，具有极为复杂的结构。对它们的完整描述，包括对每个原子和分子状态的描述，需要亿万个参量。即使被爱丁顿称为"再简单不过"的恒星，也具有质量、光度、体积、电磁状态、化学组成、核反应情况、大气和内部结构等多种参量。相对而言，黑洞才是真正简单的物体。它最多只有质量、角动量和电荷三个参量。任何物质一旦跌入视界，将没有任何信息能从视界内传递出来，黑洞内部的一切细节对外界来说都是毫无意义的。黑洞能提供给外界的只有上述三个参量。黑洞一旦形成，就失去了其前身物质的一切性状和身份，不保存其以前所具有的诸多复杂参数的任何信息和记忆，保留下来的只有质量、角动量和电荷。这种消繁归简的特征被形容为"黑洞无毛"。

黑洞具有电荷的原因是作为黑洞前身的恒星都有电磁场，黑洞形成以后还从星际介质中吞噬带电粒子，因此在黑洞视界周围形成带电的外部时空。不过绝大部分电磁属性已被引力波带走，只留下总电荷这一个参量。黑洞具有角动量的原因是作为黑洞前身的恒星都有自转，形成黑洞以后依然保持着转动特性。恒星由于自转而不是严格正球形，黑洞的视界也由于有转动而变得比球形复杂。既不转动也无电荷的球对称黑洞是理论上的简化情形，称为史瓦西黑洞。它只有质量这一个参量。只要质量相同，就再没有任何其他的差别。

黑洞蒸发的概念是英国传奇式天文学家、坐在轮椅上的霍金1974年提出来的。根据量子场论，真空不是绝对的空虚，真空在不断地产生着正、负粒子对，并且又很快湮灭。产生和湮灭的概率相等，所以平均说来，就没有任何新的粒子真正产生出来或已有的被消灭掉。这些正、负粒子对存在的时间极短，又不能直接探测到，故称为虚粒子对。1947年，兰姆（W. E. Lamb）和库什（P. kusch）通过著名的"兰姆位移"实验，验证了这一理论。他们获得了1955年诺贝尔物理学奖。

霍金认为，在黑洞周围，在虚粒子对产生的极短时间内，会出现4种可能性：直接湮灭；双双落入黑洞；正粒子落入黑洞而负粒子逃脱；负粒子落入黑洞而正粒子逃脱。最后一种可能性实现的概率最高。负粒子带有负能量，落入黑洞以后等效于减少了黑洞的能量，而逃脱出来的正粒子等效于从黑洞周围发射出了正能量。于是负粒子落入黑洞而正粒子逃脱的结果等效于从黑洞内部向外界发射出能量，这就是黑洞的蒸发。黑洞蒸发并没有违背视界之内的物质和能量不能逃出视界的基本原则，但蒸发的结果却导致视界内能量减少，同时有能量从视界周围向外界发射。黑洞的质量越大，蒸发越慢。霍金计算出：质量与太阳相当的黑洞，一年的蒸发量仅 10^{-20} 焦耳，可维持寿命 10^{67} 年；质量为 10^{15} 克的小黑洞，每秒"蒸发"掉 6×10^9 焦耳的能量，其寿命约为100亿年，与恒星的寿命相当。霍金据此提出了质量为 10^{15} 克量级的微型黑洞概念。

7.3.6 旋转黑洞造成的时空漩涡

恒星通常都有自转。当恒星塌缩为中子星时，由角动量守恒导致自转加速。但中子星的自转速度不能超过1 000转/秒，否则星体会被惯性离心力瓦解。恒星塌缩为黑洞时，旋转速度更高。一个质量为3倍太阳质量的旋转黑洞，转速可达5 000转/秒，视界上的转动速度接近光速。

按照广义相对论，所有大质量的转动物体都要拖拽着周围的时空同它一起转动。理论上，只有在无限远处，时空才是静止的。旋转黑洞产生的这种拖拽效应，将使其周围的时空扭曲，形成巨大的宇宙大漩涡。

水面上的漩涡周围，水流呈急速的圆周运动，漩涡中心处径直落向深深的水底。黑洞周围的宇宙大漩涡也有类似的效应。旋转黑洞在视界外面多出一个临界面，称为静止界面。在静止界面以外的物体，时空拖拽作用很微弱，几乎没有什么影响。进入静止界面以内的物体，将在时空拖拽作用下，跟随漩涡做圆周运动，越近中心速度越快。当进入视界时，就好像落入水面漩涡中心径直沉入水底一样，任何物体都径直落向奇点，再也不能逃脱出来。

视界与静止界面之间的区域，叫做能层。进入能层的物体将获得很大的能量，随黑洞一起高速旋转；但由于还在视界之外，所以只是黑洞的半捕获物，既有可能进一步落入视界永远不得逃脱，也有可能在特殊条件下逃出能层。这种逃出能层的物体，因曾随黑洞一起转动而附加了能量，逃出时带走了这部分能量。换言之，进入能层又逃脱出来的物体，提取了黑洞的一部分能量，这是以黑洞的旋转角动量减少为代价换来的。如果黑洞的全部旋转角动量都被提取完了，黑洞将停止转动，能层消失，只剩下质量和视界，成为静止的史瓦西黑洞。

7.3.7 黑洞与黑洞之间的碰撞

早期宇宙物质的分布相对集中，彼此之间相隔的距离不远，在各处飘荡着的黑洞有可能相互遭遇，导致两个具有强大引力场的天体发生猛烈地碰撞，然后合而为一。在一些星系的中心区域，大恒星死亡变成的黑洞，也有可能相互碰撞而形成更大的黑洞。

对于日常所见的物体，两个小球合并成一个大球，如果总体积不变，大球的表面积一定小于两个小球的表面积之和。但是，由黑洞视界的特性，规律恰好相反：两个小黑洞经碰撞而融合成一个大黑洞之后，大黑洞的视界面积将大于两个小黑洞视界面积之和。

黑洞只能吸进物质而不能喷出物质，因此只允许小黑洞合并成大黑洞，不允许大黑洞分裂为小黑洞。宇宙演化的总趋势是所有黑洞的视界面积之和只会增加，不会减少。用霍金的话来说，在某一空间区域，任意时刻测量所有黑洞的视界面积，并把这些面积加起来得到一个总面积。在过了任意长的时间之后，再作同样的测量，如果没有任何黑洞从这一空间区域的"围墙"内转移出去的话，所有黑洞视界的总面积不会减少，只会增加。这样的结论，令人联想到热力学中的重要概念"熵"。著名的热力学第二定律告诉人们：与外界没有任何联系的热力系统，其总熵只会增加，不会减少。由于整体宇宙没有外界，所以全宇宙的总熵只会增加不会减少。一位年轻的研究生曾经向霍金发问：当大量物质投入黑洞时，这些物质携带的熵便从宇宙中消失了，那么宇宙总熵就会减少，岂不违背了热力学第二定律？霍金曾经回答：黑洞是宇宙中很特别的天体，它的存在也许会造成热力学第二定律不再成立的特例。但后来的研究使人们认识到，黑洞视界的面积就是黑洞的熵，它是宇宙总熵的一部分。当物质投入黑洞时，黑洞以外的宇宙总熵是减少了，但黑洞视界的面积却增加了。黑洞的熵增抵消甚至超过了外界发生的熵减，整体宇宙的总熵并没有减少，仍然是有所增加，热力学第二定律依然成立。据霍金的计算，黑洞的熵值是非常巨大的。一个质量为 10 倍太阳质量的非旋转黑洞，其熵值竟高达 4.6×10^{71} 焦耳/开。根据统计物理学的观点，熵是代表大量的原子或分子无序性增加或减少的一个物理量。无序性增加，熵就增加；有序性增加，熵就减少。黑洞内部只有奇点，没有任何分子或原子，黑洞怎么会有熵呢？正是这些令人难以理解的疑问，促进了黑洞理论的研究工作，发展出诸如黑洞的辐射、量子真空的涨落及虚粒子对等与热力学紧密联系的黑洞力学新理论。

7.4 黑洞的天文探测

对黑洞数学模型和物理机制的认识，早在 20 世纪 30 年代就已经接近成熟了。但宇宙中是否真的存在黑洞，却没有引起实测天文学家的兴趣，因为原则上是不可见的神秘天体，似乎无法探测。不仅爱丁顿怀疑黑洞存在的真实性，就连爱因斯坦本人也不支持宇宙中可能存在黑洞的想法。1967 年，脉冲星被发现并被认证为中子星以后，天文学家开始考虑：理论上指出的恒星有 3 种归宿，白矮星早已经发现；中子星又被证实；如何冲击最后的难关——发现黑洞，给恒星晚期演化问题画上一个圆满的句号？他们跃跃欲试了。

探测不可见的黑洞有两条可供选择的道路：一条是追踪黑洞周围强大的引力场会引起何种效应；另一条是捕捉黑洞吞噬视界以外的物质时会留下什么痕迹。根据引力效应发现看不见的天体，史有前例。1834 年贝塞尔预知天狼伴星的存在和 1846 年勒维叶（J. Le Verrier）和亚当斯（J. C. Adams）发现海王星的伟业都已载入史册。这里顺便提一下，晚年的勒维叶根据水星近日点进动的异常情况曾经预测：在太阳与水星之间有一颗行星，并为之取名为"火神星"。他算准了火神星凌日就在 1877 年 3 月 22 日。这一天，几乎法国所有的望远镜都对准了太阳，准备观测火神星凌日，但凌日却没有出现。半年之后，勒维叶与世长辞，没有见到火神星成为他的临终遗憾。后来人们才知道，火神星是不存在的，水星近日点进动异常不

7.4 黑洞的天文探测

是因为火神星，而是牛顿经典力学理论不够精密造成的。水星近日点进动的准确数据反倒成了广义相对论的重要验证之一。

为了追踪黑洞的引力场效应，天文学家的目光瞄准几对有不可见伴星的食双星，包括御天座中离五车二很近的御夫座 ε（中文名柱一）以及天琴座 β（中文名渐台二）。如果不可见伴星是黑洞，看看它对同伴产生了哪些影响。思路不错，但结果却不甚理想。有许多不确定因素，难于肯定究竟是不是黑洞。

另一条探测黑洞的道路，是从 X 射线发射机制中得到的启示，使人信心更足。X 射线是波长为 0.001～10 纳米的电磁波辐射，1895 年由德国物理学家伦琴（W. C. Röntgen）在偶然中发现。伦琴因此获得第一届（1901 年）诺贝尔物理学奖。黑洞周围向黑洞下落的物质速度极高，因而具有很大的动能。在进入黑洞视界之前，一部分动能转化为热能，产生数百万摄氏度至几亿摄氏度的高温，使电子以极高的速度闯入原子核，在核电场中受阻而产生 X 射线。发出 X 射线的天体不一定都与黑洞有关，但黑洞周围如果有物质被吸入视界，就一定会发出 X 射线。如果黑洞是双星系统的一个成员，与同伴又靠得很近，黑洞便有机会不断窃取同伴的物质，而产生大量的 X 射线辐射。因此，探测发出 X 射线的双星系统成为寻找黑洞的重要线索。虽然 X 射线不是从黑洞视界内部发出的，但发出强劲 X 射线的地方，很可能有黑洞存在。

X 射线光子能量比光学波段的光子能量大得多。玻璃镜面能使可见光光子反射或折射而聚焦，但对 X 射线光子却无能为力。天文学家要用特殊的探测器才能捕捉 X 射线的光子并对其计数，然后再用转换的办法获得 X 射线的图像。因为地球大气层完全屏蔽 X 射线，所以 X 射线探测器必须送到外层空间才能进行观测。1970 年 12 月 12 日，美国发射乌呼鲁卫星；1978 年又发射爱因斯坦卫星；1990 年，法-俄发射了格拉纳卫星；德-英发射了 ROSAT 卫星；1999 年，美国发射了钱德拉 CXRO 卫星，欧洲发射了牛顿 XMM 卫星，都对宇宙中的 X 射线探测做出了重要贡献，共找到 15 万个 X 射线源。意大利裔美国天文学家贾可尼（R. Giacconi）因为在 X 射线天体探测方面的开拓性工作而获得 2002 年诺贝尔物理学奖。

人们为寻找黑洞付出了很大的努力，但成果却寥寥无几。20 世纪 70 年代一共找到 4 个，被戏称为"黑洞四人帮"，其中之一是天鹅座 X-1。乌呼鲁卫星记录到它的 X 射线光度有快速变化，同时发现它也是一个射电源。用射电望远镜精密定位（光盘图 7.4.1　天鹅座 X-1 黑洞的射电图像），它的位置距离天鹅座 A 射电源不远，与一颗光学可见的恒星 HDE226868 相对应（图 7.4.2）。恒星的视亮度 9 等，光谱型 O 型，是一颗高温蓝色超巨星，半径为太阳的 23 倍，质量在 25～40 倍太阳质量之间，距离太阳大约 8 000 光年。光谱分析表明它是双星系统中的一员。在这颗蓝色巨星旁边有一颗看不见的伴星，不断窃取它的物质，并加热到 1 000 万开的温度，从而成为强大的 X 射线源。蓝色巨星和看不见的伴星之间只有 3 000 万千米的距离，只及地球到太阳距离的 1/5。双星绕转的周期 5.6 天，X 射线发射区范围约1 000千米。不可见伴星的质量经反复测定，估计为10～15倍太阳质量，远远超过了奥本海默极限，因此判断其为黑洞。光盘图7.4.3是欧俄合作的INTEGRAL硬X射线卫星2002年拍摄的天鹅座X-1图像，图中网格线表示位置。这是第一个被发现的，也是具有最大可信度的恒星级黑洞（图7.4.4）。"黑洞四人帮"的另外3个也是X射线源，即LMCX-1、LMCX-3和A0620-00。LMCX-1和LMCX-3是银河系的近邻大麦哲伦星系中的两个X射线源。同天鹅座X-1一样，亮天体都是高温蓝色巨星，由其光谱型估计质量在4～8倍太阳质量，不可见伴星的质量在4～11倍太阳质量。A0620-00在银河系内，亮天体是一颗质量为0.7倍太阳质量的非致密矮星，不可见伴星的质量可能大到3.3～4.2倍太阳质量。双星绕转的周期为7.75小时。A0620-00也被称为麒麟座V616，属于小质量双星X射线源，距离太阳约3 000光年。

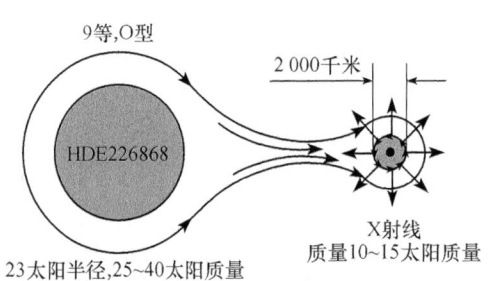

图7.4.2　天鹅座X-1黑洞与HDE226868示意图

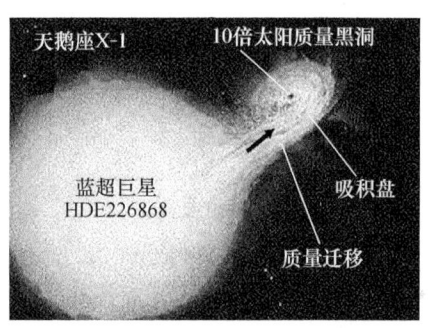

图7.4.4　天鹅座X-1黑洞双星示意图

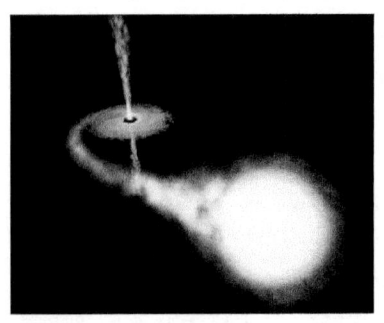

图7.4.6　天蝎座J1655-40黑洞示意图

进入20世纪90年代以后，又发现6对新的X射线双星黑洞候选者。其中天鹅座V404是从测定视向速度的变化而推知其轨道运动的情况，再用力学方法求得双子星的质量而判定其一为黑洞的。天蝎座J1655-40，1994年据康普顿γ射线空间天文台的观测，被认为有一个看不见的伴星是黑洞，并且测到了黑洞掩食亮伴星的情况，因而是一例相当可信的黑洞候选者（光盘图7.4.5　天蝎座J1655-40 X射线双星照片；图7.4.6是其示意图）。光盘图7.4.7是美国国家射电天文台拍摄的J1655-40图像，明显看出喷流发育的情况，流速似乎达到1.3倍光速，实际为0.9倍光速。表7.4.1列出上述10对X射线双星黑洞候选者的相关数据，其中2个在大麦云里，8个在银河系内。

7.4 黑洞的天文探测

表 7.4.1　10 对 X 射线双星黑洞候选者

名　称	所在星座	星　等	光谱型	距离/万光年	轨道周期/日	不可见伴星的质量/太阳质量
天鹅座 X-1	天鹅座	9	O	0.8	5.6	10～15
LMCX-3	大麦云	17	B	17.5	1.7	4～11
LMCX-1	大麦云	14	O	17.5	4.2	4～10
A0620-00	麒麟座	18	K	0.3	0.32	3.3～4.2
GS2023+338	天鹅座	18	K	1.1	6.47	8～15.5
GS1124-683	苍蝇座	20	K	1.0	0.43	4～6
H1705-250	蛇夫座	21	K	1.0	0.70	>4.1
GROJ0422+32	英仙座	22	M	0.8	0.21	4.5
GROJ1655-40	天蝎座	17	F-G	1.0	2.61	4～5.2
GS2000+25	狐狸座	22	K	0.8	0.34	5.3～8.2

2000年发现一对X射线双星XTEJ1500-564，位于矩尺座，距离1.7万光年，很像3.7节中介绍过的SS433。光盘图7.4.8左边是钱德拉空间望远镜拍摄的XTEJ1500-564图像，右边是黑洞双星吸积和喷流的示意图。光盘图7.4.9是澳大利亚的地面望远镜拍摄的XTEJ1500-564射电图像。图7.4.10是钱德拉空间望远镜拍摄的

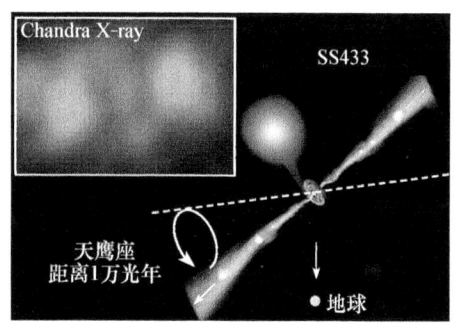

图 7.4.10　天鹰 SS433X 射线图像及示意图

SS433图像及示意图。2000年还发现天鹅座X-3射电源双星之一是沃尔夫-拉叶星，另一颗是黑洞或中子星，距离3.2万光年。光盘图7.4.11是美国国家射电天文台拍摄的天鹅座X-3射电强度变化的情况。盾牌座LS5039，距离1万光年，曾被康普顿γ射线空间天文台发现为γ射线源，名为3EGJ1824-1514，后被证明是一对大质量X射线黑洞双星（光盘图7.4.12　盾牌座LS5039的射电图像）。大熊座XTEJ1118+480，距离5000光年，也很可能是一对X射线黑洞双星，而且有喷流结构（光盘图7.4.13　黑洞喷流及漩涡结构示意图）。

在银河系中的非X射线双星中，被认为存在黑洞的天体还有超新星遗迹仙后座A射电源（详见5.4节）。法-俄发射的SIGMA/GRANAT硬X射线卫星曾经探测到一个处于银河系核心部分明亮的X和γ射线源E1704.7-2942，出现过一阵大量正、反电子湮灭的现象。按照高能天体物理学家的观点，这种现象只有在黑洞周围才可能发生，因此也应算是一个黑洞的候选者。有人估计，在过去100亿年中，银河系里平均每100年有一颗超新星爆发，而每100颗超新星中有一颗导致黑洞形成，那么银河系里就应该有100万个恒星级黑洞。可是在X射线双星系统中迄今找到的，只有表7.4.1所列的10个加上刚刚介绍的7个，一共17个黑洞候选者

(比较谨慎的天文学家称它们为候选者),而且2个还不在银河系内,似乎颇令人失望。这也反映了黑洞探测的困难程度。

7.5 巨型黑洞、微型黑洞和中等质量黑洞

恒星超爆死亡之后形成的黑洞,只是黑洞的一个品种,称为恒星级黑洞。黑洞的数学模型并没有限制黑洞的质量和尺度大小。由恒星塌缩而成的黑洞质量一般为几个或几十个太阳质量,视界半径为数千米或数十千米。如果质量大到数十亿个太阳质量,尺度像海王星轨道那么大,也符合全部质量都压进了引力半径的条件,具有黑洞的一切性质,称为巨型黑洞,或星系级黑洞。如果质量相当于一座山(10^9吨)而尺度只有质子大小(10^{-15}米),同样符合全部质量都压进了引力半径的条件,称为微型黑洞。黑洞也不一定是平均密度极高的天体。密度是质量与体积之比。如果依黑洞视界半径来计算它的体积,就会发现黑洞的密度与质量的平方成反比,质量越小,密度越大。恒星级黑洞密度高达10^{16}克/厘米^3,而星系级的巨型黑洞(质量10^8太阳质量),密度和水相差无几。

有许多观测资料表明,银河系核心存在巨型黑洞。银河系核心区在人马座方向,距离太阳2.8万光年,标记为人马A^*,直径约5.7光年(详见4.4节)。1983年,美、英、荷联合发射的红外天文卫星IRAS发现,核心区的红外辐射比射电辐射强1 000倍,恒星密集程度比球状星团高1 000倍,还发现区内有大量浓密的温度约为300开的"暖"云。暖云和恒星都在高速运动。估计区内总质量在500万~800万太阳质量,而恒星总质量只有200万太阳质量,暖云的质量也不会太大。一定有巨大的质量属于看不见的天体,人们自然想到,那是银心处的巨型黑洞。太阳与银心之间有重重的非恒星物质阻隔着,可见光无法透视,只能通过射电、红外、X射线等手段洞察银心。光盘图7.5.1是钱德拉空间望远镜拍摄的银核区65光年×65光年X射线图像,巨型黑洞就隐藏在中央白色亮斑中。欧洲南方天文台拍摄的银河系核心区2光年×2光年红外图像(光盘图7.5.2 银河系核心区红外图像),箭头指处即人马A^*位置。在核心处1光年范围内,有数千颗恒星。根据这些恒星运动的情况,计算出有300万倍太阳的质量拥挤在10个"光日"(相当于30倍海王星轨道直径)范围中。其中一颗叫做S2的恒星,距离人马A^*中心点17"光时"(相当于4倍海王星到太阳的距离),运动速度5 000千米/秒,周期15.2年,轨道偏心率0.87。根据这些数据可以计算出人马A^*中心处的巨型黑洞的质量为260万太阳质量,视界半径760万千米,比太阳半径大11倍。大约每过一万年,就有一颗恒星被它的引潮力撕碎,一部分碎片被吞吃,另一部分形成气体云分散在很扁的轨道上,围绕黑洞快速旋转。这就是IRAS卫星"看到"的那些暖云。光盘图7.5.3是马萨诸塞大学和加州理工学院联合的2微米红外巡天(2MASS)项目拍摄的银核区80光年×100光年红外照片。

7.5 巨型黑洞、微型黑洞和中等质量黑洞

正常星系的核心可能普遍存在巨型黑洞。如果这些星系的中心区恒星密集分布并高速运动，说明核心部分有大量的质量聚集。聚集的范围如果在引力半径之内，就符合黑洞存在的条件。根据对一些邻近星系中心区亮度和恒星速度分布的精确观测，已有一批正常星系被认为可能存在巨型中心黑洞。表 7.5.1 给出了这些星系的名称和核心质量。表中的 5 个星系在第 6 章中都有相应的图片：M31（图 6.1.3；光盘图 6.4.3）；M32（光盘图 6.2.4）；M104（光盘图 6.2.17）；M106（光盘图 6.5.34）；NGC4261（光盘图 6.5.13）。M105 是 E1 型椭圆星系，狮子 I 星系群的成员，距离 4 000 万光年。光盘图 7.5.4 右侧是 M105 的图像，左上 NGC3384 也是狮子 I 星系群的成员，左下 NGC3379 是更远的群外星系。光盘图 7.5.5 是牛顿 XMM 空间望远镜拍摄的 M31 中心区 X 射线图像和巨型黑洞示意图。

表 7.5.1 已知可能存在巨型中心黑洞的星系

名 称	黑洞质量/太阳质量	名 称	黑洞质量/太阳质量
银河系	2.6×10^6	M106	4×10^7
M31	3×10^7	NGC3115	1×10^9
M32	2×10^6	NGC3377	8×10^7
M104	5×10^8	NGC4261	5×10^8
M105	6×10^7	NGC4486B	6×10^8

星系级黑洞与恒星级黑洞当然在演化上有巨大的差别。前者是宇宙创生后的极早时期形成的，而后者是恒星演化到晚期死亡以后的产物。

以银河系为代表的正常星系，即使活动也是较平稳的。与那些遥远的活动星系和类星体相比较，像人马 A* 这样的黑洞就相形见绌了。活动星系的核心叫做活动星系核，简称 AGN。这方面的研究是当代天体物理学中最活跃的热门领域之一。AGN 的光度通常在 $10^{11} \sim 10^{15}$，由光度可推算其质量的下限。这个下限在天文上称作"爱丁顿临界值"。其含义为：一个稳定的辐射源，由质量造成的引力不能小于其辐射所具有的外向压力，否则引力不足以维持自身物质的聚集而会被"吹"散。AGN 的高光度说明它们具有很大的质量，应在 100 万～100 亿太阳质量之间，否则与巨大光度相当的压力就会把所有物质吹散。活动最激烈的星系核当属类星体，它也应当具有最大的质量。从活动星系核和类星体的光变周期，可见它们只有很小的尺度。质量和尺度的配比，说明在活动星系核，特别是类星体核心有巨型黑洞存在。

6.5 节介绍过的 M87，是室女座星系团的中心椭圆星系。核心处有一个 30 亿倍太阳质量的巨型黑洞，发出炽热的气体的喷流。光盘图 7.5.6 是美国国家射电天文台发布的 M87 射电图像，图右侧是星系全貌，左侧是它的中心喷流分解图。鲸鱼座旋涡星系 M77，距离 5 000 万光年，中心有 500 万太阳质量的巨型黑洞，钱德拉和斯必泽空间望远镜的合成图像，显示出从黑洞中吹出来的高速星风（光盘

图 7.5.7 鲸鱼座 M77 的红外和 X 射线图像)。狐狸座椭圆星系 NGC7052，距离 1.9 亿光年，有吸积盘和 3 亿太阳质量黑洞（光盘图 7.5.8 狐狸座椭圆星系 NGC7052)。钱德拉空间望远镜 2005 年 1 月公布的图片，鹿豹座 MS0735.6＋7421 星系团（光盘图 7.5.9 鹿豹座 MS0735.6＋7421 星系团 X 射线图像），距离 26 亿光年，中央黑洞达 1 万亿太阳质量，比银河系总质量还大。光盘图 7.5.10 是鹿豹座 MS0735.6＋7421 星系团的光学与 X 射线图像的对照图，光盘图 7.5.11 是它的射电与 X 射线图像的对照图。室女座星系 SDSSPJ1306，距离 130 亿光年，中央黑洞有 10 亿太阳质量，光盘图 7.5.12 是其示意图。星系外围有晕和黑洞造成的吸积盘，更外围有环状结构。右下是钱德拉空间望远镜拍摄的 X 射线图像。在 6.5 节中曾介绍过射电星系半人马 A，光盘图 6.5.6 是半人马 A 的光学、X 和射电综合图像，但光盘图 7.5.13 展示的斯必泽空间望远镜拍摄的半人马 A 红外图像，则别有一番风景：棕色旋涡星系镶嵌在外围蓝色的椭圆星系中，旋涡星系中央显出奇特的平行四边形亮环和暗区，暗区中心有巨型黑洞正在美餐，十分明亮。蛇夫座星系 NGC6240，距离 4 亿光年，中心有两个巨型黑洞，光盘图 7.5.14 是哈勃望远镜拍摄的光学图像；光盘图 7.5.15 是钱德拉望远镜拍摄的 X 射线图像。2001 年，钱德拉空间望远镜拍摄室女座巨型黑洞 RXJ1242-11，与 9 年前 ROSAT 卫星拍摄的图像比较，强度增加了 200 倍，判断是发生了一次 X 射线爆发，起因于黑洞撕裂并吞吃恒星。光盘图 7.5.16 是用艺术形式描绘的，巨型黑洞的引潮力将一颗恒星拉长、撕碎，席卷着吞进黑洞的情景，图下方是它的 X 图像和光学图像。

类星体（详见 6.6 节）及其他活动星系核强大的辐射能量不可能是热核反应产生的，因为氢-氦热核反应的质能转换效率只有 0.7％，高光度的消耗需要极大量的氢投入反应，不可能维持它们的实际寿命。类星体应该有更高效率的产能方式。为此，天文学家提出了黑洞-吸积盘-喷流模型。中央有一个快速旋转的巨型黑洞，它大量吸积周围被撕碎的恒星物质，在视界外围形成吸积盘，因时空拖拽效应而快速旋转，沿盘面的垂直方向有两股强大的喷流。吸积盘内侧物质在被巨型黑洞吞吃的过程中产生能量，发出强烈的光辉。更具体的产能机制现在还不得而知。质量较小的如塞佛特星系，靠黑洞的引潮力撕碎恒星；质量较大的如类星体，撕碎恒星的不仅是引潮力，更依赖于恒星乃至星系之间的碰撞。哈勃空间望远镜观测到的类星体基底星系，3/4 有曾经或正在与其他星系碰撞、并吞的迹象。

红移量在 2 附近的类星体数量较多，红移量更大或更小的类星体数量越来越少。这意味着在宇宙的某个阶段（与红移量等于 2 相应的时标为宇宙 30 亿岁时)，类星体数量很多，更早或更晚的时期其逐渐减少。在宇宙诞生之初，星系还没有形成，当然不会有类星体。星系形成之初，中央区域还来不及凝聚成巨型黑洞，吸积无从发生，也不会有类星体那样的高光度表现。当宇宙 30 亿岁时，巨型黑洞形成，这时的宇宙还没有膨胀得太远，星系相当密集，碰撞的机会很多，有大量的"食物"供巨型黑洞享用，类星体频频出现。随着时间的推移，星系之间及星系内部恒

7.5 巨型黑洞、微型黑洞和中等质量黑洞

星之间的距离逐渐拉开，巨型黑洞的"食量"增加，"食物"来源反而减少，类星体逐渐衰亡。直到宇宙100亿岁时，类星体就灭绝了。

黑洞-吸积盘-喷流模型的主体显然是巨型黑洞（图7.5.17），它因高速自转而保有巨额角动量，但周围还得有足够的"食物"才能维持较高的吸积率。3个条件具备，才形成了具有强大活力的活动着的星系的核心。最明亮的活动星系核是类星体。类星体与黑洞之间强烈的反差未免令人深感诧异：黑洞本身是绝对黑暗的，但若配备上一定的条件，就变成了宇宙中最明亮的天体。宇宙真是太奇妙了！

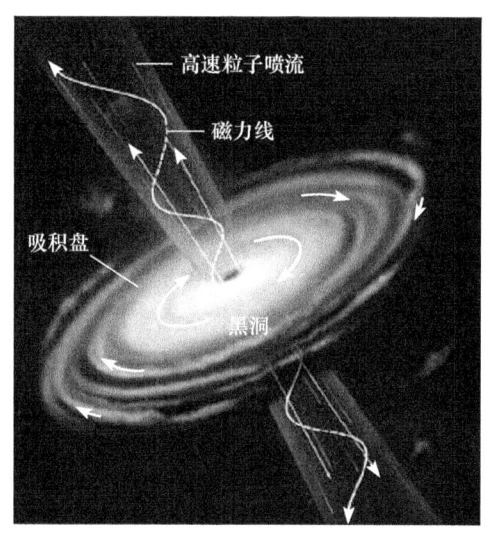

图7.5.17 类星体的统一模型

微型黑洞也叫原初黑洞，可能形成于宇宙大爆炸的早期，典型质量和尺度分别为 10^{15} 克和 10^{-15} 米，这大致相当于全世界所有人口体重之和的两倍与一个质子的直径。现在还没有任何手段来对之进行探测。微型黑洞的概念是霍金于1971年提出来的，他认为远在恒星和星系形成之前，初始宇宙的压力和能量是如此之大，足以迫使一些物质小团块收缩成为不同尺度和质量的原初黑洞。这时候，宇宙由于大爆炸的力量正在膨胀，同时又由于能量的微小涨落，激发一部分物质在自身引力作用下聚集成微型黑洞，飘浮在茫茫宇宙之中。按霍金提出的黑洞蒸发理论，质量越小的黑洞蒸发速度越快。质量为1吨的微型黑洞会在 10^{-10} 秒内蒸发完，质量为100万吨的黑洞能维持10年。只有那些寿命与宇宙年龄相当的微型黑洞才能生存到今天，它们的典型质量和尺度就是 10^{15} 克和 10^{-15} 米。霍金还认为，伴随着黑洞蒸发，黑洞的视界将收缩，它的辐射会越来越强，蒸发也越来越快。当微型黑洞蒸发到最后，只剩下0.1秒时，将发生猛烈的爆炸，全部质量转化为高强度γ射线而喷发出来。

近十年来，黑洞家族又增加了一个新品种——中等质量黑洞，质量介于恒星级黑洞与巨型黑洞之间，存在于球状星团的中心。例如，在仙女座星系M31中的球状星团G1（光盘图4.3.42），中心区就有一个约2万太阳质量的黑洞；位于飞马座的球状星团M15中也发现有4000太阳质量的黑洞，距离地球3万光年（光盘图7.5.18 飞马座球状星团M15）。2008年，通过哈勃望远镜和南双子望远镜的观测，发现在半人马座ω球状星团（光盘图4.3.24；光盘图4.3.25）中心存在有4万倍太阳质量的黑洞。光盘图7.5.19是中等质量黑洞与星系级黑洞质量大小比较示意图，光盘图7.5.20是球状星团中存在中等质量黑洞的示意图。

7.6 宇宙深处的 γ 射线暴

γ 射线暴（简称 GRB）是一种短时间内高能 γ 射线爆发现象。1963 年，美国和苏联签订了禁止核试验条约。为了监视条约的执行，美国发射了一系列军事卫星，监测由地面核试验产生的 γ 射线暴。1967 年果然监测到一起 γ 射线暴，美国军方顿时哗然。但后来查明，它不是来自地面核试验，而是来自天上的某个天体。从此天文学家开始了对 γ 射线暴的研究，陆续发现了一批 γ 射线暴。开始遇到的一个关键问题是 γ 射线暴源头的距离。如果 γ 射线暴只在太阳系附近，那么所有观测到的 γ 射线暴释放的能量抵不上一次中等水平的太阳耀斑。如果 γ 射线暴发生在遥远的河外星系中，它在很短时间内爆发的能量会与超新星相当甚至更高。在 1990 年的一次国际 γ 射线暴学术会议上，大多数科学家都认为 γ 射线暴是中子星的特殊表现，发生在银河系范围之内。

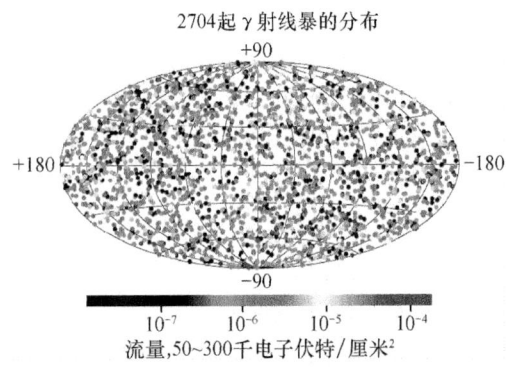

图 7.6.1　2704 起 γ 射线暴分布图

1991 年，美国发射了康普顿 γ 射线空间天文台（CGRO），短时间内即发现了 800 多起 γ 射线暴。统计表明，γ 射线暴的空间分布是高度各向同性的（图 7.6.1）。这使人想到，它们不是来自银河系内的天体，因为银河系是盘状的，太阳在盘子的靠边位置上，河内天体的数量分布不会是各向同性的。如果 γ 射线暴位于更加遥远的河外宇宙空间，各向同性的分布就是很自然的了。但仍有人坚持 γ 射线暴是银河系内的事件，是从银盘逃到银晕中去的中子星所为。γ 射线暴距离之争空前激烈。

γ 射线稍纵即逝，探测器定位精度不高，无法判断发生 γ 射线暴的几度范围内成千上万个天体，哪一个是它的源头。1996 年 4 月，意大利、荷兰联合发射了 BeppoSAX 卫星，可以同时监测 γ 射线暴和 X 射线发射。1997 年 2 月 28 日，卫星观测到位于猎户座内的一个 γ 射线暴 GRB970228，持续时间 80 秒，8 小时后，该卫星又在同一位置观测到 X 射线余晖。光盘图 7.6.2 是当时拍下的纪录，网格线指示位置；颜色指示光子能量：红色、白色是 γ 射线，绿色是 X 射线。左图 2 月 28 日所拍，γ 射线正在爆发；右图 3 月 3 日所拍，只剩 X 射线余晖。由于 X 射线余晖能持续一两个星期，可以准确定位，这起余晖其他的空间探测器也观测到了。21 小时后，西班牙帕尔玛岛上的口径 4.2 米光学望远镜看到了它的光学余晖，亮度 21 等。半年之后，哈勃空间望远镜看到它时，已减弱到 28 等。光盘图 7.6.3 是哈勃望远镜所拍，右图是左图中部的放大，下面的黑白图指示位置。光学余晖是右图中部稍暗的点，而不是

7.6 宇宙深处的 γ 射线暴

上面的亮点更不是左图上方的椭圆形亮斑。4月2日，BeppoSAX观测到又一起γ射线暴GRB970402，位于南三角座，7小时后，观测到X射线余晖。光盘图7.6.4是BeppoSAX图像，左图4月3日所拍，红色γ射线仍有，右图4月5日所拍，只有绿色X射线余晖了。5月8日，BeppoSAX卫星在鹿豹座内观测到一起γ射线暴GRB970508，持续时间15秒（光盘图7.6.5 GRB970508）。5小时后观测到X射线余晖，两天以后，美国的地面5米望远镜观测到亮至20等的光学余晖（光盘图7.6.6 5米望远镜拍GRB970508的光学余晖）。甚长基线干涉仪（VLBI）观测到它的射电余晖。1998年，哈勃空间望远镜还能观测到它（光盘图7.6.7 哈勃望远镜拍GRB970508的光学余晖）。从光学余晖的光谱测出其红移量为0.835，按宇宙学红移推算，这起γ射线暴的发生地距离我们74亿光年（取哈勃常数$H_0=71$）。同年12月14日，BeppoSAX和CGRO共同观测到又一个强γ射线暴GRB971214，位于大熊座内，持续时间50秒，7小时后，观测到X射线余晖。光盘图7.6.8是BeppoSAX图像，左图是γ射线暴后6.5小时所拍，红色和白色的γ射线仍有余晖；中图是γ射线暴后12.5小时所拍，显现绿色X射线余晖；右图是γ射线暴后54小时所拍，高能射线都消失了。夏威夷的凯克Ⅱ及哈勃空间望远镜都观测到它的光学余晖，还发现所在精确位置的基底星系，是一个典型的星爆星系，亮度25.6等，红移量3.418，相应的距离为124亿光年。光盘图7.6.9是光学图像，左图凯克Ⅱ所拍，右图哈勃镜所拍。这起γ射线暴事件，居然是在宇宙年龄13亿岁时发生的。它在50秒钟内倾泻出来的能量高达10^{46}焦耳，相当于整个银河系200年的辐射总能量。在前2秒钟内，它的亮度居然与整个宇宙的其余部分一样亮。凯克望远镜是目前世界单面口径最大的光学望远镜，口径10米，有同样的两台凯克Ⅰ和凯克Ⅱ，并排安装在夏威夷莫拉克亚山，属美国加州理工学院和加州大学共有。1997年γ射线暴的观测成果，被列为美国《科学》周刊年终十大科技成果之一。

1999年1月23日，CGRO观测到一起更强的γ射线暴GRB990123，持续时间约100秒。与前几起不同的是，它的光学余晖在爆发后22秒钟就出现了，47秒时达到最亮，星等8.95等，红移量1.6，距离102亿光年（光盘图7.6.10 哈勃望远镜拍GRB990123的光学余晖）。6小时后观测到X射线余晖，次日观测到射电余晖。GRB990123的能量高达3.4×10^{47}焦，看起来比9等星还亮。人们猜想这不是它的真实亮度，而是引力透镜的增亮作用，或者其光辐射不是各向同性而是集中成束发射，地球碰巧位于射束所在的方向，否则如此高的亮度是难以理解的。这起γ射线暴的发现被列入1999年美国《科学》周刊十大科技成果之一。

1998年4月25日，与γ射线暴GRB980425几乎同时，在同一位置上出现一颗超新星，天文学家当即意识到这不是偶然的巧合。2002年8月13日，人马座γ射线暴GRB020813同时出现高能粒子喷流，与超新星爆发相隔60多天，进一步显示出γ射线暴与超新星的关联（光盘图7.6.11 GRB020813示意图）。2003年3月29日，再度特别清楚地表明，γ射线暴GRB030329确实是由超新星爆发引起

图 7.6.16 γ 射线暴与 Ic 型超新星相关示意图

的。光盘图 7.6.12 的示意图是综合了美国和澳大利亚的射电与光学观测绘制的。GRB030329 位于狮子座，红移量 0.168，距离 21 亿光年，相应的超新星称为 Ic 型超新星，比其他类型的超新星爆发更加强烈。但是这类 Ic 型超新星有哪些特别的物理性质及在何种机制下产生 γ 射线暴，目前还不清楚。光盘图 7.6.13 是南美 6.5 米麦哲伦望远镜拍摄，光盘图 7.6.14 是南美 8.2 米欧南台 VLT 望远镜拍摄的 GRB030329 的光学余晖照片。光盘图 7.6.15 是美国 110 米、德国 100 米、美国 VLA 和 VLBA 拍摄的 GRB030329 的射电余晖综合照片。这起 γ 射线暴的观测成为美国《科学》周刊 2003 年十大科技成果之一，而且是 γ 射线暴研究第三次榜上有名（图 7.6.16）。

2004 年 1 月 1 日，钱德拉空间望远镜拍到了船尾座 γ 射线暴 GRB031203 的 X 射线余晖，距离 13 亿光年，这起 γ 射线暴是欧洲空间局与俄、美合作的 INTEGRAL 探测器发现的，也与超新星有关。光盘图 7.6.17 是这起 γ 射线暴的示意图，图右下角是其 X 射线余晖。

天文学家发现 γ 射线暴的光子能量从高到低有一段时间延迟，而延时的长短与绝对亮度有关。因此可以根据延时的测量得知光度，再与视亮度比较而得知距离。对于那些占大多数的，无法测量谱线红移量的 γ 射线暴来说，这是另一种有效的测量距离的方法。用此方法测量的 1 437 个 γ 射线暴，大多数都在几十亿光年远的地方，只有少数发生在银河系附近的星系中。观测表明，大多数 γ 射线暴的辐射集中在一个很窄的角度范围内，以喷流的形式发出，所以 γ 射线暴的实际能量要比以前按各向同性的辐射来估计的能量小得多。银河系内是否也有 Ic 型超新星，同时伴随 γ 射线暴呢？钱德拉空间望远镜 2000 年拍到天鹰座一处 Ic 型超新星遗迹 W49B（光盘图 7.6.18　W49B 的 X 射线与红外的合成图像），红色的氢分子云围绕着绿色的红外辐射和蓝色的发出强劲 X 射线的 1 500 万开高温气体，距离约 3.5 万光年，位于银河系内。有天文学家提出，它当年爆发时，曾伴随 γ 射线暴，一分钟 γ 射线暴流量相当于 1 万个太阳的亮度。如果属实，它曾经是离我们最近的 γ 射线暴。银河系内离我们近处发生的 γ 射线暴可能破坏地球的臭氧层，或者带来其他灾难（光盘图 7.6.19　银河系内的 γ 射线暴给地球带来灾难）。但由于 γ 射线暴的喷流方向性很强，只要没有正对着地球方向，人类就是安全的。有学者指出，地球遭遇 γ 射线暴袭击的概率大约是每一亿年一次。

为了更深入的研究 γ 射线暴，2000 年 10 月 9 日美国发射了"HETE-2"高能

7.6 宇宙深处的 γ 射线暴

暂现源探测器，与日、意、法合作探测暂现 X 和 γ 射线暴。2004 年 11 月 20 日，美国与英、意合作，发射了"雨燕"（Swift）γ 射线暴探测卫星，能够敏捷地调整身姿，在数十秒钟内捕捉任何 γ 射线暴，还能进行光学和硬 X 射线余晖的观测，并将位置和强度数据在 15 秒钟内送至地面，供全世界的地基和天基望远镜跟踪观测（光盘图 7.6.20 "雨燕" γ 射线暴探测卫星）。美、法、德、日、意、瑞典共同建造功能更加强大的 GLAST 探测器，投资 3 亿美元。原计划 2006 年发射，实际发射于 2008 年 6 月 11 日，轨道高度 565 公里，倾角 28.5 度。发射后改名为费米 γ 射线空间望远镜（Fermi gamma-ray space telescope）。主要目标为研究 γ 射线暴，巨型黑洞附近的喷流，暗物质与宇宙膨胀的加速机制等，是目前最高端光子能量的探测设备。（光盘图 7.6.21 GLAST 宣传画；光盘图 7.6.22 GLAST 发射实景）。

2005 年 5 月 9 日，"雨燕"卫星在天鹅座里探测到一起短时 γ 射线暴 GRB050509，在几毫秒内发出 10 亿倍太阳光度的能量，不到 1 分钟之后观测到光学和 X 射线余晖，视星等 17.3 等，红移量 0.226，位于 27 亿光年远处。2005 年 7 月 9 日，"HETE-2"探测器在南天天鹤座里探测到另一起短时 γ 射线暴 GRB050709，持续时间 100 毫秒，3 天后钱德拉空间望远镜测到了 X 射线余晖，哈勃望远镜和智利拉西亚、坎帕纳斯和夏威夷的地面望远镜都观测到光学余晖，红移量 0.16，位于 20 亿光年远处、一个旋涡星系的晕中。这两起 γ 射线暴不同于持续时间较长的 γ 射线暴，不是由大质量恒星超爆产生的。它们被认为是两个中子星相碰撞（光盘图 7.6.23 太空画：两个中子星碰撞），或黑洞吞吃中子星时的壮观表现：中子星先被拉成弯月形，再成为黑洞的美餐，同时迸发 γ 射线暴（光盘图 7.6.24 太空画：黑洞吞吃中子星的过程）。天文学家 35 年前就已发现过这种短时 γ 射线暴。约有 30% 的 γ 射线暴持续时间在 2 秒以下，属于此种类型，现在终于揭开了它神秘的面纱。相关消息很快就发表在英国《自然》周刊上。两个中子星相撞，可能形成黑洞；而黑洞吞吃中子星会形成更大的黑洞。两种情形都会导致强引力波发射，这为人们直接看到引力波这种时空波纹提供了可能性，因而具有非常重要的科学价值。2005 年，这两起发现使 γ 射线暴第四次荣登美国《科学》周刊十大科技成果之一。

2005 年 9 月 4 日，"雨燕"卫星在双鱼座里发现一起 γ 射线暴 GRB050904，南美洲智利的 ESO-VLT 和南双子 8 米望远镜观测到光学余晖，视星等 17.36 等，红移量竟高达 6.295，距离接近 130 亿光年，诞生于宇宙 8.9 亿岁时（光盘图 7.6.25 GRB050904 的星座位置；光盘图 7.6.26 ESO 拍摄的 GRB050904 光学余晖）。2008 年 9 月 13 日，"雨燕"卫星在波江座里又发现一起 γ 射线暴 GRB080913，南美洲智利的 ESO-VLT 望远镜观测到光学余晖，红移量 6.7，距离比前一起更远，诞生于宇宙 8.25 亿岁时（光盘图 7.6.27 ESO 拍摄的 GRB080913 光学余晖；光盘图 7.6.28 GRB080913 光学余晖照片中央部分放大）。这是两起迄今发现最遥远的 γ 射线暴。

2006 年 2 月 18 日，"雨燕"卫星在白羊座里发现一起 γ 射线暴 GRB060218，延时 900 秒，随即有 X 射线爆发，延时 2 600 秒。地面 SDSS 望远镜和夏威夷 Keck

Ⅰ同时观测到一颗Ⅰc型超新星SN2006aj,红移量0.033,距离4.4亿光年。估计超新星生前质量20~25太阳质量,超爆能量10^{42}焦耳。这是又一起γ射线暴与超新星相关的例证(光盘图7.6.29 与GRB相关的超新星:左SDSS望远镜拍摄;右KeckⅠ望远镜拍摄)。

自1967年第一例被发现以来,至2006年末已观测到超过3000次γ射线暴。现在差不多每天都能观测到1~2次。γ射线暴来自宇宙尺度上的遥远天体,有极高的能量集中于很小的体积内,在很短的时间内,以一种效率极高的方式大规模释放能量。众多的γ射线暴像是无数个急速膨胀的火球分布在宇宙各处,明灭可睹。人们曾经认为超新星是除宇宙大爆炸以外最猛烈的爆发事件,看来有些γ射线暴的猛烈程度要超过超新星。关于γ射线暴的物理本质及能源机制问题,仍然是当今天体物理学中最富神秘色彩的现象之一。

超大质量恒星超爆—γ射线爆发—中子星与中子星火拼,然后塌缩成黑洞—黑洞吞吃中子星……,苍茫宇宙之中这些用"山崩地裂""海枯石烂"都远不足以形容的大规模物质转换过程,被小小地球上的人类了解于指掌之中,我们不得不又一次惊叹人类智慧之无穷!

7.7 引力透镜

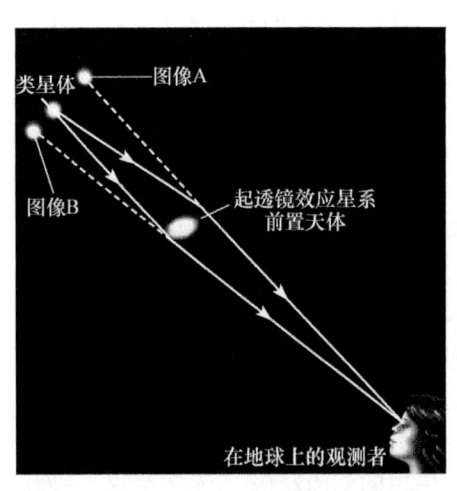

图7.7.1 引力透镜效应的原理示意图

引力透镜是强引力场中一种特殊的光学(以及其他电磁波段)效应。早在1912年,爱因斯坦即提出过引力透镜的概念。假设地球与一个类星体或星系之间刚好有另一个可能包含巨型黑洞的大质量星系或星系团,三者差不多在一条直线上,远方的类星体或星系的光受到大质量星系或星系团的阻挡,不能沿直线到达地球。但黑洞附近的时空弯曲使光线沿着曲折的路径到达,而使地球上观测到的像偏离了它原本所在的方向,其效果类似于透镜对光线的会聚作用,这就是引力透镜效应。产生引力透镜效应的中间天体叫做前置天体。

图7.7.1是引力透镜效应的原理示意图:远方的类星体被分开成两个像。引力透镜效应可能产生双重像或多重像,这些像有相同的光谱结构和谱线位移量。引力透镜效应还可能改变像的亮度分布,或者使亮度增强。图7.7.2是使亮度增强的原理示意图:上图和下图亮度没有增强,而中图由于前置天体的作用使亮度增强了。引力透镜效应还可能有放大作用,图7.7.3是放大作用的原理示意图。

7.7 引力透镜

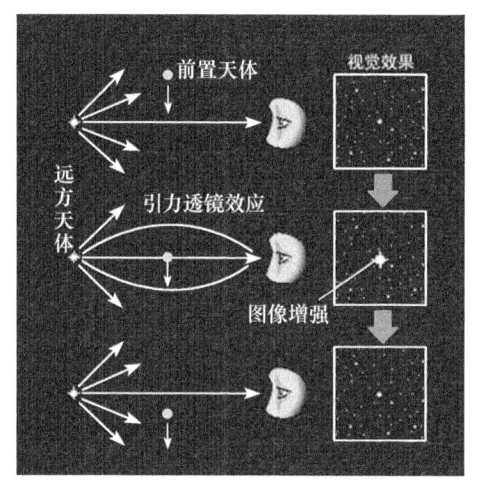

图 7.7.2 引力透镜效应使亮度增强

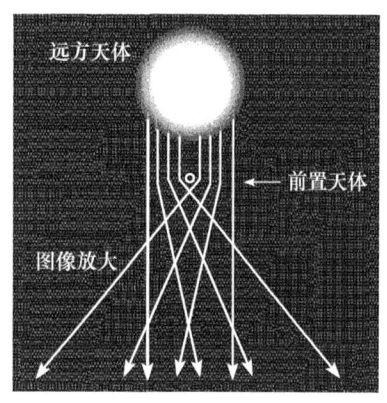

图 7.7.3 引力透镜效应使像放大

1979年3月，由英、美两国天文学家组成的小组，使用基特峰天文台2.1米口径的望远镜观测到一对类星体Q0957+561A和Q0957+561B，二者亮度相同，都是17等，角距离仅6.2角秒，而且光谱结构相同，红移量都是1.405，被判断是同一个类星体的两个孪生像。这是天文学家观测到的第一例有引力透镜效应的类星体。前置天体被认为是一个暗弱的星系。1985年，地面望远镜的巡天观测发现一例著名的"爱因斯坦十字"引力透镜效应G2237+0305，后来被哈勃望远镜拍下非常精彩的照片（图7.7.4）：5个光斑呈对称形簇拥在一起，中央光斑是一个距离我们4亿

图 7.7.4 "爱因斯坦十字"引力透镜效应

光年的亮星系，周围4个光斑是远在80亿光年处的一个类星体，因中央亮星系的引力透镜效应，亮度得到增强并分开成4个像，上下两个像分开的距离是$1''.6$。

2000年4月，钱德拉空间望远镜拍摄到类星体H1413+117的四重像，位于牧夫座，距离110亿光年，前置天体是一个旋涡星系（光盘图7.7.5 类星体H1413+117的引力透镜效应）。光盘图7.7.5左下是钱德拉拍摄的X图像，上部是示意图。光盘图7.7.6是哈勃望远镜拍摄的狮子座类星体PG1115+080的四重像，左边是原图，右边是移走中央亮斑以后的图。前置天体是一个距离30亿光年的椭圆星系，而类星体距离80亿光年。光盘图7.7.7是位于夏威夷的日本8米光学望远镜拍摄的PG1115+080照片，左图是可见光与近红外的合成像，右图是远红外图像。

光盘图7.7.8是哈勃望远镜拍摄的类星体14176+5226的四重像，前置天体是

一个距离 70 亿光年的椭圆星系，而类星体距离 110 亿光年。光盘图 7.7.9 是哈勃望远镜拍摄的类星体 18078+4600，前置天体是一个星系团，图中显见其中 4 个成员，而蓝色光弧是远方一个星系被引力透镜效应造成的幻象。

20 世纪 90 年代，哈勃望远镜拍摄到著名的天龙座 Abell 2218 星系团的引力透镜效应照片（光盘图 7.7.10　Abell 2218 引力透镜效应）。在距离地球 20 亿光年的富星系团 Abell 2218 中央球状椭圆星系周围，分布着 120 多段纤细的同心圆弧，被认为是在 Abell 2218 后面最远到 100 亿光年处的一些星系由引力透镜效应生成的幻景。光盘图 7.7.11 是 Abell 2218 的局部放大图。右上角小图的左下角一个黄色大圆斑是距离 66 亿光年的椭圆星系，长长的蓝色细弧是约 100 亿光年远的星爆星系的幻象，箭头所指的两个红色暗点，是一个距离 132 亿光年远的星系的双重像。光盘图 7.7.12 是 Abell 2218 的示意图。2002 年 6 月，哈勃望远镜又拍摄到室女座 Abell 1689 星系团的引力透镜效应照片（光盘图 7.7.13　Abell 1689 引力透镜效应）。前置天体 Abell 1689 星系团有数千个星系，距离 22 亿光年，将其身后几百个几十亿光年远处的星系歪曲变形，最远的达 132 亿光年。

星系团 AC114 距离 40 亿光年，光盘图 7.7.14 右图是它的地面光学望远镜图像。在其中一小块长方形区域里，哈勃望远镜拍到一对红色长形光斑，具对称结构，是一个更遥远的星系的引力透镜效应幻象，而夹在当中的两个红色圆斑是与星系团无关的别的星系。前置天体可能是星系团中的暗物质。可见引力透镜效应可以作为发现宇宙中暗物质的探针。

光盘图 7.7.15 是哈勃望远镜拍到的引力透镜效应，前置天体是星系团 CL1358+62，位于大熊座，距离 50 亿光年。图中一道弯弯的黄色长弧（图右侧是它的放大像）是距离 130 亿光年的遥远星系的幻象。大熊座旁边的天猫座星系团中，哈勃望远镜拍到一段红色的亮弧，叫做天猫弧（光盘图 7.7.16　引力透镜效应造成的天猫弧），是天猫星系团造成的引力透镜效应幻象。弧当中有一对亮点，被判断为有新恒星诞生的星团，距离 120 亿光年，可能是宇宙中最早诞生恒星的地方之一，比银河系中的猎户云亮 100 万倍。光盘图 7.7.17 是用艺术手法描绘的天猫弧壮观图。双鱼座中的星系团 0024+1654（光盘图 7.7.18　引力透镜效应 0024+1654），距离 50 亿光年，有 5 个蓝色幻象 A、B、C、D、E 属于同一个 100 亿光年远处的星系，这也是哈勃望远镜的杰作之一。另一杰作是天炉座星系团 J033238-275653，由红、蓝、绿各种类型的星系组成，距离 60 亿光年。中央一道蓝色的蛾眉月形弧线，是 100 亿光年远处的一个星系的引力透镜效应幻象（光盘图 7.7.19　引力透镜效应 J033238-275653）。

2006 年 5 月 23 日释放的哈勃望远镜引力透镜效应照片，前置天体是星系团 SDSSJ1004+4112，位于小狮座，距离 70 亿光年。远在 100 亿光年处的一个类星体畸变出 5 重像。一些被畸变为弧形的星系，最远达 120 亿光年（光盘图 7.7.20　J1004+4112 引力透镜效应）。2007 年 3 月 2 日释放的哈勃望远镜引力透镜效应照片，前置天体是星系团 Abell 2667，位于玉夫座，距离 28 亿光年。图中一道蓝弧是远在 32 亿光年处的一个星系畸变而成，被称为"星系团中的彗星"（光盘图 7.7.21 Abell 2667 引力透镜效应）。由引力透镜效应而使远方天体呈环状图像，被称为爱因斯坦环。光盘图 7.7.22 是哈勃望远镜在 2004 年 8 月～2005 年 3 月的巡天观测中发现的 8 个爱因斯坦环。表 7.7.1 是这 8 个爱因斯坦环的有关信息。光盘图 7.7.23 是 2007 年 10 月 9 日英国《自然》杂志发表的爱因斯坦环"宇宙之眼"的照片，由哈勃望远镜拍摄。前置天体是星系团 J2135-0102，位于宝瓶座，红移量为 0.33。被畸变的天体红移量为 3.07，距离相差约 3 倍。2008 年 1 月，哈勃望远镜网站还公布了一张珍贵的双爱因斯坦环 SDSSJ0946+1006 照片。双环的成因是一个前置天体后面的两个距离不同的遥远星系，恰巧排在同一个方向上，像三颗成串的珍珠。SDSSJ0946+1006 位于狮子座。前置天体距离约 30 亿光年，产生内环幻象的星系距离约 60 亿光年，产生外环幻象的星系距离约 110 亿光年（光盘图 7.7.24 珍贵的双爱因斯坦环）。

表 7.7.1 8 个引力透镜效应产生的爱因斯坦环

名称编号	赤经（J2000）	赤纬（J2000）	观测日期	前置天体红移量	背景天体红移量
J073728.45+3216	07 37 28.44	+32 16 18.7	2004.9.21	0.3223	0.5812
J095629.77+5100	09 56 29.78	+51 00 6.4	2004.10.30	0.131	0.467
J120540.43+4910	12 05 40.44	+49 10 29.4	2005.3.8	0.215	0.4808
J125028.25+0523	12 50 28.26	+05 23 49.1	2005.3.12	0.2318	0.7946
J140228.21+6321	14 02 28.22	+63 21 33.3	2004.8.4	0.2046	0.4814
J162746.44−0053	16 27 46.45	−00 53 57.6	2005.3.20	0.2076	0.5241
J163028.15+4520	16 30 28.16	+45 20 36.3	2004.10.4	0.2479	0.7933
J232120.93−0939	23 21 20.93	−09 39 10.3	2004.9.6	0.0819	0.5324

产生引力透镜效应的前置天体可能是有巨型黑洞的星系、星系团，也可能是非重子暗物质。一些遥远因而暗弱的星系，原本无法观测到，由于引力透镜效应的亮度增强作用而被观测到了。引力透镜效应也是发现暗物质的探针。引力透镜效应是探测黑洞、研究暗物质及探索星系形成和演化的有力工具。

7.8 黑洞奇点、白洞和虫洞

黑洞理论的最不可思议之处，是黑洞中心的奇点只有质量没有体积，密度为无穷大。无论从物理理论还是从人们日常生活经验来说，这都是不可理解的。然而两位当代著名的英国物理学家彭罗斯和霍金已经从理论上严格证明，奇点是广义相对论的必然结论。如果出现大质量恒星的引力塌缩，它的结局将成为黑洞并出现奇点是不可避免的。要否认这一结论，只有摒弃或者修改广义相对论。

黑洞的视界隐蔽了视界内的一切。在视界内，奇点附近的时空特性使所有的自然定律都失去意义。但由于视界的屏蔽作用，外界对此毫无感知。如果奇点没有被视界严密保护而有某处与外界相通，这种情况称为出现了"裸奇点"。由于奇点所具有的特异性质，它对外部时空产生了完全不可预测的影响。果真出现裸奇点的话，现有的一切物理定律也许都要重新考虑了。为了不致陷入如此窘境，彭罗斯提出一条假设：自然界有某种规则禁止出现裸奇点。换句话说，引力塌缩一定会使奇点严密包裹在视界之中，奇点与外界之间原则上不存在任何联系。奇点永远都不会对外部时空产生任何影响，也永远不可能被我们观测到。这一假设被彭罗斯称为"宇宙监督"。这一假设虽然用广义相对论本身无法证明，却也无法推翻，而现实宇宙的状况说明至今没有出现过与之相违背的情况。

曾经有人提出，当前人们所处的宇宙本身是一个大黑洞。他们根据宇宙的总质量计算相应的史瓦西半径值，认为现实宇宙的尺度小于这个半径值，于是整个宇宙处于一个大黑洞的视界以内。果真如此的话，至少会出现两个无法理解的问题。其一，整个宇宙在黑洞的视界里，那么视界之外必定还有更广阔的世界。我们的信息传不出去，我们与外部世界是永世隔绝的，但毕竟存在着另一个更广阔的世界。可是按人对宇宙的理解，宇宙是包容一切的，它的外面不可能有任何东西，甚至应该说它没有"外面"，这作何解释呢？其二，我们是在黑洞的视界里，但我们显然并没有落在一个只有质量没有体积的奇点上，否则我们自身及我们所掌握的一切规律都成为毫无意义的，这难道不奇怪吗？

现在，势必要追溯的，就是在黑洞的奇点问题上，广义相对论究竟是否正确。彭罗斯和霍金的理论证明越严密，这一问题就越尖锐，越说明广义相对论存有漏洞，或者说它被运用到了其适用范围之外。

广义相对论是人类迄今最好的引力理论，被誉为"人类智慧最伟大的成就"(M. Born)，"思维威力的一个最美妙的例证"(H. Weyl)。广义相对论常被比作一项优美的艺术创作，说"它具有优美的特征，伟大的数学美"(M. Dirac)。爱因斯坦本人也说过，如果他不发表狭义相对论，很快就会有别人发表；如果他不发表广义相对论，那么，100年也不会有人发表。然而也有人认为：一个理论的优美并不保证它的正确，"爱因斯坦的理论不属于物理理论的范畴，它是一种先验的、凌驾于一切的、不可理解的理论。"(H. Bouasse) 广义相对论的薄弱之处，是没有考虑微观世界演化的量子力学原理，而黑洞的奇点刚好是涉及微观世界中极小尺度时空结构的范例。

量子力学的理论基石之一是海森伯的测不准原理，即原则上不可能同时精确地知道任何物体的位置及速度。而根据广义相对论，引力场中不同位置处的时空不同，要精确测量不同时空之间的微小差异，就得精确地知道钟的速度和钟在引力场中的位置。二者结合在一起，结论就是：如果时空小到一定的限度范围之内，相对论正确与否的可测量性与量子理论不能同时成立。在这个尺度上，时空是不连续的，或者说时空是量子化的。这一尺度称为普朗克时空尺度。按理论计算的值为：时间尺度 5.3908×10^{-44} 秒；空间尺度 1.6161×10^{-35} 米。空间的普朗克尺度与质

7.8 黑洞奇点、白洞和虫洞

子半径之比,相当于人的身高与银河系半径之比。奇点的奥秘就隐藏在这纤毫微末的普朗克尺度之中。在普朗克尺度上,空间和时间是测不准的,或者说在这个尺度上,时空概念本身需要重新被考虑,爱因斯坦相对论要让位于新的理论,不妨称之为"量子引力理论"。这一新的理论也是爱因斯坦本人后半生所致力而没有成功的领域。直到现在,在所谓"后爱因斯坦理论"的研究工作中,虽然出现了一些有价值的思想,但仍然没有多少头绪。用约翰·惠勒的说法是,"广义相对论与量子力学将在这里联姻",而未来的产儿也许有能力对黑洞奇点问题作出完满的解释。人类认识浩瀚宇宙的历史毕竟还是太短了。

白洞(white hole)是根据物质世界的对称性,纯粹由理论引申出来的概念。最早使用这一名词的是 1971 年耶尔明(R. M. Hjellming)的一篇文章。白洞是黑洞的时间反演。在所有关于黑洞的方程式中,将时间量前面加一个负号,就都适合于白洞。白洞也有一个视界。与黑洞相反,所有物质和能量都不能进入视界,而只能从视界内部逃逸出来。白洞是宇宙中的喷射源。白洞视界里的奇点也许藏匿着无穷无尽的物质,以与黑洞吞噬物质相反的方式向外界喷吐物质和能量。宇宙创生的大爆炸理论(详见第 9 章)描述了人们现在所观测到的宇宙中的一切:行星、恒星、星系,甚至原子核和夸克,都是源于 137 亿年前的一个物质的奇点。这个奇点就很符合白洞所描述的概念。然而白洞理论毕竟是非常粗糙的,具有狂想性质。正如丹尼斯·萨顿(D. Sutton)所说:"科学的前沿总是一种由新的真实、合理的假设和轻狂的猜想组成的奇怪的组合"。对照而言,广义相对论属上述混合物中的第一种成分,黑洞属于第二种,而白洞则适合第三种。

比白洞更"轻狂"的猜想是"虫洞"(worm hole)。这个名词也是为黑洞取名的惠勒想出来的。"虫洞"是连接黑洞与白洞的某种隧道,像是蛀虫所为的劣迹。宇宙中的物质和能量可能在进入黑洞视界到达奇点后,沿着"虫洞"再从白洞的视界喷射出来。图 7.8.1 采用抽掉一维空间的方法,画出了只剩下二维的平面上的现实

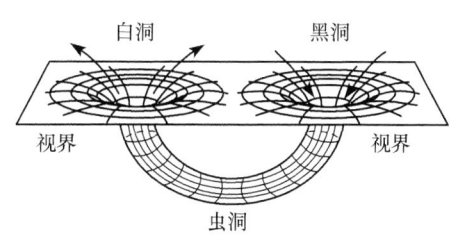

图 7.8.1 黑洞、白洞与虫洞的
想象和示意图

空间,各有一个黑洞和白洞,而虫洞是在二维现实空间以外的超空间里。

1988 年,美国天体物理学家索恩(K. S. Thorne)和他的两名学生在《物理学评论通讯》上发表了一篇论述虫洞和时间机器的文章。时间机器是科幻作品中经常出现的话题,人们通过时间机器可以进入早已逝去的古代或跨越到遥远的未来社会中去。但是,在白洞理论出现之前,所有关于时间机器的幻想都是缺乏科学根据的。索恩提出,虫洞可能连接着宇宙中两个相距遥远的奇点,形成一条神秘通道,开在现实二维空间之外的超空间(第四维或更高维度)里。譬如说,地球与织女星的空间距离为 26 光年,但这个空间是弯曲的。在地球与织女星附近各有一个黑洞和白

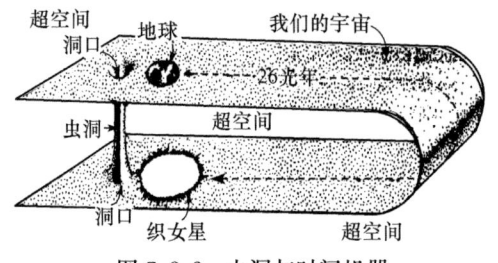

图 7.8.2 虫洞与时间机器

洞,并有一条穿越超空间的捷径——虫洞,将黑洞和白洞的两个奇点连接起来(图 7.8.2)。从地球附近掉进黑洞的物体,也许会通过虫洞,再从白洞的奇点喷射出来,然后发现织女星就在旁边。从地球到织女星的旅行只需要比 26 年短得多的时间,这就实现了时间机器。

索恩的好朋友霍金不同意索恩的观点。霍金认为:按照广义相对论的计算,超空间中的虫洞只能在某个极短的时间里打通,随之迅即关闭。任何企图在虫洞打开的短暂时间里穿过去的事物,都将在虫洞迅即关闭的时候被捕获而消失在奇点中。然而索恩反驳说:或许有某种具有负能量的射束,在贯穿虫洞时能够撑住洞壁而不让其关闭,使虫洞维持通畅。霍金认为:物理学定律不允许有时间机器。时间只能向前不能向后的特性是不容破坏的。不论用什么样的事物,如虫洞、宇宙弦或别的什么东西,制造时间机器时,最终总会有某种规律使之不能成功,以保证世界不会破坏历史。

虫洞狂想也许还可以猜测,现在人们所观测到的宇宙是在比 137 亿年更久远的"以前",由另一个宇宙塌缩后进入黑洞,再从白洞中喷射、爆发出来的。

在科学发展的历史上,确曾有一些属于"轻狂的猜想"后来演变为科学的真实。但是人们不要忘记科学的真实与假设和轻狂之间应有的界限。

第 8 章 地外文明

8.1 生命的含义与生命起源概述

迄今为止，宇宙中唯一已知有文明存在的星球就是地球。在银河系的 3 000 亿颗恒星周围，在银河系外的茫茫宇宙之中，难道就再也找不到别的文明了吗？人们苦苦地思索着、寻觅着、……。长期以来，地外是否存在文明的问题只停留在一般猜想或哲学的推理上，直到 20 世纪 60 年代以后，才真正进入严肃的科学研究领域。虽然尚未取得任何直接的证据，但已在生命科学、地球科学和天文学领域里，有了许多观测事实和研究成果，使人们更加相信地外确实存在生命乃至文明的科学结论，只是由于时间和空间的阻隔，人类还没有同他们取得联系。地球上的人类渴求早日遇到来自天外的知音。在世界上一些地方，许多实际的探测研究项目正着手进行着。在人类所有的科学研究项目中，再也没有比确实探测到地外文明更为激动人心和对人类观念产生更大冲击的成果了。

根据生物分类学家的研究，今天生活在地球上已经确知的，并已正式命名的生物种类约有 170 万种。按照 1969 年才确定的五界分类系统，这 170 万种生物中，动物界近 120 万种，植物界近 50 万种，真菌界 4.5 万种，其余属原核生物界和原生生物界。还有更多的物种没有被发现，估计总数超过 1 000 万种。如果加上已经灭绝了的物种，从生命起源到现在，地球上总共大约生存过 5 亿种不同种类的生物。现代分子生物学已在分子水平上揭示了如此纷繁的生命世界，从地球早期的单细胞生物到现代高等植物和动物，组成它们的生物大分子，在基本结构和基础生命活动方面有高度的一致性。

能否活动并不是生命的根本特征。跳动的火焰和飞逝的流云都不是生命。生命现象至少具有三种基本特征，这就是自我复制、兴奋性与自我更新。其一，任何生物个体的寿命都是有限的，必然要衰老、死亡。一切生物都是通过产生新的个体来延续种系。生物体生长发育到一定阶段后，能够产生与自己相似的子代个体，这种功能称为生殖或自我复制。其二，各种生物体都生活在一定的环境中，当它所处的环境发生某些变化，生物体能主动地作出适当的反应，以适应环境的变化，反应的过程及其表现称为兴奋。生物体产生兴奋的能力称为兴奋性，它是生物能够生存的必要条件和基本表现。其三，生活在适宜环境中的生物体总是在不断地重新建造自身的特殊结构，同时又在不断地破坏自身已经衰老的结构。它的各个部分都在不断地以新合成的生物分子代替旧的。这个过程称为新陈代谢或自我更新。生物体只有在与环境进行物质与能量交换的基础上才能实现自我更新。新陈代谢是一切生物体必不可少的生命活动，如果生物体停止自我更新，它的生命也就结束了。非生物不能表现生命活动，只有生物才具有生命。但生物体也可能在一定时间内不表现生命，如处于特殊冷冻状态下的生物组织等。在一些似生物非生物的物体身上，有时候很难划出生命和非生命的界限。如烟草斑纹病毒的结晶，并没有新陈代谢和兴奋性的表现，但它却能在进入烟叶毛细胞后，迅速复制出大量烟草斑纹病毒。很难确切地说，它是有生命的还是无生命的。

细胞是生物的基本构成单元（除病毒外）。高等生物是由许多结构和功能不同的细胞组成的。人体约有 10^{14} 个细胞，平均尺度 10 微米，每个细胞平均含有 $10^{12} \sim 10^{14}$ 个原子。所有生物细胞的主要成分都是蛋白质和核酸。蛋白质是多种氨基酸的组合体。核酸分 DNA（脱氧核糖核酸）和 RNA（核糖核酸）两类。DNA 和 RNA 又是由几千个乃至几百万个核苷酸组成。氨基酸和核苷酸都是大的有机分子，前三位的组成元素按原子个数列序是氢、氧、碳，按质量列序是氧、碳、氢。DNA 接受和储存遗传信息，RNA 按照 DNA 的信息选择细胞里的氨基酸合成蛋白质；生命通过蛋白质表现出来，而蛋白质的合成由核酸控制。核酸负责自我复制，蛋白质的活动充分体现了兴奋性与自我更新。生物体的兴奋性是由对环境十分敏感的感受细胞，通过生物电信号的传送，使机体各部分迅速产生生物电变化，以适应环境而表现出来的。组成蛋白质的基本氨基酸一共只有 20 种，它们的名称是：甘氨酸、丝氨酸、苏氨酸、半胱氨酸、酪氨酸、赖氨酸、精氨酸、组氨酸、天冬氨酸、谷氨酸、丙氨酸、缬氨酸、亮氨酸、异亮氨酸、甲硫氨酸、苯丙氨酸、色氨酸、脯氨酸、天冬酰胺和谷氨酰胺。就像 7 个音符谱写成万般千种的音乐，26 个字母幻化出千变万化的文章一样，20 种氨基酸原料，能组合成地球上亿万种不同的生命。

生命的奥秘不在原子里，而在由原子组成的 DNA 和 RNA 之类的分子结构所包含的信息之中。报纸上一张由众多小点组成的人像，任何一个单独的小点都没有包含人的形象信息，但众多小点特殊的集结方式，却表现出生动的人像照片。组成人体 DNA 的原子与组成恒星的同一种元素的原子并无二致，但一个人身体中的 DNA 分子由无数个原子排列为 31.647 亿对核苷酸碱基组成双链结构，人体的全部遗传密码都存储在其中。如果把一个人的全部 DNA 分子链拉直相连，其长度将相当于地球至太阳距离的 600 倍。生命是一种高度有序的结构，即便是最原始的单细胞生物，也都显示出任何人工制品都无法比拟的复杂与精巧。但是，当代科学家们相信，生命是物质的，生命不是上帝的创造，而是长期自然选择的结果。不管产生生命的机制是什么，只要有了合适的物理和化学条件，生命的发生是理所当然的。也有一些科学家认为，生命固然是一种物质的自然的状态，不过，是一种可能性很小的状态，地球上出现生命有很大的偶然性。

地球上生命的起源问题是一个还没有完全解决的问题。17 世纪以前，人们相信亚里士多德的"自然发生论"，认为在自然界的土、水、气、火 4 种要素之外，存在一种"生命力"要素"精质",能使无生命的物质转变为生命物质。人们相信"腐肉生蛆"和"破旧衣服包内的乳酪碎片生出老鼠"这样的奇谈怪论。19世纪中叶,著名的巴斯德(L.Pasteur)实验有力地否定了这些怪诞的说法,它向人们展示了在显微镜下可以看到,空气中有大量的微生物,食物的腐败、发酵和动植物生病都是这些看不见的微生物的生命活动所致。绝大多数生物学家转而相信"生物起源论",即"生物必须要由有生命的东西产生"。但最初的生命又是怎样发生的这个问题却成为悬案。一种说法支持"地球外输入论",认为地球上的生命是由地球以外的生命物质传播而来。英国天文学家霍伊尔(F. Hoyle)提出过,地球上的前生命有机物可能来自彗星散落的宇宙尘。即使如此,仍然没有解决地球以外乃至宇宙中的生命从何而来这个问题。

现在关于生命本质问题的研究,以及一些模拟地球原始环境的实验,令人信服地表明,生命完全有可能是在地球上发生的。最初的生命形态是在原始地球环境下经过长期的化学演化和生物演化逐渐形成的。最早提出这一理论的是前苏联生物化学家奥巴林(А. Я. Опалин)。他认为原始生命的形成分三个阶段:①由无机物合成简单碳化物,在水和酸的作用下产生碳氢化合物,在阳光、闪电、火山活动提供的能量支持下,经氧化形成烷、醚、醛等有机物;②大量简单有机物随雨水汇集于原始海洋中,长期积累到一定的浓度而生成复杂的大分子结构——氨基酸和核苷酸;③氨基酸和核苷酸合成蛋白质和核酸,原始生命就诞生了。有自我复制能力的原始生命由非细胞形态到细胞形态,由简单的原核细胞到有细胞器结构的真核细胞,由异养型生物到自养型生物,由单细胞到多细胞,由无性繁殖到有性繁殖,由简单到复杂,由水生到陆生,由低级到高级。这就是地球上形形色色生物的演化过程。

8.2 地外生命存在的科学依据

8.2.1 前提

生命、文明在地外是否存在,作为一个值得探讨的科学问题,必须以地球上人类长期积累的科学知识、推理方法为依据,随时准备接受科学实验或观测事实的检验。迄今为止,人类所认识到的生命现象都是地球上的,人们从来没有见识过地球以外的生命形态,不可能从没有见识过的东西那里总结出关于那种东西的任何经验和知识。宇宙中也许存在着完全是另一种模式构建而成的生命,也许它们不需要水,不需要氧气,也不符合人们所熟知的DNA概念,……但人们完全不具备关于别种模式生命的任何知识(也许将来会有)。现阶段要回答宇宙中是否存在地外生命的问题,只能首先探寻那些符合地球模式的生命现象。

地球模式的生命只能生存在行星上。这颗行星要有水、有合适的大气。行星不能离恒星太近,也不能太远:近了,水要化成蒸汽;远了,水要结冰(光盘图 8.2.1 太阳及其他恒星的生命带)。恒星的质量不能太大,也不能太小:大了,恒星寿命太短,生命来不及形成和进化;小了,不能提供促使生命形成的足够的能量。科学的观点认为:生命是物质的。构成生物体的材料同构成非生命物体的物质材料,即各种化学元素,以及其中的质子、电子、中子等微观物质粒子都是一致的。所有物质之间相互作用的物理、化学过程及所遵循的规律,所有物质、能量、信息交换的机理和方式,都是一致的。虽然地球只是浩瀚宇宙中一个极其微小的局部,但天文学研究已经证实,在地球以外的广阔宇宙中,构成恒星、星系、星际物质等物质的基本材料,连同上述规律、机理、方式也都是一致的。如果地外存在符合地球模式的生命,那么构成它们的材料、结构方式、生存条件和地球上的生命也应当是一致的。承认宇宙的物质性及其规律的统一性,也是一切自然科学研究的前提。离开这一前提,认为"外星人"可以用一种与地球人的科学概念完全不同的方式,如可以不受重力场的影响,可以不遵守人类已经认识到的科学规律,甚至可以在炽热的恒星表面上生存,……就会陷入不符合推理原则的"特殊创造"论。这不是科学,同"神创论"不是科学一样。失去前提,问题就无法讨论了。

8.2.2 生命存在的环境条件

地球是生命的摇篮。地球上繁衍生息着千姿百态的生物,是因为地球上有适宜生物生存的环境条件。在一个质量适中的单一恒星的行星系统中,离恒星的适当距离,恰到好处的自转和公转,富含氧气并能提供防护的大气层,适宜的温度、大气压和重力场,溶液的存在和水的循环,……构成了生命存在所必须的物理环境。

地球上生命能耐受的温度极限是$-200℃\sim+100℃$,压力的极限是1亿帕(相当于地球表面大气压的1 000倍)。在美国黄石公园的沸腾泥浆中和太平洋马利亚纳深海沟中都有生命存活,那里的温度和压力分别达到了极限程度。使生物具有生命活力的温度范围是$-10℃\sim+50℃$。宇航活动表明,生物可以适应无重力的环境,但行星重力太小就会失去大气和水,对生命构成威胁。重力太大会使生物体难以支撑自身的体重。水是生命之源。水、有机分子、无机离子是组成原始生命的三大要素。起源于海洋中的生命,学会了把海水携带到自己的身体里边,生命才有可能移居到陆地上。人类早已离开海洋生活环境,但其体液中仍具有与原始海洋十分近似的离子成分。

水具有一种对生命繁衍特别重要的物理性质:在$0℃\sim4℃$膨胀系数是负值,即冷胀热缩,使结成的冰比水轻而浮于表面不沉入水底。当冰层结到一定厚度时又能起阻挡热传导的作用,而使冰层下的水不致继续冻结,这就保住了水中的生命安全越冬。

生物的生存环境除物理环境外还有生物环境,是由包括它自身在内的一些其他有生命的有机体组成的。生物环境影响局部的物理环境，物理环境又反过来影响生物的发展和演化。

8.2.3 有关地外生命的观测和实验

20世纪60年代天文学四大发现之一是在射电望远镜的观测中发现了遥远星际物质中存在有机分子谱线。这一领域的开拓者，美国物理学家汤斯（C. H. Townes）曾获得1964年诺贝尔奖。第一条氢—氧基（OH）分子谱线是1963年在仙后座A射电源中找到的，以后又陆续找到星际氨分子和水分子的谱线，1969年又找到了星际有机分子甲醛的谱线。20世纪70年代又观测到许多品种的星际有机分子，包括一些地球上未见过的奇异分子。至1994年年底，已发现和认证的星际分子总数达108种（不包括同位素分子），至2006年6月增加到146种，其中大多数是由氢、氧、碳、氮、硫等元素（被称为生命元素）组成的有机分子，包括烯、炔、醛、醇、酮、酯、酰胺、醚、腈各类。1973年以来，红外观测发现了宇宙尘埃表面的多环芳香族碳氢化合物等。近年来还在晚型恒星的星周包层中检测到多种碳链分子。这些发现表明：在宇宙中许多地方，由无机物形成有机物的化学演化早已完成。这为由有机物形成生物大分子结构，进而发展为生物演化准备了充足的物质基础。

1969年9月28日陨落在澳大利亚的麦其逊陨石碎块，总重约82千克。经气相色谱法分析测定，陨石中含有2.5%的有机物，包括11种氨基酸。这些氨基酸有左旋和右旋两种结构，数量各占一半，而地球上生物体蛋白质中的氨基酸都是左旋。这说明它们是在地球以外通过化学演化形成的，而不是源于地球物质的"污染"。人们对1950年陨落在美国肯塔基州的墨瑞陨石也作了类似的分析研究，也发现其中含有氨基酸。1976年3月8日陨落中国吉林的陨石（详见2.7节）中，也发现有11种氨基酸和嘌呤、烷烃、二烯烃等有机物。虽然存在一些争论，以及对这些陨石的来历还难以判断，但在地球以外的环境中，有机物和生命的前物质——氨基酸大分子的存在是意义重大的。1996年8月16日，美国约翰逊空间中心的麦凯（D. Mckey）在《科学》周刊发表了对来自火星的陨石ALH84001的研究，轰动了世界。这块陨石是女地质学家斯科尔（R. Score）1984年12月27日在南极艾伦山无意之中发现的（ALH是艾伦山的缩写，84指1984年），重1 930.9克（光盘图8.2.2　ALH84001火星陨石）。麦凯的研究指出，它于1 600万年前火星遭遇撞击时飞离火星在太空飘荡，1.3万年前降落地球。切片化验发现它含有多环芳香烃类有机物质；在电子显微镜下显示有10~100纳米级的碳酸盐颗粒（光盘图8.2.3　电镜下的碳酸盐颗粒图片）和类似细菌模样的结构（光盘图8.2.4　电镜下的纳米细菌图片）。

1828年，德国化学家维勒（F. Wöhler）首次用无机物合成了有机物尿素，证明了在无机物和有机物之间并不存在不可逾越的鸿沟。1953年，美国生物化学家米勒（S. L. Miller）根据设想的地球30亿年前的原始大气条件，在封闭的容积为5

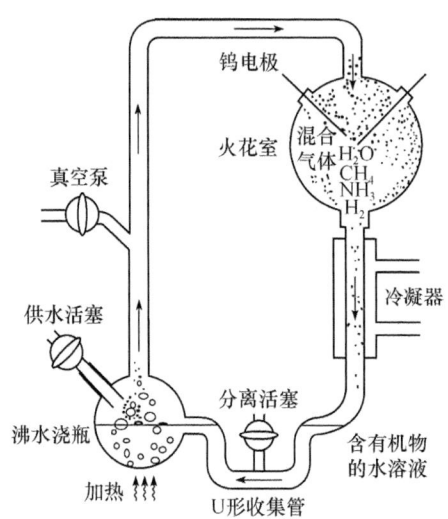

图 8.2.5 米勒生化实验装置图

升的烧瓶中使甲烷、氨、氢和水蒸气混合循环流动，并通过两个钨电极加以人工火花放电持续一周，然后对烧瓶中累积的产物用色谱仪进行分析，鉴定出多种有机化合物（图 8.2.5），其中包括 4 种氨基酸：丙氨酸、谷氨酸、甘氨酸和天冬氨酸。在米勒之后又有许多类似的生命物质生化实验，如奥维尔（L. Orvel）合成了核苷酸中的重要组成部分腺嘌呤，福克斯（S. Fox）合成了多种氨基酸的长链。

1965 年，以王应睐为首的中国生物化学家，首次人工合成蛋白质——结晶牛胰岛素，与天然牛胰岛素具有同样的活力和物理化学性质。这是人类首次从氨基酸合成具有生物活性的蛋白质分子的真正说明问题的例子。核酸中的 DNA 是基本的遗传物质，即基因的物质基础。美国科学家首先合成 DNA 成功。1976 年，科拉纳（H. G. Khorana）成功地合成了大肠杆菌氨基酸的基因，并因此获得诺贝尔奖。1979 年，美国又合成了有 207 对核苷酸的基因。RNA 也于 1979 年和 1981 年由日本的池原森男和中国的王应睐等人工合成成功。当代生命科学面临的下一个工程就是在成功合成蛋白质、核酸的基础上，向人工合成细胞进军，真正做到合成一个活的化合物——生命。虽然征程尚远，但目标已经确定了。

中国生物物理学家贝时璋研究"细胞重建"工作，发现生物体内细胞的繁殖增生，除细胞分裂这一常规途径外，还有一种从更基础的物质一步一步组成完整细胞的途径。这种生物合成细胞的过程很可能是原始地球上细胞起源过程在现代生物体内的缩影。

地球上的实验和太空中的发现使人们相信，广袤的宇宙中不应当只有地球上有生命形成的机会。合成地球生命的基本元素氢、氧、碳、氮、硫在已发现的星际有机物质中也是含量最高的元素。据地质和古生物学家的考察，地球上最早的原核细胞出现在 36 亿年之前，说明大自然完成化学演化进入生物演化的进程只花了 10 亿年，而从原始生命到现代人类却进化了近 4 倍长的岁月。与后一段演化进程相比，虽然在人类的知识中，前一段演化进程有更多的朦胧，但毕竟相对历程较短，也许在大自然长期演化的总的进程中，反而是比较容易完成的。人们有理由相信，地外早已有生命形成，或者有文明存在，只是由于空间和时间的阻隔，人类目前的认识能力还不足以确切探明它们究竟在哪里。人类的智慧或地外文明的智慧还会向前发展，激动人心的发现也许会出现在不远的将来。

8.3 地外文明探索的艰巨性

如果把地球的历史比作百岁老人的话，人类形成的历史才刚刚满月，而人类的宇航史还不到半分钟。现代所谓的宇宙航行，只是在太阳系范围内的行星际航行。宇航沿何种轨道，取决于飞行器的速度。宇航速度是靠火箭消耗燃料所产生的推力逐渐加上去的。假设推力产生的加速度是 9.8 米/秒^2，宇航员离开地面时要承受两倍的重力，逐渐远去之后地球引力逐渐减弱。在燃料耗尽火箭脱离以后，加速停止，飞行器进入轨道，轨道运动的惯性离心力与行星际空间的引力相平衡，或者说飞行器只在引力的作用下做轨道运动，宇航员处于失重状态。如果速度超过第三宇宙速度（地球轨道附近为 16.7 千米/秒），飞行器便可以越出太阳系，进入恒星际空间，但这时的飞行器已完全处于失控状态，一去不能复返。即使沿着最佳设计的轨道飞出太阳系，它也只能在恒星际空间以匀速直线运动飞行，直至进入另一个恒星的引力作用范围。这个过程按人类目前实际能力所能给予的最高速度计算，至少也需要数万年。要提高速度，必须延长不断加速的时间，但如果没有足够的能量补给，长期加速是不可能的。

假设宇宙飞船有能力以 10 米/秒^2 的加速度长期不断地加速，达到第三宇宙速度只需 28 分钟。坚持加速一年，速度将超过光速，而这是狭义相对论所不允许的，在此之前，飞船上时空的性质早已发生了相对论性质的变化。相对论告诉人们，飞船的速度将增大到接近于光速而不可能达到光速。由于"钟慢"原理，飞船上的时间将过得比地球上慢；由于"尺缩"原理，飞船飞越的空间尺度也比地球上测量出的距离短。用相对论公式计算，上述飞船以长期不断加速的方式飞行，按飞船上的时间 2.5 年即飞到了最邻近太阳系的恒星比邻星（从地球上测定的距离是 4 光年），此时的飞船速度为 0.949 光速。经过大约 4.5 年的飞行，飞船飞出了 40 光年。持续飞行 10 年能到达银河系中心，但这时地球上的人已经度过了 1.5 万年。当飞船经过 25 年不断加速的航行，行程 300 亿光年再回到太阳系附近时，太阳早已不复存在，变成了黑矮星！这种异想天开的长期加速航行是不可能实现的，因为长期加速需要长期的能量供应。不管储备什么样的燃料，都无法长期维持加速。燃料越多，飞船的自重越大，维持加速所需的能量越大。按广义相对论，物质以最高效率转化出的能量为"质量×光速的平方"，上述飞船即使想出了产能效率最高的方法，用消耗自身质量的方式来换取能量，飞船在到达银河系中心时消耗所剩的质量只有出发时的一千亿分之一。带去的是一座大山，到达时只剩下一抔黄土！如果用延长时间来换取速度或加速度，设计一种飞船用 40 年时间往返比邻星，所需携带的能量是目前全球人类年消耗能量的 1 000 倍，也就是说人类完全停止消耗 1 000 年所积攒的能量仅够拜访最近邻居的一次旅行！太阳的这位邻居是一颗光度会突然变化的不稳定恒星，而且是三合星的成员，即使有行星环绕，也不可能有生命存在。为探索地外文明而前去拜访也是徒劳的。何况以人类所掌握的科学技术水平,还不能预见恒星际航行的任何可能性。

整个银河系有 3 000 亿颗恒星,生命只存在于一部分恒星周围的具有相当条件的行星上。由于行星质量和体积比恒星小得多,自身又不发光,从地球上探测太阳系外的行星有非常大的难度。如果从 10 秒差距处观测太阳系,地球的视星等只有 28 等,相当于 25 万千米远处的一支烛光,用当前世界上最大的 10 米口径望远镜长时间露光勉强可以观测到。但地球旁边的太阳,相当于 25 万千米远处的烛光旁 100 米,有一盏光强 10 亿倍的巨型探照灯。两者的角距离只有 $0''.1$,直接用望远镜看到烛光的可能性是非常非常小的。

天文学家探测行星,用的是间接的方法。一种是测量恒星的周期性微小运动。如果存在行星,恒星本身会受到周围行星系统摄动力的影响而做微小的周期性摆动,使恒星的自行不走直线而呈螺旋形起伏运动。研究这种运动可以推知行星的质量和轨道情况。天狼伴星就是用这种方法发现的。产生摄动力的天体如果质量小于 0.05 太阳质量,它不可能是恒星。质量越小,身为行星的证据越充分;但质量越小,摄动影响也越小,探测难度就越大了。另一种方法类似分光双星的研究方法,观测恒星光谱的多普勒效应,寻找恒星受行星系统摄动产生的,微小的视向运动速度变化而发现行星。天狼伴星和分光双星都是恒星,质量足够大,而行星的质量要小得多,摄动效应要小得多,因而观测难度要大得多。还有一种方法是测量恒星亮度的微小变化。当围绕恒星运动的行星遮掩恒星的一部分辐射时,亮度会有所减弱,用高灵敏度测光技术测量亮度减弱的周期和幅度,也可以推测行星系统的情况。其他的方法有高灵敏度的红外辐射探测和高分辨率的干涉测量,或者利用微引力透镜效应等。但无论何种方法,难度都非常大。

探测太阳系以外文明是否存在的另一种手段——人们寄予厚望的手段,是进行通信联络。地球文明已在全球广泛使用的广播、电视、通信、导航等无线电信号,虽然都是为地面接收的目的而发射,但肯定会有一部分泄露到太空中。特别是全球民航和军事设施的大功率探空雷达发射的信号,都会穿透大气层进入空间。几十年前发射的这些信号,现在已到达几十光年以外,如果在此范围内存在与地球人同等发展水平的文明世界,他们应当有能力截获这些信号而探测到地球文明的存在。同时,由他们那里泄露出来的文明信号,也应为地球人所接收。那么,相互进行定向联络就有可能实现了。天文学家正是抱着这种希望利用大型射电天文望远镜和多通道接收技术,从天空各处监听来自地外文明的信息,然而至今一无所获。

有生命存在的行星,表面温度和气压条件应当允许液态水的存在,地球表面的这个条件是 10 万帕下气温 0℃~100℃。满足同等条件的行星,距离恒星不能太远也不能太近,还得有适当的自转和公转,对行星自身的质量和大气的成分及密度都有一定的要求。此外还要求行星表面的物理环境有足够长的稳定时间,允许来得及完成从化学演化到生物进化进而发展为高度文明的缓慢历程。这样的行星条件是相当苛刻的。一般来说，光度特别大的恒星，自身寿命不足 10 亿年，光度特别小的恒星，能量供应不够充分，只有类似太阳质量的恒星拥有地外文明存在的可能性。太阳是单星，而银河系中一半以上的恒星属于双星或多星系统。在这类系统中行星轨道难以稳定，随时有被吞噬或被摄动力抛出轨道的可能性，存在生命或文明的可能性极小。据最粗略的估计，在银河系 3 000 亿颗恒星中，有条件拥有生命的恒星只占 1%，总数约 10～30 亿颗。在这些恒星周围，行星上的文明发展到与地球文明同等发达阶段，有能力互通信息，而且能达到相互通译的程度，这样的机会更是稀少。只要想一想地球上异国文化和古今文化相互通译的困难程度，就不难意识到宇宙文明之间信息交流的艰巨性。据粗略的概率估算，具有相互通信联络可能性的地外文明在银河系中总数为 50 万个，假设大致呈均匀分布，彼此间的最近距离为 600 光年。若果真如此，信号往返一次至少需时 1 200 年！

8.4 太阳系外的行星探测

太阳系外存在行星的情况，自 20 世纪 60 年代以来，已出现一些实际观测的成果。但在早期，因受测量精度的限制，只能说是提供了有意义的线索，或者说找到了一批太阳系外可能存在行星的证据。最早的一例是蛇夫座的大自行恒星巴纳德星。1963 年美国天文学家范德坎普（Van de Kamp）宣布发现了巴纳德星拥有两颗行星 B1 和 B2，质量分别为 0.7 和 0.5 个木星质量，公转周期 12 年和 26 年，轨道半径 2.7 和 3.8 天文单位。他是通过研究巴纳德星的自行变化得出这一结论的。1973 年，有人再次研究巴纳德星的自行运动，但未能证实这一结论。20 世纪 70 年代，距离太阳 11 光年、视星等 5.2 等的天鹅座 61 星被宣布为可能拥有一颗相当于 8 倍木星质量的行星，公转周期 4.8 年。另外两例被认为可能存在类木行星的恒星是 lalande 21185 和波江座 ε。

1983 年发射的红外天文卫星 IRAS 发现，包括织女星在内的数十颗恒星周围存在由行星前物质组成的尘埃盘，提供了可能存在行星的迹象，其中比较突出的例子是绘架座 β。1994 年 6 月，瑞士日内瓦天文台的天文学家迈耶（M. Mayor）和他的研究生夸洛兹（D. Queloz），根据哈勃望远镜拍到的绘架座 β 尘埃盘的侧面像，提出可能存在行星的证据。绘架座 β 是一颗 A 型主序星，亮度 3.85 等，距离 63 光年，年龄大约 1 亿年，地面红外观测已经得到了呈颗粒状的星周尘埃盘图像。光盘图 8.4.1 是哈勃望远镜拍摄的绘架座 β 星周盘的照片，位于中间的恒星主体被遮挡掉了，下方是经处理的假彩色照片。在 5.3 节中已介绍过年轻恒星带有星周盘的情况（光盘图 5.3.11～图 5.3.14）。光盘图 8.4.2 左图是哈勃望远镜拍摄的，类似绘架座 β 的显微镜座 AU 星周盘照片。光盘图 8.4.3 是假想的属于它的行星。光盘图 8.4.2 右图是 HD107146 的星周盘照片，这是一颗 G2V 型恒星，和太阳非常相似，位于后发座，距离 88 光年。1984 年 5 月，美国基特峰天文台发现一颗距离 21 光年的 17 等暗星 VB8 有暗伴星，距主星约 6.5 天文单位，被认为可能是一颗行星。

1995 年，天文学家应用新型阶梯光栅提高视向速度的测定精度，使通过测定视向速度微小变化的方法发现太阳系外行星的工作得到了比以前可靠得多的结果。第一例是 1995 年 11 月，迈耶和夸洛兹在《自然》杂志发表文章，宣布发现了飞马座 51 星有一颗相当于半个木星质量的行星，公转周期 4.23 天，轨道半径 780 万千米，只有水星轨道的 1/8。飞马座 51 星，光谱型 G5V，质量 1.06 太阳质量，半径 1.15 太阳半径，亮度 5.5 等，距离 50 光年，是一颗与太阳类似的主序星，年龄至少 10 亿年。飞马座 51 星是否还有类似地球的行星，现在还不知道，有待于以后的发现。不久，美国天文学家也用测定视向速度微小变化的方法，发现了另外两颗恒星周围各有一颗行星：室女座 70，距离 78 光年，质量 1.1 太阳质量，半径 1.76 太阳半径，行星 7.4 倍木星质量，轨道半径 0.48 天文单位；大熊座 47，距离 44 光年，质量 1.03 太阳质量，半径 1.05 太阳半径，行星 2.5 倍木星质量，轨道半径 1.96 天文单位。光盘图 8.4.4 是飞马座 51、室女座 70 和大熊座 47 的行星与太阳系行星比较图。

令人惊异的是作为恒星遗骸的脉冲星周围也发现了行星存在的迹象。1992 年 1 月，英国《自然》杂志报道有两颗行星围绕脉冲星 PSR1257＋12（室女座）公转。同年 5 月美国《天空与望远镜》、1994 年 4 月美国《科学》周刊、1995 年 3 月美国《太平洋天文学会会刊》都先后报道了经 305 米射电望远镜的观测分析，这颗离人们 978 光年的脉冲星有 3 颗行星在绕转，2002 年又发现 1 颗，共有 4 颗行星：轨道半径为 0.19、0.36、0.47 和 2.7 天文单位；质量分别为 0.025、4.3、3.0 和 0.000 4 倍地球质量。两组数据与水星、金星、地球和冥王星相接近。这也许不是巧合，说明不论在恒星早期或晚期，行星系统都遵循同样的力学机制。即使在恒星超爆塌缩以后，未受殃及的原有行星仍然绕着它旋转，当然轨道会有很大变化。1996 年还发现脉冲星 PSRB1620-26 有 1 颗 2.5 倍木星质量的行星，轨道半径 23 天文单位，位于天蝎座，距离 1.2 万光年。

1999 年 4 月，来自英澳天文台和加州大学的天文学家们宣布，发现了距离 52 光年的仙女座 υ（音 upsilon）周围有 3 颗行星，其质量分别为 0.69、1.89 和 3.75 倍木星质量，轨道半径 0.059、0.829、2.53 天文单位，公转周期 4.6、242 和 1284 天。仙女座 υ 是一颗 4 等星，晴夜用肉眼即可看见，其温度、质量和体积都和太阳差不多。这是人类最早发现的与太阳系类似的另一个行星系统。

2004 年发现距离 42 光年的巨蟹座 55 有 4 颗行星：巨蟹座 55e、b、c、d，质量各相当于 11 个地球，0.824、0.169 和 3.835 个木星；轨道半径 0.038、0.115、0.24 和 5.77 天文单位；公转周期 2.82、14.65、44.34、5 218 天。2007 年又增加 1 颗：巨蟹座 55f，质量 0.144 个木星；轨道半径 0.781 天文单位；公转周期 260 天。巨蟹座 55 是一对双星，主星 G8V 型，1.03 太阳质量；1.15 太阳半径；伴星 M4 型，相距 1 065 天文单位（光盘图 8.4.5 巨蟹座 55 的行星假想图；光盘图

8.4.6 巨蟹座 55 双星的照片)。巨蟹座 55 五行星系统，是迄今发现行星最多的系统。

斯必泽望远镜发现金牛座 CoKu Tau4 可能有 1 颗如木星质量的行星，并带有光环。该恒星只有 100 万岁，距离太阳 420 光年（光盘图 8.4.7 金牛座 CoKu Tau4 的行星假想图）。哈勃望远镜发现飞马座 HD209458（光盘图 8.4.8 飞马座 HD209458）拥有行星，2004 年 12 月 6～7 日，发生了行星掩食恒星的现象，斯必泽望远镜记录下掩食造成的恒星亮度的微小变化，据此算出行星具有 0.685 倍木星质量，1.35 倍木星半径，轨道半径 0.047 天文单位，轨道周期 3.525 天。恒星光谱型 G0V 型，表面温度 5 942 开，距离 153 光年。2004 年 10 月 31 日还拍摄到，天琴座 TrES-1 行星掩食恒星的亮度微小变化曲线，并计算出行星具有 0.61 倍木星质量，1.04 倍木星半径，轨道半径 0.039 3 天文单位，轨道周期 3.03 天。恒星光谱型 K0V 型，0.87 太阳质量，0.82 太阳半径，表面温度

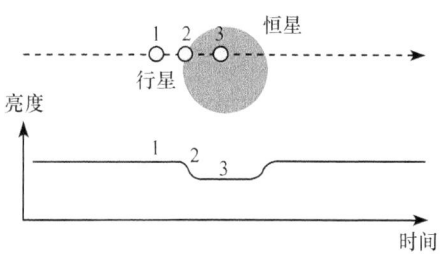

图 8.4.10 行星掩食恒星时亮度微小变化示意图

5 250 开，距离 512 光年。光盘图 8.4.9 上半部分给出了 TrES-1 的亮度变化曲线；下半部分给出了 HD209458 的亮度变化曲线。此图是 2005 年 3 月 22 日公布的。图 8.4.10 是行星掩食恒星时亮度微小变化示意图。

织女星是令中国人感到亲切的亮星，斯必泽望远镜拍到的织女星近照，左边是在 24 微米波段，右边是在 70 微米波段（光盘图 8.4.11 织女星的红外图像）。由微米级尘粒组成的织女星星周盘，延伸 800 天文单位（比海王星轨道大 26 倍）。据推测，这些尘粒是它的行星相互碰撞产生的（光盘图 8.4.12 织女星的行星相互碰撞想象图）。

2004 年 4 月，欧南台的 8.2 米望远镜拍到半人马座中的一颗褐矮星 2M1207a 的照片，光度和质量都较小，介于恒星与行星之间，距离 171 光年。在其不远处的红色暗点是一颗行星，它的红外谱线中有水分子成分。光盘图 8.4.13 不是美术加工图，而是第一张系外行星的照片。2M1207a 的质量为 0.025 太阳质量，约 26 倍木星质量，光谱型 M8，视星等 20.15 等，2M1207b 约 4 倍木星质量，1.5 倍木星直径，二者亮度相差 100 倍，相距 46 天文单位。

2005 年 6 月 13 日，美国 10 米凯克望远镜，分析恒星受到引力扰动的情况发现一颗 5.7 倍地球质量的行星，围绕 M4V 型矮星 Gliese 876 公转，周期只有 1.938 天，与恒星相距 0.021 天文单位。估计表面温度为 200℃～400℃，因此它即使有类似地球那样的硬壳，也不可能有生命存活。Gliese 876 位于宝瓶座，距离 15 光年，视星等 10.17 等，0.32 太阳质量，0.36 太阳半径，表面温度 3350 开。2000 年曾发现它有 2 颗木星级质量（0.56 和 1.935）的行星，轨道周期分别为 30 和 61

天，与恒星相距 0.13 和 0.21 天文单位。这是一个三行星系统。

2005 年 7 月 14 日英国《自然》杂志刊登，美国 10 米凯克望远镜发现，天鹅座 HD188753 有 1 颗行星，1.14 木星质量，轨道周期 3.35 天，距恒星 0.044 6 天文单位。奇特的是，这颗恒星是一组三合星，距离太阳 145 光年。主星 1.06 太阳质量，与一对双星相互绕转运动，轨道近点 6.2 天文单位，远点 18.5 天文单位，周期 25.7 年；一对双星 1.63 太阳质量，相距 0.66 天文单位，绕转周期 155 天。孤独的行星虽然只绕主恒星公转，但一定会受到另外两颗"太阳"的引力干扰。

2005 年发现狐狸座 HD189733 有 1 颗行星，1.13 木星质量，1.138 木星半径，轨道周期 2.22 天，距恒星 0.031 天文单位。恒星距离 63 光年，星等 7.76 等，0.8 太阳质量。2007 年，哈勃望远镜发现行星大气中有 CO_2 成分。

2006 年 1 月 25 日，用微引力透镜效应法发现 1 颗 5.5 倍地球质量的行星，围绕天蝎座恒星 OGLE-2005-BLG-390L 旋转，轨道周期约 10 年，轨道半长径 2.6 天文单位。恒星光谱型 M4，距离 2.15 万光年，接近银河系中心。

2007 年被美国《时代》杂志评为十大科技成果之一的项目是 3 个有大气的行星被发现，分别是：WASP-3、WASP-4、WASP-5。它们的恒星分别位于天琴座、凤凰座、凤凰座；距离 727、850、967 光年；质量 1.24、0.9、0.97 太阳质量。3 颗行星分别是：1.76、1.12、1.58 木星质量；1.31、1.42、1.09 木星半径；距离恒星 0.030、0.023、0.027 天文单位；公转周期 1.85、1.34、1.63 天；大气温度 1983、1678、1717 开。WASP 是广角行星探测设备 "Wide Angle Search for Planets" 的英文缩写（光盘图 8.4.14　WASP 广角行星探测设备）。西班牙拉帕尔马岛欧洲北方天文台和南非天文台各有一台。每台 WASP 由 8 具口径 20 厘米，7°.8 视场广角望远镜，组装在同一个机架上，每具望远镜均配有 2 048×2 048 像素 CCD，用高灵敏度测光技术发现行星遮掩恒星的现象。

2007 年被中国两院院士评为十大科技成果之一的项目是发现恒星 Gliese 581 有 3 个质量接近地球的行星，分别是：Gliese 581b、Gliese 581c、Gliese 581d。它们的质量分别是：15.6、5.0、7.7 地球质量；距离恒星 0.041、0.073、0.25 天文单位；公转周期 5.368、12.932、83.6 天。恒星 Gliese 581 位于天秤座，光谱型 M3，距离 20.4 光年；质量 0.31 太阳质量（光盘图 8.4.15　Gliese 581 三行星系统示意图）。

2007 年欧洲南方天文台 8 米望远镜拍到蝘蜓座 CT 星的红色小伴星，一年后被认定为是一颗行星，17 倍木星质量，2.2 倍木星半径，距恒星 440 天文单位。而恒星蝘蜓座 CT 亮度 12.36 等，光谱型 K7，距离 538 光年（光盘图 8.4.16　蝘蜓座 CT 及其伴星的假彩色图像）。

2008 年 6 月 16~19 日在法国南特（Nantes）举行的"系外行星国际讨论会"上，瑞士日内瓦天文台的迈耶和夸洛兹等宣布，通过他们在欧洲南方天文台 3.6 米望远镜 5 年的观测研究，发现两组三行星系统和一组两行星系统，共 8 颗行星，其

8.4 太阳系外的行星探测

中有 4 颗质量小于 10 倍地球。第一组绘架座 HD40307 的 3 颗行星质量均接近地球,分别是: HD40307b、HD40307c、HD40307d; 4.2、6.87、9.16 地球质量; 距离恒星 0.047、0.081、0.134 天文单位; 公转周期 4.311、9.62、20.46 天。HD40307 距离 41.7 光年, 光谱型 K2 V, 视星等 7.17 等, 表面温度 4977 开 (光盘图 8.4.17 HD40307 三行星系统示意图)。另一组三行星系统孔雀座 HD181433, 距离 85.2 光年, 光谱型 K3 IV, 视星等 8.38 等, 质量 0.78 太阳质量, 表面温度 5 675 开。三颗行星分别是: 7.6 地球质量、0.64 木星质量、0.54 木星质量; 距离恒星 0.08、1.76、3 天文单位; 公转周期 9.4 天、2.63 年、5.95 年。两行星系统大犬座 HD47186, 距离 123 光年, 光谱型 G5 V, 视星等 7.8 等, 质量 0.99 太阳质量, 表面温度 5 675 开。两颗行星分别是: 22.8 地球质量、0.351 木星质量; 距离恒星 0.05、2.395 天文单位; 公转周期 4.085 天、3.71 年。

2008 年 9 月, 美国 10 米凯克望远镜拍到恒星 HR8799 周围 3 颗行星的合影照片, 这是迄今第一张多行星系统的直接照片 (光盘图 8.4.18 HR8799 的 3 颗行星合影照片), 用近红外自适应光学系统拍摄。中央假彩色图像是已被遮掩而残留的、经过处理的恒星像, 外围 3 颗小红点是 3 颗行星。恒星 HR8799 位于飞马座, 距离 128 光年, 光谱型 A5 V, 视星等 5.96 等, 质量 1.5 太阳质量。3 颗行星分别是: HR8799d、HR8799c、HR8799b; 10、10、7 木星质量; 1.2、1.2、1.1 木星半径; 距离恒星 24、38、68 天文单位; 公转周期 100、189、465 年。

2008 年 11 月, 欧洲南方天文台 8 米望远镜再次拍摄绘架座 β, 使用日冕仪技术, 挡住亮约 1 000 倍的恒星, 居然显露出行星的图像 (光盘图 8.4.19 绘架座 β 的行星图像)。这颗行星 8 倍木星质量, 距恒星 8 天文单位, 公转周期 16.43 年。

2008 年 11 月 13 日, 美国加州大学伯克利分校的保尔·卡拉斯 (Paul Kalas) 研究团组, 发布了恒星北落师门有行星环绕运动的照片。有关文章发表在 11 月 14 日出版的美国《科学》周刊上。这是人类首次实际观测到系外行星绕恒星运动的踪迹 (光盘图 8.4.20 行星绕恒星北落师门运动的踪迹)。照片中央的白色亮点就是全天第 18 亮星北落师门, 恒星周围的红色光影区是围绕恒星运动的小天体带或尘埃盘。右下角小方框的放大图中显示出一颗行星北落师门 b 绕恒星运动的轨迹: 2004 年和 2006 年两次照相, 处在不同的位置上。

北落师门位于南鱼座, 1.16 星等, 光谱型 A3 V, 是黄道上 4 颗著名亮星之一 (另 3 颗是: 金牛座毕宿五, 天蝎座心宿二, 狮子座轩辕十四), 质量为太阳的 2.06 倍, 直径为太阳的 1.82 倍, 距离我们 25 光年, 表面温度 8 540 开。它到太阳的距离之近, 在所有恒星中排第 80 位, 西方称之为 Fomalhaut, 阿拉伯原文意为"鱼的嘴巴"。深秋时节, 在中国纬度 50°以南广大地区都可以在飞马座以南、宝瓶与摩羯之间见到它 (光盘图 8.4.21 北落师门在星座中的位置)。北落师门 b 距恒星 115 天文单位, 公转周期 872 年, 质量约为 3 倍木星质量。北落师门虽然年轻, 但预计寿命较短, 只有太阳的 1/10。北落师门虽然温度较高, 发出的热量比太阳大 10 倍，但由于北落师门 b 离恒星太远，不大可能有生命存在。

截至 2012 年 12 月 6 日已发现系外行星 853 颗，有 14 颗属于脉冲星，1 颗在河外。大多数都是用间接方法发现的。收获最多的是"视向速度"法，即从恒星光谱线的微小偏移测量，发现恒星与行星之间的相对绕转运动，共发现 498 颗。次多的是"亮度变化"法，也叫"凌星"法，即测量行星从恒星表面前方通过时，恒星亮度所起的微小变化，共发现 290 颗。再次是"干涉测量"法和"微引力效应"法，共发现 33 颗。直接拍到行星像的只有 32 颗，拍到行星运动踪迹的仅北落师门 b 一例而已。

所有已发现的系外行星，质量大多都在木星级范围，质量小于 10 倍地球的，在 Kepler 卫星发射以前只有 10 颗（脉冲星和银河系外面的行星不算）载于表 8.4.1，被称为"超级地球（Super-Earth）"。最小的 3.3 倍地球质量，位于人马座，距离 3 200 光年，由"微引力效应"法发现。2009 年 1 月 9 日发现一颗"超级地球" HD7924b，9.22 地球质量，距离恒星 0.057 天文单位，公转周期 5.4 天。恒星 HD7924 位于仙后座，视星等 7.2 等，光谱型 K0V，距离 54.8 光年，表面温度 5 177 开。

表 8.4.1　已发现的小于 10 倍地球质量的系外行星

行星名	发现年	行星质量/地球	发现方法	所在星座	距离/光年	恒星质量/太阳
MOA-2007-BLG-192-Lb	2008	3.3	微引力	人马	3 200	0.06
HD40307b	2008	4.20	视向速度	绘架	41.7	?
Gl581c	2007	5.02	视向速度	天秤	20.4	0.31
OGLE-05-390Lb	2005	5.40	微引力	天蝎	21 000	0.22
Gliese876d	2005	5.72	视向速度	宝瓶	15.4	0.32
HD40307c	2008	6.87	视向速度	绘架	41.7	?
HD181433b	2008	7.57	视向速度	孔雀	85.2	0.78
Gl581d	2007	7.73	视向速度	天秤	20.4	0.31
HD40307d	2008	9.16	视向速度	绘架	41.7	?
HD7924b	2009	9.22	视向速度	仙后	54.8	0.83

真正的"类地行星"应在 1.3 倍地球半径以下。它们的发现，还在人们的期待之中。

2009 年 3 月 7 日，美国宇航局发射了 Kepler 探测卫星，将在跟随地球的绕日轨道上，正式工作 3.5～6 年（光盘图 8.4.22　Kepler 飞行轨道图）。它的任务是始终瞄准天鹅座与天琴座之间的一块天区（光盘图 8.4.23　Kepler 的观测天区），用 42 片 2 200 像素×1 024 像素的高精度 CCD，通过高灵敏度测光技术，发现行星遮掩恒星的过程。选择这一天区是考虑：在银道面附近，恒星比较密集而又没有太亮的恒星；不受太阳光的干扰；避开太阳系里的小行星带和柯伊伯带。这一天区约有暗至 14 等恒星 22.3 万颗，期望能找到 45 颗以上，小于 1.3

倍地球半径的行星。

欧洲空间局计划于2013年发射新一代天体测量卫星GAIA，将送入距地球150万千米的L_2点上（光盘图2.4.8），计划投资4.5亿欧元，目标之一是探测地外行星。美国宇航局计划于2014年和2020年发射"可见光波段的日冕仪（TPF-C）"和"空间红外干涉仪（TPF-I）"，专门探测系外行星，并分析行星大气的红外辐射以确定它们的化学成分，探测水、臭氧、二氧化碳、甲烷等与生命有关的气体物质（光盘图8.4.24 可见光波段的日冕仪TPF-C；光盘图8.4.25 空间红外干涉仪TPF-I），计划投资2亿美元。2013年发射的新一代空间望远镜JWST（光盘图2.4.7），也将在行星探测方面做出贡献。

8.5 与外星人的通信联络

当代射电天文学的技术能力，包括灵敏度、分辨率及数据采集、分析能力等，都已达到了可以与较近的地外文明通信的程度。如果地外文明的信号发射功率为1 000兆瓦，用世界上最大的305米射电望远镜天线可以接收到18光年以内的联络信号。如果发射功率提高到100万兆瓦，则可以接收到580光年以内的联络信号。在定向发射的情况下，还可以大幅度降低对发射机功率的要求。以人类当前的技术能力，应当是可以实现的。

人类向地外文明主动发射联络信号，可以选择传递效率最高的电磁波段，尽量避开银河系磁场中相对论性运动引起的低频非热辐射背景噪声，尽量避开由空间电离氢的吸收而产生的量子噪声，通信信道宜选在1 000兆赫（波长30厘米）～6万兆赫（波长5毫米）。这一段波长被称为"自由空间的微波窗"或"没有天然噪声的安全谷"。当然，2.7开的宇宙微波背景辐射噪声（详见9.4节）是无法避免的。在所选的波段中，有两处宇宙中天然存在而且分布很广，有相当强度的无线电辐射，一处是波长21厘米（1420兆赫）的中性氢原子谱线，另一处是波长18厘米（1667兆赫）的氢-氧基（OH）分子谱线。地外文明中的天文学家也一定会像地球上的天文学家一样注意到这两种天然的宇宙无线电辐射，因而加强他们的接收技术，在空间四处搜索。如果人类利用这两个波长，编织地球文明的信号，持续发送，应当容易被地外文明接收并破译而达到通信的目的。由于氢和氢-氧基结合在一起就是水（H_2O），因此18～21厘米这一狭窄频带，被戏称为"水洞"。生命与水结下了不解之缘，生命本身离不开水，地球上的生命原本从水中得以哺育，寻求地外文明也对"水洞"寄予厚望。

国际天文学联合会第51专业委员会是地外文明探索SETI（Seach for Extraterrestrial Intelligence），负责与地外文明通信联络的活动。第一个被执行的计划称为奥兹玛（OZMA）计划，由美国国家射电天文台（NRAO）的德雷克（F. Drake）负责。1960年5月，开始用一台26米口径的射电望远镜对两颗距太阳

很近的恒星鲸鱼座 τ 和波江座 ε，通过 21 厘米波段，在三个月内监听了 200 个小时，结果一无所获。这两颗星的距离分别为 11 光年和 12 光年，不仅温度、光度和质量与太阳相似，而且年龄也和太阳差不多。该计划还用 NRAO 的 90 米直径射电望远镜对天鹅座 61 星及巴纳德星发送了大功率的 21 厘米谱线信号，并于 1970～1971 年对 10 颗可能有行星存在的天区发送了更大功率的联络信号，设计了比原有设备灵敏度提高 100 万倍的信号接收机，监听对方的回音，但至今没有收到消息。1988 年 11 月 15 日，这台居世界第二位的可动式 90 米直径射电望远镜突然倒塌，变为一堆废铁，寿命 26 年（光盘图 8.5.1　原 91 米射电望远镜；光盘图 8.5.2　91 米射电望远镜坍塌现场）。有人戏谑地说：这是外星人对偷窥者的报复。2000 年，NRAO 建成直径 110 米的射电望远镜 GBT，取代了它的位置，性能更加优越，工作波段延伸至毫米级（光盘图 8.5.3　GBT 的全景照片；光盘图 8.5.4　GBT 与纽约自由女神像大小的对比）。1974 年 11 月 16 日，位于波多黎各，世界上最大口径的 305 米美国阿雷西博射电望远镜（光盘图 8.5.5　美国阿雷西博 305 米口径射电望远镜）对准武仙座球状星团 M13 方向，发出了地球文明的联络信号。信号内容为太阳系概况，人类生命的化学基、人体的形态与尺度，地球上的人口等，采用二进制编码脉冲形式，数据点数为两素数乘积 $23 \times 73 = 1\,679$，信号总长历时 3 分钟，希望能被地外文明接收和理解。M13 是银河系中恒星最密集的星团之一（图 4.3.22，光盘图 4.3.23），星数在 30 万颗以上，哪怕其中有一颗恒星拥有地外文明，能收到来自地球的信息，也是人类盼望之所归。不过 M13 距离太阳系 2.5 万光年，信号往返需要 5 万年！

1972 年，美国宇航局的一个小组曾提出一份名为"独眼巨人"的计划，用 1026 面口径 100 米的天线，广为探测 1 000 光年以内的微波信号或更遥远的强发射信号，希望破译来自地外文明的消息，计划投资 60 亿美元，工期 10～15 年，但最终没有得到政府的支持。据说，一位参议员质疑"与其花钱去寻找地球以外的智慧，不如就在华盛顿当地寻访智慧人士。"

1992 年 10 月 12 日，美国宇航局开始执行另一项大规模 HRMS 探索计划，使用包括阿雷西博望远镜在内的世界上一些最大的射电望远镜，对 100 光年以内的 800～1 000 个类似太阳的恒星，逐个进行扫描，使用每秒钟 10 亿次以上的专用计算机，每秒钟巡查 1 000 万个频道，接收机能同时对 200 万个带宽为 20 赫兹的频道进行分析，区分出接收到的究竟是自然界的辐射还是地外文明发出的信号。1993 年 10 月，美国国会作为削减预算赤字的一部分，终止了财政拨款，这项计划被停止执行。之后，美国加州 SETI 研究所在民间资助下又启动了名为"凤凰"（Phoenix）的计划，截至 1995 年年底，用澳大利亚的 64 米口径射电望远镜，在短波波段（1 745～3 005 兆赫）对 105 颗星进行了 1.3 万次观测，在长波波段（1 195～1 745 兆赫）对 206 颗星进行了 1 万次观测。在总共 2.3 万次观测中，几千种接收到的信号被认证为环境干扰，而没有检测到任何可能是地外文明的信号。1999 年，SETI

启动"SETI@home"计划,发动全世界各行业人士,通过国际互联网,获得包括阿雷西博望远镜在内的有关 SETI 的数字信号进行分散分析,从中筛选有用信号。即时与设在美国伯克利大学的网站联络。其网址为:http://setiathome.ssl.berkeley.edu。该计划已吸引数十万人参加。有兴趣的读者不妨一试。

中国正在建造 500 米口径射电望远镜(FAST),采用与大型光学望远镜主动光学类似的系统,由 1 800 个 15 米直径的六边形球面单元拼合而成。FAST 的有效口径与阿雷西博望远镜相当,但可观测天区范围大得多,灵敏度也提高 3～10 倍。FAST 位于中国贵州省平塘县境内(东经 106°.86,北纬 25°.65),那里有许多喀斯特地貌,具有天然球面地形(光盘图 8.5.6 FAST 的建设示意图)。2007 年 7 月,国家正式批准 FAST 立项,2013 年建成。FAST 除进行天文学研究的深空探测任务之外,还将探测地外文明,或与外星人进行通信联络。在 FAST 成功的基础上,将考虑 1 平方千米面积的 SKA(Square-Kilometer Array)建设。SKA 应当是人类所能建造的最大尺寸射电望远镜,中国提出的一种设想是:建造单台 1 000 米口径,或 30 台口径 200 米的球面天线,进行综合孔径观测。国外的 SKA 计划将在澳大利亚西部或南非、南美建设大规模多天线系统,由超过 3 000 面直径 12 米天线组成(光盘图 8.5.7 SKA 射电望远镜设想之一;光盘图 8.5.8 SKA 射电望远镜设想之二)。

1972 年、1973 年美国发射的先驱者 10 号和 11 号行星际飞船,带有 14 厘米×22.5 厘米的镀金铝板,刻有用二进制编码的有关太阳系和地球的各种信息,还有男、女地球人的裸像(图 8.5.9),1984 年已飞出太阳系。1977 年 8 月、9 月发射的旅行者 1 号、2 号行星际飞船带有"地球名片"光盘音像资料(光盘图 8.5.10 旅行者携带的地球名片),包括地球上的天象、环境、人体及各种自然界的风雨雷

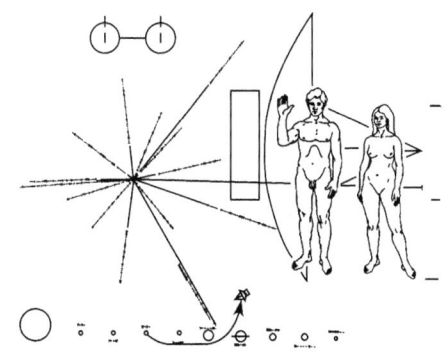

图 8.5.9 先驱者携带的地球文明信息图片

电、动物和人类的声音,其中还有巴赫、莫扎特的音乐作品和中国古典音乐《高山流水》(光盘图 8.5.11 旅行者携带的地球文明信息光盘),也已飞出太阳系,向恒星际空间进发,希望有朝一日为地外文明截获。这是人类第一批发往遥远恒星际的实物信息,探寻着太阳系外人类的知音,代表人类不懈的探索精神。

人类已经和正在作出努力苦苦求索地外文明之光。日趋先进的技术、方法及科学思想上的积累,预示着未来成功的希望。理性告诉人们,地球不是宇宙中的特殊天体,生命发生的条件虽然苛刻但并不专属于地球,地球文明不应是宇宙的独生子女,人类应当有尚未寻访到的知音。努力在继续着……

8.6 关于 UFO 现象

UFO（unidentified flying object）意为不明飞行物。早在 1878 年 1 月，美国得克萨斯州的一位农民在田间干活时，看见空中有一个圆形的飞行物体，不知为何物。记者披露于报端后，有 150 家报纸相继转载，轰动一时。这可能是西方最早出现的 UFO 事件。1947 年 6 月 24 日，美国的一架飞机执行救难任务，寻找另一架失事的 C-46 运输机，在华盛顿伦尼山附近 3 500 米上空，飞行员发现前方有 9 个闪闪发光的耀眼物体，在山峦间曲折穿行，估计飞行速度不小于 2 000 千米/小时。新闻媒体根据飞行员口述广为报道，形容它们像水面上打漂的碟子，跳跃式地向前飞行，估计每个直径有 30 米左右，并称之为"飞碟"（flying saucer）。"飞碟"一词从此风靡于世。1948 年 1 月 7 日，一位美国飞行员驾机追踪他所发现的不明飞行物，结果机毁人亡。事后查明他追踪的是一只用于科学实验的高层大气探空气球。1952 年 7 月，美国华盛顿国际机场的雷达屏幕上出现来历不明的飞行物，怀疑为来自前苏联的侦察设备或某种秘密武器，结果虚惊一场。国家安全部门缜密的调查结果否定了这种可能性。但新闻媒体仍广为报道，并称之为"飞镰"（flying sickle），因为镰刀是前苏联国旗上的标志之一。此后，美国和世界各地累有各种不明飞行物的发现报道。为了慎重对待类似事件，美国空军开始执行一项名为"蓝皮书计划"的任务，负责对发现的每一件 UFO 事件进行登记、调查和研究。1966 年 2 月，联邦政府组织一次大规模的集中调查，证实所发现的不明飞行物 90% 为天文、气象、地球物理、大气光学或生物现象，包括亮恒星、流星、极光、离子云、地震闪光、鸟类或成群的昆虫，也有一些是飞机、气球等人造物体，当然也存疑一部分无法解释的情况。

20 世纪 60 年代中期，亚利桑那气象部门的麦克唐纳（J. E. McDanald）和西北大学的海克（J. A. Hyeck）率先提出了外星人来访地球的可能性，并将 UFO 与外星人联系在一起。此说一出，很快便风靡全世界。关于飞碟或外星人的社会传闻有增无减，有的绘声绘色耸人听闻。五花八门的飞碟或外星人杂志及电视节目遍布世界各主要国家。1968 年，联邦政府又一次组织大规模集中调查。以科罗拉多大学物理学教授康登（E. U. Condon）为首的 37 位著名科学家组成调查组，对流传最广、影响最大的 59 起 UFO 事件进行深入地调查研究，写出了著名的《关于 UFO 的科学研究》学术报告，又称康登报告，1969 年由美国国家科学院的一个委员会鉴定通过并公开发表。报告的结论是：认为曾有地外文明来访地球的说法是没有根据的，所有 UFO 事件仍然属于天文、地球物理、生物等自然现象和在特殊条件下的人造物体。同时认为今后没有必要再进行类似的调查。至此政府部门对 UFO 的关注画上了句号，美国空军的"蓝皮书计划"也停止执行，所登记的 UFO 事件共 12 618 件，以后不再登记。据国际传媒 2009 年 12 月 5 日报道：英国国防部已关闭了于 1959 年开通的"UFO 线索热线",并决定不再从事与 UFO 相关的调查和探秘活动。此前收到过约 1.2 万次 UFO 目击报告,但没有任何证据表明"天外来客"的确存在。

民间关于外星人来访地球的传闻、报道、刊物、科幻和文艺作品在世界各地广为流传。其中有一些作品带有明显的渲染和神秘色彩,反而降低了事件本身的真实性。一度传闻月球背面藏有类似美国 B52 轰炸机的外星人攻击武器,后来被戳穿,是一个美国人利用照片合成技术所作的恶作剧。1999 年 8 月 16 日,中国武汉市纷传 UFO 空中现身,原来是华中理工大学所作的激光发射试验。国外的一些媒体多次报道外星人与美国总统或前苏联领导人秘密交往,外星人被军方劫持,外星人的尸体被解剖等耸人听闻的消息,全都是无中生有。迄今为止,所有传闻和报道没有一件是被完全证实的。美国和英国的两家杂志各悬赏 100 万美元和 100 万英镑,征求关于外星人的真凭实据,竟没有一个人敢于应征。

从科学的观点来看,地外文明的存在是合乎逻辑的,但由于时间和空间的阻隔,地外文明与地球文明相互探访有极大的难度。人类目前掌握的技术能力还远不足以达到探访的目的。人类倘若有一天真正有能力飞向宇宙深处,寻找到地外文明,那一定是克服了重重困难,历尽了千辛万苦。即使现在已有发展到超过地球文明的地外文明,他们的"飞碟"克服了时间、空间的障碍来到地球附近,发现了他们千辛万苦想要寻找的宇宙知音,绝不会像一些传闻和报道描述的那样,放弃同地球人的联系交往,又行踪诡秘地匆匆离去,做出种种不可理喻的行为。当然,也许在未来某个世纪的某一天,地外文明的使者真的来到地球人中间,或者地球文明终于有能力建立起与久久企盼的宇宙知音之间的联系交往,那将是多么激动人心的特大新闻啊!

地外文明探索的专家们有一种认识:宇宙中的低级生命可能广泛存在,但进化到人类这样有高度智慧的生命只是凤毛麟角。正如 2008 年 10 月在北京人民大会堂作专题报告的杰弗里·马西(G. Marcy)教授所说:"智慧或许并不被生命特别钟爱。昆虫不期望懂得数学,猫也不急着学会弹钢琴。"他还说,人类已经对沉睡了几十亿年的月球和火星仔细地搜寻过,并没有找到任何外星人访问过的痕迹;人类有很多台大望远镜,每天晚上都在密切地观测夜空,也从来没有发现过外星人的飞船或别的探测器发出的信号;人类主动发出探测地外文明的电波已经 48 年了,也没有得到任何回音。莫非"原始生命,普遍存在;技术生命,非常稀有?"但是,没有找到存在的证据,不等于找到了不存在的证据。在寻找地外文明方面,地球人永不言弃。虽然希望渺茫,还将不断地追求、探索。满怀信心和热情地不断追询:地球以外的生命和文明,你们究竟在哪里?

第 9 章　宇宙的创生和终结

9.1　牛顿的静态宇宙观

"宇宙万物从何而来?"、"宇宙有末日吗?"、"宇宙是有限的还是无限的?"、"宇宙之外还有别的宇宙吗?"、"如果宇宙有开端,那么在这开端之前发生了什么?"……在人类认识自然的历史长河中,人们不断发问,难有圆满解答。差不多每个古老的民族都有大胆的揣测和离奇的神话,试图回答这些深奥的问题,但大多出自主观臆想,经不起推敲,甚至不能自圆其说。

在中国古代,关于宇宙的结构主要有三种学说:盖天说、浑天说和宣夜说。盖天说主张"天圆如张盖,地方如棋局"。浑天说认为,天是蛋壳,地是蛋黄,天地是双层球形结构。宣夜说认为,根本不存在有形质的天,日月星辰自然地飘浮在太空之中。天色苍苍是因为它"高远无极"。

在古代,希腊和罗马关于宇宙的构造和本原也有过许多学说,如泰勒斯(Thales)的水是宇宙万物本源说;毕达哥拉斯(Pythagoras)的宇宙最外层是永不熄灭的天火说;菲洛劳斯(Philolaus)的宇宙中心火焰说;亚里士多德的多层水晶球说;托勒密(Ptolemaeus)的地球中心说等。进入中世纪后,宇宙学被纳入经院哲学体系,教会选取对宗教教义有利的托勒密地球中心说,使之占据正统地位,并与宗教、政治紧密地结合在一起,桎梏科学发展,延续到文艺复兴时代。哥白尼根据长期的天文观测写出巨著《天体运行论》,提出太阳中心说,推翻了地球居宇宙中心的传统观念。布鲁诺更进一步认为太阳也不是宇宙的中心,宇宙是无限的,不存在任何中心。牛顿最早用经典力学方法和欧几里得(Euclid)几何观念建立了绝对的无限的时空宇宙体系。康德和拉普拉斯论证了太阳系行星起源的问题,率先从科学的角度动摇了"自然界在时间上没有任何历史"的观念(恩格斯,自然辩证法)。

牛顿静态宇宙观并不单指牛顿本人的论述,而是泛指在牛顿经典力学体系架构下,对宇宙整体特性形成的观念。牛顿静态宇宙观对时间和空间有两个基本的认识:①时间和空间是绝对的,相互独立的;②时间和空间都是无限的。牛顿在《自然哲学的数学原理》一书中写道:"绝对空间,就其本性来说,与任何外在的情况无关,始终保持着相似和不变。"牛顿的绝对空间是一个与物质无关的存放物质的容器,它在各个方向上都是无限延伸的,在这个无限空间里到处都充满着天体。即使所有物质都没有了,空间依然存在。在同一著作中,牛顿还写道:"绝对的,真

9.1 牛顿的静态宇宙观

实的，数学的时间，由于它自身的本性，与任何外界事物无关地、均匀地流逝。"他认为时间是所有事物共同依存而又不受任何事物牵连的绝对存在，它无始无终。即使所有物质发展的过程都结束了，时间依然不断地流逝。绝对空间是静止不动的，绝对时间是永远流逝的，空间和时间都永无止境，不存在起源的问题。这就是牛顿静态宇宙观的精髓。

牛顿静态宇宙观很自然地被人们普遍接受，因为它不需要回答："空间如果有界限，那么界限以外是什么？时间如果有起点，那么起点以前是怎样的？"这些无法回答的问题。

1846 年，海王星的发现使牛顿力学体系更加牢固地建立。1873 年，麦克斯韦（J. C. Maxwell）建立了电磁现象基本规律的数学表达式，造就了电动力学的完整工程。牛顿力学和电动力学的巨大成就使当时的物理学界认为物质世界的运动规律已经完全被掌握了。只要给出初始条件，就可以预知未来的一切物理过程。

1900 年，英国物理学家开尔文（Kelvin，即 W. Thomson）在一次演说中说："在已经基本建成的科学大厦中，后辈物理学家只要做一些零碎的修补工作就行了。……但是，在物理学晴朗天空的远处，还有两朵小小的令人不安的乌云。"他指的这两朵乌云是普朗克（M. K. E. L. Planck）关于黑体热辐射的实验和迈克耳孙（A. A. Michelson）-莫雷（E. W. Morley）的光干涉实验。20 世纪的前 30 年，这两朵小小的乌云竟然引起物理学天空中的电闪雷鸣，狂飙起处，整座经典物理学的大厦也都为之动摇了。这 30 年中，人们揭开了原子内部的秘密，窥测到遥远的河外星系的行踪。普朗克实验导致薛定谔、海森伯、狄拉克创建量子力学；迈克耳孙-莫雷实验的结果从爱因斯坦的相对论找到归依。看似美轮美奂的经典物理学大厦在根基上出了问题。其理论体系只是在某种程度上近似地描绘出了自然界的规律，更精确、更全面的理论要让位于以量子力学和广义相对论为两大支柱的全新架构。

迈克耳孙企图通过他们精巧设计的实验，寻找地球相对于绝对空间的运动，而大自然无情地给出了一次又一次否定的结果。当风烛残年的迈克耳孙仍抱着他的经典物理学信念，为他们一次又一次的实验失败而懊丧不已的时候，爱因斯坦创立的相对论恰好说明，他们的实验是完全成功的，绝对空间并不存在。他们的实验其实正是这一革命性理论的有力证明，不失为物理学历史上具有划时代意义的最优秀的实验之一，尽管获得过 1907 年诺贝尔物理学奖的迈克耳孙至死也没有理解和接受这一点。

认真追究起来，牛顿静态宇宙模型早就暴露出一些不能自洽的蛛丝马迹。比如说，当用万有引力定律讨论宇宙局部区域受力的情况时，总是假定在足够远处的天体产生的引力为零，但在无限宇宙中，在任何足够远处周围都有无限多个天体，它们的引力的合力不可能为零，这就是牛顿模型不能自洽的破绽之一。康德提出过一种调和的主张：宇宙既不能是有限的，也不能是无限的，故有限无限的问题本身没有意义，根本不应再讨论它。中国明朝时的杨慎早在康德之前就已说过："天有极乎？极之外何物也？天无极乎？凡有形必有极。"他认为无限有限两种说法都有理由，从而也就都没有理由。

1826 年，德国的一位医生兼业余天文学家、最早的小行星发现者之一奥伯斯（H. W. M. Olbers）提出一种被称为"奥伯斯佯谬"的论点，使牛顿静态宇宙观陷入困境。他提出，如果无限宇宙中均匀分布着无限多个恒星（当时还没有关于银河系和星系的概念），考虑宇宙空间中的任意一点，以其为球心取任意半径的一层薄薄的球壳，球壳中的全部恒星都对该点产生一份照度。球壳的半径越大，体积越大，球壳内的星数越多；但半径越大，距离越远，恒星产生的照度越小。假设每一层球壳的厚度相同，球壳中全部恒星对球心产生的照度，无论半径大小都是一样的。围绕球心远远近近无限多层球壳，每一层都产生同样一份照度，总加起来，整个宇宙对该点产生的总照度为无限大，即在任何位置看"星空总是无限明亮的"。这显然不符合人们看到的真实情况，所以说它是"佯谬"。问题出在哪里呢？推理的过程明确无误，而结论显然站不住脚，只能说前提出了问题。前提即牛顿静态宇宙观。它涉及的相关命题有 4 个：

（1）宇宙是无限的；
（2）宇宙中到处都有大致上均匀分布的恒星，恒星的总数是无限的；
（3）宇宙是静止的，没有变化的；
（4）宇宙存在的时间是无限长的。

至少要推翻其中的一个命题，才能摆脱奥伯斯佯谬。前两个命题显而易见，后两个命题常常被人们忽略。对于第三个命题，如果宇宙不是静止而是无限膨胀的，那么足够远处的星光就会因为退行速度太大而极度红移乃至消失，星空就不至于无限光亮了。对于第四个命题，如果宇宙存在的时间不是无限长的，在有限的时间里，光运行的路程也是有限的，比这有限路程更远的恒星，它们的光还没有来得及传播到这里，不能形成无限叠加的效果，奥伯斯佯谬就不一定能成立。

奥伯斯并非权威人士，奥伯斯佯谬传播范围不广，不足以动摇牛顿体系的权威性，直到爱因斯坦提出新的宇宙模型，牛顿静态宇宙观才受到强烈的冲击。

9.2 爱因斯坦的有限无界宇宙模型

爱因斯坦 1915 年 11 月发表了广义相对论。广义相对论是在牛顿引力理论和狭义相对论的基础上发展起来的。它是研究空间、时间、物质和引力的理论。广义相对论进一步揭示了四维时空同物质的统一关系，指出空间和时间不能离开物质而单独存在。空间结构的性质取决于物质的分布。爱因斯坦本人说过："空间、时间未必能被看作是一种可以离开物理实在的实际客体而独立存在的东西。物理客体不是在空间之中，而是这些客体有着空间的广延。因此'空虚空间'这概念就失去了意义。"空间处处都有物质，由物质产生的引力导致空间不是平坦的欧几里得空间，

9.2 爱因斯坦的有限无界宇宙模型

而是弯曲的黎曼空间。

欧几里得（Euclid）是古希腊数学家，所著《几何原本》13卷，是世界上最早的公理化数学著作。欧几里得的几何学（简称欧氏几何）是一座非常宏伟的严密的逻辑体系大厦，但它的完美的结构建立在五条公理和五条公设的基础上。所谓公理就是当作自明的真理；所谓公设就是虽非自明但被视为正确的假设。它们都是没有证明的。其中第五条公设（平行公设）为：通过给定直线外的任意一点，有而且仅有一条直线与此直线平行。两千年来，曾有许多人试图证明这条公设是欧氏几何其他公设、公理与定义的推论，但都没有成功，直到19世纪才被严格证明它是独立的，而不是其他公设、公理与定义的推论。既然是假设，就不一定完全遵从。如果改写这条公设，也同样可以建立起宏伟严密的几何学大厦，这就是非欧几何学。黎曼几何是非欧几何中的一种。服从欧氏几何的空间称为欧几里得空间，服从黎曼几何的空间称为黎曼空间。黎曼（G. F. B. Riemann）是19世纪德国数学家，他和庞加莱被称为现代数学的两位奠基人。他改写了上述第5条公设为："过空间一点不可能作出与另一直线平行的直线。"从而创立了黎曼几何。欧氏空间是平直的无限伸展的空间；而黎曼空间是弯曲的，它有一定的曲率。无论这个曲率有多小，空间只能是有限的。

广义相对论认为时间和空间密不可分，时空的弯曲是引力场造成的，而引力场来源于物质的万有引力作用。只要有物质，就存在引力场，引力场的大小决定了时空弯曲的程度。时间和空间的结构和性质是依赖于物质的，不能独立于物质而绝对地存在。如果物质没有了，时间和空间也就随之没有了。广义相对论的弯曲时空不服从欧氏几何学，而服从黎曼几何学。数学是抽象的，但物理学需要经过实验证据的考验。相对论在各个领域里的成功，意味着黎曼几何在更广大（宇宙空间）和更细小（基本粒子领域）的范围内可能比欧氏几何更接近于物理世界的真实情况。

1917年，爱因斯坦以引力场方程为依据，提出一个有限无界的静止的宇宙模型，文章的题目是《根据广义相对论对宇宙学所作的考查》。在这个宇宙模型里，现实的三维空间是一个无界空间，无论向哪个方向运动都永远走不到尽头，不可能遇到边界；宇宙中所有各处都具有同等地位，处处都是中心，又处处都不是中心，或者说宇宙没有中心。但是，由于宇宙中到处充满着物质，存在引力场，根据相对论，宇宙的三维空间是弯曲的。一个有曲率的三维空间只能是有限空间，因而宇宙是有限的。一个有限的宇宙当然不满足奥伯斯佯谬中的第一个命题，因而摆脱了奥伯斯佯谬的困境。

为了帮助人们理解这个有限无界宇宙，爱因斯坦本人曾经举了一个生动的例子（图9.2.1）：在一个球的表面上有一只充分压扁的臭虫，它是二维的，身体没有任何厚度。这只臭虫可能有足够的理智，会写书，能研究二维世界里

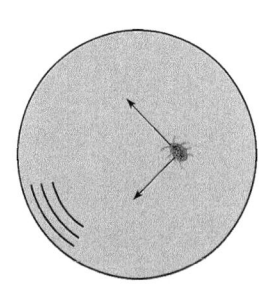

图 9.2.1 二维有限无界宇宙模型

的物理学，但它所处的宇宙是一个二维空间的宇宙。凭它的直觉和想象，不可能理解第三维。它在整个球面上，可以向前向后向左向右爬行，永远都不会有边界，也找不到哪里是宇宙的中心。但是它所处的宇宙显然是一个弯曲的二维宇宙，从三维上看，它当然是有限的，被限制在三维空间里一个稳定的球面上。爱因斯坦写到："人就同这只不幸的臭虫完全一样，处在这样的情况中，只有一点区别，那就是人是三维的。在数学上，人能想象第四维。对于他来说，第四维只是在数学上存在着。他的理智不能理解第四维。"爱因斯坦为了克服静态宇宙模型的不稳定性，在他的引力场方程中加进了一个常数项叫做宇宙项，表现为一种斥力，以抗衡引力，起到了"负"物质的作用。

1922 年，苏联数学家弗里德曼（А. А. Фридман）发表了著名的论文《论空间的曲率》，求出了不含有宇宙项的引力方程的通解，得到一个膨胀的有限无界宇宙模型。1925 年 7 月，37 岁的弗里德曼接受列宁格勒地球物理研究所的一项研究任务，乘热气球升空，创造了 7 400 米的高度记录，然而不到一个月后不幸罹患伤寒，9 月 16 日离开人世。23 年之后，他的学生伽莫夫提出了举世闻名的"大爆炸"宇宙模型。1927 年，爱丁顿的学生，比利时天文学家勒梅特（G. Lemaître）发表论文《考虑河外星系视向速度的常质量增半径均匀宇宙》，也通过求解引力场方程获得一个膨胀宇宙的模型。1929 年，哈勃关系发表，宇宙膨胀终于为天文观测所证实。

图 9.2.2　爱因斯坦访问威尔逊山天文台

爱因斯坦得知这一消息，1931 年 1 月 29 日亲自到哈勃所在的威尔逊山天文台了解情况，并立即表示支持天文学家的发现（图 9.2.2）。他宣布：一个膨胀的宇宙是不需要什么宇宙项的。爱因斯坦在《以广义相对论为根据的空间结构》一文中说："哈勃通过对河外星系的专门研究，指出它们所发射的光谱线显示出一种红移，这红移随着星系的距离而有规律地增长。对于我们现有的知识来说，这只能依照多普勒原理解释为整个宇宙的一种膨胀运动——根据弗里德曼，这正是引力场方程所要求的。"他还在《关于宇宙学问题的评注》一文中说："有人试图不用多普勒效应来解释哈勃的光谱线红移。可是在已知的物理学中，并没有支持这种想法的事实。""人们不得不认为哈勃的发现就是宇宙的膨胀。"根据弗里德曼和勒梅特的理论和实际的天文观测，爱因斯坦指出自己在静态宇宙模型中提出宇宙项是一个错误。他在同文中说："倘若哈勃的膨胀是在广义相对论的创立时期发现的，宇宙项就决不会引进来。现在看来，场方程里引进这样一个项更是缺少根据。"他后悔在引力场方程中引进宇宙项,说这是他"一生中最大的错事"。然而,爱因斯坦大概没有料到,50年后的今天,天文学家们又把宇宙项请出来,赋予它新的含义,重新论述它很可能真实存在的理由及观测证据(详见9.6节)。爱因斯坦的宇宙模型虽然有它的局限性,但在现代宇宙学中仍不失为开拓性的工作。

9.3 伽莫夫的大爆炸宇宙论

在膨胀宇宙的观念下,1932年,勒梅特提出宇宙是由一个极端高热、极端压缩状态的"原始原子"突发膨胀而产生的。但他未能阐明原始原子与各种不同化学元素之间的关系,也不能阐明原始原子分裂、膨胀的具体过程。但这一思想却启示了另一位年轻的核物理学家兼天体物理学家伽莫夫(G. Gamov)。他是俄国人,弗里德曼的学生,曾留学于哥本哈根和剑桥的卡文迪许实验室,20世纪30年代经法国和比利时来到美国。1938年,他在华盛顿组织了一次物理讨论会,在核物理和天体物理两个领域之间作了广泛的交流。与会者之一,20世纪30年代从德国来到美国的贝特,原来从事理论物理学研究,在这次会议的启发下,转而研究恒星的能源问题,当年就提出了恒星能源来自其内部热核反应的理论(详见5.1节),1967年被授予诺贝尔物理学奖。但是,恒星内部的氢-氦反应不能解释为什么在许多不同类型的天体中,特别是在恒星和星系当中,氢和氦共占了全部质量的98%以上,而且氦的比例占25%～30%。靠恒星内部的氢-氦反应不可能达到如此高的氦丰度,更不能解释恒星和星系里大量的氢从何而来。根据核物理理论的计算,一颗恒星由氢聚变为氦而达到25%～30%氦丰度所释放出的能量比恒星实际所发射的能量要多得多。

1948年,伽莫夫与他的学生阿尔弗和赫尔曼(R. Herman)发表了《宇宙的演化》,与阿尔弗(R. A. Alpher)和贝特发表了《化学元素的起源》等文章,将弗里德曼和勒梅特膨胀宇宙的观念移植到核物理知识肥沃的土壤中,提出了一种比较完整的宇宙创生新理论。该理论认为,宇宙是由高温高压状态下的原始基本粒子突发膨胀而开始创生的。这些基本粒子开始时几乎全部都是中子,由膨胀导致的温度下降,使中子按照当时已熟知的放射性衰变过程自由地转化为质子、电子等,逐渐产生由轻到重的各种化学元素。随着整个宇宙的膨胀和降温,各种粒子进一步形成星系、恒星等宇宙中的天体,然后沿着天体演化的阶梯一直延续到现在。现今宇宙中大量存在的氢和约占1/3的氦主要是早期宇宙的产物。

伽莫夫幽默地称呼他们提出的理论为 α-β-γ 宇宙创生理论。这三个排在最前面的希腊字母,既是阿尔弗、贝特、伽莫夫的姓氏,也隐喻着宇宙万物创生伊始的含义。伽莫夫、阿尔弗和赫尔曼还预言:宇宙早期从不透明状态膨胀到光子与其他粒子脱离热平衡而开始自由辐射传播的时候,演变到今天,应当遗留下温度为5～

10开的宇宙背景辐射。不幸的是，这一预言在当时技术条件下，无法由实际观测证实，α-β-γ宇宙创生理论并没有被当时的大多数理论物理学家和天文学家所接受。据著名的美国核物理学家温伯格（S. Weinberg）回忆，阿尔弗和赫尔曼曾经告诉他，他们向霍普金斯大学、海军研究所和国家标准局的雷达专家询问过观察宇宙背景辐射的可能性，不过得到的答复是5~10开的背景辐射太弱了，当时的技术条件无法测量。

还有一个原因是根据哈勃的宇宙膨胀算出的宇宙年龄太小，出现了"母亲比孩子更年轻"这样的笑谈。一些持反对意见的人给伽莫夫的理论模型冠以一个含有嘲讽意味的名字"大爆炸"（Big-bang model）。还有人刊出漫画：几个疯子在一只炒菜大锅里"big-bang"一声"爆出"一个宇宙来。这就是"大爆炸宇宙模型"名称的来源。以后，又有新的宇宙模型被提出来，大爆炸模型遭受冷落，就连爱因斯坦也陷入矛盾之中。爱因斯坦在1945年出版的《相对论的意义》第2版附录中说："看来我们必须认真接受膨胀宇宙这个观念，尽管这个膨胀的宇宙'年龄'不长。"在同一篇文章里他又说："最后，但不是最不重要的：宇宙的年龄，按照这里所用的意义来说，无疑地必定大过由放射性矿物所推断出的坚固地壳的年龄。既然由这些矿物所测定的年龄在任何方面都是可靠的，那么，如果发觉这里所提出的宇宙学的理论同任何这样的结果有矛盾，它就要被推翻。在这种情况下，我看不出有合理的解决办法。"膨胀宇宙模型还面临着奇点困难：宇宙膨胀伊始，所有物质都聚在一个点上。这是难以令人接受的。

1948年，英国天文学家邦迪（H. Bonti）、霍伊尔（F. Hoyle）和戈尔德（T. Gold）共同提出稳恒态宇宙模型，认为宇宙的空间分布在大尺度上是均匀的，各向同性的，同时也是永恒稳定的，没有演化问题，也不存在宇宙起源和归宿的困惑。这一理论虽然也承认宇宙膨胀，但认为在宇宙膨胀的过程中，物质密度保持不变，因此必须连续不断地有新的物质产生出来，其产率刚好填补了因宇宙膨胀而出现的密度减小的趋势。按当时的计算，整个宇宙在5 000亿年中，每立方米产出一份相当于一个氢原子的质量。这个数量微小到不可能用观测事实来检验。稳恒态宇宙模型调和了牛顿静态宇宙模型和宇宙膨胀之间的矛盾，但它又面临着与质量守恒、能量守恒等一系列基本物理定律相违背的问题。

20多年后，天文学家用新的观测数据克服了宇宙年龄太小的障碍，背景辐射也被观测证实，再加上核物理学的深入发展，使大爆炸模型重新大放异彩，成为举世公认的"标准宇宙模型"，而令其他各种宇宙模型黯然失色，退出历史舞台。稳恒态宇宙模型也已成明日黄花，不为人们所接受了。

1967年6月23日，时任科罗拉多大学教授的伽莫夫，得知宇宙背景辐射已经被测出的消息后，大感欣慰，他给普林斯顿大学的皮布尔斯写信，说他们当初进行宇宙学研究时，射电天文学还处于幼年时期，没有办法直接探测到宇宙背景辐射。1968年8月19日，伽莫夫辞世，长眠于远离祖国的绿色小山墓地（光盘图9.3.1

位于Green Mountain Cemetery的伽莫夫墓）。1993年8月出版的美国《天空与望远镜》杂志征求为大爆炸宇宙模型换一个更好的名称，应征信函多达一万多封，却没有征得满意的结果，人们仍然称之为"大爆炸宇宙模型"。

9.4 标准宇宙模型

随着近代基本粒子物理学的进展和天文观测证据的获得，大爆炸宇宙模型又以崭新的面貌重现世界，获得"标准宇宙模型"的桂冠，为大多数宇宙学家普遍接受，也逐渐为广大公众所了解。现在在各种场合提到大爆炸宇宙模型或标准宇宙模型都是指的这一源于20世纪30年代而于70～80年代被重新审视与充实提高的宇宙模型。这一模型之所以如此成功，是因为它建筑在近代粒子物理学坚实的基础上，而且与天文观测相一致，并且是最简单而又最自然的宇宙模型。正如著名粒子物理学兼宇宙学家，1979年诺贝尔奖获得者温伯格（S. Weinberg）所说："标准模型之所以成立，是因为近代天体物理学基本上是客观的，人们对它达到了一致的看法，既非由于哲学偏爱的变迁，也非由于天体物理学巨匠们的影响，而是由于来自经验和数据的压力。"大爆炸宇宙模型最有力的天文观测证据是3开宇宙背景辐射的发现。

1964年，美国贝尔实验室用一台灵敏度极高、方向性极强的天线，研究天空中的无线电噪声干扰，以提高卫星通信的质量。两位无线电工程师彭齐亚斯（A. A. Penzias）和威尔逊（R. W. Wilson）却在这台天线上完全出乎意料的作出了震惊世界的重大天文发现：找到了伽莫夫等所预言的宇宙背景辐射，温度约为3开（图9.4.1）。无线电噪声通常用温度表示。各种物体在不同温度下都会发出杂乱无章的电磁波辐射，形成干扰噪声；温度越高，噪声越大。

图9.4.1　发现宇宙背景辐射的号角状天线

贝尔实验室的天线已经很好的屏蔽了来自地面的干扰，接收器等电子部件又全都浸泡在液氦中，温度降到了4开以下，不该再出现由常温引起的噪声。然而天线工作时，却接收到6.7开噪声水平的辐射，扣除掉大气吸收和天线阻抗等影响之后，仍然有3.5开的辐射无法消除。它们来自天空各处，无所不在，不分四季、昼夜、阴晴、寒暑，这究竟是什么？两位工程师想不明白。当消息传到普林斯顿大学的一批天文学家那里，他们立即判断出，这正是他们想要寻找的宇宙背景辐射——大爆炸宇宙模型的观测证据。1965年第142期美国《天体物理杂志》同时发表了无线电工程师和天文学家的两篇文章，宣布发现了宇宙背景辐射，顿时轰动世界。许多天文台反复测量，最终肯定了当初发现的结果。彭齐亚斯和威尔逊获得了 1978 年的诺贝尔物理学奖,在颁奖决定中写道:"这是一项带有根本意义的发现,它使我们能够获得很久以前在宇宙创生时期所发生的宇宙过程的信息。" 1989 年,美国发射了"宇宙背景辐射探测器",简称 COBE 卫星,(光盘图 9.4.2 COBE 卫星)精确地测量出宇宙背景辐射的温度为 (2.735 ± 0.016) 开(1996 年订正的高精度值为 (2.728 ± 0.004) 开)。按波长或频率分布的辐射强度与理论曲线几乎完全一致,令人信服地证明了大爆炸宇宙模型预言的背景辐射确实存在(图 9.4.3)。

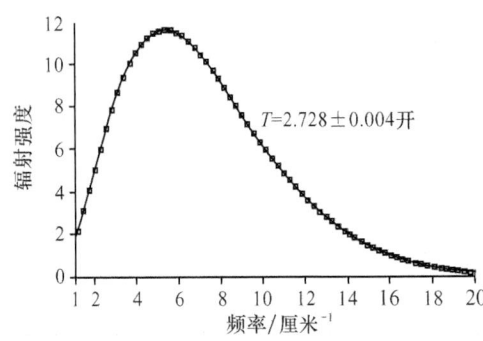

图 9.4.3 COBE 卫星获得的宇宙背景辐射曲线

大爆炸宇宙模型之所以成立,还因为它被移植到现代核物理学肥沃的土壤中。英国当代物理学家彭罗斯说:"从宇宙创生后 1/10 000 秒,直到后来的 3 分钟,宇宙的行为已被非常仔细地算出,……现代物理理论对于这种计算是完全足够的。"

现代核物理学对化学元素和物质粒子的创生机制已经有了清楚地认识。化学元素在过去很长时期里被看作是物质的基元,是永恒不变的,没有什么演化问题。1896 年和 1898 年,贝克勒尔(A. H. Bequerel)和居里夫妇(Pierre Curie, Marja Curie)相继发现了天然放射性,人们看到一种化学元素经放射性衰变后变成了另一种化学元素。1908 年 1 月,卢瑟福发表文章,论述了化学元素衰变的过程和规律。1957 年,天文学家伯比奇夫妇(G. Burbidge, M. Burbidge)、福勒(W. Fowler)和霍伊尔发表了 B^2FH 理论,认为所有元素都是在由氢开始的聚变热核反应中形成的。化学元素周期表上排在铁前面的元素形成于主序阶段的恒星内部,通过星风损失或恒星超爆的形式抛洒到宇宙空间。铁以后的元素形成于超新星爆发的过程中。中外历史上有数不清的炼金术士们,穷毕生精力为寻找转变元素的"炼炉"而失败了。他们绝没有想到,每当他们因失败而仰天长叹时,他们看到的每一颗恒星正是他们梦寐以求的炼炉!1983 年,福勒获得诺贝尔物理学奖,B^2FH 理论赢得了举世的公认。然而,最早的元素氢及占宇宙物质元素总量近 1/3 的氦却另有别的来源。

宇宙当初没有物质,只有能量(即光子),是"大爆炸"(宇宙膨胀的特指名词)创生出来一个物质的宇宙。当代粒子物理学告诉人们,在足够高的温度下,物质粒子可以由光子的碰撞产生出来。根据粒子的静质量可以从爱因斯坦的质能转换公式和玻尔兹曼的热运动能量公式计算出各种粒子"足够高"的温度——名为"阈温"。表 9.4.1 列出了这些温度。

9.4 标准宇宙模型

表 9.4.1 一些粒子的静质量和阈温

粒　子		反粒子	静质量/克	静能量/兆电子伏	阈温/亿开
光子		—	0	0	0
轻子	中微子	反中微子	0（?）	0（?）	0
	电子	正电子	9×10^{-28}	0.5	59
强子	质子	反质子	1.6×10^{-24}	938	10 万
	中子	反中子	1.6×10^{-24}	939	10 万

? 表示现在还不能确知。

当代粒子物理学还告诉人们，由光子碰撞产生出来的粒子总是一正一反成对产生的，而正反粒子再度相遇的时候又会相互湮灭而恢复为能量。1 克正物质和 1 克反物质因湮灭而恢复的能量相当于 5 000 万千瓦时的电能。

温伯格的著名科普书《最初三分钟》，用当代粒子物理学知识描述了标准宇宙模型中宇宙创生的几步进程，大体分为以下几个画面。

第一个画面，宇宙创生伊始的 1/10 000 秒，温度高达几十万亿开，大于强子和轻子的阈温，光子碰撞产生正、反强子和正、反轻子，同时也进行着相反的过程：正、反强子和正、反轻子相遇而湮灭为光子。在达到平衡状态时，粒子的总数大致与光子的总数一样多。未经湮灭的强子破碎为夸克，夸克处于没有任何相互作用的"渐近自由状态"。宇宙中的粒子品种有：正、反夸克，正、反电子，正、反中微子。产生出来的正反粒子数量之比为 10 亿＋1：10 亿。它们相互湮灭之后只有十亿分之一的正粒子留存下来。

第二个画面，时标 0.01 秒，温度 1 000 亿开，小于强子的阈温，但仍大于轻子的阈温。光子产生强子的反应已经停止，但轻子仍大量产生。轻子（包括电子和中微子）与光子的数量保持平衡，被称为轻子时代。强子不再破碎为夸克。质子与中子各占一半，但正、反质子或正、反中子的湮灭事件不断发生，强子数逐渐减少。

中子与质子不断地相互转化，但中子转化为质子比相反的转化要容易一些。到时标 1.09 秒，温度 100 亿开时，质子与中子的数量比变为 76：24。

第三个画面，时标 13.82 秒，温度 30 亿开，小于轻子的阈温。轻子也不能由光子碰撞产生出来，物质被创造的任务已经完成。大量正、反轻子湮灭，轻子时代结束。释放出来的能量减慢了宇宙冷却的速度。中子衰变的现象显现出来，因为自由中子是不稳定的，它会衰变成质子加电子加反中微子，半衰期只有 10 分钟左右，平均寿命 888.6 秒。这时的质子与中子的数量比为 83：17。

第四个画面，时标 3 分 46 秒，温度 9 亿开，反粒子全部湮灭，只留存十亿分之一的正物质粒子，光子与物质粒子的比为 10 亿：1。中子不再衰变，质子与中子的数量比保持为 87：13。这两个比值一直保持到现在。中子不再衰变的原因，是这时出现了一步非常重要的演化过程：由 2 个质子和 2 个中子生成 1 个氦原子核，成为十分牢固的体系,中子因受核力的束缚而被保存下来。宇宙进入核合成时代。氢核(即质子)与氦核的质量比为(87-13):(13+13)=74:26,这个比值也一直保持到现在。今日宇宙中的氦丰度就是这样形成的。如果没有氦原子核合成这一过程,中子统统衰变,宇宙至今就只有氢而不会有其他任何品种的化学元素,没有星系,没有太阳,没有地球,更没有人类来探索它的起源。

第五个画面,时标30万~70万年,温度4 000~3 000开。在此画面之前,宇宙的尺度虽已膨胀到相当的规模,但各种物质粒子大体均匀地分布在空间各处,悬浮于高温的光子之中,没有聚集,没有成团,没有形成复杂的结构。电子和正电子相互湮灭,只剩下十亿分之一的电子和质子的电荷相平衡。除氢原子核和氦原子核外,又形成了少量的一些较轻的化学元素锂、铍等的原子核,但不能形成稳定原子。电子与原子核和质子及光子等混合组成等离子体。光子不可能像现在宇宙中那样通行无阻地运动。光子在它的旅程中与稠密的物质粒子左冲右突,特别是碰到电子的时候会被电子散射或吸收,它们的"自由程"很短,"平均自由时间"也很短,能量和物质处于热平衡状态。

30万岁以后至70万岁,空间扩大了,温度条件也允许了,开始出现稳定的氢、氦原子,进入复合时代。自由电子逐渐消失,物质与辐射脱离(退耦)。宇宙逐渐从以能量为主的时期转变为以物质为主的时期。光子可以自由穿行,黎明的曙光来到了。这最早出现的原初辐射遗存到今天,就是3开宇宙背景辐射。

第六个画面,时标4亿~5亿年,温度100开。70万岁以后,宇宙继续膨胀降温,辐射压力越来越小,引力上升为主要作用力,物质粒子开始聚集成团,第一批恒星诞生。此前的一段时期,虽有暗弱的背景辐射,物质仍大体呈均匀结构,只有微小的、局部的密度起伏,没有任何会发光的天体,天文学家称之为"黑暗年代"(dark ages)。

当"黑暗年代"结束,恒星和星系成批诞生。星光灿烂的宇宙辉煌时期开始了。宇宙的大尺度结构逐渐形成。在星光的作用下,宇宙中的氢、氦原子再次电离,变成等离子体;在恒星内部,较轻的原子核聚变为较重的原子核。大恒星超爆又造就出更重元素的原子核。因恒星超爆而散落的原子核与太空和星云中的物质再度聚集,形成第二代、第三代恒星,一些恒星周围出现行星、卫星、……。

第七个画面,时标137亿年,温度2.7开,一颗小小的行星——地球上出现了万物之灵的人类(当然,也许还有别的行星上别的智慧生命)。人类智能的发展,不仅探测到物质宇宙最早的"原初辐射"遗迹——3开宇宙背景辐射,而且试图了解宇宙创生的全过程。

以上就是标准宇宙模型所描述的宇宙创生的大致过程(光盘图9.4.4 从大爆炸至今的宇宙进程)。表9.4.2是宇宙演化进程简表。标准模型并不是终极理论,它本身仍有一些说不清楚的地方。但是,正如温伯格所说:"即使将来它被别的理论取代了,它毕竟在宇宙学的历史里起过重要的作用。新的理论很可能是由于受到

9.4 标准宇宙模型

标准模型的启发而进行观测和计算得到的。"

表 9.4.2 宇宙演化进程简表

画面	时 标	温度/开	时 代	物理过程
1	10^{-4}秒	10^{13} ＞强子阈温	强子时代	夸克渐近自由，光子数与粒子数平衡， 正物质：反物质＝10亿＋1：10亿
2	10^{-2}秒	10^{11} ＜强子阈温	轻子时代	轻子：强子＝10亿：1 质子：中子＝50：50
3	13.82秒	30亿 ＜轻子阈温	轻子时代结束	质子：中子＝83：17
4	3分46秒	9亿	核合成时代	物质全部产生出来，自由中子消失， 光子：物质粒子＝10亿：1， 质子：中子＝87：13，H：He＝74：26
5	30万～ 70万年	4 000～3 000	复合时代	物质与辐射脱离（退耦），光子自由穿行，光明宇宙诞生；自由电子消失，稳定原子形成
6	70万～ 5亿年	100	黑暗年代	引力上升为主要作用力，物质粒子开始聚集成团，直至第一批恒星诞生，宇宙中的氢、氦原子再次电离
7	137亿年	2.7	现代	星系等宇宙大尺度结构早已形成，新恒星不断诞生、演化，超新星时有爆发，出现行星、生物、人

1992年，美国伯克利大学的斯穆特（G. Smoot）用计算机处理COBE卫星的大量数据，给出一张令人激动的宇宙背景辐射的能量分布图（光盘图9.4.5 COBE给出的宇宙背景辐射能量分布图）。图中的不均匀结构表现出背景辐射中微小的温度起伏，说明在宇宙30万～70万岁时，在物质分布高度均匀的背景上已经出现微小的不均匀性。正是这些微小的不均匀性成为导致以后星系和恒星形成的种子，使宇宙在总体密度降低的同时，有局部区域的物质在引力作用下集聚而形成高密度的多层次天体。2006年，斯穆特和COBE卫星主持人马塞（J. Mather）共同获得诺贝尔物理学奖。2001年被送入太空的WMAP人造小行星，2003年公布的结果，得到比COBE卫星更为清楚、精致的宇宙37.7万岁时的物质不均匀图景（参见9.6节）。

2006年9月，日本天文学家宣布，8米口径的SUBARU望远镜发现距离我们128.8亿光年的星系，认为比以前发现的星系都更加遥远，更接近"黑暗年代"（光盘图9.4.6 SUBARU望远镜拍摄到的遥远星系）。

2007年7月，美国天文学家宣布，观测到6个迄今最遥远、最古老的星系：3个在室女座Abell 1689星系团方向，2个在武仙座Abell 2219星系团方向，1个在双鱼座Abell 68星系团方向，距离都在132亿光年以上。

如此遥远的星系，本应非常暗弱。幸亏"引力透镜效应"使其亮度增强了20～50倍，而被哈勃空间望远镜捕捉到它们的身影。其中A1689C1、A1689C2、

A1689C3 三个遥远星系，对它们产生"引力透镜效应"的天体是 7.7 节介绍过的室女座 Abell 1689 星系团（光盘图 7.7.13）。光盘图 9.4.7 是 Abell 1689 星系团中心局部区域，适当旋转以与光盘图 9.4.8 相对照。光盘图 9.4.8 指示三个遥远星系经"引力透镜效应"放大后暗弱图像的位置。加州理工学院的研究小组先从哈勃望远镜的照片上寻找到这些暗弱图像，再用凯克 II 10 米望远镜的近红外光谱仪拍下光谱，最后完成他们的发现。这次发现提供了何时结束"黑暗年代"的最新信息，因此格外引人注意。

2008 年 2 月 12 日，哈勃望远镜又发布了对 Abell 1689 引力透镜效应新的探测结果，找到一颗名为 A1689-zD1 的暗弱星系，年龄约 128 亿年，引力透镜效应使其亮度增强了 10 倍以上。2008 年 9 月 11 日，钱德拉望远镜还公布了 Abell 1689 的 X 射线图像（光盘图 9.4.9 Abell 1689 的 X 射线图像），弥漫着蓝色的高温气体，表明有巨型黑洞存在。

9.5 宇宙早期的暴胀模型

标准大爆炸宇宙模型描述的是宇宙时标 1/10 000 秒以后的演化进程。至于更早期的宇宙历史，虽然时间只短到 1/10 000 秒，却是很难追溯的难点之所在。或许可以说，在那 1/10 000 秒内发生的事情与当代人类知识之间还隔着重重帷幕，当代科学家只能稍稍掀开帷幕的一角，窥测到些许蛛丝马迹，并就看到的情形加以推测和揣摩，将宇宙极早期的历史追溯到 10^{-36} 秒。描述这一段宇宙极早期演化进程的模型称为暴胀模型。

在这 1/10 000 秒中隐藏着的宇宙秘密有：奇点问题，视界疑难，平直性疑难和磁单极疑难，其中最困难的是奇点问题（详见 9.7 节）。暴胀模型所能解释的是另外三项疑难。

9.5.1 视界疑难

这里所谓的视界不是黑洞周围的视界，而是指在宇宙中某一地点，所能看到的最大的宇宙范围。这个范围的大小受到光速和宇宙年龄的限制。根据相对论，光速是一切信号传递所能达到的最高速度，1 年传递 1 光年。现今我们所处的宇宙，年龄按 137 亿岁计，我们所看到的宇宙中离我们最远的天体距离不能超过 137 亿光年。因为更遥远的事物，其信号即使从宇宙创生时开始传递，至今还没有传到我们这里来，所以宇宙当前的视界等于 137 亿光年。回溯到宇宙 70 万岁时，视界应为 70 万光年，等于 6.6×10^{23} 厘米，而当时的宇宙尺度范围是 1.8×10^{25} 厘米。可见当时视界所及约为宇宙尺度范围的 1/27。再往前回溯到宇宙创生 1/10 000 秒以前的一点 10^{-36} 秒，那时的视界为 3×10^{-26} 厘米。而宇宙尺度范围却有 3.8 厘米。视界竟然为宇宙尺度范围的 $1/10^{26}$。视界应是信号联系所及的范围，视界以外的世界，连最快速的光子都不能到达，彼此之间不可能有任何因果联系。当宇宙年龄只有 10^{-36} 秒的时候，没有任何因果联系、互无影响的宇宙区域居然广泛存在于有因果联系的视界范围之外，体积比视界范围大 10^{78} 倍。那么多互无影响的宇宙区域，怎么能要求它们有大体一致的性质，而演化成今日宇宙的各向同性？这个不可思议的问题就是所谓的"视界疑难"。

9.5.2 平直性疑难

理论计算表明，在宇宙的极早期，譬如在宇宙年龄只有 10^{-36} 秒的时候，宇宙的平均密度，几乎等于临界密度，意味着宇宙在各个方向上几乎没有曲率，宇宙是平直的。这是一种概率非常低的选择。为什么在亿万种选择中，宇宙单单选择这一种？这就是"平直性疑难"。

9.5.3 磁单极疑难

电荷有正负之分，质子和正电子带正电，电子和反质子带负电。一般物体所带的正电荷与负电荷相等，处于电中和状态，是中性的。如果带电物体所带正电荷多于负电荷，则表现为正电性，成为带正电荷的物体；反之，所带负电荷多于正电荷，表现为负电性，成为带负电荷的物体。自然界和人工实验室里存在带单一电荷的物体是司空见惯的。

磁也有正负之分，但磁性物体总是同时带有正磁极和负磁极。一根细细的磁针指向地球的南北磁极。磁针的正磁极和负磁极分别处于磁针的两头。如果把磁针从中间断开。磁针两头仍然是正磁极和负磁极。无论切断多少次，剩余的磁针再短，也仍然是一头正磁极，另一头负磁极。从来没有发现过只带正磁性或只带负磁性的物体，只带单一磁荷的物体在宇宙中是不存在的，这是为什么？电子、质子都是带有单一电荷的物质粒子，那么是否存在被称为"磁单极"的带有单一磁荷的物质粒子呢？从来没有发现过。按狄拉克的理论，磁单极产生于早期宇宙中彼此没有信号联系的小区域之间的边界上。在宇宙年龄只有 10^{-36} 秒的时候，磁单极应大量产生，而它们又极少湮灭。宇宙膨胀到今天，磁单极应当随处可见，而且不难检测，可实际上一个也没有，令人罔知其故。这就是"磁单极疑难"。

1981 年，美国粒子物理学家古斯（A. H. Guth）提出一种极早期宇宙演化的模型，能够解释上述三个疑难，那就是暴胀模型。这一模型认为，在宇宙创生 $10^{-35} \sim 10^{-32}$ 秒，宇宙发生了极高速度的膨胀——暴胀。在 10^{-35} 秒之前，宇宙空间尺度范围不是像前面计算的那样大，而是比视界小很多。后来的宇宙空间尺度范围是由于暴胀而急速胀大的。暴胀的程度居然使宇宙在极短的 10^{-32} 秒时间内尺度扩大了 10^{43} 倍！这样一来，视界疑难就被克服了，不存在没有因果联系的区域；也回避了磁单极疑难——并不是磁单极不能存在，而是在今天所观测到的宇宙范围内一直没有提供磁单极生成的条件。今日宇宙只是来自暴胀前一个均匀区域内的一小部分,而磁单极只能在区域之间的交界处产生。至于平直性疑难,暴胀模型也暗示了宇宙的平直性是一种自然的选择。暴胀模型成功地化解了上述三个疑难。光盘图 9.5.1 是宇宙暴胀及以后的几个阶段示意图,在 10^{-32} 秒之前是宇宙暴胀阶段。宇宙的暴胀使空间尺度猛增,速度远远超过光速,岂不违背相对论?回答是没有。因为相对论限制任何物体的运动速度不能超过光速,而空间的暴胀不涉及任何物质粒子的运动。

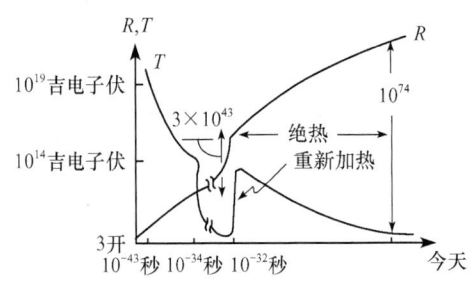

图 9.5.2 暴胀阶段前后宇宙温度和尺度的变化

宇宙温度与宇宙尺度成反比。宇宙的暴胀意味着温度的猛降。暴胀阶段结束时,宇宙尺度猛增了几十个量级,温度也猛降了几十个量级。暴胀阶段过去之后,通过大量粒子产出的过程使宇宙重新加热,回到标准大爆炸模型所描述的正常演化轨道上来。图 9.5.2 给出了暴胀阶段前后宇宙温度和尺度变化的示意图。

10^{-36} 秒也是重子数和反重子数出现失衡的时代,以后逐渐形成所有物质粒子都比相应的反物质粒子多一点,比例是 10 亿+1∶10 亿。当宇宙温度下降到 10 亿开时,物质创生的过程结束。粒子和反粒子湮灭之后,还剩下十亿分之一的正物质粒子,成为今日宇宙的全部物质基础。根据物质创生和湮灭的平衡原则,光子数与粒子数本来是一样多的,是湮灭造成了粒子数的减少。由能量产生出来的正、反粒子,归于湮灭的部分与剩余下来的部分之比是 10 亿∶1,于是光子数与粒子数之比也应是 10 亿∶1。现代天体物理学测定的结果,今日宇宙恰好符合这一比值。

对称性是 20 世纪末物理学中最重要的中心思想之一。根据对称性原则,正、反粒子的数量应当是对称而相等的。如果正、反粒子数一直保持严格相等,所有物质粒子都湮灭掉了,就不会演化成今日的宇宙。在严格对称的基础上,出现了非常微小的不对称情形,理论物理学家们称之为对称性的破缺。美籍中国物理学家李政道和杨振宁于 1956 年最先指出的宇称不守恒现象是对称与破缺的一个实例。他们获得了 1957 年诺贝尔物理学奖。另一位美籍中国物理学家吴健雄通过实验证明了他们的结论。吴健雄获得 1975 年美国最高科学荣誉——国家科学勋章和 1978 年首届沃尔夫奖。人们猜想在宇宙创生之初,本来是没有破缺的,在宇宙极早期一定存在着一种现代物理学家还不能道出的过程,造成了上述微小的破缺。对称性与破缺并存才创就了今日的宇宙。神秘而和谐的大自然自身的美,与人类心灵深处的美是相通的:"对称性+破缺=美"这条人文科学美学中的原则,居然在宇宙创生极早期的过程中被体现出来,而那时人类还远没有诞生,这真是不可思议。2008 年诺贝尔物理学奖授予了美国芝加哥大学费米实验室名誉教授南部阳一郎(美籍日裔,87 岁)、日本筑波高能加速器研究机构名誉教授小林诚(64 岁)和日本京都大学汤川理论物理研究所名誉教授益川敏英(68

岁)。他们的成就是发现了亚原子物理学中自发对称性破缺机制及有关对称性破缺起源的研究。这项研究为解开宇宙创生时的对称性破缺谜团提供了线索。

人们不禁惊讶，宇宙中丰富多彩的物质在宇宙刚降生的最初 3 分 46 秒钟里就基本完成了创造任务，而宇宙物质得以保存和发展的前提来自重子数与反重子数失衡的不对称性，其基础居然是在最初的 10^{-36} 秒之内奠定的。由人类已经清楚掌握的粒子物理理论，不难理解这样的进程不仅不是不可思议，反而是理所当然的。今天的物质世界之所以丰富多彩，是因为有各种各样的化学元素，但所有氢以上的化学元素没有中子是不可能形成的，而中子如果不在最初 3 分 46 秒里躲进氦原子核中保藏起来，这个世界就根本不会有中子。值得惊讶的是，宇宙创生时期进展过程的高效率。为什么在如此短的时间内能够完成如此艰巨的奠基任务？关键在于温度。温度的物理实质是粒子碰撞所产生的能量。碰撞越频繁，温度越高，效率就越高。煤的燃烧是碳元素强烈氧化的过程。在常温下，煤不会燃烧，由煤生成二氧化碳的效率是极低的，可是在高温下，碳原子与空气中的氧原子频繁地、强烈地碰撞，煤就熊熊燃烧起来。这是人们所熟知的温度与效率相关的明显的例子。宇宙早期的那种高温高密状态，粒子碰撞极为频繁，宇宙创生过程的高效率——1 秒等于 100 亿年——就在情理之中了。

9.6 21 世纪的两朵乌云——暗物质和暗能量

9.6.1 宇宙将如何终结

19 世纪与 20 世纪之交，有两朵小小的乌云，竟然酝酿出漫天的狂飙，动摇了几个世纪以来建成的物理学大厦。雨过天晴，相对论和量子力学这两座全新的现代物理学理论架构巍然耸立，人类社会进入科学技术迅猛发展的新时期。

20 世纪与 21 世纪之交，又有两朵小小的乌云，涌现天际……

举世公认的标准宇宙模型指出，现实宇宙起源于 137 亿年前的一次大爆炸（突发性的空间膨胀事件）。直到今天，膨胀仍在继续。未来宇宙将会一直膨胀下去，还是膨胀到一定程度重又收缩回来，关键在于整体宇宙的物质平均密度。

从地面抛掷物体，不一会儿就会落回地面，因为有地球的引力在起作用。但是，如果物体的运动速度超过地球的逃逸速度（11.2 千米/秒），它就越飞越远，再也不会掉下来了。

宇宙膨胀是当初"大爆炸"给它的力，如果膨胀运动所具有的速度超过由宇宙质量决定的逃逸速度，那么膨胀就会永远继续下去；反之，如果膨胀速度小于逃逸速度，膨胀终会停止并转为收缩。临界情况就是两个速度刚好相等。与之相应的宇宙物质平均密度称为临界密度。理论上给出的临界密度值为 10^{-29} 克/厘米^3，这相当于每立方米体积有 6 个质子或中子的质量。

永远膨胀下去的宇宙称为开宇宙。开宇宙的平均温度将越来越低。所有恒星的热核反应将逐渐熄灭，辐射能量不断减少，所有的物质终将衰变殆尽，只剩下稀落的光子和中微子，不会再出现任何重大的物理过程来打破宇宙那空虚荒凉的状态。永久之长，长不可测。在这之前许久，人类及所有宇宙中的生命早已冻死，不复存在了。

膨胀到一定程度后重又收缩回来的宇宙称为闭宇宙。闭宇宙最后将收缩到宇宙创生之初的一个奇点上去而归于消逝。当闭宇宙只剩下最后 50 万年的时候，宇宙早已失去光明，到处一片漆黑，无论人类躲藏到何方，也难逃整个宇宙酷热的煎熬，一切生命都将化为乌有。然后，温度加速上升，直到几十亿开。一切有形的东西都统统毁灭，包括空间和时间本身。从虚无中诞生的宇宙，曾经灿烂辉煌的存在过无数亿年，最后又回到虚无中去，什么也没有留下。

宇宙到底是开是闭，人类未来将要冻死还是热死，完全取决于现实宇宙的物质平均密度。用天文观测手段和抽样统计方法得到的现实宇宙的物质平均密度不到临界密度的 5%。是否可以据此推断宇宙是开宇宙呢？不能。因为观测和统计的对象只是宇宙中发光的恒星和星系等天体，统称为亮物质。还有那些不发光的暗物质，加上它们的质量之后，宇宙物质的平均密度是否能够超过临界密度呢？

9.6.2 21 世纪的第一朵乌云——暗物质

暗物质是指那些不发出任何辐射因而探测不到的宇宙中的物质。已经死去的恒星的残骸：黑矮星、停发脉冲的中子星、黑洞；弥漫于星际和星系际的尘埃和电离气体；还有星团级的和星系级的大黑洞；……这些都是暗物质。但所有这些已知的物质加在一起，还是不足以使宇宙平均密度超过临界密度。那么，还有没有人类至今仍不确切知道的暗物质，在影响着宇宙的开闭呢？

根据星系中恒星运动的情况，用力学定律推算出来的星系质量，叫引力质量。而通过统计恒星的个数及它们发光的情况，得出的星系质量叫光度质量。结果发现，引力质量总是比光度质量大得多。为什么？因为星系中存在着大量暗物质。光度质量只是那些发光物质的质量，而引力质量是发光物质与暗物质加在一起的质量。

按照动力学原理，星系中的恒星，离中心越远的，转动线速度应当越慢。而对大量星系的观测研究表明，边远处的恒星，转动线速度并没有慢下来。通过远红外观测还发现，这种转动线速度维持不变的趋势一直延伸到离星系亮边缘很远的地方。这说明在星系外围，甚至离星系亮边缘很远的地方隐藏着大量看不见的暗物质（图 9.6.1）。

光盘图 9.6.2 是位于鲸鱼座的一个椭圆星系 NGC720，距离 8 000 万光年，

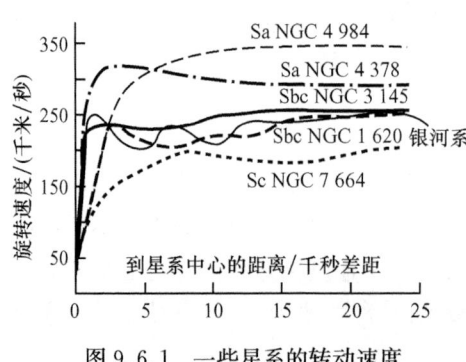

图 9.6.1　一些星系的转动速度

右图是地面望远镜拍摄的光学图像，左图是钱德拉空间望远镜拍摄的 X 图像，显示出光学图像所没有的庞大的热气体外晕，一定有暗物质形成的引力与高温气体的压力相平衡。估计暗物质的质量超过亮物质质量的 5 倍以上。

对星系团的观测研究也充分说明暗物质大量存在。一些星系团中的星系平均运动速度大到足以摆脱由光度质量估算出来的引力束缚，如果没有大量的暗物质参与组成足够强大的引力束缚系统，星系团早就瓦解了。X 射线观测发现很多星系团弥漫着高温的发出强大 X 射线的气体，一定有大量暗物质形成的引力与高温气体产生的压力抗衡，才能维持星系团的稳定性。光盘图 9.6.3 是位于仙王座的一个星系群 NGC2300，距离 1.5 亿光年，ROSAT 卫星拍到其 130 万光年范围的 X 射线高温热气体。在大熊-天龙座交界处 Abell 2125 星系团中心，C153 星系周围有强烈的热气体喷发，光盘图 9.6.4 是它的光学、射电、红外和 X 射线综合图像，距离 30 亿光年。6.4 节介绍过的斯蒂芬五重奏星系群 HCG92（光盘图 6.4.8），钱德拉空间望远镜拍到弥漫其间的高温 X 射线的气体，范围达 28 万光年（光盘图 9.6.5 斯蒂芬五重奏星系群 HCG92 中的热气体）。著名的后发座星系团（光盘图 6.4.15）中也弥漫着大量高温 X 射线的气体（光盘图 9.6.6 后发座星系团中的热气体）。狮子座 M1054-0321 是拥有数千个星系的星系团，距离 80 亿光年，其中 13 个星系有遭遇碰撞的迹象。光盘图 9.6.7 左面是其全貌，右面排列着几个星系碰撞的小图；光盘图 9.6.8 右面是星系团的中心部分，左图是 ROSAT 卫星拍到的 X 射线高温气体，温度达 3 亿开。M1054-0321 曾被认为是星系团中的巨无霸，后来又发现一个更大的星系团长蛇座 RDCS1252.9-2927，同样笼罩着 X 射线高温气体，图像更为壮观。在光盘图 6.4.23 和光盘图 6.4.25 中已经展示过了。

诸多观测证据表明暗物质的大量存在，但暗物质的主体是什么物质，现在还不甚清楚。人们日常所见的一切物体，都是由原子组成的，而任何原子都离不开中子、质子等重粒子成分。人们一直猜想，暗物质的主体是重粒子以外的东西，如中微子（热暗物质）和弱作用大质量粒子（冷暗物质）。这些神秘莫测的小粒子也许会起着决定宇宙未来前途命运的举足轻重的作用。它们像是在宇宙中到处游荡的幽灵，人们还无法得知其庐山真面目。有人估计，暗物质的总质量可能比亮物质多几十倍、上百倍。若果真如此，宇宙物质的平均密度将大于临界密度，闭宇宙成为真实，未来人类无论逃到哪里，也逃不过"热死"的厄运了。

2003 年，天文观测获得重大发现。美国《科学》周刊 2003 年全球十大科技成果之首是"宇宙背景辐射各向异性探测器"（WMAP）和"斯隆数字巡天"（SDSS）相互印证的成果。SDSS 是美国大学天文联盟主持的国际研究项目。WMAP 是一颗人造小行星，2001 年被送入太空，在离地球 150 万千米远处，绕太阳公转（光盘图 9.6.9 WMAP 在太空轨道上）。根据 WMAP 的观测，得到宇宙 37.7 万岁时的宇宙物质不均匀图景，比 1989 年 COBE 卫星得到的清楚、精致得多。光盘图 9.6.10 上部是 COBE 得到的图景，下部是 WMAP 得到的图景。

WMAP 的图景中细密的结构，代表当时宇宙各处能量或者温度的起伏，正是这些微小的、随机的起伏，经过 100 多亿年的漫长岁月，才演化成今日多彩斑斓的宇宙。光盘图 9.6.11 是宇宙从大爆炸开始，结构起伏逐渐演化的过程。光盘图 9.6.12 示意人类的空间装置测量宇宙的深度：哈勃望远镜 HST 能观测宇宙 10 亿岁时的深空，未来的 JWST 空间望远镜（参见 2.4 节）将深入到宇宙 4 亿、5 亿岁时，而 WMAP 已经看到了宇宙 38 万岁时的婴儿时期。

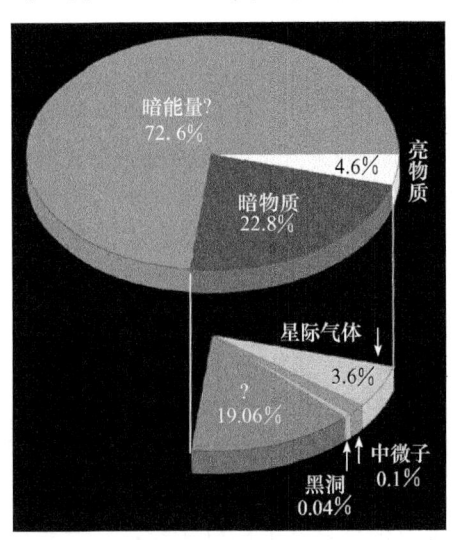

图 9.6.13　宇宙密度分布图

WMAP 与 SDSS 的工作，获得了一系列重要的宇宙数据：宇宙年龄为（137.2±1.2）亿年；宇宙总密度中，物质的平均密度只占 27.36%，余下的 72.6% 属于"暗能量"。在 27.36% 的物质中，亮物质只占 4.56%，余下的 22.8% 属于暗物质。而在 22.8% 的暗物质中，星际气体占 3.6%，黑洞占 0.04%，中微子占 0.1%，余下的 19.06% 才是暗物质的主体（图 9.6.13）。

这些主体暗物质应为冷暗的、非重子物质，而且兼有质量大、寿命长、作用弱三种特性。现在为物理学家已知的各种物质粒子中，没有一种符合条件。设想中的"弱作用大质量粒子"（WIMPs），或理论物理学家预言的"轴子"，也许是候选对象，但目前人们对之尚一无所知。

中国科学院和工程院两院院士评选的 2006 年世界十大科技成果之一是：美国天文学家宣布首次发现宇宙暗物质存在的直接证据。星系团 1E0657-56 又称"子弹星系团"（bullet cluster），位于船底座，距离 34 亿光年。它是由两个大的星系团碰撞后合并形成的。光盘图 9.6.14 是船底座星系团 1E0657-56 综合图像，其中的红色区域是钱德拉望远镜拍摄的 X 图像，属于碰撞产生的高温气体；白色和黄色的众多星系是哈勃望远镜和美国 6.5 米麦哲伦望远镜拍摄的（光盘图 9.6.15　船底座星系团 1E0657-56 光学图像）；综合图像中的蓝色区域是根据星系团中的暗物质造成的引力透镜效应描绘出来的。引力透镜效应使更远方的星系畸变或产生多重像。根据畸变的大小和情况可以为产生引力透镜效应的暗物质定位（光盘图 9.6.16　船底座星系团暗物质分布图像）。天文学家虽然不能直接看到暗物质，但可以通过高超的技术，描绘出它们分布的图像。这些图像清楚地显示出，在星系团碰撞的过程中由普通（重子）物质组成的高温气体与暗（非重子）物质都对称地分离了，而暗物质比普通物质分离得更远一些。原因是普通物质之间有相互作用力，起到阻滞作用，而暗物质之间没有。这些图像的拍摄时间是 2004 年 8 月 10 日～15 日，共用 140 小时。图像释放时间是 2006 年 8 月 21 日。

2007年8月16日和2008年8月27日，钱德拉和哈勃望远镜又释放两张类似的照片：猎户座 Abell 520 星系团，距离24亿光年（光盘图 9.6.17　猎户座 Abell 520 星系团综合图像）；鲸鱼座 MACS J0025.4-1222 星系团，距离59亿光年（光盘图 9.6.18　MACS J0025.4-1222 星系团综合图像）。2007年5月15日，哈勃望远镜释放一张双鱼座 CL0024＋17 星系团拥有暗物质环的图像，也是根据引力透镜效应描绘出来的（光盘图 9.6.19　双鱼座 CL0024＋17 星系团暗物质环）。暗物质环的跨距达260万光年，星系团的距离是50亿光年。描绘暗物质环的引力透镜效应的原图如光盘图 9.6.20 所示（光盘图 9.6.20　双鱼座 CL0024＋17 星系团引力透镜效应）。

应用根据引力透镜效应描绘暗物质的方法，欧洲和美国的科学家2007年1月7日首次公布了局部宇宙空间暗物质分布的三维图（光盘图 9.6.21　暗物质分布的三维图），被列入中国两院院士评选的2007年世界十大科技成果之一。这是位于六分仪座的一片天区，2.2平方度，相当于9个满月的面积（光盘图 9.6.22　暗物质分布的天区范围）。距离分3个层次：35亿、50亿和65亿光年，空间分布尺度为 0.6 亿～1 亿光年。70 位天文学家分析了哈勃望远镜花1 000 小时拍摄的575 幅照片，找出50万个受引力透镜效应畸变的星系，还使用了欧洲的 ESA-XMM 空间望远镜和 ESO-VLT 4×8.2 米地面望远镜，日本的 SUBARU 8.3 米地面望远镜及美国的 VLA 射电望远镜阵的资料。

人类的存在有赖于地球和太阳，地外生命的存在想必也是以星体的存在为前提。但是从更深更广的意义上说，人类及一切生命形式更赖于那些游离于星体之外的微乎其微的非重子物质，那些看不见也探测不着的暗物质。暗物质的谜团还远远没有揭开。人们惊讶地发现，自然科学发展到今天，对宇宙的总体认识，只有不足5%的亮物质算是被了解清楚了，加上朦胧莫测的暗物质，也只占到理论临界密度的27%。按照宇宙平直性的要求，还应当有73%的物质，那又是什么？人类更加茫然了。在进入20世纪与21世纪之交的时候，天文学家和物理学家们共同猜测，那就是21世纪的第二朵"乌云"——暗能量。

9.6.3　21世纪的第二朵乌云——暗能量

暗能量与暗物质大不相同。暗物质虽然不发光，但它和亮物质一样有引力，可成团。而暗能量不仅探测不到，而且不成团，是均匀的、分散的；不仅没有引力，或许还有斥力。

暗能量可能与真空的涨落有关。在量子力学形成之初，就曾提出过真空涨落的概念。在有物质的地方，当温度降到绝对零度时，物质粒子的运动不可能完全停下来；否则，将违背量子力学中的测不准原理。在没有物质存在的真空，若不违背测不准原理，应当充满着随机涨落的能量：一些区域从别处"借取"正能量，造成那里出现负能量，然后又相反。这种迅速地、持续不断地、随机地能量借还过程称为真空的涨落。维持涨落的能量叫做真空零点能。真空中不断出现具有正能量的正物质粒子和具有负能量的负物质粒子，即所谓正负虚粒子对。它们迅速地随机产生又随机湮灭，宏观上保持着真空状态。虚粒子对的存在已为现代物理实验所证实。

在寥廓的宇宙空间里，即使没有任何实物粒子、甚至没有任何场物质存在的地方，这种由真空涨落表现出来的能量是否就是占主导地位的宇宙暗能量呢？按理论推测，暗能量具有负引力即斥力。爱因斯坦当年发表他的宇宙模型理论时，曾经增加一个宇宙项，但很快又被他自己否定了。宇宙项是斥力的表现；现在看来，宇宙真的存在斥力，宇宙项也就加对了。爱因斯坦有知，是否要来一次否定之否定？曾以为牛顿发现的万有引力是主宰宇宙天体的力；现在看来，还需加上暗能量的万有斥力才是完备的。在宇宙斥力存在的情况下，即使宇宙总平均密度超过临界密度，宇宙仍有可能是开的。

1990 年开始，天文学家通过 Ia 型超新星验证哈勃公式：距离与退行速度成正比。Ia 型超新星是宇宙中的标准光源，光极大时的亮度是固定的（参见 5.4 节），而且由于亮度极高，在很远的地方都能被观测到。光盘图 9.6.23 是两张哈勃望远镜的深空照片（光盘图 9.6.23 大熊座 Ia 型超新星），1995 年（左）与 2002 年（右）相比较，箭头所指是新出现的 Ia 型超新星。2002～2003 年，哈勃望远镜执行深空天体巡天计划，捕捉到几十颗遥远星系里的 Ia 型超新星，光盘图 9.6.24 给出了其中的 3 颗。上下两组照片对比，新出现的 Ia 型超新星赫然在目（光盘图 9.6.24 3 颗遥远星系里的 Ia 型超新星）。1998 年曾经公布，几十颗遥远星系里的 Ia 型超新星表现出距离不再与退行速度成正比，而是越远的退行越慢（图 9.6.25）。距离越远说明事件发生的年代越古老。古代的退行速度比现代慢，表明宇宙是加速膨胀的。这一结果曾荣登 1998 年美国《科学》周刊十大成果之首。2000 年又公布 18 颗遥远的 Ia 型超新星观测报告，2002 年再公布 16 颗遥远的 Ia

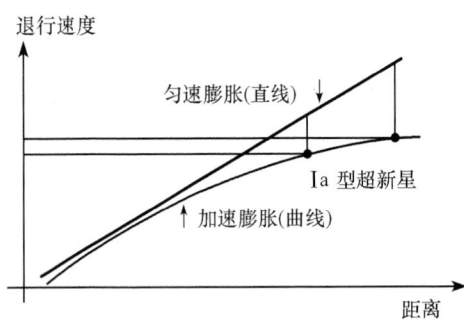

图 9.6.25　距离越远的 Ia 型超新星退行越慢

型超新星观测报告，都验证了同样的结果。加速膨胀可以用宇宙斥力来解释。宇宙斥力自然就和暗能量联系在一起了。"山重水复疑无路，柳暗花明又一村。"（南宋·陆游·游山西村）人们猜测之中的那占宇宙 73% 的暗能量，被加速膨胀的天文观测捉住了存在的证据。爱因斯坦的宇宙项真的加对了。加速膨胀导致"开宇宙"这边的筹码大大增加，人类的未来也许不是热死而是冻死了。

6.3 节曾经提到：如果宇宙一直减速膨胀，"特征膨胀年龄" $1/H_0$（或称哈勃年龄）将大于宇宙真实年龄；如果宇宙一直加速膨胀，"特征膨胀年龄" $1/H_0$ 将小于宇宙真实年龄。从哈勃常数确定宇宙真实年龄的关键在于确切了解哈勃常数

H 随时间变化的情况，宇宙膨胀何时加速、何时减速的真实过程，然而这是一个十分复杂的问题。当人们观测遥远星系的红移和距离的时候，所依据的电磁波信号是它们很久以前发出的，并不代表现在的膨胀速度。把许许多多既古老又各不相同的时代传来的信息，归算为现代的哈勃常数 H_0，以及不同历史时期的 H 值，要把宇宙演化的动力学过程完整地考虑进去，这当然是非常复杂的。

有趣的是，当前精确宇宙学给出的数据，宇宙真实年龄（137.2±1.2）亿年，与 $H_0=70.5±1.3$ 的倒数 $1/H_0=138.7$ 亿年不谋而合。但这并不意味着宇宙真实年龄是从哈勃常数取倒数计算而来，它是用独立于哈勃常数的别的方法得到的。二者的相合，可以理解为哈勃常数从古到今的变化，即宇宙开始减速，后来又加速膨胀的过程，平均起来，刚好与现在的膨胀速度相当，使得 137.2 与 138.7 巧合相近。这种巧合是否暗含某种玄机，现在还说不清楚。

宇宙未来归宿的问题并没有圆满作答。理论物理计算出的宇宙真空能量比 WMAP 测出的暗能量大几十个甚至上百个量级，这也太离谱了。暗能量是否另有来由呢？有人想到，古希腊时代亚里士多德认为的宇宙本源：水、土、气、火之外，还有第五要素"精质"（quintessence），或者现代物理学家所谓的"幻影能量"（phantom），……暗能量到底是什么？人们又一次陷入迷茫之中。正如美国物理学家温伯格所说："物理学并不是一个已完成的逻辑体系。相反，它每时每刻都存在着一些观念上的巨大混乱。""暗能量"是人们目前无法得知其究竟为何物而姑且取的名字，不能简单、狭义地理解为"看不见的能量"。等待未来真的"柳暗花明"时，也许会将其正名为更恰当的称呼。未来数年，天文学家准备发射更高级的探测器，对加速膨胀、暗物质、暗能量进一步全面探测，希望求得更深刻的认识。

新世纪刚刚开始，宇宙探索已经迈出重要的几步。暗物质和暗能量这两朵乌云也许会像 100 年前的那两朵乌云一样酝酿出新的狂飙，把人类认识宇宙、认识自然的能力推向一个更新的高度。

9.7 奇点问题

暴胀模型解释了 10^{-36} 秒以后至 0.0001 秒的宇宙演化进程，但在 10^{-36} 秒以前，难度就更大了。当时间追溯到 10^{-44} 秒时，宇宙温度达到 10^{32} 开，又有一道更加厚重、更加严实的帷幕，挡住了它后面的神秘场景。如果说先前那道帷幕已被掀开一角，人们发现了暴胀模型，那么现在这道帷幕掩藏的是真正的宇宙起源的秘密，当代科学家们至今也无力掀开它的哪怕一丝丝缝隙。人们完全看不见宇宙这最初的 10^{-44} 秒究竟是怎样的，其中掩藏着的最疑难的问题就是奇点问题。奇点，时间等于 0，视界和宇宙体积都等于 0，温度和密度都是无限大。标准大爆炸宇宙模型，包括暴胀宇宙模型都不能解释奇点问题。奇点问题是人类文明辛苦积累起来的物理概念所不能接受的。

同黑洞中的奇点一样，彭罗斯和霍金已经严格证明了，宇宙奇点是广义相对论的必然推论。7.8节已经提到过彭罗斯和霍金的证明，以及排除黑洞奇点困难的理论前景是尚未形成的"量子引力理论"。宇宙创生的奇点问题在这一点上同黑洞内部的奇点问题是一样的，但后者只是宇宙中的一个局部，而前者则是宇宙整体。

"量子引力理论"面对的是宇宙 10^{-44} 秒以前，时间尺度和空间尺度都处于普朗克尺度范围之内的情景。这里的时空处于不连续状态，或者说引力和时空本身都已经量子化。有意义的连续时空是从 10^{-44} 秒以后才创生的。在此之前，引力不能区别于任何其他作用，或者说引力还没有单独形成，不存在有意义的连续时空。既然如此，那么关于引力与时空的基本理论广义相对论当然也就无用武之地了。由广义相对论推理出来的奇点问题岂不应当另作别论了吗？有人说，奇点不属于时空，奇点在时空之外。那么，它又是什么呢？物理学家和宇宙学家们目前并没有从困扰中解脱出来，因为"量子引力理论"至今还没有形成。20世纪80年代以来，已经提出了一些有价值的思想，如"弯曲空间中的量子场论"、"非线性量子力学"、"超引力理论"、"超弦理论"、"膜理论"等。这些从不同角度进行的深入研究，也许在未来将汇聚成20世纪物理学最重要的两大理论——引力理论与量子理论的统一体——量子引力理论。到那时，宇宙创生的前 10^{-44} 秒及关于宇宙起源的所有疑难问题都可能迎刃而解。人类认识宇宙的前景既面临挑战又无限光明。

对于闭宇宙而言，宇宙回缩到最后 10^{-44} 秒的情景同宇宙创生之初的前 10^{-44} 秒的情景同样令物理学家们困扰。当宇宙回缩到时空都接近消失的时候，厚重的帷幕又无情地降落下来，不留一丝缝隙。关于宇宙奇点的故事又要重演一遍了，但这一次的时间箭头颠倒了方向。

无论宇宙的开闭，我们总可以从逻辑上划定一个时间的起点或终点，在那个时刻之前或之后，时间本身是没有意义的，原则上不能再追溯任何因果关系，根本不存在"之前"和"之后"。物理学的分支热力学的现代发展使人们毫无困难地接受一个绝对零度的概念。因为在那个温度（$-273.16℃$）以下，温度本身是没有意义的。温度是所有粒子无规则运动的平均动能，如果所有粒子都静止不动了，温度当然也就没有意义了。不可能存在一种比完全没有热的状态更冷的状态。与此类比，人们为什么不能接受一个绝对零时的概念呢？与温度的绝对零度情形一样，在时间绝对零时以前，时间没有意义，不存在任何因果关系。人类任何用于计量时间的依据都是运动着的事物。如果连所有这些事物都已荡然无存，"时间仍在流逝"的观念又从何说起呢？当然，限于目前的知识水平，绝对零时的概念不像绝对零度的概念那么成熟，还存在一些解答不了的疑问。

有一种说法提供一条新的思路，那就是无限循环宇宙理论：我们现在的宇宙是闭宇宙，但这个闭宇宙的未来正是另一个闭宇宙的当初。宇宙从来就没有真正达到过无限大密度的状态，宇宙现在的膨胀可能开始于先前一次收缩的末尾。宇宙像一

9.7 奇点问题

条首尾相接的蛇（图 9.7.1），永无休止地膨胀与收缩，往复循环，一直伸展到无穷无尽的过去和未来，没有任何开端，也不会有任何结尾。这种说法巧妙地回避了"奇点"问题。然而另一个严重的理论困难却横亘于前：一个处于极高密度状态的塌缩宇宙又转而出现反弹，把原来暴缩的巨大动量，反转过来变为暴胀，是什么物理机制能使之变成现实？再者说，每一次宇宙的塌缩和膨胀循环都会有一些能量的损耗，像物理学上的任何循环过程一样。宇宙塌缩、膨胀的循环应当因损耗而导致

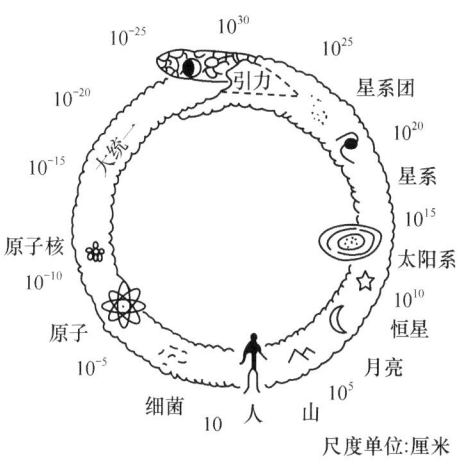

图 9.7.1 宇宙像一条首尾相接的蛇

核子数与光子数的比值稍有减少。如果这种循环在今日宇宙之前已经进行了无限多次，那么这个比数应减少到零，显然不符合今日宇宙的现实；如果循环只有有限次，那么必然有排在最前面的"第一次"，对这第一次而言，一切不可回避的疑难问题又都蜂拥而至了。

这种无限循环的振荡型宇宙理论，虽然看似美好，却不能真正解决问题；而且这种模型似乎仍带有绝对时空观念的影子，可能为哲学思辨所钟爱，却并不比"一次性"宇宙更容易为物理理论所接纳。这种理论使人们想起佛教教义中关于人世轮回的说法：一个人死了，转世为另一个完全不相干的人或动物。投胎以后的新人由于在黄泉路上喝过一碗"孟婆汤"而对他的前世毫无记忆。那么，在哪种意义上人们可以说，这个再投胎的人与另一个截然不同的人或动物为同一个"人"？在人世问题上，没有佛教信仰的人宁愿相信"人固有一死"，"生命于人只有一次而已"。同样在对宇宙演化的认识问题上，一个有时间起点的宇宙为什么不能被接受呢？

持谨慎态度的天文学家们，为了与哲学上的"无限宇宙"相区别，常常称他们所研究的宇宙为"可观测的宇宙"。那么，既然无论从时间含义还是从空间含义而言，另外一些"不可观测"的宇宙，意味着没有任何信息与我们相沟通，它对我们还有什么意义呢？即使我们这个宇宙之外，或者我们这个宇宙消亡以后，仍存在别的宇宙，而它们对我们来说又是不可观测的，那么，它们在物理性质上是同我们的宇宙完全断开的，"我们的"宇宙仍然只有一次而已。

1981年，在梵蒂冈举行的宇宙学会议上，霍金提出另一种让宇宙在时间和空间上都无始无终的思想，但他申明这仅仅是一种猜想。他说，为宇宙求解的边界条件是"它没有边界"。如同地球的两极是地理纬度值的终极之点，没有比北极更"北"的地方，也没有比南极更"南"的地方。但北极和南极并不是空间的奇点，它们和其他的地方仍然是连续延伸而且没有尽头的。同样，宇宙大爆炸的伊始是我们度量时间和空间的起点，也许并不代表时间和空间的尽头。当然，霍金的猜想离

真正解决问题还很远，在"量子引力理论"问世之前还很难形成结论。2005年4月2日逝世的罗马天主教皇约翰·保罗二世（John Paul Ⅱ）在当年接见这次会议代表时宣称，支持科学家们研究宇宙创生之后的演化过程，但宇宙创生的时间奇点难题属于宗教而不是科学的范畴，因为那是上帝的工作。

宇宙模型理论中最说不清的问题仍然是奇点问题。更具体地说，那些最早的能量，那些光子是从哪里来的？为什么发生了膨胀降温？《最初三分钟》的作者温伯格也说："我不能否认，在我写到最初三分钟的事情时，似乎是充满信心，但心里并不是那么踏实。"美国著名的物理学家奥本海默也说过："当我们初窥宇宙创生之奥秘的时候，心中有一种畏惧感，好像那是凡人所不应该获知的奥秘。"然而中国的先哲，约2 500年前的老子却毫不含糊地说过："天下万物生于有，有生于无。"（老子·道德经）"有生于无"是对人们上述难题的简单明了的回答。前苏联天体物理学家林德（A. D. Linde）1982年说过："宇宙创生于无的可能性，是非常有兴趣的，应当进一步加以研究。""有生于无"不能理解为过去没有宇宙，后来产生了宇宙。这种说法的错误是暗含地认为时间是可以在宇宙之外的。所谓"过去"一词本身就意味着已经有了时间，而不是真正的无。没有时间就没有过去、现在、将来这些概念。时间起源于没有时间的状态，空间起源于没有空间的状态。没有时间、没有空间就是"无"，有了时间和空间就是"有"，后来的"有"起源于当初的"无"，这也许就是"有生于无"的精义。当然，我们现在无法考证，2 500年前中国古人在竹简上刻下这4个象形文字的时候，他究竟是怎样想的；但是，我们今天可以用这4个字来理解宇宙创生的一些疑难问题。美国的宇宙学家索恩说得好："人类独具的那令人惊奇的思维的力量——在迷途中知返，在进取时跳跃——最终从宇宙的纷繁复杂中发现，主宰宇宙的基本定律竟是那样的单纯、简洁和壮丽。"

图9.7.2 创立了相对论的爱因斯坦，也是量子力学新概念的创始人之一

创立了相对论的爱因斯坦，也是量子力学新概念的创始人之一（图9.7.2）。2005年是爱因斯坦逝世50周年，也是他发表狭义相对论100周年。在结束本章的时候，让我们引用一句爱因斯坦的名言，那就是："宇宙中最不可理解的事，是宇宙是可以理解的。"

"The most incomprehensible thing about the Universe is that it is comprehensible."

——Albert Einstein

第 10 章 中国古文献中的天文知识

已故语言学家王力先生在《中国古代文化史讲座》中说:"我们学习古代汉语,是为了培养阅读古书的能力。而我们的古书中,有不少地方讲到天文,所以我们要学点天文学。又有一些地方讲到历法,所以我们要有历法的知识。而历法是和天文密切相关的,要学历法,必须先学天文。"(《王力文集》第 19 卷,537—549 页,山东教育出版社,1990)我们沿着王力先生的思路,结合已经从前几章学到的内容,浏览一下中国古文献中的天文和历法知识,管窥中华民族曾经辉煌于世界的古代天文学成就。也许挂一漏万,不成系统,意在引导,举例而已。

10.1 三代以上人人皆知天文

明末大学者顾炎武说:"三代以上,人人皆知天文。'七月流火',农夫之辞也;'三星在户',妇人之语也;'月离于毕',戍卒之作也;'龙尾伏辰',儿童之谣也。后世文人学士有问之而茫然不知者矣。"(顾炎武《日知录》卷三十)。

三代指夏商周,三代以上约为距今五千年前,中国处于原始社会,没有当时的文字记载,只在以后的古书中保存了一些有关的传说和神话。

"七月流火",见于《诗经·豳(bin)风·七月》:"七月流火,九月授衣"。火或称大火,古星名,指恒星"心宿二",即天蝎座 α(光盘图 3.1.4)。在诗经最早传颂的时代,夏历六月黄昏时候,大火星在南方最高处,到了七月就偏西向下了,谓之"流"。此时盛夏已过,到九月,就该准备过冬的衣服了。

"三星在户",见于《诗经·唐风·绸缪》:"绸缪束薪,三星在天。……绸缪束刍,三星在隅。……绸缪束楚,三星在户。……"三星指参宿三星,即猎户座中猎户腰带上的 3 颗亮星(图 3.1.6 或光盘图 3.1.7)。因为它们正好位于赤道上,运行时间又均匀又长久。古人看三星而知时辰。古时没有钟表,参宿三星是漫长冬夜里的天然计时器。

"月离于毕",见于《诗经·小雅·鱼藻之什·渐渐之石》:"月离于毕,俾滂沱矣。武人东征,不皇他矣。"毕指毕宿,即金牛座,其中最亮的毕宿五即金牛座 α(图 3.1.8)。月离于毕,指月亮即将离开毕宿的意思。不过月亮在二十八宿中穿行,每月都有"离于毕"的机会,只是月相和时间各有不同,有时发生在白天,无法看见,即使看见了,也不见得都会下滂沱大雨。诗中也许只是记事,而不是预告气象规律。但后人附会成一句预告天气的占卜之词"月离于毕雨滂沱"。白居易《偶然二首》就曾对此表示过质疑:"人事多端何足怪,天文至信犹差忒。月离于毕合滂沱，有时不雨何能测？"

"龙尾伏辰"，见于《左传僖公五年·傅五·八》："童谣云：'丙之晨，龙尾伏辰，均服振振，取虢（guó）之旗。鹑之贲贲（bēn），天策焞焞（tūn），火中成军，虢公其奔！'其九月、十月之交乎。丙子旦，日在尾，月在策，鹑火中，必是时也。"这是晋献公攻打虢国之前，问占卜官卜偃何时能消灭虢国，卜偃借童谣而作的答话。龙尾指尾宿，是东方青龙七宿的第六宿，所以叫龙尾。尾宿在天蝎座的尾勾部分（光盘图 3.1.4）。伏指隐匿不见，秋冬之际，太阳位于尾宿，尾宿当然隐匿不见。辰指日月交会，即每月初一之时。鹑指鹑火，是天上的十二次之一，居柳宿与张宿之间（详见 10.4 节及图 10.5.1）。天策，星名，在星官王良之侧即仙后座 γ，亮度 2.8 等。王良位于奎宿与天极之间，恰在银河当中。《晋书·天文志·中宫》："王良五星，在奎北，居河中，前一星曰策星，王良之御策也。"火中指鹑火中天，当在黎明之前。卜偃根据童谣判断说："九月、十月之交，十月初一丙子日清晨，虢国将亡，虢公出奔。"其中只有"月在策"三字无法用天象解释。果然，《左传僖公五年·傅五·八》下文载：公元前 655 年"冬，十二月丙子，朔，晋灭虢。虢公醜奔京师。"卜偃及童谣的预言基本应验。

顾炎武说这些天象知识在古代都是人人皆知的。

中国历史上第一部"正史"——《史记》，纪事时间上起黄帝，下迄司马迁写作《史记》的汉武帝太初年间。比《史记》更早的史书是《尚书》，又叫《书经》，传为孔子所编，后人加以追补，传至汉初存世 28 篇。《尚书》纪事从尧开始。《史记》中关于尧以前的记述，主要参考成书于战国或汉初的《大戴礼记》及《孔子家语》等对远古事迹的追记。

《尚书·尧典》说，尧命羲氏、和氏兄弟 4 人专职观察日月星辰，确定历法时令。羲仲在东部旸（yáng）谷迎候日出，初昏时见到南方朱鸟中的星宿在天空正南（谓之中天），就向全国报告春分节气来临，昼夜平分，鸟兽交尾繁殖；羲叔在南方明都观察太阳到达最北点（北回归线）的时候，初昏时大火星中天，表示夏至节气已到，白昼最长，鸟兽脱毛，农事不可懈怠；和仲在西部昧谷恭送日落，初昏时虚宿中天，表示秋分节气到来，昼夜平分，鸟兽又长新毛，收获季节到了；和叔在北方幽都观察太阳到达最南点（南回归线）的时候，初昏时昴宿中天，冬至节气降临，白昼最短，鸟兽毛绒细密，农事已毕，该准备取暖过冬了。

这些生动的描述，表明当时古人对于昼夜长短、太阳高低和恒星位置的变化与四季、节气及鸟兽生长和农业生产的规律，已经有了相当明确的认识。

由于地球自转轴进动造成岁差现象，黄道上的分至点在恒星背景中移动。《尚书》所述的，初昏时恒星中天的情况和现在已有较大的差别，也正因此，可以推算出当时所见的天空情况当在 4300～4400 年前，对中国古代历史的年代背景提供了印证。

据《史记》和唐代司马贞《史记·索隐》所述，黄帝取代炎帝（神农氏）又打败蚩尤平定中原以后，曾得到上天赐予的宝鼎及能占卜吉凶的神蓍（shī），便命羲和观测太阳，常仪观测月亮，臾（yú）区观星，伶伦定音律，大挠编甲子，隶首作算数，最后由容成加以综合，用置闰的办法来调节年和月不能通约的余数，制定出华夏民族第一部历法《黄帝历》。人民依照历法适时播种百谷，驯养畜禽。黄帝的妻子嫘祖和嫫母教给人民养蚕、缫丝、织帛。黄帝还设立以五色云彩命名的五官：春官青云氏，夏官缙（jìn）云氏，秋官白云氏，冬官黑云氏，中官黄云氏，负责带领人民按期祭祀天地神灵。《史记·历书》："五官各司其序，不相乱也。民是以能有信，神是以能有明德。民神异业，敬而不渎，故神降之嘉生"。

这些描述宛然勾勒出一幅人、神与自然界三位一体、和谐统一的社会图景，明显的带有对远古时代理想化的色彩。顾炎武所说"三代以上，人人皆知天文"，即应包括这一时代。

10.2 天帝巡天驾北斗

夜幕降临，仰望苍穹，璀璨的群星特别引人注目。观察久了就可以知道，那众多的星星都各司其位、协同一致地围绕着共同的中心——天极运行，只有太阳、月亮和金木水火土5颗行星（古人谓之"七政"）穿行在群星之中。

我们的祖先从很早以前就根据星星的方位变化和运行规律，辨别方向，推算历法，划定四季，指导农耕。传说黄帝时代的羲和、容成，颛顼（zhuān xū）时代的重、黎，尧舜时代的羲氏、和氏兄弟，夏代的昆吾，商代的巫咸等都是专职管理天文历法的人物，至战国末期的甘德、石申已各有天文方面的著作问世。他们可算是中华民族最早的天文学家。

《史记·天官书》，唐代司马贞解释道，"天文有五官。官者，星官也。星座有尊卑，若人之官曹列位，故曰天官。"这是说，在古人的观念中，天上的群星也像人间一样，有帝王官吏尊卑次第之分，所以称之为天官。众星拱卫的北天极叫中官，其中一颗亮星名为"帝"，是当时的北极星（小熊座β，亮度2.24等；因岁差原因，现代天北极近旁的小熊座α，亮度2.12等，古称勾陈一，是现代的北极星）。天"帝"安居不动，其余所有天官都围绕天"帝"，队列森严地在天空运行，一丝不苟，从不驻足。中官附近的天区名为紫微垣，外围还有太微垣、天市垣，合称三垣。七政出没穿行的轨道叫黄道，沿黄道一周的天官分为二十八宿。当每年春分入夜时，位在东方的角、亢、氐、房、心、尾、箕七宿似一条龙；南方的井、鬼、柳、星、张、翼、轸七宿像一只鸟；西方的奎、娄、胃、昴、毕、觜、参七宿有虎形，北方的斗、牛、女、虚、危、室、壁七宿呈龟蛇之状。于是形成东南西北4个方位的苍龙、朱雀、白虎、玄武4种动物的形象，谓之"四象"。三垣、四象、二十八宿和其余各天区散在的星官，构成了古人对星空的划分，类似西方的星座（参见图10.5.1）。

北斗是紫微垣外侧的重要星官,由七颗亮星排成"斗"的形状(光盘图 4.3.1)。摇光、开阳、玉衡在斗柄上,称为斗杓(biāo),天枢、天璇、天玑、天权在斗的四角,称为斗魁,又叫璇玑。《史记·天官书》说:"北斗七星,所谓'璇玑、玉衡以齐七政'。杓携龙角,衡殷南斗,魁枕参首。"斗杓指向东方苍龙之角即大角星(牧夫座α,图 3.1.14),斗魁指向西方白虎中的参宿(猎户座),斗柄中部指向斗宿,即南斗六星,属人马座(光盘图 3.1.18)。汉代时在长安地区看北斗,春分时节日落以后,斗柄指向正东华山西南地区;夜半时斗柄指向正南,玉衡居中州河济之间(今河南黄河中游地区);黎明之前,斗柄移指西方,斗魁指向泰山东海一带。一夜之间,观察斗柄的指向可以判断时辰。当然,这是古时所见北斗的方位情况,现代由于天极位移,当北斗转到低位时,在中国中纬度地区,已大部没入地下,看不到了。

《汉书·艺文志》有著录的古书《鹖(hé)冠子》说:"斗柄东指,天下皆春;斗柄南指,天下皆夏;斗柄西指,天下皆秋;斗柄北指,天下皆冬。"这是以每日黄昏星空初现时,观察斗柄指向来判断季节。《史记·历书》集解更有:"随斗杓(即斗柄)所指建十二月",称为"斗建"。古时将地面各方位按东南西北的顺序,以正北方(即北极星所在的方向)为起点,定出子丑寅卯辰巳午未申酉戌亥 12 个方位,称为十二地支。每当黄昏星空初现时,观察斗柄指向何方来定月份。秦汉时代,冬至点在牛女(指牛宿和女宿,而非牛郎织女)之间,与斗柄所指相距 90°(参见图 10.5.1)。每年冬至,太阳位于黄道上的冬至点,黄昏时,太阳在西偏南方向,斗柄恰指正北子位,即所谓"建子之月"。一个月后,太阳移到虚危之间,黄昏时,太阳仍在西方,而斗柄移指北偏东 30°丑位,成为"建丑之月"。以后逐月为"建寅之月"、"建卯之月"等。汉武帝迄今,都以"建寅之月"为岁首,是为"正月"(详见 10.8.1 小节)。

北斗七星就像天帝驾驭的天车,在北半个天空的中心地带巡行,俯瞰四方疆土。众天官都各守其位,缓步同行,周而复始。古人根据天官,上测天空七政,下调地上五行(指古人认为的金木水火土 5 种物质元素)。北斗七星在众天官中有非常显赫的地位。时人称在某一领域有极高声望的人为"泰斗",喻指其犹如众山中之泰山,群星中之北斗。

10.3 二十八宿统州域

二十八宿是沿黄道划分的 28 个天区。每个天区由一些恒星组成,少的 2、3 颗,多的 8、9 颗,最多的翼宿有 20 颗。宿内各星按一、二、三、四编号,如心宿二、角宿一、参宿七等。记述其他某一天体所在位置,用"入宿度"和"去极度"来表示,如"入牛宿八度,去极二十六度"等。入宿度是距某宿一号星的度数;去极度是距北极星的度数。这与现代天文学中的天球坐标表示方法很接近,而且更为直观和形象化。不过,中国古代分一个圆周不是 360°,而是 365°又 1/4,对应于一年 365 又 1/4 日。

但古人也有不科学的一面：用天象占卜人间祸福，社会兴衰。其中一个观点就是把二十八宿与地理区域相联系，建立起对应关系。《史记·天官书》："太史公曰：……天则有日月，地则有阴阳。天有五星，地有五行。天则有列宿，地则有州域。"称某宿为某地的分星，某地为某宿的分野。《史记·天官书》给出的二十八宿与地理区域的对应关系如下。

分星	分野
角亢氐	兖州（今山东西南部）
房心	豫州（今河南东部和安徽北部）
尾箕	幽州（今河北北部和辽宁大部）
斗	江湖（今长江下游和太湖地区）
牛女	扬州（今安徽南部、江苏南部和赣、浙、闽一带）
虚危	青州（今山东中部、东部和北部）
室壁	并州（今山西大部、河北西部和内蒙东南部）
奎娄胃	徐州（今江苏北部和山东东南部）
昴毕	冀州（今河北中南部、山东西部和河南北部）
觜参	益州（今四川东部、甘肃南部、陕西南部、湖北西北部和贵州大部）
井鬼	雍州（今陕西北部、宁夏甘肃和青海东部）
柳星张	三河（今山西西南部和河南大部）
翼轸	荆州（今湖北、湖南和江西、广东、广西、贵州的一部）

古人认为，分野上的人和事会在分星的天象中有所应验。举木星为例。木星又称"岁星"，古人视作福星。如木星正在某一星宿中，而颜色发红，有芒角，则该星宿对应的分野就繁荣昌盛；颜色橙黄，光芒稳定，其分野农业丰收；颜色发青、发灰，其分野就有忧患了。木星所在的分野，外人不得入侵，否则一定会失败。

古人称火星为"荧惑"，属于灾星。如果火星呈现异象，其所在星宿对应的分野将有战乱、瘟疫或饥荒。

"月掩星"本是一种道理简单的自然现象，古人却把它与人间祸福联系起来。月球是离地球最近的天体，它运行到某一天体与地球之间，恰好挡住了地球人的视线，该天体即被月轮（包括月相不盈时看不见的部分）遮掩而不得见，称为月掩某星。《史记·天官书》亦称"月食某星"："月食岁星，其宿地，饥若亡。荧惑也乱，填星也下犯上，太白也强国以战败，辰星也女乱。食大角，主命者恶之；心，则为内贼乱也；列星，其宿地忧。"意思是：月掩木星，其所在星宿的分野将有饥荒、逃亡；月掩火星，则天下大乱；月掩土星，有以下犯上之逆举；月掩金星，强国也要吃败仗；月掩水星，宫廷内乱，而且必与女人有关；月掩大角星，统治者必厌恶；月掩心宿，有内部叛乱；月掩其余二十八宿某星，相应的分野会有灾难。

这些无稽之谈，在生产力尚不发达的古代，在人们心目中却占有很重的分量。

分星、分野之称谓经常出现在古代文献中。

10.4 日月星辰纪岁月

俗话说"光阴似箭，日月如梭"。光为昼，阴为夜，光阴就是昼夜，一昼夜为一日。月相盈亏，举目共睹，朔望有序，周而复始，是为月。春种秋收，寒来暑往，"年"复一年，生命延续。古人虽不知道地球、月球与太阳之间自转、公转的道理，却根据长期的观察，很自然地利用昼夜、盈亏、寒暑变化的自然规律，来安排生活和生产乃至国家治理的秩序而形成历法。

一日之内，白天观察太阳，夜晚观察恒星在天空中的运动，将一昼夜分为12个时辰，用子丑寅卯辰巳午未申酉戌亥12个地支命名。地支本指地平面上的12个方位：正北为子，正东为卯，正南为午，正西为酉。太阳东升西落、周日运动。当太阳位于正北方地底下时为一日之始，称为"子夜"；太阳位于正南方高空时，俗称"中午"；日出东方的时间，冬夏平均起来应在卯时，这是公职人员每天上班的时间，所谓"点卯"即此时也。一昼夜分为24时是西方的做法，传入中国之始，称其为"小时"，以与中国传统的"大时"即时辰相区别，一直延称到现代。在《左传·昭公五年》杜预注、孔颖达疏中，载有从子夜开始的12时辰的专名：子，夜半；丑，鸡鸣；寅，平旦；卯，日出；辰，食时；巳，隅中；午，日中；未，日昳（dié）；申，晡（bū）时；酉，日入；戌，黄昏；亥，人定。

十二地支本指地上的方位，而二十四节气本指黄道上的24个点位（参见1.3.2小节）。古人又借助地支与二十四节气中的12个中气（参见10.8.1小节）划分天上的12个分区，称"十二辰"。十二辰以冬至为起点，沿星空周日运动的方向列序，即：子—冬至；丑—小雪；寅—霜降；卯—秋分；辰—处暑；巳—大暑；午—夏至；未—小满；申—谷雨；酉—春分；戌—雨水；亥—大寒，其顺序与太阳周年视运动方向刚好相反。《尔雅》是中国最早的辞典。《尔雅·释天》载有与十二辰相对应的12个"太岁名"（见本节下文）。但因为天与地之间是相对转动的，每天只有一个时刻（如冬至子夜时），十二辰才真正与地面上的12个方位相符。

月相盈亏一周谓之一月，从初一、初二，按序纪日，更有朔（初一）、晦（月末）、朏（fěi）（初三）、既望（望后第一日）等专指的日期名词。西方"公历"的"月"是人为划分的，与月亮无关；而中国农历的"月"与月相密切相关，包含着公历所没有的天象信息。农历的一年12个月，在《尔雅》中，各有12个专名：正月为陬（zōu）；二月为如；三月为寎（bǐng）；四月为余；五月为皋；六月为且；七月为相；八月为壮；九月为玄；十月为阳；十一月为辜；十二月为涂。为了和一年的周期相调和，有的年份会多出一个闰月。置闰的规则详见10.8.1小节。至于为什么会有"小月"、"大月"之分，规律如何等知识，在本书1.6节已有过介绍。

太阳沿黄道在二十八宿中穿行一周谓之一年：当代冬至时太阳在箕，春分时太阳在壁，夏至时在觜参之间，秋分时居翼轸一侧。因为白天看不见星星，太阳在何星宿不能直接看到，古人借助北斗。北斗斗柄指向角宿（角宿一即室女座 α，亮度 0.98 等）。角宿北边有一颗亮星，约居斗柄与角宿等距离处，中名大角，即牧夫座 α，亮度 −0.04 等。角宿一和大角都在全天 21 颗亮星之列（见附录 6），也是著名的春季大三角成员（图 3.1.14）。大角两侧有左右摄提二星官（左摄提即牧夫座 o，亮度 4.5 等；右摄提即牧夫座 η，亮度 2.8 等）。《史记·天官书》云："大角者，天王帝廷。其两旁各有三星，鼎足勾之，曰摄提。摄提者，直斗杓所指，以建时节，故曰'摄提格'。"在周朝与秦汉时代，冬至点在牛女之间，与摄提相差 90°。每年冬至黄昏时，斗柄及摄提均指子位。周朝以冬至作为一年之始，称"建子之月"。由于星空周日运动，到半夜子时，太阳移至子位，摄提移至卯位。虽然每日子时，太阳都在子位，但由于地球公转，恒星相对于太阳的位置却在缓缓变化。一个月后，太阳移到虚危之间，应节气大寒，子时的摄提移到辰位，再一个月后移到巳位……，一年后又回到卯位。每夜子时观察摄提的位置，月令和季节就清楚地知道了。判断子夜可以利用日落时任何一颗刚刚从东方升起的亮星，当它到达正南方最高点时，太阳必在子位，此时恰为子时。其实，摄提与斗柄所指是一致的。10.2 节所述用北斗斗柄的指向变化，与这里所说的观察摄提的位置变化，来判断季节和月令，结果是一致的。只是前者为黄昏时观察，后者为子夜时观察而已。斗柄指向比较笼统，而摄提与角宿位置明确，但角宿太靠南方，经常没入地下，摄提便成为较好的选择。有一点需要注意，因为岁差，冬至时太阳在星空中的位置会有变化，时代愈久远，差别愈大。岁差是由于地球自转轴进动而产生的冬至、春分等诸点在星空中沿黄道的缓慢位移，与太阳周年视运动方向相反，约 2.6 万年一周天，每千年移动 13.8°。先秦时期冬至点与现代约差 30°，相当于现代的大寒位置。另外，同样因为岁差，天极的位置也在缓慢位移。商、周以前北斗总在天上，而摄提距北极较远，有时没入地下。到现代，北斗和摄提都会没入地下了（参见图 10.5.1 和图 10.5.2）。

至于纪年，史家的传统，在汉以前用帝王即位的年序如周平王元年、秦襄公五年等，自汉武帝以迄，用皇帝的年号，如元光三年，宣德八年，乾隆五十九年等。从汉武帝至清宣统，年号共有 700 多个，有的一帝多号，也有朝代不同年号相同，用起来不大方便。春秋战国时代，诸侯割据，纪年纷扰，兴起另一种纪年方法叫"岁星纪年"。岁星就是木星，木星的公转周期是 11.86 年。古人看到木星在众星之间虽偶有进退（天文学中称为顺行和逆行），但大约每 12 年绕周天一圈，于是依二十八宿相应的位置将一周天分为 12 个等分的点，以冬至点所在的星宿为起点，称为十二次，取名星纪、玄枵（xiāo）、诹訾（zōuzī）、降娄、大梁、实沈、鹑首、鹑火、鹑尾、寿星、大火、析木。观察木星位于哪一次而纪年。古籍《左传》、《国语》中有大量"岁在星纪"，"岁在析木"等记载。如《国语·周语下》伶州鸠对周景王说："昔武王伐殷，岁在鹑火。"

十二次是对星空的划分，《汉书·律历志》详细记载了各次的起讫及中央点的星空位置。如"星纪，初斗十二度，大雪。中牵牛初，冬至。于夏为十一月，商为十二月，周为正月。终于婺女七度。"斗、牵牛、婺女即斗宿、牛宿、女宿。更有一种类似的纪年方法叫做"太岁纪年"。因为木星12年行进的方向，与太阳周年视运动方向相同，却与子丑寅卯等十二辰的顺序相反，便假想一个与十二辰顺序相同，也是12年行一周天的天体，名为"太岁"。当木星从星纪出发经玄枵（xiāo）、诹訾（zōuzī）、降娄、……运行的时候，太岁则按子丑寅卯……运行。12年后又与木星会合。于是便有"太岁在寅"、"太岁在卯"的纪年方法。《尔雅·释天》载有12个相应的名称：困敦（子）、赤奋若（丑）、摄提格（寅）、单阏（chán yān，卯）、执徐（辰）、大荒落（巳）、敦牂（záng，午）、协洽（未）、涒（tūn）滩（申）、作噩（酉）、阉茂（戌）、大渊献（亥）。冬至子夜时，各太岁名与地面上的12个方位相符。

屈原《离骚》："帝高阳之苗裔兮，朕皇考曰伯庸。摄提贞于孟陬兮，惟庚寅吾以降。"摄提即太岁名摄提格（而非《史记·天官书》所指摄提星），太岁在摄提格即为太岁在寅之年，孟陬指正月，按周历应为建子之月，按夏历应为建寅之月，庚寅是日期。《辞海》中说屈原生于约公元前340年。按太岁在寅之年的说法，似应定为公元前343年戊寅年。

《汉书·律历志》："汉高祖皇帝伐秦继周……岁在……鹑首之六度，名曰敦牂，太岁在午。"史载：公元前207年，赵高杀秦二世，立二世的侄儿子婴为秦王。子婴八月即位，杀赵高并夷其三族，十月即降于刘邦，在位仅46天。公元前207年的干支恰为"甲午"，"太岁在午，名曰敦牂"，而木星在鹑首次中。按秦历，十月为岁首，刘邦受降之日已是公元前206年，所以《辞海》的"中国历史纪年表"记汉高祖元年为公元前206年乙未。

汉武帝太初元年颁行的《太初历》，是中国第一部完整的历法。《汉书·律历志》："汉历太初元年……前十一月甲子朔旦冬至，岁在星纪婺女六度……岁名困敦。"意为太初元年的前一年木星位于星纪，太岁位于困敦，该年的地支为子，次年应为丑。《辞海》记汉武帝太初元年即公元前104年丁丑，刚好符合。而"前十一月甲子朔旦冬至"指公元前105年冬至节气，恰好是十一月初一，甲子日，"旦时（即寅时）"。

《尔雅·释天》载有与10个天干相应的名称，统称"岁阳"：甲曰阏（yān）逢，乙曰旃（zhān）蒙，丙曰柔兆，丁曰强圉（yǔ），戊曰著雍，己曰屠维，庚曰上章，辛曰重光，壬曰玄黓（yì），癸曰昭阳。10个岁阳与12个太岁年名相配，就是干支纪年的《大写版》，如"甲子"年写为"阏逢困敦"，"庚寅"年写为"上章摄提格"等。

由于木星公转周期并非整12年，岁星或太岁纪年，时间长了出现较大误差，东汉以后便废止不用，改为干支纪年（详见10.8.2小节）。干支属于纯数字记法，与天象无关，只起到符号编码的作用。

10.5 古代和当代的岁星-太岁图

为了更清楚地表述古代和当代的岁星-太岁关系，请看图 10.5.1 古代（秦汉时期）的图和图 10.5.2 当代（以 2000 年为准）的图。从外向内分 8 个层次画出的是：①二十八宿；②黄经度数；③十二次；④12 个太岁名；⑤十二中气；⑥黄道 12 宫；⑦地面上的 12 个方位；⑧东南西北方向。小圆点画出 3 组恒星：北斗（大熊座）、北极星（小熊座）及仙后座。这是人站在地面上，面向正北方向，看到的天球内表面，与地图上画的地球外表面不同：东南西北方向刚好相反，即左西右东，上南下北。各层次中⑧地面上的东南西北和⑦子丑寅卯等 12 个方位是固定不变的；整个星空（包括太阳）沿"星空周日"箭头方向，即按子丑寅卯的顺序作周日运动。星空中的①二十八宿，③十二次，④12 个太岁名，⑥黄道 12 宫与诸恒星的相互关系不变；而②黄经度数与⑤十二中气沿"分至点岁差"箭头方向缓慢变化，2.6 万年一个周期。太阳又在星空背景上沿"太阳周年"箭头方向，即按子丑寅卯的逆序做周年运动。木星（子丑寅卯的逆序）和太岁（子丑寅卯的顺序）各自

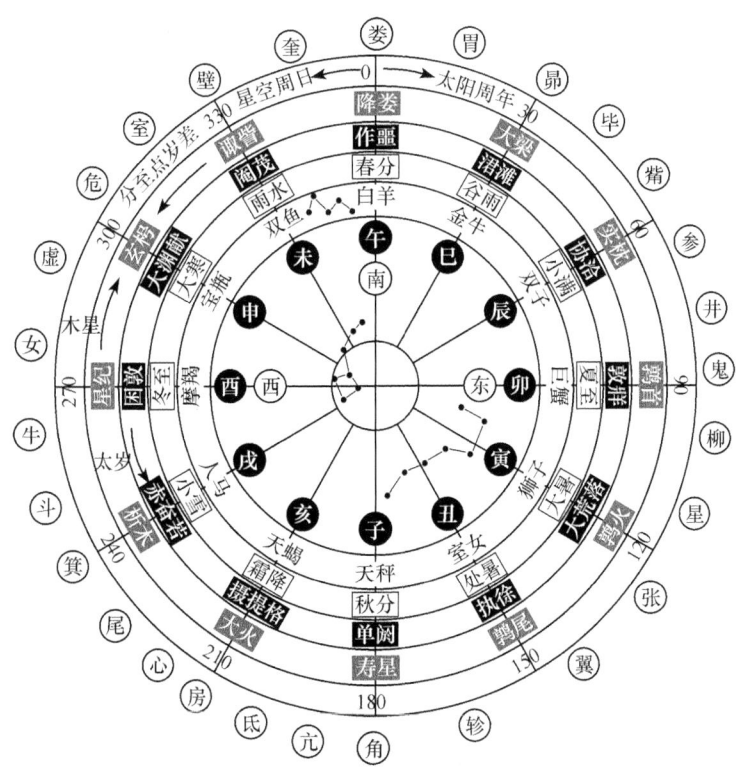

图 10.5.1 秦汉时代岁星-太岁关系图

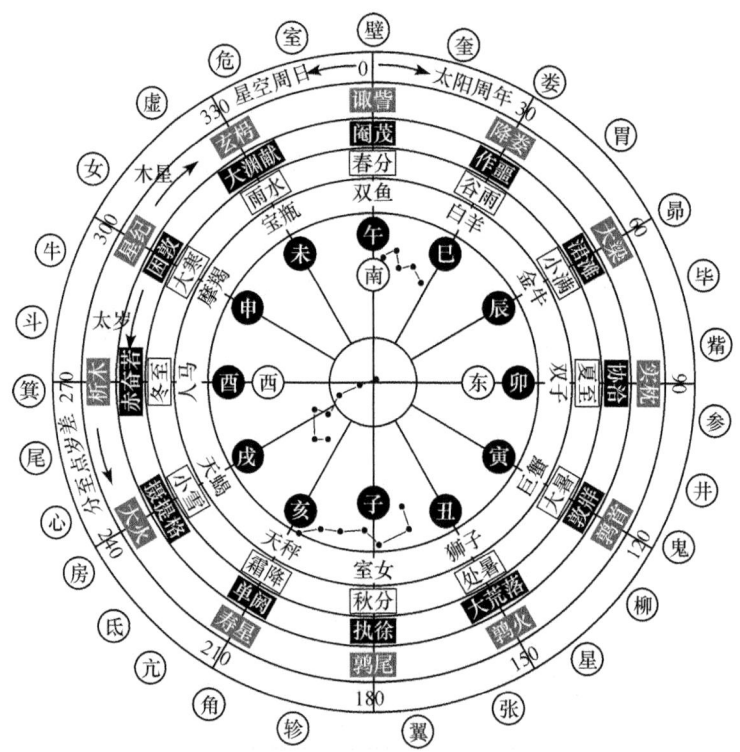

图 10.5.2 当代（2000）岁星-太岁关系图

沿箭头方向运动，12 年一个周期。⑦十二辰以冬至为起点，沿星空周日运动的方向列序，与 12 个太岁名相对应，当冬至子夜时与地面上的 12 个方位相符。

当代和秦汉时代两幅图的差异是：北天极由古代的"帝"星（小熊座β）附近移到了现在的北极星（小熊座α）近旁；冬至点由古代的星纪—困敦—摩羯—牛宿移到了现在的析木—赤奋若—人马—箕宿。与冬至点对应的地支十二辰之"子"，也由前者移到后者；岁阳旃蒙也由原来的天干"乙"位，上升到"甲"位，取代了原来的阏逢。

秦汉时代，岁星的起点是星纪，太岁的起点是困敦。岁阳阏逢、旃蒙…对应于天干甲、乙、……。岁星、太岁、岁阳、地支和天干相应的顺序见表10.5.1。

表 10.5.1　秦汉时代干支-星岁-岁阳表

岁星	星纪	玄枵	诹訾	降娄	大梁	实沈	鹑首	鹑火	鹑尾	寿星	大火	析木
地支	子	丑	寅	卯	辰	巳	午	未	申	酉	戌	亥
太岁	困敦	赤奋若	摄提格	单阏	执徐	大荒落	敦牂	协洽	涒滩	作噩	阉茂	大渊献
天干	甲	乙	丙	丁	戊	己	庚	辛	壬	癸		
岁阳	阏逢	旃蒙	柔兆	强圉	著雍	屠维	上章	重光	玄黓	昭阳		

当代，岁星的起点是析木，太岁的起点是赤奋若。岁阳旃蒙、柔兆、……对应于天干甲、乙、……。岁星、太岁、岁阳、地支和天干相应的顺序见表10.5.2。

表 10.5.2　当代干支-星岁-岁阳表

岁星	析木	星纪	玄枵	诹訾	降娄	大梁	实沈	鹑首	鹑火	鹑尾	寿星	大火
地支	子	丑	寅	卯	辰	巳	午	未	申	酉	戌	亥
太岁	赤奋若	摄提格	单阏	执徐	大荒落	敦牂	协洽	涒滩	作噩	阉茂	大渊献	困敦
天干	甲	乙	丙	丁	戊	己	庚	辛	壬	癸		
岁阳	旃蒙	柔兆	强圉	著雍	屠维	上章	重光	玄黓	昭阳	阏逢		

虽然自东汉章帝元和二年（公元85年）颁行四分历，推行干支纪年以后，岁星和太岁纪年已废止不用，但历代文人怀好古之意，仍有将干支与岁阳、太岁联系起来，写入文献之中的例子。

中国第一部编年体通史是司马光的《资治通鉴》，共294卷，跨16个朝代，前后1363年逐年详细记载的历史，每卷之首都用太岁和岁阳交代起讫的年代。如《卷第一·周纪一》："起著雍摄提格，尽玄黓困敦，凡三十五年。"按表10.5.1查岁阳、太岁与干支对应的关系，应为从周威烈王二十三年戊寅（公元前403年）到周烈王七年壬子（公元前369年）共35年。《卷第一百七十六·陈纪十》："起阏逢执徐，尽著雍涒滩，凡五年。"按表10.5.1，应为从陈后主至德二年甲辰（公元584年）到陈后主祯明二年戊申（公元588年）共5年。《卷第二百九十四·后周纪五》："起著雍敦牂，尽屠维协洽，凡二年。"按表10.5.1，应为从后周显德五年戊午（公元958年）到显德六年己未（公元959年）共2年。又如清初朱彝尊《谒孔林赋》："粤以屠维作噩之年，我来自东，至于仙源。"按表10.5.1古代的排序，应在己酉年（公元1669，康熙八年）；按表10.5.2近代的排序，应在戊申年（公元1668，康熙七年）。清代阮元主编《经籍纂诂》，成书于嘉庆三年（公元1798年）。王引之为之序云："岁在屠维协洽相月之朔，弟子高邮王引之谨序。"按表10.5.2近代的排序，屠维协洽应在戊午年，适为嘉庆三年。相月即七月，朔为初一。再如当代陈寅恪之弟、前南京图书馆馆长陈方恪先生为本书编著者之家兄苏昌辽（字洗斋）《洗斋词》作序，落款为："公元千九百六十二年，岁在昭阳单阏，如月既望，义宁陈方恪彦通南京牯岭路寓庐。"按表10.5.2近代的排序，昭阳单阏应为壬寅年即1962年，如月既望指农历二月十六，公历3月21日。仿此，公元2010年春节以后的农历庚寅年，可以写为"重光单阏"之岁。

10.6　五星行止兆吉凶

《史记·天官书》："太史公曰：天有五星，地有五行。"五星就是太白（金）、岁星（木）、辰星（水）、荧惑（火）、填星（土）5颗行星；五行就是金木水火土5种物质元素。古人将天上五星与地下五行及东南西北中5个方位、春夏秋冬四季联系在一起。在《晋书·志第二·天文中》有明确表述:"岁星曰东方春木,……荧惑曰南方夏火,……填星曰中央季夏土,……太白曰西方秋金,……辰星曰北方冬水。"

  金木水火土5颗行星都绕太阳公转,轨道面只有几度之差。水星和金星在地球轨道内侧,称为内行星;另3颗在地球轨道外侧,称为外行星。轨道越接近太阳,公转速度越快。从地球上看五星,它们总在离黄道不远处缓慢移动,有时顺行,有时逆行,顺逆转换的时候好像停止不动了,叫做"留"。用现代天文方法可以非常准确地预知它们的行止和位置(详见2.5节)。这是天体运动的自然规律,和社会人事没有任何关系。可古人却把两者联系在一起,观察五星的行止和位置,占卜人间祸福、政治兴衰。

  《史记·天官书》说,火星主祸。火星位置异常就是警告国君有背离礼制的行为;火星逆行两宿以上又停留三个月,则所在星宿的分野将有灾殃,五个月出战祸,七个月国土沦丧一半,九个月以上国家命脉就该断绝了。

  木星主福。木星"留"的时间越长,所在星宿的分野越太平。当留不留,或不该去而去会有风险。木星位置异常,与其相对半周天的星宿的分野会有灾祸。如木星在斗牛之间,正月破晓前从东方升起,与之相距180°的柳宿正在西沉。如果木星有所异常,柳宿的分野今山西南部、河南大部上半年遇水患,下半年有水灾;当木星在星张之间,八月破晓前从东方升起,与之相距180°的危宿正在西沉。如果木星有所异常,危宿的分野今山东境内百姓有疫病之苦。

  金星和战事有关。金星运行速度加快,行军速度宜快;金星芒角四射,可以立即进攻;金星外围有亮环,就该收兵静处;金星亮到能照出物体的影子,战事必然顺利;大白天看到金星,强国会变弱,弱国反而变强。

  水星离太阳很近,常随太阳一同升落,所以难得见到,见与不见和气候、农业及军事无关。可《史记·天官书》却说,如果春季三个月见不到水星,则有大风,将来庄稼不结实;夏季水星不出有旱情;秋季不出有战祸;冬季不出阴雨连绵,水淹城池;如果一年四季都不见水星,那就要遍地饥荒了。

  行星同在一宿,称为"合"。《史记·天官书》认为,木土合,有内乱或饥荒;木火合,有旱灾;火土合,万事皆不顺遂;木金合,金在南年成好,金在北年成很坏;其余两星合都不是好兆头。三星合,内忧外患并起;四星合,战祸连绵,百姓流离失所。只有五星合,也叫"五星联珠",才是吉兆,有德之人受福,新君登位,天下太平。《史记·天官书》和《汉书·高帝纪》都记载,汉高祖刘邦攻入咸阳时"五星聚于东井"(五颗行星都汇聚于井宿之中),被认为是大吉之象,就是典型的例子。

  在唐李淳风撰写的《晋书·天文志》中有大量用天象对应人事的描写。如《七曜》一节云:"凡五星,木与土合,为内乱,饥;与水合,为变谋而更事;与火合,为饥,为旱;与金合,为白衣之会,合斗,国有内乱,野有破军,为水。……火与金合,为烁,为丧,不可举事用兵。……与土合,为忧,主孽卿。与水合,为北军,用兵举事大败。……水与金合,为变谋,为兵忧。"

这些将天象与人事相联系的说法，都是没有科学根据的，是古代文化中的糟粕。

10.7 诗词歌赋涉天文

王力先生在《中国古代文化史讲座》中讲述了一些这方面的例子，本书在此加以铺陈、扩充，以引发读者的兴致与关注。《古诗十九首》之七："玉衡指孟冬，众星何历历！……南箕北有斗，牵牛不负轭。"玉衡代表斗柄（光盘图4.3.1）指示着孟冬时节。箕宿在南，斗宿在北，稍远处的牛宿（属摩羯座）懒懒的，不需要耕作。箕宿即人马座γ、δ、ε、η四星，斗宿又称南斗，即人马座ζ、τ、σ、φ、λ、μ六星（光盘图3.1.18）。《古诗十九首》之十："迢迢牵牛星，皎皎河汉女。纤纤擢（zhuó）素手，札札弄机杼（zhù）。……河汉清且浅，相去复几许。盈盈一水间，脉脉不得语。"这里的牵牛不是牛宿，而是河鼓三星，俗称牛郎星，与织女星隔银河相望。河汉指银河，河汉女，指织女。

曹植《洛神赋》："叹匏（páo）瓜之无匹兮，咏牵牛之独处。"匏瓜，星官名，在河鼓东，有菱形四星（属海豚座），民间传说这是织女昔日织布的梭子（图3.1.5）。如今物在身边，而人在银河彼岸。牛郎睹物思亲，常作独处之咏。王勃《滕王阁序》："星分翼轸，地接衡庐。"翼轸，指翼宿（巨爵座）和轸宿（乌鸦座）。翼轸的分野涵盖滕王阁所在的江西南昌一带地区，衡山、庐山与之相接。张说《恩敕（chì）丽正殿书院宴应制》诗："东壁图书府，西园翰墨林。"东壁，即壁宿。《晋书·天文志》："东壁二星，主文章，天下图书之秘府也。"壁宿由仙女座α和飞马座γ二星组成（图3.1.5）。韩愈《三星行》："我生之辰，月宿南斗。牛奋其角，箕张其口。"斗、牛、箕皆指星宿。

骆宾王《在狱咏蝉》诗："西陆蝉声唱，南冠客思深。"南冠，指囚犯。《左传·成公九年》："南冠而系者谁也？"有司对曰"郑人所献楚囚也"。"西陆"一词，曾出现在许多文学作品中。如薛涛《浣花亭陪川主王播相公暨僚同赋早菊》："西陆行终令，东篱始再阳。"刘禹锡《奉和中书崔舍人八月十五日夜玩月二十韵》："整御当西陆，舒光丽上玄。"但西陆究属何指，则说法各异。据《尔雅》中说："西陆，昴也。"或指昴宿，按实际的星空图（参见图10.5.1），太阳在昴宿应值谷雨与小满之间；《后汉书·律历志》称："日行西陆谓之春"；但司马彪《续汉书》和《隋书·天文志》中却称："日行西陆谓之秋。"以上3种说法是矛盾的。骆宾王诗提到蝉鸣，应在盛夏或秋初，而薛涛和刘禹锡的诗题中都明确写出"赋早菊"和"八月十五"，当在中秋。

李白《蜀道难》诗："扪参历井仰胁息，以手抚膺坐长叹。"参，参宿（猎户座）（光盘图3.1.11）；井，井宿（双子座）（光盘图3.1.10）。诗人形容翻越秦岭蜀道时，几乎要用手摸着天上的星宿艰难前行，大气都不敢出。参宿是益州的分野，井宿是雍州的分野。蜀道跨益雍二州，故云。杜甫《赠卫八处士》诗："人生不相见，动如参与商。"参，参宿。商，即心宿（天蝎座）。参为隆冬出现的星座，商为盛夏出现的星座，所以不能同时得见。这两句诗的意思，在3.1节已经介绍过了。杜甫《赠王二十四侍郎契》诗："一别星桥夜，三移斗柄春。"星桥，即七星桥。《华阳国志》："李冰守蜀，造桥七，上应斗魁七星。"斗柄，指北斗的柄。三移斗柄春，指时间过了3年。古代黄昏时"斗杓指东，天下皆春。"苏轼《江城子》词："会挽雕弓如满月，西北望，射天狼。"屈原《楚辞·九歌·东君》也有"举长矢兮射天狼"一句。天狼即天狼星（大犬座α）（光盘图 3.1.11）。《晋书·天文志》："狼一星，在东井南，为野将，主侵掠。"天狼星位于赤道以南17度，晋书所说是对的，屈原没有确指位置，而苏轼说它在西北方向，这是不可能的。或说苏轼的"西北望，射天狼"，意指反抗西夏对中原的入侵，暂不顾及天狼星在天空的实际方位。这样的例子，还可以举苏轼的另一首脍炙人口的词《念奴娇·赤壁怀古》。作者所游的赤壁在黄州城外，并不是西去数百里的嘉鱼县"三国周郎赤壁"。"怀古"的不是地方，而作者用"人道是"三个字轻轻带过，竟成为千古传颂的名篇，东坡词的代表作。在现在的湖北省旅游指南中，"周瑜赤壁"和"东坡赤壁"都被列为著名的景点。苏轼著名散文《前赤壁赋》："壬戌之秋，七月既望，……月出于东山之上，徘徊于斗牛之间。"斗牛指斗宿和牛宿如光盘图 3.1.18 和图 10.5.1 所示。农历七月，太阳在星空的大暑点附近；既望指满月，月亮应与太阳相距180°，在"斗牛之间"。

李商隐《马嵬》诗："此日六军同驻马，当时七夕笑牵牛。为何四纪为天子，不及卢家有莫愁！"用岁星或太岁纪年，12年一个周期，称为一纪。李隆基做了48年（实际是45年）皇帝，故称"四纪"。

屈原《楚辞·九歌·东君》："暾将出兮东方，照吾槛兮扶桑。"；韩愈《李有花赠张十一署》："金乌海底初飞来，朱辉散射青霞开。""暾"和"金乌"都是指太阳。唐·韦庄《秋日早行》："行人自是心如火，兔走乌飞不觉长。"用玉兔（月亮）和金乌（太阳）的飞走表示时间流逝太快。至于描写月亮特别是月相的诗词作品，在1.6节已给出很多了。提到宇宙的诗词可举两例：王勃《滕王阁序》"天高地迥，觉宇宙之无穷；兴尽悲来，识盈虚之有数。"；辛弃疾《水调歌头》"万事几时足，日月自西东。无穷宇宙，人是一粟太仓中。"

银河，又称天河、长河、明河、天汉、银汉、星汉。西晋陆机（三国名将陆逊之孙）《拟明月皎夜光》："岁暮凉风发。昊天肃明明。招摇西北指。天汉东南倾。"唐沈佺期《夜宿七盘岭》："山月临窗近，天河入户低。"陈子昂《春夜别友人》："明月隐高树，长河没晓天。"李商隐《嫦娥》："云母屏风烛影深，长河渐落晓星沉。嫦娥应悔偷灵药，碧海青天夜夜心。"宋欧阳修《秋声赋》："星月皎洁，明河在天，四无人声，声在树间。"秦观《鹊桥仙》："纤云弄巧，飞星传恨，银汉迢迢暗度。"陆游《秋夜将晓，出篱门迎凉有感》："迢迢天汉西南落，喔喔邻鸡一再鸣。"这些都是描写银河的诗词。南开大学中华古典文学研究所的老师曾经问及：银河的升落和出现在天空中的方位有何规律？这个问题好回答也不好回答。4.1节介绍过：银河是银河系众星在天空中的投影（图 4.1.6），环绕全天。天文学中定义银河中央的一个大圆为银道，银道与天赤道相交 62.6°角，升交点东距春分点

282.25°。据此可以计算银道（或银河）在天空中的位置。但银河随着星空周日运动不断运转，在地球上不同纬度地区，依恒星时不同而作复杂变化，且恒星时与人们日常使用的时间（平太阳时）又有所不同。因此无法用简单的语言回答文学老师所问的问题。表10.7.1用表格形式，给出在中国中原地区（北纬35°，约相当于洛阳-开封一线），一年当中每月1日、11日、21日，每夜黄昏后（20时）、子夜（0时）、黎明前（4时），银河与地平圈交点的方位角度和银河在天空最高点的方位角及仰角。依据表中的数据，银河在天上的具体位置就一目了然了（古代和现代差别不大）。

表 10.7.1 银河在天空中的位置表

（适用于北半球中纬度地区，数字单位：°）

日期	黄昏20时		子夜0时		凌晨4时	
	与地平圈交点方位角	最高点方位及仰角	与地平圈交点方位角	最高点方位及仰角	与地平圈交点方位角	最高点方位及仰角
1月1日	东偏南-西偏北27	北偏东27 仰角68	南偏东-北偏西24	西偏南24 仰角76	南偏西-北偏东6	东偏南6 仰角28
11日	东偏南-西偏北35	北偏东35 仰角72	南偏东-北偏西19	西偏南19 仰角69	南偏西-北偏东16	东偏南16 仰角20
21日	东偏南-西偏北42	北偏东42 仰角77	南偏东-北偏西14	西偏南14 仰角61	南偏西-北偏东32	东偏南32 仰角13
2月1日	南偏东-北偏西40	东偏北40 仰角83	南偏东-北偏西10	西偏南10 仰角52	西偏南-东偏北11	南偏东11 仰角8
11日	南偏东-北偏西34	东偏北34 仰角90	南偏东-北偏西5	西偏南5 仰角45	西偏南-北偏西45	西偏南45 仰角10
21日	南偏东-北偏西29	西偏南29 仰角83	正南-正北	正西 仰角36	西偏南-北偏西21	西偏南21 仰角17
3月1日	南偏东-北偏西25	西偏南25 仰角78	南偏西-北偏东5	东偏南5 仰角30	南偏东-北偏西12	西偏南12 仰角23
11日	南偏东-北偏西20	西偏南20 仰角70	南偏西-北偏东14	东偏南14 仰角22	南偏东-北偏西4	西偏南4 仰角32
21日	南偏东-北偏西16	西偏南16 仰角63	南偏西-北偏东28	东偏南28 仰角14	南偏西-北偏东2	东偏南2 仰角39
4月1日	南偏东-北偏西11	西偏南11 仰角54	西偏南-东偏北23	南偏东23 仰角8	南偏西-北偏东7	东偏南7 仰角48
11日	南偏西-北偏东6	东偏南6 仰角46	东偏南-西偏北38	南偏西38 仰角9	南偏西-北偏东12	东偏南12 仰角56
21日	南偏西-北偏东1	东偏南1 仰角38	南偏东-北偏西24	西偏南24 仰角16	南偏西-北偏东16	东偏南16 仰角64
5月1日	南偏西-北偏东5	东偏南5 仰角30	南偏东-北偏西12	西偏南12 仰角23	南偏西-北偏东21	东偏南21 仰角72
11日	南偏西-北偏东14	东偏南14 仰角22	南偏东-北偏西4	西偏南4 仰角31	南偏西-北偏东26	东偏南26 仰角79
21日	南偏西-北偏东28	东偏南28 仰角14	南偏西-北偏东2	东偏南2 仰角39	南偏西-北偏东31	东偏南31 仰角86
6月1日	西偏南-东偏北22	南偏东22 仰角8	南偏西-北偏东7	东偏南7 仰角48	南偏西-北偏东37	西偏北37 仰角86

续表

日期	黄昏20时		子夜0时		凌晨4时	
	与地平圈交点方位角	最高点方位及仰角	与地平圈交点方位角	最高点方位及仰角	与地平圈交点方位角	最高点方位及仰角
6月11日	东偏南-西偏北37	南偏西37仰角9	南偏西-北偏东12	东偏南12仰角56	南偏西-北偏东44	西偏北44仰角80
21日	南偏东-北偏西24	西偏南24仰角16	南偏西-北偏东17	东偏南17仰角64	西偏南-东偏北40	北偏西40仰角75
7月1日	南偏东-北偏西12	西偏南12仰角24	南偏西-北偏东21	东偏南21仰角72	西偏南-东偏北32	北偏西32仰角70
11日	南偏东-北偏西4	西偏南4仰角31	南偏西-北偏东26	东偏南26仰角79	西偏南-东偏北23	北偏西23仰角66
21日	南偏西-北偏东2	东偏南2仰角40	南偏西-北偏东31	东偏南31仰角86	西偏南-东偏北14	北偏西14仰角64
8月1日	南偏西-北偏东7	东偏南7仰角48	南偏西-北偏东37	西偏北37仰角86	东偏南-西偏北4	北偏西4仰角62
11日	南偏西-北偏东12	东偏南12仰角57	南偏西-北偏东44	西偏北44仰角80	东偏南-西偏北7	北偏东7仰角63
21日	南偏西-北偏东17	东偏南17仰角65	西偏南-东偏北39	北偏西39仰角74	东偏南-西偏北17	北偏东17仰角65
9月1日	南偏西-北偏东22	东偏南22仰角73	西偏南-东偏北31	北偏西31仰角70	东偏南-西偏北26	北偏东26仰角67
11日	南偏西-北偏东26	东偏南26仰角80	西偏南-东偏北22	北偏西22仰角66	东偏南-西偏北34	北偏东34仰角72
21日	南偏西-北偏东32	东偏南32仰角87	西偏南-东偏北13	北偏西13仰角64	东偏南-西偏北42	北偏东42仰角77
10月1日	南偏西-北偏东37	西偏北37仰角86	西偏南-东偏北3	北偏西3仰角62	南偏东-北偏西41	东偏北41仰角82
11日	南偏西-北偏东44	西偏北44仰角80	东偏南-西偏北7	北偏东7仰角63	南偏东-北偏西35	东偏北35仰角88
21日	西偏南-东偏北39	北偏西39仰角75	东偏南-西偏北16	北偏东16仰角64	南偏东-北偏西30	西偏南30仰角85
11月1日	西偏南-东偏北31	北偏西31仰角70	东偏南-西偏北26	北偏东26仰角67	南偏东-北偏西24	西偏南24仰角77
11日	西偏南-东偏北22	北偏西22仰角66	东偏南-西偏北34	北偏东34仰角72	南偏东-北偏西20	西偏南20仰角69
21日	西偏南-东偏北13	北偏西13仰角64	东偏南-西偏北42	北偏东42仰角77	南偏东-北偏西15	西偏南15仰角62
12月1日	西偏南-东偏北3	北偏西3仰角62	南偏东-北偏西41	东偏北41仰角82	南偏东-北偏西11	西偏南11仰角54
11日	东偏南-西偏北7	北偏东7仰角63	南偏东-北偏西35	东偏北35仰角89	南偏东-北偏西6	西偏南6仰角46
21日	东偏南-西偏北16	北偏东16仰角64	南偏东-北偏西30	西偏南30仰角85	南偏东-北偏西1	西偏南1仰角38

10.8 中国农历源远流长

中国农历是1911年辛亥革命前实行的传统历法,已有几千年的历史。它对年、月和节气的安排完全以月相盈亏和太阳周年视运动两个自然周期为依据,没有人为的干预。

10.8.1 定朔和置闰

中国农历历法规定:以月相朔所在的那一天为每月的初一,下次朔的日期为下一月初一。朔望周期不是日的整倍数,平均为29.530 59日,月长便有大有小,大月30天,小月29天。朔望周期本身也长短不一,相差近半天,所以可能会出现连续几个大月或连续几个小月的情况。朔日到底在哪一天,要根据月亮和太阳的真实位置来确定,古时称为"定朔",是一项专业性很强、很复杂的工作。

中国农历的年以回归年为依据,但回归年周期与朔望周期不能通约。中国农历通过置闰的办法调节年与月两个自然周期,并以二十四节气补充调和月亮与太阳两个天体运动的自然节律,相当科学和完备地指导农业生产和人民生活,既照顾了阴(太阴,即月亮)也照顾了阳(太阳),所以是一种阴阳历。公历弃朔望周期于不顾,只考虑回归年一种自然周期,所以属于太阳历(阳历)。一些民族的历法,如伊斯兰回历,只考虑月相周期,不顾太阳运动,属太阴历(简称阴历)。

积12个朔望月为354日或355日,与回归年相差11日左右,3年累积已超过1个月。调节的办法就是安排1个闰月,使这年有13个月,称为置闰。置闰的规则根据二十四节气来定,二十四节气是太阳周年视运动黄经每15°的24个时刻(详见1.3.2小节)。从冬至开始,每隔1个节气称为中气,共有12个中气:冬至、大寒、雨水、春分、谷雨、小满、夏至、大暑、处暑、秋分、霜降、小雪。如果某个朔望月中不包含中气,这个月份就不是正规的月份,而算做上一月的闰月。每一回归年只有而且必定有12个中气,与中气相配的12个正规的月份命名为正月、二月、……、十二月。用置闰的办法解决了回归年与朔望月之间的调节问题。至于哪个中气所在的月为正月,各个朝代有所不同(表10.8.1)。从冬至开始,12个中气分别与十二地支:子丑寅卯辰巳午未申酉戌亥相匹配,称为月建,正月为岁首。夏朝以建寅之月为岁首,商朝以建丑之月为岁首,周朝以建子之月为岁首,秦朝以建亥之月为岁首。汉武帝太初元年(公元前104年)五月颁行太初历,岁首依夏历,设在建寅之月,即雨水所在的月份。以后除西汉末年王莽、三国魏明帝曹睿、唐武则天、唐肃宗李亨曾短时期有所改动外,一直沿用到现代,均以建寅之月为岁首,即以雨水所在的月份为正月。

表 10.8.1 历代月建表

中气	月建	夏	商	周	秦	汉
冬至	子	十一	十二	正	二	十一
大寒	丑	十二	正	二	三	十二
雨水	寅	正	二	三	四	正
春分	卯	二	三	四	五	二
谷雨	辰	三	四	五	六	三
小满	巳	四	五	六	七	四
夏至	午	五	六	七	八	五
大暑	未	六	七	八	九	六
处暑	申	七	八	九	十	七
秋分	酉	八	九	十	十一	八
霜降	戌	九	十	十一	十二	九
小雪	亥	十	十一	十二	正	十

节气以角度均分，时间间隔并不均匀。地球过近日点（冬至与小寒之间，1月4日前后）附近，运动速度快，跨15°的时间短，节气间隔时间就短，朔望月长度超过2个中气之间的间隔，不大可能发生闰月；地球过远日点（夏至与小暑之间，7月6日前后）附近，运动速度慢，跨15°的时间长，节气间隔时间较长，朔望月长度不足2个中气之间的间隔，发生闰月的机会甚多。所以闰月多发生在四～八月，二、三、九、十月少有发生，十一月～正月出现闰月是极为罕见的。如闰十一月自明崇祯十五年（公元1642年）有过一次以来，至2033年才又出现一次；闰十二月自明万历二年（公元1574年）有过一次，闰正月自明崇祯十三年（公元1640年）有过一次以来，直至公元2100年，还一次都没有。

有一种极偶然的情况，在一个朔望月中出现2个中气。这时一定会在附近月份中没有中气。这个没有中气的月份便不算闰月，仍是正常月份。例如，1985年乙丑年正月没有中气，但前一年甲子年十一月却有2个中气，所以乙丑年正月不是闰月，仍属正常月份，虽然没有"雨水"，仍为正月。

中国农历兼顾日月，源远流长，包含着比公历更多的自然信息，功能也更加丰富。二十四节气不仅能调和阴阳，而且能更准确地指导农时。公历不顾月相；中国农历与月相有明确关系。月相不仅是人类抒发感情的重要对象，也与人类生产活动相关。如夜晚利用月亮照明；月亮位置同海洋潮汐的密切关系对指导渔业生产至关重要；月相周期同某些生命活动周期及人的生理周期有关等。中华民族的一些传统节日如春节、端午、中秋等，都是根据农历来确定的。

农历的缺点是年长不是定数，遇有闰月，这年要多发一个月的工资；二是定朔和置闰都需专业人员确定，大小月没有规律，不便民间推算。

10.8.2 干支纪法

干支就是甲乙丙丁戊己庚辛壬癸10个天干和子丑寅卯巳午未申酉戌亥12个

地支。天干和地支按序搭配，共60个顺序，又称"六十花甲子"，周而复始，循环使用。10.4节已经介绍过用干支纪年的情况。干支最早用来纪日，商代甲骨文中已有记载（图3.7.20）。史书上从鲁隐公三年（公元前722年）至宣统三年至今，2 700多年连续纪日，没有间断。干支用于纪年、纪月、纪时是以后推广出来的。

干支纪年从东汉章帝元和二年（公元85年，乙酉年）四分历开始被正式采用，延续至今。干支纪月比较简单，因为1年12个月（不算闰月），刚好与12地支搭配，各月的地支是固定不变的，月的天干可从年的天干简单算出。闰月的干支以当月所含的节气（闰月没有中气，只有一个节气）时刻分界，交节前属上月干支，交节后属下月干支。干支纪时类似干支纪月，将每天分为12个时辰，直接以12地支命名，时的天干可从日的天干简单算出。在《天文学新概论第四版》一书中列有如何计算年、月、日、时4组干支的方法，特别给出了任一公历日期的纪日干支及计算历史事件之间相隔的准确天数的计算方法。例如，从辛亥革命（1911年10月10日）到中华人民共和国成立（1949年10月1日）相隔的天数为13 871天。

一个人出生时的年、月、日、时4组干支共8个字就是所谓的"生辰八字"。例如，公元2015年5月1日中午12时出生的人，其"八字"为："乙未庚辰丁丑丙午"。干支本身原本没有迷信色彩，年、月、日、时的干支纪法不失为中华民族的优秀文化遗产。但将八字说成是一个人的"命"，这个人的一生祸福、贫贱富贵、生老病死都"命中注定"，那就是八字迷信，成为不可取的封建糟粕，害人匪浅。充其量，"生辰八字"只是人出生的时间记录，如果仅根据这一时间记录，就能推知事物发展的一切未来结果，那这个世界就太过于简单了。八字算命，反映了古代人们对苦难人生无可奈何的某种精神诉求，实际上起到了麻痹、坑害的作用，特别是在婚姻问题上。俗话称"八字没有一撇"，系指旧社会儿女婚事听由父母之命、媒妁之言，第一件事是必须交换双方的八字，否则一切无从谈起。

干支纪年用于一些历史事件，便于记忆和推算年代，例如，甲午战争、戊戌变法、辛丑条约等。过去封建大家族，儿孙众多，记住某人的属相，既生动又容易推算年龄，而属相（或称生肖）就由生年的地支来确定。

中国民间有数九与数伏的习俗。数九从冬至起算，每九天一数，从头九到九九，共81天，与干支无关。三九、四九是一年当中最寒冷的日子。但数伏却与干支有关：头伏从夏至后的第三个"庚"日算起共10天；末伏从立秋后的第一个庚日算起，也是10天；中伏夹在当中，有可能10天，也有可能20天。中伏是一年中天气最热的日子，但气温的高低与太阳位置即节气有关而与干支无关，所以中伏是10天还是20天与天气炎热的程度是没有关系的。

参 考 文 献

爱因斯坦. 1957. 爱因斯坦文集. 北京：商务印书馆
何香涛. 2002. 观测宇宙学. 北京：科学出版社
胡中为，萧耐园，朱慈墭. 2003. 天文学教程. 2版. 北京：高等教育出版社
胡中为. 2003. 普通天文学. 南京：南京大学出版社
刘学富. 2004. 基础天文学. 北京：高等教育出版社
卢米涅. 1997. 黑洞. 长沙：湖南科学技术出版社
苏宜. 2009. 天文学新概论. 4版. 北京：科学出版社
索恩. 2000. 黑洞与时间弯曲. 长沙：湖南科学技术出版社
王力. 1990. 王力文集（第19卷）. 济南：山东教育出版社
温伯格. 1981. 最初三分钟. 北京：科学出版社

附　　录

附录1　星　座　表

符　号	拉丁名	中文名	亮星数
And	Andromeda	仙女	100
Ant	Antlia	唧筒	20
Aps	Apus	天燕	20
Aqr	Aquarius	宝瓶	90
Aql	Aquila	天鹰	70
Ara	Ara	天坛	30
Ari	Aries	白羊	50
Aur	Auriga	御夫	90
Boo	Bootes	牧夫	90
Cae	Caelum	雕具	10
Cam	Camelopardalis	鹿豹	50
Cnc	Cancer	巨蟹	60
CVn	Canes Venatici	猎犬	30
CMa	Canis Major	大犬	80
CMi	Canis Minor	小犬	20
Cap	Capricornus	摩羯	50
Car	Carina	船底	110
Cas	Cassiopeia	仙后	90
Cen	Centaurus	半人马	150
Cep	Cepheus	仙王	60
Cet	Cetus	鲸鱼	100
Cha	Chamaeleon	蝘蜓	20
Cir	Circinus	圆规	20
Col	Columba	天鸽	40
Com	Coma Berenices	后发	50
CrA	Corona Austrina	南冕	25
CrB	Corona Borealis	北冕	20
Crv	Corvus	乌鸦	15
Crt	Crater	巨爵	20
Cru	Crux	南十字	30
Cyg	Cygnus	天鹅	150

续表

符号	拉丁名	中文名	亮星数
Del	Delphinus	海豚	30
Dor	Dorado	剑鱼	20
Dra	Draco	天龙	80
Equ	Equuleus	小马	10
Eri	Eridanus	波江	100
For	Formax	天炉	35
Gem	Gemini	双子	70
Gru	Grus	天鹤	30
Her	Hercules	武仙	140
Hor	Horologium	时钟	20
Hya	Hydra	长蛇	130
Hyi	Hydrus	水蛇	20
Ind	Indus	印第安	20
Lac	Lacerta	蝎虎	35
Leo	Leo	狮子	70
LMi	Leo Minor	小狮	20
Lep	Lepus	天兔	40
Lib	Libra	天秤	50
Lup	Lupus	豺狼	70
Lyn	Lynx	天猫	60
Lyr	Lyra	天琴	45
Men	Mensa	山案	15
Mic	Microscopium	显微镜	20
Mon	Monoceros	麒麟	85
Mus	Musca	苍蝇	30
Nor	Norma	矩尺	20
Oct	Octans	南极	35
Oph	Ophiuchus	蛇夫	100
Ori	Orion	猎户	120
Pav	Pavo	孔雀	45
Peg	Pegasus	飞马	100
Per	Perseus	英仙	90
Phe	Phoenix	凤凰	40
Pic	Pictor	绘架	30
Psc	Pisces	双鱼	75
PsA	Piscis Austrinus	南鱼	25
Pup	Puppis	船尾	140
Pyx	Pyxis	罗盘	25
Ret	Reticulum	网罟	15

续表

符号	拉丁名	中文名	亮星数
Sge	Sagitta	天箭	20
Sgr	Sagittarius	人马	115
Sco	Scorpius	天蝎	100
Scl	Sculptor	玉夫	30
Sct	Scutum	盾牌	20
Ser	Serpens	巨蛇	60
Sex	Sextans	六分仪	25
Tau	Taurus	金牛	125
Tel	Telescopium	望远镜	30
Tri	Triangulum	三角	15
TrA	Triangulum Australe	南三角	20
Tuc	Tucana	杜鹃	25
UMa	Ursa Major	大熊	125
UMi	Ursa Minor	小熊	20
Vel	Vela	船帆	110
Vir	Virgo	室女	95
Vol	Volans	飞鱼	20
Vul	Vulpecula	狐狸	45

注：亮星数指亮于 6 等的大致星数。

附录 2　北半球中纬度地区可见的主要星座

（以北纬度 40°每月 1 日 21 时为准）

月　份	主要星座
1	英仙、双子、猎户、金牛、仙女、仙王、仙后、御夫
2	御夫、英仙、双子、小犬、大犬、猎户、金牛、仙后
3	御夫、双子、狮子、小犬、大犬、猎户、英仙、大熊
4	大熊、牧夫、狮子、小犬、双子、御夫
5	大熊、狮子、牧夫、双子、御夫、天龙、北冕
6	牧夫、大熊、北冕、武仙、狮子、天龙、天琴
7	牧夫、北冕、天龙、天琴、武仙、狮子、大熊、天蝎、仙王、天鹅
8	天龙、北冕、天琴、天鹅、天鹰、武仙、牧夫、仙王、天蝎
9	天琴、天鹅、天鹰、仙女、飞马、武仙、北冕、天龙、仙王、仙后
10	天鹅、仙女、仙王、飞马、天鹰、天琴、仙后
11	仙女、仙后、仙王、飞马、天鹅、天鹰、天琴、英仙
12	仙女、仙后、英仙、金牛、飞马、天鹅、仙王

附录3　中国古代的星空划分

三垣：紫微垣、太微垣、天市垣

四　象	二十八宿
东方苍龙之象	角亢氐房心尾箕七宿
南方朱雀之象	井鬼柳星张翼轸七宿
西方白虎之象	奎娄胃昴毕觜参七宿
北方玄武之象	斗牛女虚危室壁七宿

附录4　古代中国的岁名、十二次等和西方古代的黄道12宫

岁　名	十二支	十二次	星宿名	中气	分野	黄道12宫
摄提格	寅	星纪	斗牛女	雨水	扬	双鱼宫
单阏	卯	玄枵	女虚危	春分	青	白羊宫
执徐	辰	诹訾	危室壁奎	谷雨	并	金牛宫
大荒落	巳	降娄	奎娄胃	小满	徐	双子宫
敦牂	午	大梁	胃昴毕	夏至	冀	巨蟹宫
协洽	未	实沈	毕觜参井	大暑	益	狮子宫
涒滩	申	鹑首	井鬼柳	处暑	雍	室女宫
作噩	酉	鹑火	柳星张	秋分	三河	天秤宫
阉茂	戌	鹑尾	张翼轸	霜降	荆	天蝎宫
大渊献	亥	寿星	轸角亢氐	小雪	兖	人马宫
困敦	子	大火	氐房心尾	冬至	豫	摩羯宫
赤奋若	丑	析木	尾箕斗	大寒	幽	宝瓶宫

附录5　部分亮星的中国星名

亮　星	中国星名	亮　星	中国星名
仙女座 α	壁宿二	白羊座 α	娄宿三
仙女座 β	奎宿九	御夫座 α	五车二
仙女座 γ	天大将军一	牧夫座 α	大角
宝瓶座 α	危宿一	牧夫座 ε	梗河一
天鹰座 α	河鼓二（牛郎星）	猎犬座 α	常陈一
天鹰座 β	河鼓一	大犬座 α	天狼
天鹰座 γ	河鼓三	大犬座 ε	弧矢七
船底座 α	老人星	小犬座 α	南河三

附录5 部分亮星的中国星名

续表

亮　星	中国星名	亮　星	中国星名
仙后座 α	王良四	猎户座 δ	参宿三
半人马座 α	南门二	猎户座 ε	参宿二
半人马座 β	马腹一	猎户座 ζ	参宿一
仙王座 α	天钩五	猎户座 κ	参宿六
鲸鱼座 α	天囷一	飞马座 α	室宿一
鲸鱼座 β	土司空	飞马座 β	室宿二
鲸鱼座 o	刍藁增二	飞马座 γ	壁宿一
北冕座 α	贯索四	飞马座 ε	危宿三
南十字座 α	十字架二	英仙座 α	天船三
南十字座 β	十字架三	英仙座 β	大陵五
天鹅座 α	天津四	凤凰座 α	火鸟六
天鹅座 β	辇道增七	南鱼座 α	北落师门
天龙座 α	右枢	人马座 ε	箕宿三
天龙座 γ	天棓四	人马座 σ	斗宿四
波江座 α	水委一	天蝎座 α	心宿二
波江座 θ	天园六	天蝎座 λ	尾宿八
双子座 α	北河二	巨蛇座 α	蜀（天市右垣七）
双子座 β	北河三	金牛座 α	毕宿五
双子座 γ	井宿三	金牛座 β	五车五
天鹤座 α	鹤一	金牛座 η	昴宿六
武仙座 α	帝座	大熊座 α	天枢
长蛇座 α	星宿一	大熊座 β	天璇
狮子座 α	轩辕十四	大熊座 γ	天玑
狮子座 β	五帝座一	大熊座 δ	天权
狮子座 γ	轩辕十二	大熊座 ε	玉衡
天兔座 α	厕一	大熊座 ζ	开阳
天兔座 β	厕二	大熊座 η	摇光
天琴座 α	织女一	大熊座 80	辅
蛇夫座 α	候	小熊座 α	勾陈一（北极星）
猎户座 α	参宿四	小熊座 β	帝（北极二）
猎户座 β	参宿七	室女座 α	角宿一
猎户座 γ	参宿五	室女座 β	右执法

附录6 最亮的21颗恒星

(视星等亮于 $1^m.5$)

星名 中名	星名 西名	视星等	绝对星等	光谱型	自行 /(1″/年)	距离* /光年	视向速度 /(千米/秒)	赤经 j2000	赤纬 j2000
天狼 (大犬 α)	Sirius (α CMa)	$-1^m.46$	$+1^m.41$	A1	1.324	8.6	-8	$6^h45^m.2$	$-16°43'$
老人 (船底 α)	Canopus (α Car)	-0.72	-4.7	F0	0.025	300	$+21$	$6^h24^m.0$	$-52°42'$
南门二 (半人马 α)	Rigil Kent (α Cen)	-0.27	$+4.3$	G2	3.675	4.39	-24	$14^h39^m.5$	$-60°50'$
大角 (牧夫 α)	Arcturus (α Boo)	-0.04	-0.2	K2	2.285	36.7	-5	$14^h15^m.6$	$+19°11'$
织女一 (天琴 α)	Vega (α Lyr)	0.03	$+0.5$	A0	0.345	25.3	-14	$18^h36^m.9$	$+38°47'$
五车二 (御夫 α)	Capella (α Aur)	0.08	-0.6	G8	0.436	42	$+30$	$5^h16^m.7$	$+46°0'$
参宿七 (猎户 β)	Rigel (β Ori)	0.12	-7.0	B8	0.001	770	$+21$	$5^h14^m.5$	$-8°12'$
南河三 (小犬 α)	Procyon (α CMi)	0.38	$+2.65$	F5	1.248	11.4	-3	$7^h30^m.3$	$+5°14'$
参宿四 (猎户 α)	Betelgeuse (α Ori)	0.06~0.75	-6	M2	0.029	430	$+21$	$5^h55^m.2$	$+7°24'$
水委一 (波江 α)	Achemar (α Eri)	0.46	-2.2	B5	0.098	144	$+19$	$1^h37^m.7$	$-57°14'$
马腹一 (半人马 β)	Hadar (β Cen)	0.61	-5.0	B1	0.035	525	-11	$14^h03^m.8$	$-60°22'$
河鼓二 (牛郎、天鹰 α)	Altair (α Aql)	0.77	$+2.3$	A7	0.658	16.8	-26	$19^h50^m.8$	$+8°52'$
毕宿五 (金牛 α)	Aldebaran (α Tau)	0.85	-0.7	K5	0.203	65	$+54$	$4^h35^m.9$	$+16°31'$
十字架二 (南十字 α)	Acrux (α Cru)	0.85	-3.5	B2	0.043	320	-7	$12^h26^m.6$	$-63°06'$
心宿二 (天蝎 α)	Antares (α Sco)	0.94	-4.7	M1	0.030	600	-3	$16^h29^m.4$	$-26°26'$
角宿一 (室女 α)	Spica (α Vir)	0.98	-3.4	B1	0.052	270	$+1$	$13^h25^m.2$	$-11°10'$
北河三 (双子 β)	Pollux (β Gem)	1.14	$+0.95$	K0	0.625	34	$+3$	$7^h45^m.3$	$+28°02'$
北落师门 (南鱼 α)	Fomalhaut (α PsA)	1.16	$+1.9$	A3	0.367	25	$+7$	$22^h57^m.6$	$-29°37'$
天津四 (天鹅 α)	Deneb (α Cyg)	1.25	-7.3	A2	0.003	3 200	-5	$20^h41^m.4$	$+45°17'$
十字架三 (南十字 β)	Mimosa (β Cru)	1.25	-4.7	B0	0.049	350	$+20$	$12^h47^m.7$	$-59°41'$
轩辕十四 (狮子 α)	Regulus (α Leo)	1.35	-0.7	B7	0.253	78	$+6$	$10^h08^m.4$	$+11°58'$

*距离值采用 Hipparcos 卫星数据。

附录7 梅西叶天体表

编 号	NGC	星 座	名称或类型	赤经 J2000	赤纬 J2000	视星等	角大小	距离 /万光年
M1	1952	金牛	蟹状星云	$05^h34^m.5$	$+22°01'$	8.6	$6'\times4'$	0.72
M2	7089	宝瓶	*	$21^h33^m.5$	$-0°49'$	6.9	$12'$	3.69
M3	5272	猎犬	*	$13^h42^m.2$	$+28°23'$	6.9	$19'$	3.22
M4	6121	天蝎	*	$16^h23^m.6$	$-26°31'$	7.1	$23'$	0.71
M5	5904	巨蛇	*	$15^h18^m.5$	$+02°05'$	6.7	$20'$	2.5
M6	6405	天蝎	蝴蝶星团	$17^h40^m.0$	$-32°12'$	5.3	$25'$	0.19
M7	6475	天蝎	+	$17^h54^m.0$	$-34°49'$	4.1	$60'$	0.08
M8	6523	人马	礁湖星云	$18^h03^m.7$	$-24°23'$	5.8	$60'\times35'$	0.39
M9	6333	蛇夫	*	$17^h19^m.2$	$-18°31'$	7.4	$3'$	2.6
M10	6254	蛇夫	*	$16^h57^m.2$	$-04°06'$	7.3	$12'$	1.47
M11	6705	盾牌	野鸭星团	$18^h51^m.1$	$-06°16'$	6.3	$12'$	0.554
M12	6218	蛇夫	*	$16^h47^m.2$	$-01°57'$	7.6	$12'$	1.82
M13	6205	武仙	武仙座球状星团	$16^h41^m.7$	$+36°28'$	6.4	$23'$	2.35
M14	6402	蛇夫	*	$17^h37^m.6$	$-03°15'$	9.0	$7'$	3.51
M15	7078	飞马	*	$21^h30^m.0$	$+12°10'$	7.0	$12'$	3.11
M16	6611	巨蛇	鹰状星云	$18^h18^m.9$	$-13°47'$	6.4	$35'\times28'$	0.549
M17	6618	人马	欧米茄星云	$18^h20^m.8$	$-16°10'$	7.0	$46'\times37'$	0.42
M18	6613	人马	+	$18^h19^m.9$	$-17°08'$	7.5	$22'$	0.63
M19	6273	蛇夫	*	$17^h02^m.6$	$-26°16'$	6.8	$4'$	2.2
M20	6514	人马	三叶星云	$18^h02^m.4$	$-23°02'$	6.3	$29'\times27'$	0.56
M21	6531	人马	+	$18^h04^m.7$	$-22°30'$	6.5	$12'$	0.435
M22	6656	人马	*	$18^h36^m.4$	$-23°54'$	6.3	$18'$	1.03
M23	6494	人马	+	$17^h56^m.9$	$-19°01'$	6.9	$25'$	0.45
M24	6603	人马	+,彡	$18^h18^m.4$	$-18°25'$	4.6, 11.4	$4'.5, 1°.5$	1.6
M25	IC4725	人马	+	$18^h31^m.7$	$-19°14'$	6.5	$40'$	0.2
M26	6694	盾牌	+	$18^h45^m.2$	$-09°24'$	9.3	$9'$	0.49
M27	6853	狐狸	哑铃星云	$19^h59^m.6$	$+22°43'$	7.6	$8'\times4'$	0.082
M28	6626	人马	*	$18^h24^m.6$	$-24°52'$	6.8	$5'$	1.5
M29	6913	天鹅	+	$20^h24^m.0$	$+38°31'$	7.1	$12'$	0.3
M30	7099	摩羯	*	$21^h40^m.4$	$-23°11'$	6.4	$6'$	4.1
M31	224	仙女	仙女座星系	$00^h42^m.7$	$+41°16'$	4.4	$180'\times63'$	230
M32	221	仙女	○	$00^h42^m.7$	$+40°52'$	9.2	$8'\times6'$	230
M33	598	三角	○	$01^h33^m.8$	$+30°39'$	6.3	$62'\times39'$	250
M34	1039	英仙	+	$02^h42^m.0$	$+42°47'$	5.5	$30'$	0.139
M35	2168	双子	+	$06^h08^m.8$	$+24°20'$	5.3	$40'$	0.26

续表

编号	NGC	星座	名称或类型	赤经 J2000	赤纬 J2000	视星等	角大小	距离/万光年
M36	1960	御夫	+	05ʰ36ᵐ.3	+34°08′	6.3	17′	0.411
M37	2099	御夫	+	05ʰ53ᵐ.0	+32°33′	6.2	25′	0.417
M38	1912	御夫	+	05ʰ28ᵐ.7	+35°50′	7.4	18′	0.461
M39	7092	天鹅	+	21ʰ32ᵐ.3	+48°26′	5.2	30′	0.0864
M40	/	大熊	双星	12ʰ22ᵐ.4	+58°05′	8.0	/	/
M41	2287	大犬	+	06ʰ47ᵐ.0	−20°46′	5.0	30′	0.25
M42	1976	猎户	猎户座大星云	05ʰ35ᵐ.3	−05°23′	4	66′×60′	0.15
M43	1982	猎户	⌇	05ʰ35ᵐ.5	−05°16′	9	20′×15′	0.1
M44	2632	巨蟹	蜂巢星团	08ʰ40ᵐ.0	+20°00′	3.7	90′	0.052
M45	/	金牛	昴星团	03ʰ47ᵐ.5	+24°07′	1.4	120′×120′	0.041
M46	2437	船尾	+	07ʰ41ᵐ.8	−14°49′	6.0	24′	0.6
M47	2422	船尾	+	07ʰ36ᵐ.7	−14°29′	4.5	25′	0.18
M48	2548	长蛇	+	08ʰ13ᵐ.8	−05°48′	5.3	30′	0.15
M49	4472	室女	○	12ʰ29ᵐ.8	+08°00′	9.3	9′×7′	5900
M50	2323	麒麟	+	07ʰ03ᵐ.0	−08°21′	6.9	16′	0.26
M51	5194	猎犬	涡状星系	13ʰ29ᵐ.9	+47°12′	9.0	11′×8′	2100
M52	7654	仙后	+	23ʰ24ᵐ.2	+61°36′	7.3	12′	0.38
M53	5024	后发	*	13ʰ12ᵐ.9	+18°10′	8.3	14′	5.64
M54	6715	人马	*	18ʰ55ᵐ.1	−30°28′	7.1	2′	4.9
M55	6809	人马	*	19ʰ40ᵐ.0	−30°57′	7.0	10′	1.9
M56	6779	天琴	*	19ʰ16ᵐ.6	+30°11′	8.2	7′	4
M57	6720	天琴	环状星云	18ʰ53ᵐ.6	+33°02′	9.0	1′	0.41
M58	4579	室女	○	12ʰ37ᵐ.7	+11°49′	9.8	5′×4′	7000
M59	4621	室女	○	12ʰ42ᵐ.0	+11°39′	9.6	3′×2′	4100
M60	4649	室女	○	12ʰ43ᵐ.7	+11°33′	9.8	7′×6′	5900
M61	4303	室女	○	12ʰ21ᵐ.9	+04°28′	10.0	7′×2′	4100
M62	6266	蛇夫	*	17ʰ01ᵐ.2	−30°07′	7.8	6′	2.06
M63	5055	猎犬	○	13ʰ15ᵐ.8	+42°02′	9.3	12′×8′	2400
M64	4826	后发	黑眼睛星系	12ʰ56ᵐ.7	+21°41′	9.4	9′×5′	1500
M65	3623	狮子	○	11ʰ18ᵐ.9	+13°06′	9.9	8′×2′	2700
M66	3627	狮子	○	11ʰ20ᵐ.3	+13°00′	9.7	9′×4′	2700
M67	2682	巨蟹	+	08ʰ51ᵐ.3	+11°48′	6.9	17′	0.271
M68	4590	长蛇	*	12ʰ39ᵐ.5	−26°45′	8.7	10′	3.14
M69	6637	人马	*	18ʰ31ᵐ.4	−32°21′	7.5	3′	2.4
M70	6681	人马	*	18ʰ43ᵐ.2	−32°17′	7.5	3′	6.5
M71	6838	天箭	*	19ʰ53ᵐ.7	+18°47′	7.9	6′	1.33
M72	6981	宝瓶	*	20ʰ53ᵐ.5	−12°32′	8.6	2′	5.9

附录7 梅西叶天体表

续表

编号	NGC	星座	名称或类型	赤经 J2000	赤纬 J2000	视星等	角大小	距离 /万光年
M73	6994	宝瓶	四合星	20ʰ58ᵐ.9	−12°38′	9.0	/	/
M74	628	双鱼	○	01ʰ36ᵐ.7	+15°47′	9.8	10′×10′	3 700
M75	6864	人马	∗	20ʰ06ᵐ.1	−21°55′	8.6	2′	7.8
M76	650-1	英仙	ⓛ	01ʰ42ᵐ.2	+51°34′	12.2	2.6′×1.5′	0.8
M77	1068	鲸鱼	○	02ʰ42ᵐ.7	−00°01′	9.5	7′×6′	4 700
M78	2068	猎户	彡	05ʰ46ᵐ.7	+00°04′	8	8′×6′	0.16
M79	1904	天兔	∗	05ʰ24ᵐ.2	−24°31′	8.1	4′	4.3
M80	6093	天蝎	∗	16ʰ17ᵐ.0	−22°59′	6.8	4′	3.7
M81	3031	大熊	○	09ʰ55ᵐ.8	+69°04′	7.8	26′×14′	1 400
M82	3034	大熊	○	09ʰ56ᵐ.2	+69°42′	9.3	11′×5′	1 400
M83	5236	长蛇	○	13ʰ37ᵐ.7	−29°52′	8.2	11′×10′	1 600
M84	4374	室女	○	12ʰ25ᵐ.1	+12°53′	9.3	5′×4′	7 000
M85	4382	后发	透镜状星系	12ʰ25ᵐ.4	+18°11′	9.2	7′×5′	7 000
M86	4406	室女	○	12ʰ26ᵐ.2	+12°57′	9.2	7′×6′	7 000
M87	4486	室女	○	12ʰ30ᵐ.8	+12°24′	8.6	7′	7 000
M88	4501	后发	○	12ʰ32ᵐ.0	+14°25′	9.5	7′×4′	4 000
M89	4552	室女	○	12ʰ35ᵐ.7	+12°33′	9.8	4′	7 000
M90	4569	室女	○	12ʰ36ᵐ.8	+13°10′	9.5	10′×5′	7 000
M91	4548	后发	○	12ʰ35ᵐ.4	+14°30′	10.2	5′×4′	4 000
M92	6341	武仙	∗	17ʰ17ᵐ.1	+43°08′	6.5	11′	2.8
M93	2447	船尾	+	7ʰ44ᵐ.6	−23°52′	6.2	22′	3.6
M94	4736	猎犬	○	12ʰ50ᵐ.9	+41°07′	8.1	11′×9′	1 450
M95	3351	狮子	○	10ʰ44ᵐ.0	+11°42′	9.7	7′×5′	2 500
M96	3368	狮子	○	10ʰ46ᵐ.8	+11°49′	9.2	7′×5′	2 500
M97	3587	大熊	枭状星云	11ʰ14ᵐ.8	+55°01′	11.2	3′	0.26
M98	4192	后发	○	12ʰ13ᵐ.8	+14°54′	10.1	10′×3′	7 000
M99	4254	后发	○	12ʰ18ᵐ.8	+14°25′	9.8	5′	7 000
M100	4321	后发	○	12ʰ22ᵐ.9	+15°49′	9.4	7′×6′	7 000
M101	5457	大熊	○	14ʰ03ᵐ.2	+54°21′	7.7	27′×26′	1 500
M102	/	/	=M101	/	/	/	/	/
M103	581	仙后	+	1ʰ33ᵐ.2	+60°42′	7.4	6′	0.8
M104	4594	室女	草帽星系	12ʰ40ᵐ.0	−11°37′	8.3	9′×4′	5 000
M105	3379	狮子	○	10ʰ47ᵐ.8	+12°35′	9.3	4′×4′	2 500
M106	4258	猎犬	○	12ʰ19ᵐ.0	+47°18′	8.3	18′×8′	2 500
M107	6171	蛇夫	∗	16ʰ32ᵐ.5	−13°03′	8.1	10′	/
M108	3556	大熊	○	11ʰ11ᵐ.5	+55°40′	10.0	8′×2′	2 500
M109	3992	大熊	○	11ʰ57ᵐ.6	+53°23′	9.8	8′×5′	2 500
M110	205	仙女	○	0ʰ40ᵐ.4	+41°41′	8.0	17′×10′	220

注：+疏散星团，∗球状星团，彡弥漫星云，ⓛ行星状星云，○星系。

附录8 八大行星表

(据 Wikipedia 开放百科全书 2008 数据)

行星	英文名	轨道半长径/天文单位	至太阳平均距离/百万千米	公转周期	偏心率	轨道面与黄道面倾角/(°)
水星	Mercury	0.387 099	57.909 2	87.967 4 日	0.205 631	7.00
金星	Venus	0.723 332	108.208 9	224.696 0 日	0.006 773	3.39
地球	Earth	1.000 000	149.597 9	365.256 4 日	0.016 710	/
火星	Mars	1.523 662	227.936 6	686.964 9 日	0.093 412	1.85
木星	Jupiter	5.203 363	778.412 0	11.862 615 年	0.048 393	1.31
土星	Saturn	9.537 070	1 426.725 4	29.447 498 年	0.054 151	2.48
天王星	Uranus	19.191 264	2 870.972 2	84.016 846 年	0.047 168	0.76
海王星	Neptune	30.068 963	4 498.252 9	164.791 32 年	0.008 586	1.77

行星	赤道半径*	质量*	平均密度/(克/厘米^3)	表面重力加速度/(米/秒^2)	赤道逃逸速度/(千米/秒)	表面平均温度/开	自转周期	赤道与轨道面交角/(°)	卫星数
水星	0.382 5	0.055 27	5.43	3.70	4.25	440	58.646 2 日	0.0	0
金星	0.948 8	0.815 00	5.24	8.87	10.36	730	243.018 7 日	177.3	0
地球	1.000 0	1.000 00	5.515	9.81	11.18	288~293	23.934 5 时	23.45	1
火星	0.532 26	0.107 45	3.940	3.71	5.02	186~268	24.623 0 时	25.19	2
木星	11.209	317.816 6	1.33	23.12	59.54	152	9.925 0 时	3.12	63 有环
土星	9.449	95.160 9	0.70	8.96	35.49	134	10.656 2 时	26.73	60 有环
天王星	4.007	14.537 3	1.30	8.69	21.29	76	17.239 9 时	97.86	27 有环
海王星	3.883	17.147 1	1.76	11.00	23.71	72	16.110 0 时	29.58	13 有环

*赤道半径：地球=1；质量：地球=1。地球的赤道半径是 6 378 140 米；地球的质量是 5.974×10^{24} 千克。

附录9 星座简图

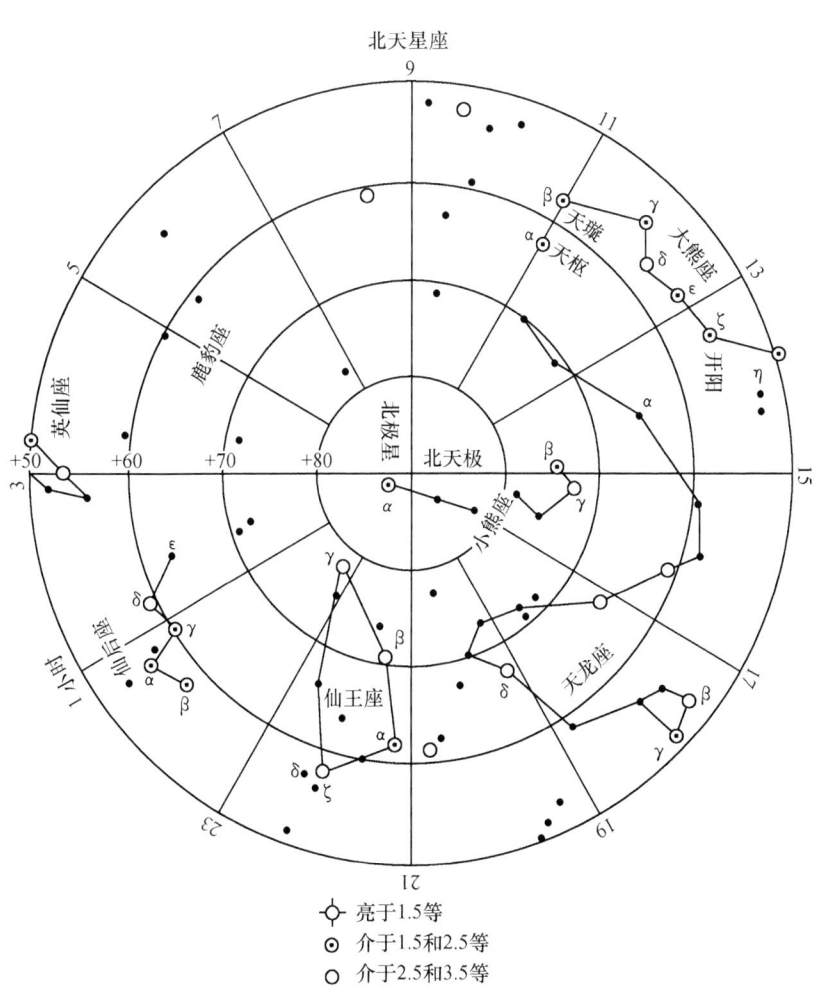

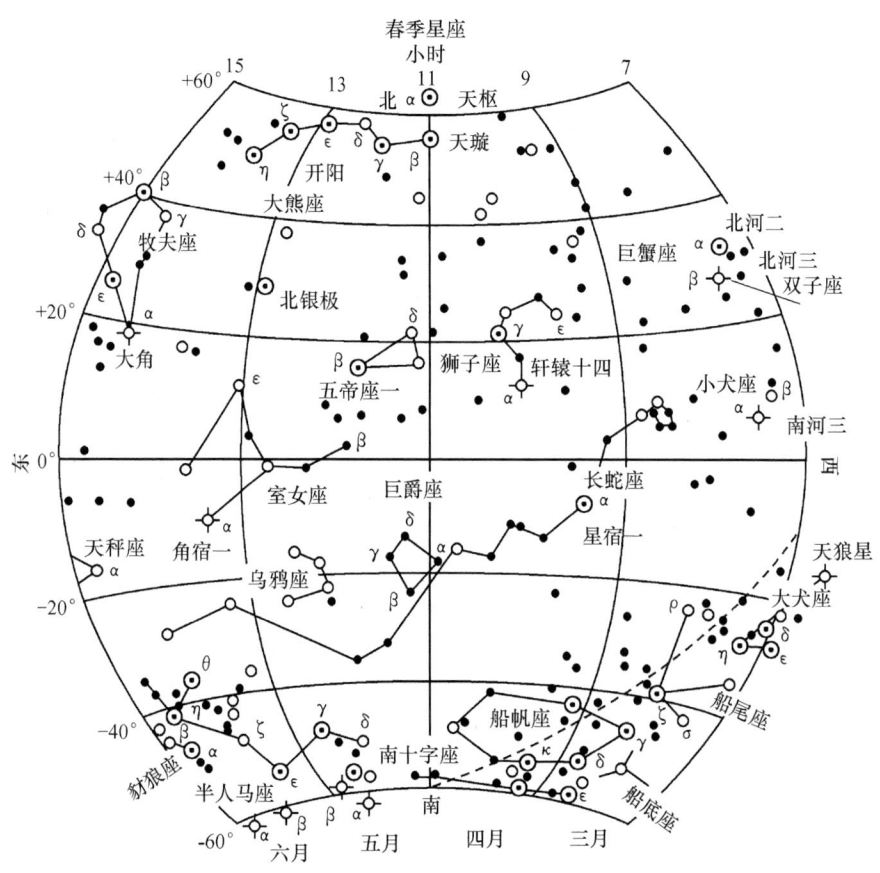

附录9 星座简图

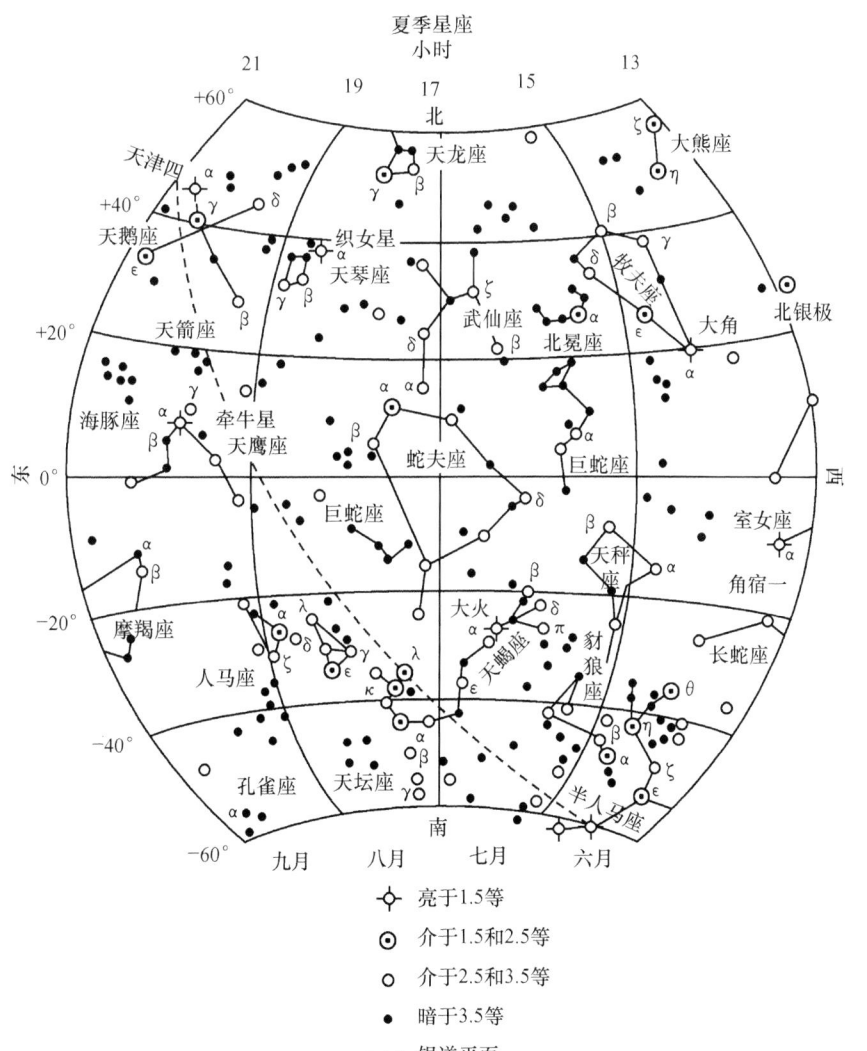

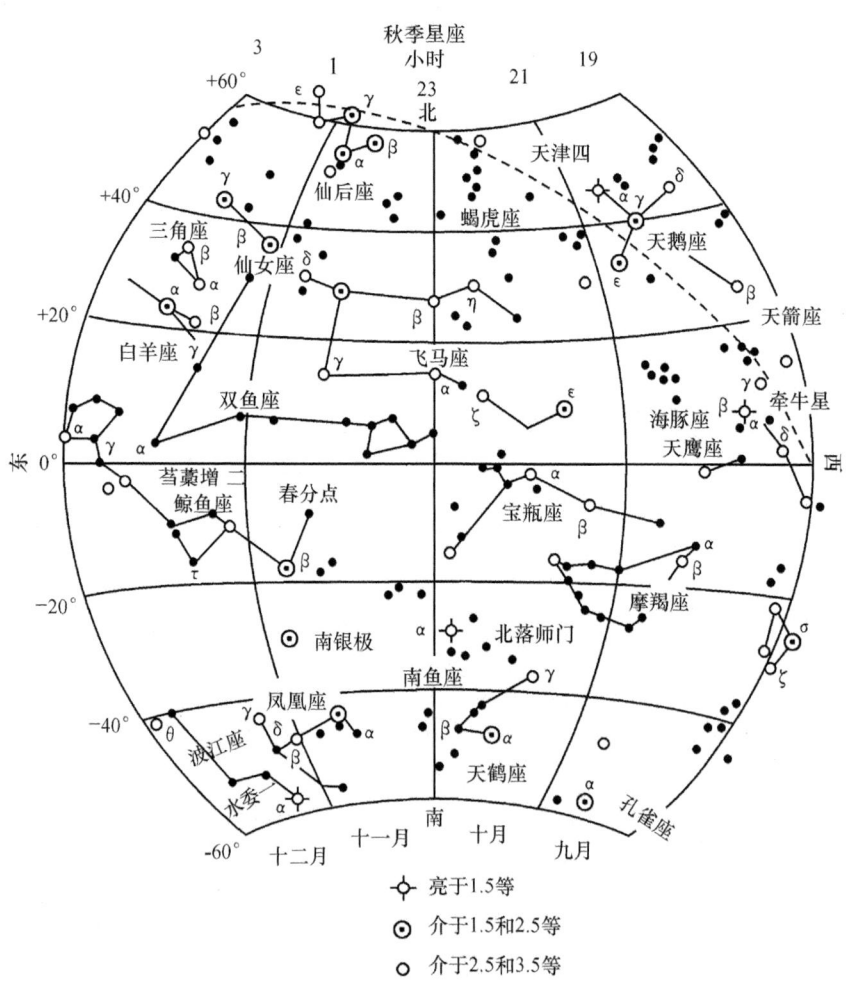

附录9　星座简图

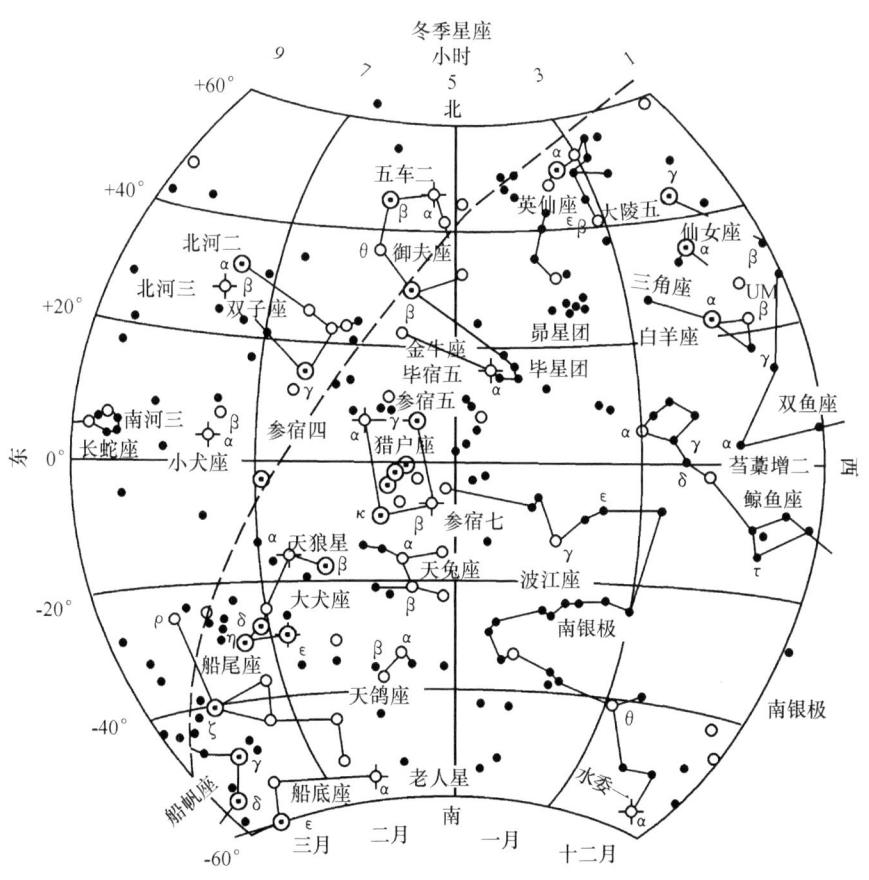

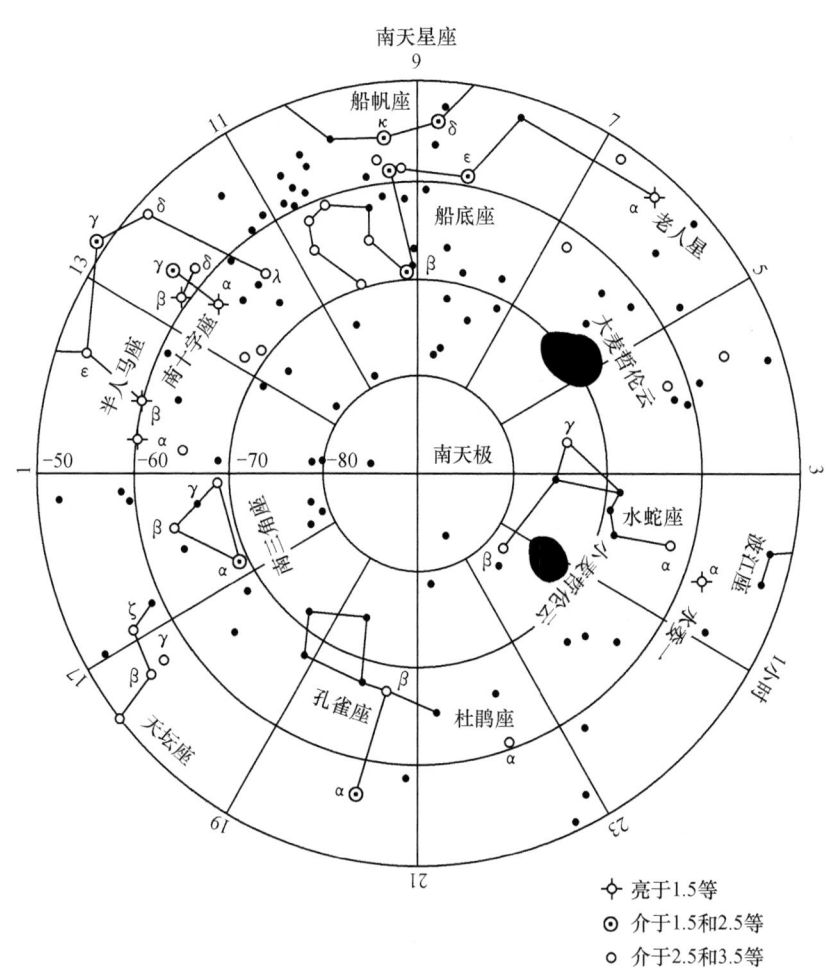

附录9　星座简图

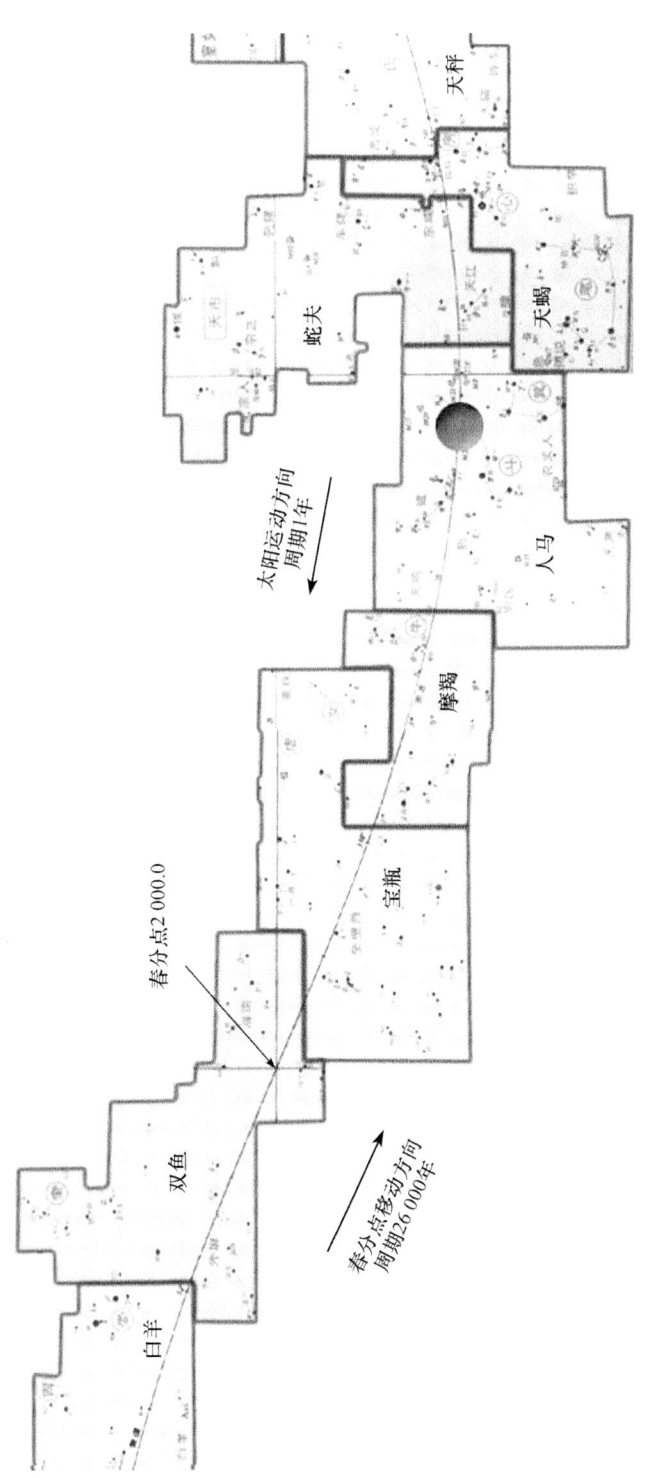

黄道13星座图

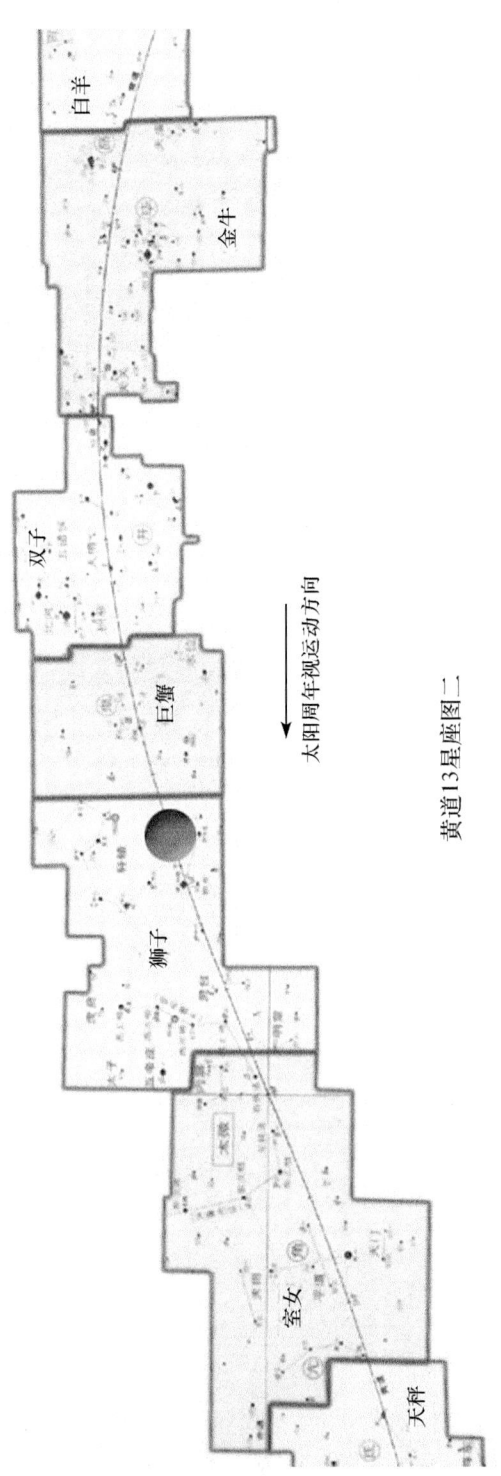

黄道13星座图二

附录10　图片来源的空间望远镜表（图见光盘）

T01 IRAS（The Infrared Astronomical Satellite）美英荷 1983
T02 SIGMA/GRANAT 法俄 1989
T03 HST（Hubble Space Telescope）美 NASA 1990
T04 HST（Hubble Space Telescope）美 NASA 1990
T05 ROSAT（Röntgen Satellite）德英美 1990
T06 CGRO（Compton Gamma-Ray Observatory）美 NASA 1991
T07 SOHO（Solar & Heliospheric Observatory）ESA，NASA 1995
T08 BeppoSAX 意荷 1996
T09 Chandra（Chandra X-ray Observatory）美 NASA 1999
T10 Chandra（Chandra X-ray Observatory）美 NASA 1999
T11 XMM（XMM-Newton）欧 ESA 1999
T12 INTEGRAL（International Gamma-Ray Astrophysics Laboratory）ESA 俄美 2002
T13 SST（Spitzer Space Telescope）美 NASA 2003
T14 SST（Spitzer Space Telescope）美 NASA 2003

附录11　图片来源的地面望远镜表（图见光盘）

T15 Keck Ⅰ，Ⅱ（10×2）美国夏威夷天文台/夏威夷莫纳克亚山
T16 Keck Ⅰ，Ⅱ（10×2）美国夏威夷天文台/夏威夷莫纳克亚山
T17 VLT（8.2×4）欧洲南方天文台/智利色洛-帕拉尔山
T18 VLT（8.2×4）欧洲南方天文台/智利色洛-帕拉尔山
T19 SUBARU（8.3）日本国家天文台/夏威夷莫纳克亚山
T20 北双子（8.1）美国国家光学天文台/夏威夷莫纳克亚山
T21 南双子（8.1）美国国家光学天文台/智利色拉-帕穹山
T22 Palomar（5.08）美国帕洛玛天文台/加州帕洛玛山
T23 KPNO（4）美国国家光学天文台 NOAO/亚利桑那州基特峰
T24 AAO（4）皇家英澳天文台/澳大利亚新南威尔士州
T25 CFHT（3.6）加-法-美夏威夷天文台/夏威夷莫纳克亚山
T26 SDSS（2.4）Apache Point Observatory，Sloan Digital Sky Surver/美国新墨西哥州
T27 VLA（25×27）美国国家射电天文台 NRAO/新墨西哥州
T28 VLA（25×27）美国国家射电天文台 NRAO/新墨西哥州

代 后 记①

70年前，日本侵略军的铁蹄践踏南京。从1937年12月13日南京沦陷至1938年2月5日，几个星期内，南京及其附近被日本军队屠杀的中国人达30万以上。这就是历史上惨绝人寰的南京大屠杀。许多人家都在日军未到之前远走逃避。日军所至，未及逃避者，几乎极少幸免于难。当时39岁的母亲怀着我，带着15岁的大哥、9岁的姐姐、5岁的二哥和2岁的三哥举家逃难，乘小木船沿秦淮河溯流而上。1938年1月21日，在距市区30千米的横溪桥村一位姓梁的好心人家里，我来到了这苦难而恐怖的人世。那一天正交大寒节气，一年当中最冷的日子，幸亏随行的养姐，把我从死神的手中抢夺回来。养姐新婚不久，年仅19岁，没有随夫家逃难，而是沿途照顾即将临盆的母亲。她看到刚来人世的是个男婴，不顾父母亲早就商量好的决定，把我从马桶中捞出来，呵护在怀抱里，才使我免遭被遗弃的厄运。襁褓艰难，兵荒马乱，全家再也没有能力逃往更远的地方了。日本侵略军烧杀蹂躏了南京城方圆100千米的地区，居然没有来到横溪桥这个偏僻的小山村，我家这才幸免于难，逃过一劫。

母亲姓贾，娘家在南京城外的沧波门村，世代务农，15岁即出嫁到相隔不远的马群镇蛇盘村苏家。这一带是南宋时期金陵驿和蛇盘铺邮驿的所在地。1279年，文天祥被俘押往大都途中，被困于此，曾作"金陵驿"一诗："草合离宫转夕晖，孤云漂泊复何依？山河风景原无异，城郭人民半已非。满地芦花和我老，旧家燕子傍谁飞？从今别却江南路，化作啼鹃带血归。"至今蛇盘村左近建有文天祥诗碑亭一座。蛇盘村古为"佘婆村"，后谐音讹为"蛇盘村"。

苏家原籍安徽桐城，太平天国后期流浪到蛇盘村务农。我的祖父幼年学徒，掌握打造铜锣响器及骡马铃铛的手艺，后单身流落山东周村，经营作坊。偶因从收购到的废铜中检出一件值钱的文物而发迹，经营扩大，产品行销华北各省，并在蛇盘村家居附近逐渐置办田产。南京沦陷，家人生死不明，祖父忧心如焚，遽逝于周村。襁褓中的幼孙，从未与祖父谋面。父亲早年在江苏政法学堂读书，后考入区长训练所，毕业后曾任江宁县上新河区和秣陵关区区长。南京沦陷后，不愿为日伪政权效劳，改营商业，直至解放。

---

① 本文原为应"天津市老教授协会南开大学工作部"之邀，为《往事钩沉——老教授回忆录》文集而写，限制字数不超过5500字，题为"母亲 妻子 女儿"。该文集2008年1月出版后，本文又被《南开大学报》于2008年5月9日全文转载，互联网上也见流传，但有些文字不够准确和完整。现将正式文本放在这里作为本书的"代后记"。如蒙读者接纳而不嫌弃，就权作为读者与作者心灵之间的一种沟通吧。谢谢各位阅读。

代后记

　　母亲多子，身体羸弱，自幼缠足，性格温顺，心地善良。在老家蛇盘村时，祖父辈兄弟3人共有8房媳妇轮流做饭。轮到母亲时总是力不从心，常常不能按时开饭。下田里干活也往往落在后面，遭人奚落。当家的祖母，总是力排众议，帮助和袒护自己的儿媳。分家后搬到城里居住，才告别农村大家族的生活。

　　我们姐弟6人，除姐姐一生执教于山村小学，没有上过大学以外，其余5人均受过高等教育，分属文学、医学、工程、地质、天文5个学科，而母亲本人却不识字，而且连个学名都没有。她在户口本上的名字还是在她63岁那年迁报户口时，应户籍部门的要求，由我为她老人家取的。

　　1958年，我从南京大学数学天文系天文专业毕业，分配到紫金山天文台，后又转往天津西郊天津纬度站工作。离家北上的那天下午，父亲、母亲、姐姐、大嫂和侄儿们送我至街边。唯一在身边的儿子离家远去，我看到夕阳中母亲满脸的泪痕。20年未离故土的我，从此一别13年，没有回过南京。那时乘火车北上，需将列车分成几截，开上轮船再载过长江。南京站至浦口站一江之隔，需费2个小时。曾经许诺：等正在筹建的南京长江大桥建成，我会回来探家。1968年大桥建成通车，我也没有回来。直到1971年林彪事件败露之后，我从五七干校①劳动结业，才第一次携妻子和两个幼小的孩子回南京探亲。

　　母亲为照顾孙儿曾来天津和我们同住，后来因为儿媳得了重症肺结核，不能再喂养孩子，她老人家就独自一人，怀抱11个月大的孙儿回南京去了。一年以后，铁道学院毕业、分配在内蒙古布特哈旗工作的妹妹和妹夫，也把小孩送到南京交外婆抚养。文化大革命开始，因为父亲和大哥的历史问题，红卫兵抄了南京的家。妹妹才专程去南京，把两个小孩带回天津和内蒙。1981年2月23日，操劳一生的母亲在南京溘然长逝，享年83岁。妹妹和我都没有能回南京向母亲告别，留下终生的遗憾。可怜的母亲，直到去世也不知道她魂牵梦绕的第三个儿子，早在11年前就先她而去了。三哥在兄弟群中天资最好，学业最勤，1954年南京大学地质系毕业后，一直在中南地质局从事勘探工作，不幸被划为右派，1970年含冤自溺于广东劳改农场。

　　我的妻子1958年由北京女三中考入中国科学院北京天文台筹备处，不久即转分到天津纬度站。那是隶属于南京紫金山天文台的天文观测单位。1956年，国家制定12年科学发展规划时，由苏联专家选址，用天文方法测量地球两极的移动，以参加国际地球物理年的科研项目，并纳入全球国际纬度站系统。纬度站站址在天津西郊曹庄以西，人称"蛤蟆洼"的荒野之中。工作人员有先后从大学天文系毕业的学生和从中学招考来的见习员共十来人。在木结构观测室中，用苏联制造的天文

---

　　①　五七干校是文化大革命时期，根据毛泽东1966年5月7日写给林彪的指示精神，全国各地兴办的农场，是集中容纳党政机关干部、科研文教部门的知识分子，对他们进行劳动改造、思想教育的地方。"干校"是"干部学校"的简称。

望远镜目视方法夜夜测量恒星，常常从日落干到天亮，白天处理和计算观测结果，一干 20 多年。办公兼住宿的二层小楼，建在昔日的坟场中，周围一圈高大的杨树是坟主家几十年前下葬时栽种的。喝的是地表水，吃统一的伙食，夜晚总会听到猫头鹰的嚣叫声。青蛙、蝼蛄、蝙蝠、蚊虫是夏季观测时的常伴，而冬日则是摄氏零下 10 多度的严寒。天文观测是露天的，而且不允许使用任何取暖设备。时值大跃进的年代，"先工作后生活"，好在大家当时都年轻，艰苦点不在乎。

我们的第一个小孩在北京外婆家抚养。1961 年有了第二个小孩。由于国家缺油，原有的郊区汽车早已停运。分娩那天，我们步行八九里到市区边缘，再乘公交车把妻子送进中心妇产科医院，直接进到产房，孩子就呱呱坠地了。几天后出院时，改乘火车到天津西站外的曹庄小站，再步行四五里根本没有路的田野，冒着风雪，怀抱婴儿回到单位住处。当时国家正处于困难时期，物资奇缺，所有粮食、食用油、副食品、棉布等都定量供应。按政府规定，城市户口的产妇可以得到 1 斤芝麻、1 斤红糖和 2 斤鸡蛋的特殊供应。可是我们地处农村，辖区都是农业户口，根本找不到供应的渠道。按国家规定的 56 天产假过后，必须正常上班。吃饭依然在食堂，唯一增加的私人生活用品就是一只竹壳子的热水瓶。所幸母乳充盈，孩子茁壮成长。儿子 3 个月时母亲从南京来，三代四口过着简朴的生活。

国际统一的、选入观测计划的恒星，不管人间疾苦，夜夜庄严肃穆地走过天庭，作为天文工作者必须准时守候在望远镜旁，与之相约，毫厘不爽。织女星也在我们的观测计划中，由于织女星的高亮度，大白天也能用望远镜进行观测，而且它中天时恰好位于天顶，是重要的观测对象，所以一年 365 天，除非阴天下雨，每天都要准时观测[①]。生活再难，天文观测工作不可懈怠。长期的天文观测实践，养成了我们做事情一丝不苟的品质，这对于从事科学研究及后来的教书育人工作都是很重要的。

1962 年秋，妻子连续数日发烧，农村的卫生所只当作一般感冒来治。后来到市里检查属肺部严重感染，但不能确诊。当时纬度站的上级单位已从南京紫金山天文台改为北京天文台，业务、经费、人员编制都属北京管辖，大病住院需到北京解决。几经辗转，妻子住进北京阜外医院，很快确诊为重症肺结核，空洞已经形成，不能再哺育小孩了，我们忍痛将其交给奶奶带去南京。当只会摸着墙尚不能独立行走的儿子，吃饱最后一遍奶由奶奶抱走时，妻子早已是泣不成声了。后来的岁月，经过北京市结核病院、天津市结核病院，住院、门诊长期治疗，医生们在手术和保守之间两难选择：手术要切除右侧全部 3 个肺叶，损伤太大；而保守又没有见效良方，气腹、膈神经压榨，各种药物都试过了，久治不愈。1971 年 5 月，天津市结核病院开始中西医结合治疗，至 9 月末空洞已不明显；到 1974 年的时候，奇迹出

---

① 恒星在天球上运动遵守的时间是恒星时，比日常使用的太阳时每天提前约 4 分钟。所以每天观测织女星的时间也大约提前 4 分钟。

现，病变的肺组织逐渐钙化和纤维化，终于达到了痊愈的程度，以后再也没有复发过。

我们的女儿苏星玫，虽在艰苦年代出生，却备受父母的珍爱。星代表父母的事业；玫象征女儿的未来。无奈，事业和未来却不能兼顾。孤处农村的小单位，根本没有托儿条件，工作胜于生活的原则又岂能违背。女儿9个月时不得不断了母乳，被送到北京外婆家抚养。到该上学的时候，才回天津，就读于农村小学和初中。谁知天意叵测，妻子经12年药石之苦，刚刚出现转机，女儿豆蔻年华又不幸罹患不治之症：小脑及脑干退行性变。去北京、天津各大医院求治，多次住院，中、西医治疗，皆没有效果，连病因都没有查清楚。

20世纪80年代初，天津纬度站用天文望远镜目视方法测量恒星，在国际上已面临技术淘汰。发达国家的新技术纷纷转向太空或大型射电望远镜，而不使用地面目视光学观测了。我被调往北京天文台的昌平县沙河观测站工作。女儿随我住在站上，每两周一次去北京中医研究院西苑医院看病，服用中药，长期与我相依为命，也曾住过北京天文台的兴隆、密云诸观测站。由于我们的户口在天津，虽在北京工作，却无法在北京安家。在天津另找工作吧，一是没有对口单位；二是天津的人事部门也不接受工作关系在外地的人员。一个偶然的机会，我来到南开大学，在图书馆学系承担计算机和高等数学，以及后来的文献计量学的教学工作。感谢南开大学的郑毓德老师和来新夏教授，他们举荐和接纳了我们，成为南开的一分子。

1992年9月，从《天津日报》上看到，解放军254医院能通过外科手术治疗小脑疾病。我们怀抱一线希望，于10月8日入住该院，11月17日接受"枕动脉、枕肌小脑贴敷与后颅窝减压"手术，11月27日出院。经半年多的调养、恢复，病情不见好转，反而日趋严重。女儿青春年华已逝，前途一片阴霾，我们心情非常沉重。女儿曾多次表白：还不如失掉胳膊或腿，就算失明或聋哑也比现在强。年过半百的父母，除强忍眼泪，又能何言以对？为父母身后的女儿供养问题，我们早就开始每月专款储蓄。后来才知道，靠储蓄养生实在是空中楼阁。按曾有的最高利率，8年期1万元定期存款月息可得142.5元；然而，10年后利率降低，再扣除利息税，月息只有18.6元了。

1993年9月，我在南开大学开始为全校本科生开设天文学公共选修课。第三周上课那一天的晚上，女儿来催促我，时间快到，该去上天文课了。语犹未竟，即不幸摔倒在地，面部受伤，肱骨骨折。两个月后，身体和精神再受重创的女儿走完了最后的人生，年仅33岁。

我们强忍悲痛，一切丧事从简。我在坚持带完10名硕士研究生和承担系里的本科生专业课程之外，仍开设天文学全校公共选修课，同时奋力5年，写作《天文学新概论》教材，于2000年8月初版问世，在后记中题献慈母及爱女。该书3年内4次印刷，印数逾万。时有学生向我表达，读过后记而欷歔不已。2003年11月11日，爱女辞世十周年忌日，恰逢《天文学新概论》第二版第四次印本运到，读东坡先生"江城子"一词："十年生死两茫茫，不思量，自难忘。千里孤坟，无处话凄凉。纵使相逢应不识，尘满面，鬓如霜。夜来幽梦忽还乡，小轩窗，正梳妆。相顾无言，唯有泪千行。料得年年肠断处，明月夜，短松冈。"和泪录于新书扉页，并题四句，不成规矩，仅表心意而已："爱女逝时此书始，而今四印十年矣！逾万学子或有念，告慰芳魂泉下知。"

法国东北部上马恩省科隆贝小山村附近的村民墓群中，长眠着戴高乐将军和他的女儿安娜。她是将军的第三个孩子，因为出生前，母亲遭遇车祸而先天痴呆，虽受到父母特别的钟爱，却在 20 岁那年，生日未过就夭折了。将军立有遗嘱：身后与安娜合葬，日后夫人也要在一起安息。1970 年 11 月 9 日，戴高乐将军与世长辞，享年 80 岁。当巴黎 50 多万群众汇集到凯旋门广场表示深切哀悼的时候，偏僻的科隆贝小山村只举行了非常简朴的葬礼。将军和爱女合葬在与平民为伍的墓群中，这时距安娜离世已有 22 个年头了①。大公报记者朱启平在凭吊文章中写道："我默默站在墓前，低头看那朴素、简单到感人肺腑的墓石，思潮澎湃，只觉得面前是一个新的境界：原来一个人的尊严、一个人的品德，是可以用这样简朴、平凡的安排来表达的！"我们一介平民，怎敢和伟人相比，只是读到这段故事，心中有所钦慕而已。

每晚授课归来，如遇天晴，总要仰望星空。虽是一生的职业习惯，也常有思绪萦怀：纵天际寒光一点，也是遥远而巨大的恒星；人类的逝者，无论伟人和俗子都不可能有在天之灵。和浩瀚的宇宙相比，地球是多么渺小，人的一生又何其短暂。生死是自然界的规律，大到星团、星系，小到蜉蝣、细菌。"一切产生出来的东西，都一定要灭亡。"（歌德《浮士德》）慈母与爱女都已仙逝，"死者长已矣"。老妻还在照料家人的生活起居。我虽退休已近 10 年，仍在为南开大学、天津大学、天津泰达学院、天津滨海学院的本科生开设天文学选修课程，选修过的学生人数已超过 1.7 万人。"夕阳无限好，人间重晚晴"，来日虽然无多，但只要健康允许，仍愿借三尺讲台，为学子们讲授天文知识。听者有所收益，即是我的生命延续的价值。

苏　宜

2007 年 5 月 29 日写于南开园

---

① 1979 年 10 月戴高乐夫人逝世后也归葬于此。